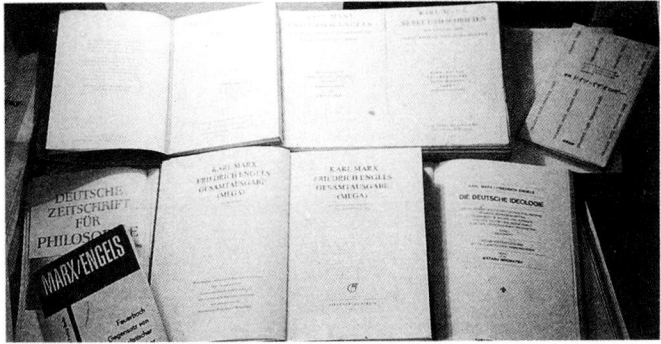

刊载前张照片中手稿原稿[1?]-a的编辑文本的各版本扉页。

刊载梁赞诺夫版（R版）的《马克思恩格斯文库》第1卷（1926）及梁赞诺夫编纂的手稿[1?]-a部分的文本。

刊载阿多拉茨基版（A版）的旧MEGA I /5的扉页及手稿[1?]-a部分的编辑文本。

东德版的《德意志意识形态》，
"Ⅰ.费尔巴哈"章。

巴加图利亚版（B版）
的日语译本（1966）。

《德国哲学杂志》（1966.10）和
迪茨版的马克思列宁主义小册子系
列之《费尔巴哈》（1972）。

迪茨版中再现的手稿
[1?]-a的德语编辑文本。

日本的广松版（1974）扉页及相关文本。誊清稿[1]-a和底稿[1?]-a两面排版，以供对比。

KARL MARX
FRIEDRICH ENGELS
GESAMTAUSGABE
(MEGA)

EDITIONSGRUNDSÄTZE
UND PROBESTÜCKE

DIETZ VERLAG BERLIN
1972

新MEGA试编本(1972)的扉页(上)和再现手稿[1?]-a的2页正文文本(下)。
以共观法(synoptische Lösung)来表现修改、增补、删减的部分(右)。

Gesammelte Aufsätze

von

Karl Marx,

herausgegeben

von

Hermann Becker.

1. Heft.

Köln, 1851.
Im Selbstverlage des Herausgebers,
Schildergasse zu Gerhard U.

Aus dem literarischen Nachlass

von

Karl Marx und Friedrich Engels

1841 bis 1850

Herausgegeben von Franz Mehring

Erster Band
Von März 1841 bis März 1844

◦ Dritte Auflage ◦

Stuttgart 1920
Verlag von J. H. W. Dietz Nachf. G. m. b. H.

INSTITUT FÜR MARXISMUS-LENINISMUS BEIM ZK DER SED

**KARL MARX
FRIEDRICH ENGELS**

WERKE

DIETZ VERLAG BERLIN
1976

**KARL MARX
FRIEDRICH ENGELS**
HISTORISCH-KRITISCHE GESAMTAUSGABE
WERKE / SCHRIFTEN / BRIEFE

IM AUFTRAGE DER
MARX-ENGELS-INSTITUTS
MOSKAU
HERAUSGEGEBEN
VON
D. RJAZANOV

MARX-ENGELS-VERLAG G.M.B.H.
BERLIN

**KARL MARX
FRIEDRICH ENGELS**
BRIEFWECHSEL

MARX / ENGELS
GESAMTAUSGABE
DRITTE ABTEILUNG
BAND I
DER BRIEFWECHSEL
ZWISCHEN MARX UND ENGELS 1844—1853

MARX-ENGELS-VERLAG G.M.B.H.
BERLIN 1929

**KARL MARX
FRIEDRICH ENGELS
GESAMTAUSGABE
(MEGA)**
EDITIONSGRUNDSÄTZE
UND PROBESTÜCKE

DIETZ VERLAG BERLIN
1972

**KARL MARX
FRIEDRICH ENGELS
GESAMTAUSGABE
(MEGA)**
ERSTE ABTEILUNG
WERKE · ARTIKEL · ENTWÜRFE
BAND I

Herausgegeben vom Institut für Marxismus-Leninismus
beim Zentralkomitee der
Kommunistischen Partei der Sowjetunion
und vom Institut für Marxismus-Leninismus
beim Zentralkomitee der
Sozialistischen Einheitspartei Deutschlands

**KARL MARX
WERKE · ARTIKEL
LITERARISCHE
VERSUCHE
BIS MÄRZ 1843**
TEXT

DIETZ VERLAG BERLIN
1975

**KARL MARX
FRIEDRICH ENGELS
MARGINALIEN
PROBESTÜCKE**
TEXT UND APPARAT

DIETZ VERLAG BERLIN
1983

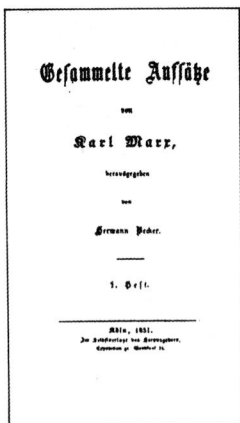

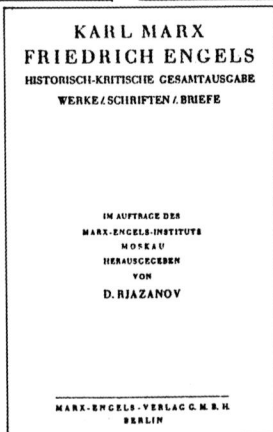

以德语出版的马克思和恩格斯著作集及全集的扉页。
从左到右依次为贝克尔的《马克思评论集》(1851)，梅林的《马克思恩格斯遗著集》(1902/1920：第3版)，东德的《马克思恩格斯著作集》(1956～1968)，旧MEGA（1927～1935)和新MEGA试编本(1972)、正卷(1975ff)、边注试编本(1983)。

当代学术棱镜译丛 《德意志意识形态》与文献学系列

丛书主编 张一兵 **副主编** 周 宪 周晓虹

《德意志意识形态》 与*MEGA*文献研究

[韩] 郑文吉 著 赵 莉 尹海燕 彭 曦 译 方向红 校译 张一兵 审订

The Horizon of Marxism in Korea

南京大学出版社

《当代学术棱镜译丛》

总　序

　　自晚清曾文正创制造局，开译介西学著作风气以来，西学翻译蔚为大观。百多年前，梁启超奋力呼吁："国家欲自强，以多译西书为本；学子欲自立，以多读西书为功。"时至今日，此种激进吁求已不再迫切，但他所言西学著述"今之所译，直九牛之一毛耳"，却仍是事实。世纪之交，面对现代化的宏业，有选择地译介国外学术著作，更是学界和出版界不可推诿的任务。基于这一认识，我们隆重推出《当代学术棱镜译丛》，在林林总总的国外学术书中遴选有价值篇什翻译出版。

　　王国维直言："中西二学，盛则俱盛，衰则俱衰，风气既开，互相推助。"所言极是！今日之中国已迥异于一个世纪以前，文化间交往日趋频繁，"风气既开"无须赘言，中外学术"互相推助"更是不争的事实。当今世界，知识更新愈加迅猛，文化交往愈加深广。全球化和本土化两极互动，构成了这个时代的文化动脉。一方面，经济的全球化加速了文化上的交往互动；另一方面，文化的民族自觉日益高涨。于是，学术的本土化迫在眉睫。虽说"学问之事，本无中西"（王国维语），但"我们"与"他者"

的身份及其知识政治却不容回避。但学术的本土化绝非闭关自守,不但知己,亦要知彼。这套丛书的立意正在这里。

"棱镜"本是物理学上的术语,意指复合光透过"棱镜"便分解成光谱。丛书所以取名《当代学术棱镜译丛》,意在透过所选篇什,折射出国外知识界的历史面貌和当代进展,并反映出选编者的理解和匠心,进而实现"他山之石,可以攻玉"的目标。

本丛书所选书目大抵有两个中心:其一,选目集中在国外学术界新近的发展,尽力揭橥域外学术 90 年代以来的最新趋向和热点问题;其二,不忘拾遗补缺,将一些重要的尚未译成中文的国外学术著述囊括其内。

众人拾柴火焰高。译介学术是一件崇高而又艰苦的事业,我们真诚地希望更多有识之士参与这项事业,使之为中国的现代化和学术本土化作出贡献。

丛书编委会

2000 年秋于南京大学

目　录

写在前面的话

初次遭遇郑文吉教授的思想，是在德国学者陶伯特女士所作的一篇关于《德意志意识形态》手稿的文章中，在那里，陶伯特提到，有一位韩国学者郑文吉对她的编辑方案持有异议。从陶伯特的评论中，我直觉到这个我们尚不了解的郑文吉很可能是一位重要的马克思文献学专家，这就引起了我特别的注意。此后不久，我又在无意中拿到了一篇郑文吉本人所作的关于《德意志意识形态》手稿的日文版论文，并在南京大学日语系彭曦博士的帮助下，第一次与郑文吉的研究成果有了直接的接触。这一接触的结果，着实让我大吃了一惊。关于《德意志意识形态》手稿研究领域，过去我所知道的只是巴加图利亚和陶伯特，以及广松涉。其中，巴加图利亚既是文献学专家、也是思想家，而陶伯特只是一位文献学专家；至于广松涉，则主要是一位思想家，只不过曾在早期就《德意志意识形态》手稿的一些问题做过一定的文献学研究。而比之前三位而言，郑文吉的情况显然还要更有意思一些：早期，他曾是一位哲学研究者，其成名之作就是关于马克思和弗罗姆的异化思想研究（《异化论研究——以马克思、弗罗姆以及社会学上的异化论为中心》，博士论文），可是后来他却又转变成一位文献学专家，并且，一转就是20年。在这漫长的20年里，"孤独"的郑文吉只做了一件事，即从事 *MEGA* 与《德意志意识形态》手稿研究。

此处，我们不妨先对郑文吉教授的基本情况做个了解，在此基础之后再来看看他在马克思文献学研究方面的具体贡献。郑文吉（CHUNG，Moon-Gil），1941 年 11 月 20 日出生于韩国庆尚南道陕川郡；1960—1964 年就读于大邱大学（现岭南大学）政治系，1964—1970年为首尔大学政治学研究生，获博士学位；1971 年起，任教于高丽大学,1975 年任副教授,1978 年开始任教授;2007 年,从高丽大学的教职上退休。此外,郑文吉在 1979—1980 年为哈佛大学燕京研究所客座研究员;1984—1985 年为德国伯弗姆大学客座研究员,其间,曾两赴阿姆斯特丹国际社会历史研究所(Internationales Institut Für Sozialgeschichte,以下简称 IISG)访学。1991—1992 年为日本东北大学客座研究员。1998—2000 年间,郑文吉任高丽大学政治科学与经济学院院长。郑文吉的代表性论著包括:《异化理论研究》(1979 年);《青年黑格尔派与马克思》(1987 年);《马克思的早期论著及思想生成》(1994 年);《韩国的马克思学视域》(2004 年);《尼伯龙的宝藏》(2008 年)等。

2007 年 2 月,我在首尔的延世大学见到了郑文吉教授,双方一见如故。当时,郑教授刚从高丽大学退休,当知道我们这些中国学者对他的研究情况有所了解之后,他表示十分惊讶。在交谈中,我感到面前这位韩国人确实是一位具备踏实学术功底的严肃学者,他言谈之中流露出的那种谦逊温文的风度也体现出我们东方文化所特有的品格。比之一些腹中空空抑或仅略知皮毛就张牙舞爪的人来说,郑文吉是我更喜欢的一类学者。也是在那次见面时,我了解到郑文吉早先曾研究马克思的异化理论,后来则一直在专门从事关于 *MEGA*,特别是关于《德意志意识形态》的文献学研究。深入交流之后,我大体能够肯定,郑文吉的研究成果对国内正在兴起的马克思文献学研究而言,应是一个非常重要的参照系。于是我当即决定,要将这位韩国学者的研究成果译介到中国来,事实上,在那次见面的后半段,我们即已开始讨论如何向中国学界译介他的研究成果。当时我们就已形成了共同的结论,即首先出版一部能够反映郑文吉教授这些年来研究和思考 *MEGA* 和《德意志意识形态》的成果的论文集。

郑教授的认真严谨是十分令人感佩的:回国之后不久,我便收到了他托人带来的七八部论著以及相关文集,并且,在每部书中,他皆仔细地对相关的章节或篇目做了遴选,并用贴纸做了显著的标记;在文集里,也列出了详尽的目录。于是,我们在 2007 年中开始了对郑文吉教授文集的翻译工作；2008 年 9 月，郑教授又传来了他为这部书所作的中文版序言。2008 年 10 月，郑文吉教授应邀访问南京大学，访学期间他先后为学生作了两场学术演讲，与我们学科的老师们进行了深入的交流。

从内容上考察，郑文吉最早发表的一批论文大多是与异化理论的研究相关的。1966 年，他发表了自己的第一篇学术论文，内容是关于"人的自我异化研究"的介绍。从其时开始到 1978 年间，他陆续发表的多篇论文都集中在对马克思早期异化思想、弗罗姆的异化观点的评述和研究领域。我估摸着，这批文章大略应是他做博士论文的先期成果。1978 年，郑的博士论文《异化论研究——以马克思、弗罗姆以及社会学上的异化论为中心》(*A Study on the Theories of Alienation*, Moonji Publishing Co., Ltd., Seoul：1978)。从 1980 年开始，郑文吉的研究兴趣逐步转向对青年黑格尔派的研究。在接下来的 5 年当中，郑文吉的主要关注点一直在青年黑格尔派的诸多思想家，特别是这些思想家对早期马克思思想的影响上。很有意思的是，他尤其重点关注了施蒂纳和他的《唯一者及其所有物》一书。1984 年，郑文吉赴德访学，期间曾在阿姆斯特丹的国际社会历史研究所(IISG)停留了两个月。这次访问，对他的学术思考而言可以说是一次影响深远的重要转折。

郑文吉教授自己提到，他是在 20 世纪六七十年代研究马克思的异化理论过程中，第一次接触到《1844 年经济学哲学手稿》(以下简称《1844 年手稿》)的，并在一次偶然的机缘下意识到了马克思第一手原始手稿文献对马克思思想研究的重要性。就在上文提到的那次赴荷兰阿姆斯特丹，对国际社会历史研究所所作的为期 2 个月的考察和停留期间，他亲眼看到了《1844 年手稿》以及其他马克思、恩格斯的第一手手稿文献，他看到了原始手稿与编印成书的出版物的巨大差异，这些差异对于深入理解经典文献的原始生成情境是至关重要的。此后便开始了长达 20 多年的关于马克思、恩格斯文献学的学术研究。1986 年，郑文吉在《韩国政治学评论》上发表了第一篇介绍"IISG"马克思、恩格斯文献保存情况的文章；1987 年，又出版了《青年黑格尔派与马克思》(***The Age of Epigones：The Young Hegelians and Karl Marx*** , Moonji Publishing Co. , Ltd. , Seoul：1987, pp. 331)一书，这应该是他此前几年中关于青年黑格尔派研究成果的一个集成。同年，他发表关于马克思《1844 年手稿》文献编辑与研究争论的论文。接着，在 1990 年，郑文吉发表了自己的第一篇有关《德意志意识形态》手稿编辑历史的论文，文中重点对陶伯特编辑出版的 *MEGA2* Ⅰ/5 中的《德意志意识形态》第一卷第一章的先行本作了讨论。次年，郑文吉发表关于《德意志意识形态》不同版本的历史性研究论文["Text Variations of the Chapter I. Feuerbach, the First Volume of German Ideology by Marx and Engels：Critical Comments on Various Editions since Rjazanov", World Literature, No. 59 (Spring 1991), pp. 315 - 344 and No. 60 (Summer 1991), pp. 259 - 286.]，在该文中，他比较和分析了自梁赞诺夫以后有关《德意志意识形态》第一卷第一章手稿出版的各种不同的编辑方案。1993 年，郑文吉发表了关于《德意志意识形态》写作动机的研究论文["Die Deutsche Ideology Was Written as a Colllection of Article of a Quarterly Jourrnal? Recent Debates on the Genesis of Die Deutsche Ideologie", Literature and Society, No. 22 (Summer 1993), pp. 624 - 678.]，在其中，他重点讨论和反驳了戈劳维娜的"季刊说"。次年，郑文吉又发表了评述日本学界对《德意志意识形态》第一卷第一章手稿的出版和研究的文章["Japanese Debate on Die Deutsche Ideology in the 1960s and 1970s", Literature and Society, No. 25 (Spring 1994), pp. 329 - 398.]，对《德意志意识形态》在日本的出版史以及广松涉版之后的学术争论情况进行了一次综合性的全景分析。此后不久，他出版了学术分量很重的《马克思的早期论著及思想生成》(***Marx's Early Writings and Making of His Thought：Studies on "The German Ideology" and the MEGA-Publication Project*** , Moonji Publishing Co. , Ltd. , Seoul：1994, pp. 571)。之后，郑文吉发表的论文就集中在对 *MEGA* 计

划的讨论，以及对韩国马克思研究的历史分析上了。2004 年，他出版《韩国的马克思学视域》(*The Horizon of Marxology in Korea：The Editorial Problems of Marx' and Engels' Texts and Researches on Their Works*，Moonji Publishing Co.，Ltd.，Seoul：2004，pp. 365)一书。

读者手中这部由郑文吉教授亲自为我们选编的文集里，收录了他最近 20 多年来在关于马克思、恩格斯的《德意志意识形态》和 *MEGA* 研究中写下的最重要的一批论文。我想，这些论文当是可以整体映现出郑文吉在 *MEGA* 和《德意志意识形态》文献学研究领域的理论水平的。

总体而言，我们可以从这本文集中发现以下几个重要的特点：

首先，我们不难看到，当今国外马克思文献研究的基本操作平台已经是直接基于马克思、恩格斯原始文献的基础之上的了。郑文吉教授熟练掌握德文，甚至可以直接识别马克思、恩格斯原始手稿中的文字，这就使他的文献学考证和版本比较研究得以建立在可靠的第一手文本的基础之上。其实，自 20 世纪六七十年代以后，除掉本来就是德国人的陶伯特(Inge Taubert)和佩尔格(Hans Pelger)之外，诸如前苏联学者巴加图利亚、日本学者广松涉和法国学者格朗炯(Jacques Grandjonc)等一批国外马克思主义或马克思学的文献学研究者就一直是以原文或原始手稿，以及大量的第一手原始文献作为研究对象的。郑文吉教授访学南京大学期间，为学生作了一场关于《德意志意识形态》第一卷第一章手稿的演讲，当时他所使用的相关引文就全部是原始手稿的复制件，并且，在这批复制件手稿上，我们看到了郑文吉教授留下的大量标识和批注。前不久才到南京大学讲学的俄罗斯专家巴加图利亚教授也是如此。后者既是 *MEGA2* 的倡导者，也是 *MEGA* 版的重要组织者和直接编辑者。用俄罗斯学者波洛夫教授的话说，巴加图利亚早就"嫁给"这些手稿和文献了。我觉得，他们这种扎实的科学文献学研究方式，与我们国内某些学者习惯性地将研究建立在二手资料之上的伪文献学考证思路相比，是完全不同的。我以为，这也是郑文吉这部文集给我们的第一个启示：究竟什么才是真正科学意义上的文献学和版本研究?!

其次，与我们先前已经熟悉的一些文献学家不同，郑文吉的文献研究常常是处在比较性的和历史性的语境之中进行的，因此，他的研究成果往往具有更大的可信度和参考价值。我们知道，从梁赞诺夫开始，大多数马克思主义或马克思学的文献学家都喜欢标榜自己的研究成果具有某种独断的真理性，梁赞诺夫和广松涉应是其中的典型，而陶伯特虽然没有将自己的研究成果诩为圣言，但我们也不难从包括她在内的一批德国学者身上看到一种不自觉地散发出来的日尔曼式的优越感。对此，郑文吉教授在我们的交谈中表示，他也有同感。其实，就在前苏东体系崩溃之前，她（他）们的研究也都只不过是苏联意识形态话语的应声虫罢了。更有甚者，在前不久到我国学界来出糗的某些日本学者身上，这种倾向体现得更加淋漓尽致。郑文吉的思想与上述倾向则形成了鲜明的对比，他的研究思路是对所有历史文献进行尽可能客观的评价，找出其中的共同点和差异所在，从而才能更好地推进文献学以及对于文本本身的思想研究。在郑文吉对《德意志意识形态》所有版本的历史性比较分析中，在他对日本学者关于《德意志意识形态》一书的争论的综述中，在他针对韩国马克思学的历史发展所作的研究中，我们都能看到这个显著的特点。我以为，这也是由文献学研究这一学科的基本性质所决定的：文献学的资料分析并不是要生产出绝对真理，而是要为人们进一步的文本分析提供尽可能准确的资料和历史性文献依据。但是，历史文献中又总是包含着无法避免的不确定性，如历史当事人的不在场、文献的不完整、文献生成时间的不确定等等，这就使得任何文献学研究的成果都必然只是具有相对的意义。所以，以文献学的历史性认知结果来建构意识形态的拘役构架是一种让人无法发笑的现代学术笑话。

其三，虽然郑文吉的马克思文献学研究可以说已经达到了当今马克思学的较高水平，可是他倒从来没有想到要去哪里指手画脚，鼓吹和标榜自己的权威,而是始终踏踏实实地做他的学问,为 *MEGA* 的编辑和出版默默无闻地贡献自己的一份力量。对自己的研究所面临的处境,郑文吉不无感慨,他说自己在韩国是孤独的:在过去的军事独裁时代,研究马克思不合法;即便到了今天,韩国的马克思主义和马克思学研究也还处于学术的边缘。不过,这并不妨碍郑文吉成为韩国最好的高丽大学的杰出教授。曾经在高丽大学留学的尹海燕教授告诉我,在学校里,学生们都亲切地称郑文吉作"异化教授"。不久前,我与到访的高丽大学前校长、著名经济学家鱼允大教授有过一次会面,后者也向我证实,郑文吉教授在高丽大学具有重要的地位。在南京大学举行的学术演讲中,郑文吉教授告诉台下的中国大学生们,他的学术研究生涯是"孤独的 30 年",但而今,在退休之后,他的研究成果却在中国这样一个伟大的国家得到承认,他觉得过去艰难而孤独的一切都是值得的。我想,郑文吉教授倾 20 年心血而为的文献学研究,同样是值得我们向他表示深刻敬意的。

在编译这部文集的过程中,郑文吉教授一直在给予我们直接的指导和建议。与广松涉哲学思想编译初始时的情况相仿,我和南京大学韩语系主任尹海燕教授、从韩国回来的赵莉博士、从日本回来的彭曦博士以及远在德国弗莱堡大学的方向红博士一起,组成了一个编译小组。从 2007 年中开始,我们在大量前期文献准备的基础上,开始边翻译边讨论,并随时向郑文吉教授讨教,就这样共同奋斗了将近一年半。其中,赵莉博士翻译了本书的第 1、2、4、6、7 章;尹海燕博士翻译了本书的第 6 章、第 8 章;彭曦博士翻译了第 3 章和文集中所有日文文献的注释和书目;方向红博士校译了占全书内容近五分之一的大量德文引文、文献索引和注释。在他们辛勤工作的基础上,我再从专业学术的角度进行了整理和统稿。为了让读者更清楚地看到郑教授所做的文献学工作,我们在翻译他德文文献引文和注释时,同时保留了德文原文。2008年临近秋叶飘尽的时候,我们终于完成了郑文吉教授的这本文集翻译编校工作,正式交付出版。由此,我们就可以将郑文吉这位重要的马克思文献学专家介绍给中国学术界了。

　　感谢郑文吉教授,特别是他为中国读者写下的中文版序言。感谢南京大学出版社的领导和编辑老师们。

　　我希望,我们流下的汗水是值得的!

张一兵

2008 年 11 月 23 日于香港沙田

本书作者中文版序

本书汇编了笔者 1990 年以来就《德意志意识形态》文献研究所撰写的八篇文章。其中,前面的四篇论文从手稿的构成及编纂史的角度,探讨了《德意志意识形态》的形成历史和思想意义;后面的四篇论文则集中讨论了手稿形态上的《德意志意识形态》第一卷第一章"Ⅰ.费尔巴哈"章的文本再现问题。

1960 年代初,笔者在阅读马克思《1844 年经济学哲学手稿》(以下简称《1844 年手稿》)的过程中,思想上受到了强烈的震撼,因此,在 1960 年代和 1970 年代,笔者曾醉心于马克思的异化理论。而 1970 年代末以后,特别是进入 20 世纪 80 年代,笔者逐渐对其异化论的渊源——《1844 年手稿》的"手稿形态"有了认识,并最终确信:要想准确理解马克思的未刊行遗稿,其前提必须是对遗存手稿的原稿撰写样式和状态有所了解。1985 年,笔者在阿姆斯特丹①停留了两个月,这两个月的时间不仅使笔者获得了审视《1844 年手稿》之遗稿形态的眼力,并让笔者得出结论——对于马克思和恩格斯逝世后,基于两人遗稿而出版的著作,其真伪与否不能草率地加以判断。

这以后,笔者的关注对象自然而然地转到了在"两厚册八开本的原稿"基础上出版的马克思和恩格斯的《德意志意识形态》的研究上。这不仅是因为《德意志意识形态》在写作时间上与《1844 年手稿》相邻,还因为这两个著作的手稿都保留了原初的形态,让我们得以见到马克思主义形成期中马克思、恩格斯两人思想的生成过程。然而,这两个著作

---

① 郑文吉这里指的是荷兰皇家科学院所属的"国际社会史研究所(IISG, Internationales Institut Für Sozialgeschichte in Amsterdam)"。目前,马克思、恩格斯全部手稿的原始文献中的 70% 都保存在那里。——审注。

的手稿文本却在规模与复杂性上有着明显的区别。

《1844 年手稿》是马克思为帮助自己理解所做的经济学文献摘录，并对自己的思想加以整理而形成的一部手稿。对于这一手稿的再现问题及该著作所包含的三个笔记，只要对比巴黎时期撰写的其他摘录笔记①，来理清之间的相关关系，则在文本的编纂上不会有太大的困难。而且，标榜严格根据原稿来再现和收录马克思、恩格斯所有著作的 *MEGA2*② 中，已用两种方式刊载出版了该手稿的文本。③ 关于《1844 年手稿》这一版本妥当与否的讨论，笔者已通过书评形式得以展开。

与之相比，《德意志意识形态》为马克思和恩格斯的合著，且出于当时出版的需要，屡经修改、删除及编辑，因此手稿的成形经历了各个不同阶段（尤其是第一卷中的"Ⅰ. 费尔巴哈"章）。且恩格斯逝世之后的 19 世纪 90 年代末与 20 世纪初，在未经对著作本身结构或特点的具体考察，前苏联学者就片段式地发表了该手稿中的一部分。而该著作第 1 卷的"Ⅰ. 费尔巴哈"章，从 19 世纪 20 年代以后一直到 21 世纪，虽得以各种版本出版，但却缺少一个说得过去的定本。又，《德意志意识形态》的整体规模庞大，其中的手稿也多种多样，不仅是第 1 卷中的"莱比

---

① 指青年马克思于 1843 年 10 月到 1845 年 1 月在巴黎写下的第一批经济学摘录和研究笔记。共有 10 个笔记本，其中 3 个笔记即为《1844 年手稿》。具体情况可参见张一兵:《回到马克思——经济学语境中和哲学话语》,江苏人民出版社 2009 年第二版,第 2 章第 2 节。——审注。

② 郑文吉这里原来使用的是"新 MEGA 版",即 20 世纪 70 年代由前苏东马列主义编译机构出版的《马克思恩格斯全集》(*Marx-Engels-Gesamtausgabe* 历史考证第二版),为方便中国读者阅读,中译文将其改译为"MEGA2"。而此书中的"旧 MEGA 版",即指 20 世纪 30 年代之后由前苏联马列主义编译机构组织出版的《马克思恩格斯全集》(*Marx-Engels-Gesamtausgabe* 历史考证第一版),则改译为"MEGA1"。MEGA 版将马克思、恩格斯的文稿分为四个部分,第一部分为成熟的文本,第二部分主要为《资本论》及手稿,第三部分为书信等文献,第四部分为笔记类文献。在 MEGA 研究的习惯用法上,人们通常将第一部分第 1 卷简写为"Ⅰ/1",本书作者的做法基本类似。关于 MEGA 的出版情况可参见张一兵:《回到马克思——经济学语境中的哲学话语》,江苏人民出版社 2009 年第二版,附录。——审注。

③ *MEGA2* Ⅰ/2, 1982, S. 187-322(第 187—322 页); S. 323-438(第 323—438 页)。

锡宗教会议"等手稿,还有第 2 卷中有关"真正的社会主义者"的手稿和印刷稿,其中哪些应该属于该著作的主文本(Haupttext)？哪些应该收进附录？这些问题都没有讨论成熟。有鉴于此,我们对 *MEGA2* Ⅰ/5 寄予了很高的期望。20 世纪 50 年代东德发行了《马克思、恩格斯著作集》(*MEW Bd*. 3,1958),该著作集未见增补具有学术意义的内容,在编纂方法上也没有改进,只是原样沿袭了在完成程度上还存有疑问的 *MEGA1* 第Ⅰ部分第 5 卷(*MEGA1* Ⅰ/5,1932),且这一处理方式成了惯例,该版本也渐成"定本",在这种情况下,我们对 *MEGA2* Ⅰ/5 的期望也更加具有了重要的现实意义。然而,虽然自 *MEGA2* 开始出版已有 30 多年,但 *MEGA2* 的《德意志意识形态》文本的出版仍在推延,围绕《德意志意识形态》的编纂而展开的讨论也仍在继续。

实际上,早在 20 世纪 60 年代和 70 年代的筹划阶段,*MEGA2* 就已经在为早日出版马克思、恩格斯早期著作的精髓——《德意志意识形态》做准备了。《德意志意识形态》的"Ⅰ.费尔巴哈"章曾在试行版中尝试刊载①;1980 年代末,编纂者陶伯特②曾明确表示,刊载该著作的 *MEGA2* Ⅰ/5 将于 1990 年代初出版。但是,因 1989 年柏林墙的拆除及 *MEGA* 项目的主体——柏林和莫斯科的马克思列宁主义研究院(IML)的解散,*MEGA2* 的出版停顿下来。之后,随着 *MEGA2* 出版工作的发行权被移交给新组建的国际马克思、恩格斯基金会,《德意志意识形态》的编纂也于 1992 年转至以特里尔的马克思故居为中心的德法 *MEGA* 工作组。德法 *MEGA* 工作组遂纳入原东德 IML 的陶伯特作为共同编纂者,加紧进行对 *MEGA2* Ⅰ/5 的编纂,但因该团队的另一编纂人格朗炯(Jacques Grandjonc)的过早去世,以及佩尔格(Hans Pelger)的退休,他们历经 10 年的努力终成未竟状态,用作收尾的,是 21 世

---

① *MEGA2* Probeband(试行版),1972,S. 33 – 119,399 – 507(第 33—119 页;第 399—507 页)。

② 陶伯特(Inge Taubert),前东德文献学家,从 20 世纪 70 年代起担任《德意志意识形态》一书的编辑整理工作。——审注。

纪初以 *MEGA2* Ⅰ/5 暂定版(Vorabpublikation)出版的《德意志意识形态》"Ⅰ. 费尔巴哈"和"Ⅱ. 圣布鲁诺"。①

一直以来,笔者为配合 *MEGA2* Ⅰ/5 的刊行,对《德意志意识形态》的文本编纂问题进行着研究。因其出版一推再推,而新出现的研究对象及论争案例又不容疏忽,故一直到最近,笔者都在对《德意志意识形态》,尤其是"Ⅰ. 费尔巴哈"章的文本编纂问题作着持续的讨论。笔者所作的讨论,原则上接受 *MEGA2* 的基本编纂标准——文本的完整性、忠于原稿、从形成史的角度再现文本,这应该说是理所当然的。

因此,笔者期待着作为《德意志意识形态》之定本的 *MEGA2* Ⅰ/5 早日出版,来平定围绕该著作文本而产生的各种讨论,或以这一《德意志意识形态》的新文本为出发点,来展开新的论争和解读。从这一意义上,希望本书能为加深现柏林—勃兰登堡科学院(BBAW)*MEGA* 项目组所推进的 *MEGA2* Ⅰ/5 编纂工作的理解,或促其早日出版,尽上一点绵薄之力。

也因之将自己有关《德意志意识形态》的文章重新汇集起来在中国出版中文译本,所以笔者对要刊入其中的文章进行了重新阅读,结果发现该书有些薄弱点是不能不提的。这中间最扎眼的,便是相隔 20 年所写下的这些论文在前面部分多有重复。这是因为,收入该书的文章是在不同的时期和情况下发表的独立论文,作为论文,有其各自的体例,而在情况发生变化后,为拓展包括专家在内的普通读者的理解,这样的做法是不可避免的。但当这些论文汇编成书时,这些重复的叙述以及类似的图表频繁出现,成了无法回避的瑕疵。出版该书时,笔者并非没有考虑过要对这一部分进行删除或予以统一,但回想这些文章的写作过程,笔者相信,尽管该书具有这些薄弱点,但若保留下来,则可作为一种尺标,来了解各篇论文发表时笔者的想法和学术界的有关研究情况。

---

① 《马克思恩格斯年鉴》(2003 年),第 400 页(*Marx-Engels-Jahrbuch* 2003, 28* + 400 S.)。

故望各位读者谅解。

　　最后，笔者要向欣然允诺并策划出版该书中文版的南京大学张异宾副校长表示感谢。同时，一并致谢的还有首尔文学与知性社和南京大学出版社的编辑人员，感谢文学与知性社准许翻译其中的六篇论文。并向担任此次翻译任务的赵莉、尹海燕、彭曦、方向红四位南京大学的老师致以谢意。

郑文吉

2008 年 9 月，首尔

第一章　从编纂史看《德意志意识形态》

——期待 *MEGA2* Ⅰ/5(《德意志意识形态》)的刊行①

引　言

1975 年以来,东德与苏联共产党中央委员会所属的"马克思列宁主义研究所(Institut für Marxismus-Leninismus beim Zentralkomitee der Kommunistischen Partei der Sowejetunion und Sozialistischen Einheitspartei Deutschland)负责主持 *MEGA2*[Karl Marx/Friedrich Engels, Gesamtausgabe(*MEGA*),以下简称 *MEGA2*]的刊行。至 1989 年底,工作进展得比较顺利,一百余卷的文献版《马克思恩格斯全集》有望在 20 世纪第一个 10 年得以刊行。但是,最近东欧政治局势急剧变化,这对于主持刊行 *MEGA2* 的"马克思列宁主义研究所(以下简称 IML)"来说,其客观地位肯定会发生相当大的变化,因而今后 *MEGA2* 的刊行

———————

① 此论文写于 1990 年初,这之后随着东欧剧变和苏联解体,*MEGA* 出版工作的展开成为一个未知数。因此本文中有关 *MEGA* 出版的叙述中,有与当前时间不符之处,希望读者见谅。关于 1990 年后 *MEGA* 的出版情况,请参考笔者《马克思思想的形成与早期著作——〈德意志意识形态〉和 *MEGA*》一书中的第三部,尤其是第三部的第二章。(1994—作者)。

工作将何去何从，这不能不是人们所关注的焦点。① 笔者因对马克思早期思想尤为关注，而《德意志意识形态》与《1844 年手稿》一样，同为马克思早期思想形成时期的著作，其中《德意志意识形态》作为这一时期最重要的文献，其在 *MEGA2* 的出版让笔者满怀期待。当初，*MEGA2* 版《德意志意识形态》预计在 1994 年下半年或 1995 年出版，故而其样式也应与 *MEGA2* 版Ⅰ/2 中的《1844 年手稿》相同，这不仅是笔者的愿望，也是马克思研究者普遍而共同的期待。②

因此，笔者设想收录有《德意志意识形态》的 *MEGA2* Ⅰ/5 将于 1994 年年底或 1995 年年初刊行，以此为前提③，尝试针对其中《德意志意识形态》的执笔及完成过程、出版经过、编辑时的争论等加以叙述，叙述的主干包括：以往的研究成果，1972 年发行的 *MEGA2* 的试行版〔Karl Marx/Friedrich Engels，*Gesamtausgabe*（*MEGA2*），*Probeband*；

---

① 1989 年 11 月 9 日，柏林墙被拆除，东德内部德国统一社会党（SED, Sozialistische Einheitspartei Deutschland）的地位随之发生巨大的变化。1990 年 3 月 18 日，东德进行大选，统一社会党此前已更名为民主社会主义党（PDS, Partei des demokratischen Sozialismus），仅成为继右派联盟和社会民主党之后的第三党。因此，参考因二战而中断的 *MEGA1* 的编纂事例，SED 所属的 IML 在今后是否能将 *MEGA2* 这一庞大的出版工作继续下去，这不能不成为相关研究界所关注的焦点。更何况最近根据日本学界的传闻，东德的 IML 似将更名为"工人运动史研究院（IfGA, Institut für Geschichte der Arbeiterbewegung）"，可以说，这预示着东欧的民主化将对今后 *MEGA* 的刊行及马克思主义研究产生深刻的影响。（日本东北大学经济学部大村泉教授于 1990 年 1 月 29 日给笔者的信。）

② 1982 年发行的 *MEGA2* Ⅰ/2 中，收录了《1844 年手稿》，手稿分为一、二两个复原本（Erste Wiedergabe, Zweite Wiedergabe），第一部分按原样忠实地还原了草稿，第二部分则较之草稿原来的样子，更加重视内容的展开，在编纂上基本按照 *MEGA1* Ⅰ/3 的范例。参考郑文吉：《追随者的时代》（首尔，文学和知性社，1987），pp. 196—211。

③ 笔者曾于 1989 年 9 月 3 日至 4 日，参加了在德国特里尔召开的一个讨论会。讨论会在弗里德里克·埃伯特基金会（Friedrich Ebert Stiftun）的卡尔·马克思故居研究中心（Studienzentrum Karl-Marx-Haus in Trier）举办，会议主题围绕《德意志意识形态》，东德、西德以及法国的有关学者参加了会议。借这一机会，笔者有幸结识了陶伯特女士（Inge Taubert），她负责东德 IML 的 *MEGA2* Ⅰ/2 和Ⅰ/5 的编纂，故而从她那儿了解了《德意志意识形态》编纂工作的进行情况。根据与陶伯特女士的谈话，《德意志意识形态》的编辑原则已经确定，出版工作也有许多进展，因而笔者推测，即便因东德政治局势的变化，此书的推迟刊行将不可避免，但最终还是要付梓印行的。

Editionsgrundsätza und Probestücke，Berlin：Dietz Verlag，1972］，以
及笔者对阿姆斯特丹"国际社会史研究所（IISG, Internationales Institut
Für Sozialgeschichte in Amsterdam)"内该书手稿（照相复制品）的考察。①

第一节　对《德意志意识形态》的早期关注

马克思的研究者对马克思和恩格斯《德意志意识形态》的关注，是
从恩格斯所著《路德维希·费尔巴哈和德国古典哲学的终结》（*Ludwig
Feuerbach und der Ausgang der klassischen deutschen Philosophie*)
(1888)一书的序开始的。恩格斯在自己著作的序言（*Vorbemerkung*)
开头，提到了马克思《政治经济学批判》（*Zur Kritik der politischen
Ökonomie*)（柏林 1859）序文（*Vorrede*)中的一段内容。

> 弗里德里希·恩格斯［……］1845 年我们两人在布鲁塞
> 尔着手共同阐明我们的见解——主要由马克思制定的唯物主
> 义历史观——与德国哲学的意识形态的见解的对立，实际上
> 是把我们从前的哲学信仰清算一下。这个心愿是以批判黑格
> 尔以后的哲学的形式来实现的。**两厚册八开本的原稿**早已送
> 到威斯特伐利亚的出版所，后来我们才接到通知说，由于情况
> 改变，不能付印。既然我们已经达到了我们的主要目的——
> **自己弄清问题**，我们就情愿让原稿留给老鼠的牙齿去批
> 判了。②

---

①　关于 IISG 的《德意志意识形态》手稿复印本，笔者于 1988 年 1 月 21 至 23 日，
1990 年 1 月 8 日至 12 日进行了考察。

②　《马克思、恩格斯著作集》，第 13 卷，第 10 页［Marx/Engels, *Werke*（*MEW*)，
Bd. 13，S. 10.］，引文中的强调部分为笔者所加。参考《马克思、恩格斯著作集》，第
21 卷，第 263 页（*MEW*, Bd. 21，S. 263）。恩格斯将《政治经济学批判》的序言称为
"Vorrede"，但马克思原文中却是"Vorwort"。

　　这里，就"我们的见解"这一表述，恩格斯很清楚地阐释为"由马克思制定的唯物主义历史观"，[①]这说明，为了"自己弄清问题"，达到了唯物主义历史观的高度，两册原稿具有重要的意义，是高度智慧与努力的结晶。而马克思的研究者所关心的正是这一点。至于这"两厚册八开本的原稿"，在 1895 年恩格斯逝世后，按照他的遗嘱，两人的遗稿被分割遗赠给指定人；[②]1890 年底到 1900 年初，被推测为《德意志意识形态》中部分章节的手稿得以刊印，尽管只是一部分，但毕竟具备了出版物的形式。因此，我们将这一时期看作《德意志意识形态》编纂史第一期的时间上限，而下限则是 1932 年，《德意志意识形态》因 *MEGA1* Ⅰ/5 的编纂刊行而首次具备了完整的面貌。这第一期编纂史又以迈耶尔和梁赞诺夫的论争而分为前后两期。手稿的一部分在前期得以出版，情况如下。

　　（1）彼德·冯·施特鲁佛：《卡尔·马克思四十年代的两篇迄今鲜为人知的论文》投给科学社会主义发展史的稿件，载于《新时代》，斯图加特，1896 年 4 月 1 日，第 14 发行年度，第 2 卷，第 28 期，第 49—52 页（Peter von Struve, *Zwei bisher unbekannte Aufsätze von Karl Marx aus den vierziger Jahren. Ein Beitrag zur Entwicklungsgeschichte des wissenschaftlichen Sozialismus*, in *Die Neue Zeit*, Stuttgart, 1. April 1896, Jg. XⅣ, Bd. 2, Nr. 28, S. 49 - 52）。

　　（2）埃德华·伯恩施坦：《卡尔·马克思论社会主义史撰稿人卡

[①]　《马克思、恩格斯著作集》，第 21 卷，第 263 页（*MEW*, Bd. 21, S. 263.）。

[②]　马克思于 1883 年逝世，他的所有译稿都留给了恩格斯，让他出版或用于学术研究。马克思逝世与恩格斯逝世相隔 12 年，这期间，只有马克思遗稿中包括《资本论》2、3卷在内的极少一部分得以出版。恩格斯在遗嘱中，将马克思所有的亲笔手稿和信件送给了他的女儿杜西（Eleanor Marx），恩格斯自己的手稿和信件，以及他跟马克思的通信，则留给了倍倍尔（August Bebel）和伯恩施坦（Eduard Bernstein）。参考郑文吉，《追随者的时代》，p. 278，以及保罗·迈耶尔，"社民党档案史与马恩遗稿的命运"，载于《社会历史档案》，第六卷/第七卷（1966—1967），第 38—40 页［Paul Mayer, "*Die Geschichte des sozialdemokratischen Parteiarchivs und das Schicksal des Marx-Engels-Nachlasses*," *Archiv für Sozialgeschichte*, Ⅵ./Ⅶ. Band(1966—1967), S. 38 - 40.］

尔·格林》,载于《新时代》,斯图加特,1899 年 9 月 27 日,第 17 发行年度,第 1 卷,第 1 期,第 5—14 页;10 月 4 日,第 2 期, 第 37—46 页;10 月 25 日,第 5 期,第 132—141 页;11 月 1 日,第 6 期, 第 164—172 页 (Eduard Bernstein, *Karl Marx über Karl Grün als Geschichtsschreiber des Sozialismus*, in *Die Neue Zeit*, Stuttgart, 27. September 1899, Jg. ⅩⅦ, Bd. 1, Nr. 1, S. 5 - 14;4. Oktober, Nr. 2, S. 37 - 46;25. Oktober, Nr. 5, S. 132 - 141;1. November, Nr. 6, S. 164 - 172)。

(3)《〈圣麦克斯〉·选自马克思和恩格斯论施蒂纳的著作》,载于《社会主义文献》,斯图加特(1930),第 3 卷,第[17—19] 19—32 页。第 [65—68]68—78 页,第 115—130 页,第 169—177 页,第[306—307] 307—316 页,第 355—364 页;(1904),第 4 卷,第[210]210—217 页,第 [259]259—270 页, 第 312—321 页, 第 363—373 以 及 416—419 页 {Der *heilige Max*. *Aus einem Werk von Marx-Engels über Stirner*, in *Dokumente des Sozialismus*, Stuttgart(1930), Bd. Ⅲ, S. [17 - 19] 19 - 32,[65 - 68]68 - 78,115 - 130,169 - 177,[306 - 307]307 - 316, 355 - 364;(1904), Bd. Ⅳ, S. [210]210 - 217,[259]259 - 270, 312 - 321,363 - 373, und 416 - 419}。

(4) ①《我的自我消遣(卡尔·马克思未刊遗稿)》,载于《工人副刊》,慕尼黑,1913 年 3 月 9 日,第 8 期,第 207—213 页。②《我的自我消遣(卡尔·马克思未刊遗稿)》,载于《前进娱乐报》,柏林,1913 年 3 月 14 日, 第 52 期, 第 205—207 页 (a. *Mein Selbstgenuß.* *Unveröffentlichtes aus dem Nachlaß von Karl Marx*, in *Arbeiter-Feuilleton*, München, 9. März 1913, Nr. 8, S. 207 - 213. b. *Mein Selbstgenuß. Unveröffentlichtes aus dem Nachlaß von Karl Marx*, in *Unterhaltungsblatt des Vorwärts*, Berlin, 14. März 1913, Nr. 52, S. 205 - 207)。

以上所列举的四段文字中,(1) 收录了在 1846 年 7 月《威斯特伐利亚汽船(Das Westphälische Dampfboot)杂志上找到的文章。这一杂志的存在,最早是由斯特鲁威证实的。而且考茨基也证明,该文与伦敦伯恩施坦所藏社会民主党档案馆的原稿一致，这是《德意志意识形态》存在的最早证据。(2)和(4)依据的是伯恩施坦所藏马克思和恩格斯遗稿，是其中一部分的最初版本，后面附有他写的简单介绍。(3)不仅有介绍，还有编纂时作的注释。但对于(2)，伯恩施坦并未提及这些文字是《德意志意识形态》的一个组成部分。

如上所述，《德意志意识形态》的部分内容由斯特鲁威和伯恩施坦加以出版。与此同时，弗·梅林(Frans Mehring)的《马克思传》(*Karl Marx. Geschichte seines Lebens*)于 1918 年出版，在有关马克思迁居布鲁塞尔时期的一章中，开头两节简略探讨了手稿存在的认定及其在马克思和恩格斯思想发展史上的地位问题。但是梅林对于《德意志意识形态》，只关注其中马克思与恩格斯的论争线索，因而也只是将此未完成的手稿看作是马恩两人思想实验过程中的文字。[①]

但是，古斯塔夫·迈耶尔(Gustav Mayer)注意到下面这一事实——《德意志意识形态》对马克思唯物主义历史观的形成起到了决定性的作用。从一个新闻工作者转变为德国劳动运动史家的迈耶尔撰写了《恩格斯传》(*Friedrich Engels. Eine Biographie*, Bd. 1. *Friedrich Engels in seiner Frühzeit 1820 bis 1851*. Berlin：Springer, 1920; 2., verb. Aufl., Den Haag：Martinus Nijhoff, 1934)，他试图将"具有精神上极其密切共生关系的马克思与恩格斯"分离开来，"从两人共同的业绩中，抽出恩格斯的作用和贡献"。[②] 他在 1920 年发行的《恩格斯传》第一卷第一章《德意志意识形态的清算》中，指出"英国旅行归来的马克

---

① 弗朗兹·梅林：《马克思传》，柏林，狄茨出版社，1964 年，第 115—122 页 (Franz Mehring, *Karl Marx. Geschichte seines Lebens*, Berlin：Dietz Verlag, 1964, S. 115 - 122)。

② 古斯塔夫·迈耶尔《回忆录：从记者到德国工人运动史家》，苏黎世/维也纳，欧罗巴出版社，1949 年，第 205 页；古斯塔夫·迈耶尔《恩格斯传》，修订第二版，海牙，尼耶曼夫出版社，1934 年，第 6 页 (Gustav Mayer, Erinnerungen. *Vom Journalisten zum Historiker der deutschen Arbeiterbewegung*, Zürich/Wien：Europa Verlag, 1949, S. 205; Gustav Mayer, *Friedrich Engels. Eine Biographie*, 1. Bd. *Friedrich Engels in seiner Frühzeit*, 2., verb. Aufl, Haag：Martinus Nijhoff, 1934, S. Ⅵ)。

思与恩格斯随即告别了青年黑格尔派和费尔巴哈哲学,进入新的撰写状态,逐渐形成他们的全面的唯物主义的、经济学的历史观";他还记录道,"题为《德意志意识形态——对以费尔巴哈、B. 鲍威尔、施蒂纳为代表的后黑格尔哲学和各种预言者所主张的德国社会主义的批判》的这一文本是在 1845 年 9 月和 1946 年 8 月之间进行的,有 50 页纸,八开本大小,分两册装订"。① 接着他指出,这一著作是因鲍威尔和施蒂纳对马克思与恩格斯的攻击而触发的,鲍威尔和施蒂纳将马恩两人归为费尔巴哈主义者,为此,马克思和恩格斯觉得有必要阐明自己的立场,故而著文反驳。迈耶尔还揭示,《德意志意识形态》第一卷涉及鲍威尔、施蒂纳和费尔巴哈;第二卷则是对德国"真正的"社会主义者(wahre Sozialisten)的批判,这些社会主义者没有摆脱费尔巴哈"理论上的"人本主义,他们在陈词滥调的丛林里,找不到通往现实的道路。

如上所述,迈耶尔对《德意志意识形态》进行了分析。在当时,马克思和恩格斯这一未刊行手稿的全貌全然无人了解,迈耶尔的分析是最早的学术研究,因而引起了有关学者的热切关注。我们可举梁赞诺夫(David Rjasanov)的报告为例,报告中说,就连对马克思与恩格斯未刊行手稿比较熟悉的考茨基(Karl Kautsky),也惊异于迈耶尔对此书的叙述,认为是"全新的"(etwas völlig Neues)。② 因此,我们在这里有必要追究迈耶尔经由怎样的途径,来接触到还未刊行的《德意志意识形

---

① 古斯塔夫·迈耶尔:《恩格斯传》,第 225—244 页,引文同上,第 225 页(Gustav Mayer, *Friedrich Engels. Eine Biographie*, Bd. 1, 2., verb. Aufl., S. 225‑244,引文 Ib id., S. 225)。

② 梁赞诺夫:《关于马克思和恩格斯遗稿的最新消息》,《社会主义与工人运动史档案》,第 6 卷,1925 年,第 388 页[D. Rjasanoff, *Neueste Mitteilungen über den literarischen Nachlaß von Karl Marx und Friedrich Engels, Archiv für die Geschichte des Sozialismus und der Arbeiterbewegung*, Bd. Ⅺ (1925), S. 388]。作者之所以对考茨基的反应倍加关注,是因为恩格斯生前,考茨基曾与伯恩施坦一同跟随恩格斯学习辨别马克思笔记的方法,并对马恩两人未刊行的手稿有着师传知识,尽管如此,他对《德意志意识形态》的认识和知识却还要通过迈耶尔才能获得,所以说,迈耶尔的贡献必须得到充分的评价。

态》手稿的。

前文已经提及,迈耶尔着手撰写《恩格斯传》,认为马恩两人虽然在思想和行动上有着共生关系,但他们具有"各自的命运、各自的独特道路、各自的特殊意义",因而想从两人的共同业绩中,剖析出恩格斯的作用和贡献。他主张,传记作者不管在什么样的情况下,都必须尽可能地搜集到所有资料,因而在《恩格斯传》的执笔过程中,他说服当时保管有《德意志意识形态》大部分手稿的伯恩施坦,得以借阅。[①] 恩格斯逝世后,马克思和恩格斯的遗稿留给了爱琳娜·马克思(Eleanor Marx)、倍倍尔和伯恩施坦,但因爱琳娜于 1898 年突然自杀,一部分手稿转至她的妹妹劳拉·拉法格(Laura Lafargue)处。这样,到了 1910 年代,马克思和恩格斯的大部分遗稿被保存在柏林的社会民主党档案馆,马克思的一部分遗稿和恩格斯的一部分遗稿则分别散藏在德拉维伊(Dravéil)的劳拉住处和伯恩施坦的伦敦家中。于是,热衷于撰写《恩格斯传》的迈耶尔,从当时在世的马恩文字遗产的唯一执行人——伯恩施坦那里,借阅到了他所暂时保管的马恩青年时期的主要著作——《德意志意识形态》。[②]

另一方面,梁赞诺夫满怀抱负,努力要把莫斯科作为研究马克思和恩格斯的中心,因而迈耶尔在《恩格斯传》中对《德意志意识形态》全貌的首次介绍,以及"比较"详细的分析,引起了围绕《德意志意识形态》手

---

① 古斯塔夫·迈耶尔:《回忆录》,第 206 页(Gustav Mayer, *Erinnerungen*, S. 206)。

② 同上;古斯塔夫·迈耶尔:《恩格斯传》,第 9 页;梁赞诺夫,同上引,第 386 页(*Ibid.*; G. Mayer, *Friedrich Engels*, 1. Bd., 2., verb. Aufl., S. 9; D. Rjasanoff, *op. cit.*, S. 386)。及郑文吉,《国际社会史研究院与所藏典籍》,郑文吉,《追随者的时代》,pp. 278—280。虽然恩格斯指定倍倍尔和伯恩施坦为他与马克思文学遗产的执行人,但因 1913 年倍倍尔去世,伯恩施坦于是就成为之后马恩遗产的唯一执行人。贝尔特·安德雷亚斯:《马克思与恩格斯·德国古典哲学的终结,文献目录》,《马克思故居文集》,第 28 期,特里尔,1983,第 146 页[Bert andréas, *Karl Marx/Friedrich Engels. Das Ende der klassischen deutschen Philosophie. Bibliographie, Schriften aus dem Karl-Marx-Haus*, Nr. 28(Trier 1983), S. 146]。

稿之"发现(Entdeckung)"的新的论争。将马克思和恩格斯思想发展至俄国的革命理论,并最终在俄国取得布尔什维克革命实践成功的列宁,于 1920 年接受了梁赞诺夫的建议,在莫斯科成立了"马克思、恩格斯研究院"(Marx-Engels-Institut)。① 梁赞诺夫便就任为第一任院长,热情地投入了对《共产党宣言》的作者——马克思和恩格斯的生平与影响、两人所有思想轨迹的收集与整理工作。梁赞诺夫早在革命以前,就怀揣对 19 世纪革命运动史的兴趣,努力地在欧洲各国的图书馆和档案馆中收集资料。他主持研究院工作后,想要将之建设成为名副其实的马克思主义研究中心,应该说这是理所当然的事情。特别是他正在筹备出版全四部、共 42 册的文献版的《马克思恩格斯全集》(MEGA1),因此收集马恩遗稿不能不是他最重要的业务目标。从这一角度来看,《德意志意识形态》作为一个过渡环节,体现了从《神圣家族》(Die Heilige Familie)到《哲学的贫困》(Misère de la philosophie),从实际上的人本主义到革命共产主义的转化过程;而具有如此重要意义的著作却在迈耶尔的《恩格斯传》中首次得以利用,所以梁赞诺夫接触到《恩格斯传》后是感觉不快的,这通过 1923 年他在苏联科学院所做的演讲可以看出。

在这次演讲中,梁赞诺夫首先引用考茨基的叙述,肯定地评价了迈耶尔对《德意志意识形态》手稿的利用所具有的意义。但同时却又说:"因迈耶尔以前是新闻工作者,任报纸通讯员,所以这次也没能摆脱新闻工作者或报纸通讯员的习惯,就连在撰写学术著作时,也未准确说明他所利用的究竟是怎样的手稿。"从而指责迈耶尔对于引用的究竟是《德意志意识形态》的哪一部分、哪一手稿第几页上的哪些字句不提只

---

① 1920 年成立的"马克思、恩格斯研究院",自梁赞诺夫于 1932 年被流放后,改称为"马克思恩格斯列宁研究院(Marx-Engels-Lenin-Institut),直至 1952 年。在 1953 到 1955 年之间,则叫做"马克思恩格斯列宁斯大林研究院(Marx-Engels-Lenin-Stalin-Institut),之后一直到今天,都称为"马克思列宁主义研究院 Institut für Marxismus-Leninismus"。下文中若无特殊事由,莫斯科的这一研究院便简称为"IML/M",而东柏林的同名研究院简称为"IML/B"。

言片语。梁赞诺夫同时主张,是他在那一时期花了四周时间,不遗余力赴柏林努力搜寻,结果才终于将《德意志意识形态》的全貌展现于世人面前的。梁赞诺夫报告说,通过此次柏林之旅,① 首先搜寻了以往刊物上有关《德意志意识形态》的所有资料;② 进而确保了较施蒂纳的《唯一者及其所有物》(Der Einzige und sein Eigentum)要更为庞大的"圣麦克斯"(Sankt Max)手稿,并明确了以下事实:与以往伯恩施坦公开刊登的"神圣麦克斯"(Der heilige Max)(参考上文第 3 项)相比较,后者只相当于这一手稿的 2/5;③ 在这一未完成的手稿中,马克思和恩格斯不仅批判了施蒂纳、鲍威尔,还将费尔巴哈作为受尊敬的论敌,体现了两人怎样克服黑格尔和费尔巴哈的过程;④ 此稿另外的一大部分讨论了真正的社会主义者,而这之前只是在《共产党宣言》中才有所涉及。①

梁赞诺夫的报告不仅关乎《德意志意识形态》,还涉及到马克思和恩格斯的其他遗稿,如《黑格尔法哲学批判》、《共产党宣言》草案等 1848 年革命之前的手稿,还有 1848 年以后马克思庞大的经济学手稿、恩格斯的科学论著,以及两人的书信等。卡尔·格律恩堡(Carl Grünberg)将此文翻译成德语,并发表在《社会主义及工人运动史档案》(*Archiv für die Geschichte des Sozialismus und Arbeiterbewegung*)上。正如编辑者格林伯格在编辑注中所揭示的,梁赞诺夫的报告在学术史上具有重大的价值,这是事实。然而,梁赞诺夫对《德意志意识形态》所作的较长的说明,贬低了迈耶尔的学术成果,夸大了自己的贡献,认为该书的全貌只有依靠他才能得以完美公开。因此,这一论争的性质只

---

① 这一演讲由卡尔·格律恩堡(Carl Grünberg)发表在他所主持的杂志《社会主义及工人运动史档案》(*Archiv für die Geschichte des Sozialismus und Arbeiterbewegung*)Ⅺ(1952)上。梁赞诺夫有关《德意志意识形态》的报告记录在梁赞诺夫:《关于马克思和恩格斯遗稿的最新消息》,同上引,第 389—391 页(D. Rjasanoff, *Neueste Mitteilungen*, *op. cit.*, S. 389-391)。

能作如是评价，即该书手稿①当时还属伯恩施坦所藏，出于功名心，才有对利用与公开手稿一事的竞争意识。当然，我们从同一杂志后一期上刊登的迈耶尔的反驳文章②，也可证实这些事实。但是，通过梁赞诺夫和迈耶尔之间的这次论争，我们可以推测出 20 世纪初思想界对马克思和恩格斯遗稿的好奇心和学术上的关心程度。

　　这样，经由斯特鲁威、伯恩施坦、梅林、迈耶尔，以及梁赞诺夫的推介，马克思研究者们把目光汇聚到马克思、恩格斯的遗稿——《德意志意识形态》上。上述斯特鲁威和伯恩施坦公开了部分手稿(1)，(2)，(3)和(4)，之后又通过迈耶尔、梁赞诺夫、兰茨胡特等人的努力，继续着刊行与复原的作业，直至 1932 年的 *MEGA1* Ⅰ/5。列举第一阶段后期，即伯恩施坦之后的作业情况如下。

　　(5)"莱比锡宗教会议"，载于《社会科学与社会政治档案》，图宾根，1921 年 10 月，第 47 发行年度，第 3 卷，第[773—781 页]782—808 页(刊载"莱比锡宗教会议"，"Ⅱ. 圣布鲁诺"和"如果通常(有)物……；恩格斯的笔记"。[　]内的页数指迈耶尔(Gustav Mayer)的序{"Das Leipziger Konzil," in *Archiv für Sozialwissenschaft und Sozialpolitik*, Tübingen, Oktober 1921, Jg. XLⅦ, Bd. 3, S. [773 - 781]782 - 808 **刊载"莱比锡宗教会议"，"Ⅱ. 圣布鲁诺"和"如果通常(有)物……；恩格斯的笔记"。**[　]内的页数指迈耶尔(**Gustav Mayer**)的序}。

　　(6)马克思和恩格斯《德意志意识形态》"Ⅰ. 论费尔巴哈"，载于

---

　　①　至 1931/1932 年，《德意志意识形态》的手稿仍属伯恩施坦合法所有，这通过恩格斯的遗嘱得以证实。在当时，尤其是 1913 年倍倍尔去世后，伯恩施坦成了保管马克思和恩格斯文学遗产的唯一的在世者。但据另外一份报告，伯恩施坦因当时的修正主义论争，与其他社会民主党人关系疏远，考虑到过去的同志关系，他于 1924 年 12 月 21 日，将保存了 10 多年的遗稿，包括《德意志意识形态》的手稿(其中《莱比锡宗教会议》部分已被社会民主党档案馆保管)捐赠给社会民主档案馆。贝尔特·安德雷亚斯：同上引，第 146 页；保罗·迈耶尔：同上引，第 44—45 页(Bert Andréas, *op. cit.*, S. 146; Paul Mayer, *op. cit.*, S. 44 - 45)。

　　②　参考贝尔特·安德雷亚斯：同上引，第 146 页；保罗·迈耶尔：同上引，第 44—45 页(Bert Andréas, *op. cit.*, S. 146; Paul Mayer, *op. cit.*, S. 44 - 45)。

《马克思、恩格斯档案》,美茵河畔法兰克福,1926 年,第 1 卷,第[205—217 页]230—306 页(刊载"序"和"Ⅰ. 论费尔巴哈")。梁赞诺夫编纂,编纂者序在[　]内),第 222—226 页及第 227—230 页(刊载"论费尔巴哈"《关于费尔巴哈的 11 个提纲》的复写本与原文){"Marx und Engels über Feuerbach. Der erste Teil der 'Deutschen Ideologie,'"in Marx-Engels Archiv, Frankfurt a. M. (1926), Bd. Ⅰ, S. [205 - 217]230 - 306 **刊载"Vorrede"和"Ⅰ. Feuerbach"。Rjazanow 编纂,编纂者序在[　]内,222—226 及 227—230[刊载"ad Feuerbach"(《关于费尔巴哈的 11 个提纲》的复写本与原文)]}。**

——这里基本上是依据《德意志意识形态》中的序,以及翻译成俄语的费尔巴哈一章"Proekt predislovija k 'Nemeckoj ideologii' Fejerbach(Idealisticeskaja I materilisticeskaja tock-izrenija)," Redig. Von D. Rjazanov, *Archiv Marksa I Engel'sa*, Moskau 1924, Bd. 1, W. 211 - 256.

(7) 马克思和恩格斯《论历史唯物主义·第一部分:唯物主义世界观和历史观的形成(见于 1842—1846 年文字中)》,国际工人出版社,柏林,1930 年,第 13 卷,第 54—142 页[刊载"Ⅰ. 费尔巴哈"和"Ⅲ. 圣麦克斯"的部分片段。敦克(H. F. Duncker)编纂,并附序与脚注][Marx und Engels, *Über historischen Materialismus. Teil I. Herausbildung der materialistischen Welt-und Geschichtsauffassung (in den Schriften von 1842—1846)*, Internationaler Arbeiter-Verlag, Berlin 1930, Bd. 13, S. 54 - 142 **刊载"Ⅰ. Feuerbach"和"Ⅲ. Sankt Max"的部分片段。H. F. Duncker 编纂,并附序与脚注]**

(8) 马克思《历史唯物主义·早期著作》,A. 克罗纳(Alfred Kröner)编,莱比锡,1923 年,第 2 卷,第 5—530 页[S. 兰德舒特(S. Landshut)和 J. P. 迈耶尔(J. P. Mayer)编纂。本文不全,缺"莱比锡宗教会议"和"Ⅱ. 圣布鲁诺"。此书的编者未考虑著者的提示说明,在本

文的排列上与 *MEGA1* 不同,按照手稿的排列顺序进行编纂][Karl Marx, *Der historische Materialismus. Die Frühschriften*, Alfred Kröner,Leipzig 1923, Bd. Ⅱ, S. 5 - 530 **S. Landshut 和 J. P. Mayer 编纂。本文不全,缺"Das Leipziger Konzil"和"Ⅱ. Sankt Bruno"。此书的编者未考虑著者的提示说明,在本文的排列上与 *MEGA1* 不同,按照手稿的排列顺序进行编纂。①**]

(9) 马克思、恩格斯《历史考证版全集·作品通信集》,责任者:马克思恩格斯列宁研究院。编纂者:V. 阿多拉茨基。柏林,马克思恩格斯出版社,I/5,马克思、恩格斯:《德意志意识形态》,1845—1846 年,对最近德国哲学及其代表人物费尔巴哈、B. 鲍威尔和施蒂纳以及德国社会主义及其各位先知的批判。1923 年,第 1—528 页(Karl Marx-Friedrich Engels, *Historisch-kritische Gesamtausgabe. Werke-Schriften-Briefe*, Im Auftrage des Marx-Engels-Lenin-Instituts, herausgegeben von Ⅴ. Adoratskij, Berlin, Marx-Engels Verlag, Ⅰ/5, Karl Marx-Friedrich Engels, *Die deutsche Ideologie. Kritik der neuesten deutschen Philosophie in ihren Repräsentanten, Feuerbach, B. Bauer und Stirner, und des deutschen Sozialismus in seinen verschiedenen Propheten. 1845—1846*, 1923, S. 1 - 528)

以上,我们简单了解了早期研究者对马克思与恩格斯的遗稿之一——《德意志意识形态》的关注情况。下面要考察的是,该遗稿经由 *MEGA1* 以比较完整的形式出版之前,其编纂情况如何。尤其是上面列举的第(5)和第(6)项,已经考虑到《德意志意识形态》的完整面貌来对手稿进行编纂。他们的这些努力为 *MEGA1* Ⅰ/5 的出版奠定了基础,在马克思研究史上,似应给以充分的评价。因此,手稿编纂

① 他们的这种编纂方式也同样体现在马克思与恩格斯的其他著作,尤其是马克思《经济学哲学手稿》的编纂上。参考马克思:《国民经济学与哲学》,载于马克思、恩格斯:《早期历史唯物主义作品集》(莱比锡,A. 克罗纳,1932 年),第 1 卷,第 285—375 页[Karl Marx, *Nationalökonomie und Philosophie*, in Marx und Engels, *Der historische Materialismus. Die Frühschriften*(Leipzig: Alfred Kröner, 1932), Bd. 1, S. 285 - 375]

史第一阶段后期所体现出的较为鲜明的特点就是，这些编纂者大部分都对该书的手稿形式有着基本的眼光，而且对它的重要性也有着充分的认识。

第二节　为完成和出版《德意志意识形态》而作出的努力

我们从上文可知，马克思与恩格斯的遗稿之一——《德意志意识形态》，从 1890 年代末开始，就在斯特鲁威、伯恩施坦、迈耶尔、梁赞诺夫、兰茨胡特的努力下得以部分出版，而后，*MEGA1* Ⅰ/5［参考上述第（9）项］于 1932 年发行，其全貌首次以完整的形式得以公开。因而本节首先进行有重点的整理，内容有：该手稿的内容结构、完成过程以及马克思与恩格斯为手稿的出版而付出的努力。也就是说，我们在这里要探讨《德意志意识形态》的编纂前史。

一、《德意志意识形态》的结构

名为《德意志意识形态》的这一数量庞大的手稿，除了马克思所写的序 *Vorrede* 之外（藏于 IML/M），现全部保存在阿姆斯特丹的"国际社会史研究所（IISG）"内。这里，笔者为了理清《德意志意识形态》的全貌，首先转载两个目录，一是 *MEGA1* Ⅰ/5 所载目录，另一个则是选自 1938 年以来保管该手稿的 IISG 所编写的《马克思、恩格斯遗稿目录》（*Inventar des Marx-Engels Nachlaßes*），其中有关该手稿的是 A10 至 A17 的前期遗稿目录说明，由此来考察该手稿的内容结构。

1. *MEGA1* Ⅰ/5（1932）［参考上述第（9）项］

《德意志意识形态》　对最近德国哲学及其代表人物费尔巴哈、B. 鲍威尔和施蒂纳以及德国社会主义及其各位先知的批判（*Die Deutsche Ideologie. Kritik der neuesten deutschen Philosophie in ihren Repräsentanten, Feuerbach, B. Bauer und Stirner, und des deutschen*

Sozialismus in seinen verschiedenen Propheten）。

2. Vorrede(S. 3)——序(第 3 页)[Vorrede(S. 3)]

Ⅰ. 费尔巴哈　唯物主义直观与唯心主义直观的对立(第 7—64 页)[Feuerbach. Gegensatz von materialistischer und idealistischer Anschauung(S. 7 - 67)]

A. 一般意识形态，特别是德意志意识形态（Die Ideologie überhaupt，namentlich die deutsche)

B. 意识形态的现实基础（Die wirkliche Basis des Ideologie)

C. 共产主义　交往关系本身的生产（Kommunismus. Produktion der Verkehrsform selbst)

莱比锡宗教会议(71—432 页)[Das Leipziger Konzil(S. 71 - 432)]

Ⅱ. 圣布鲁诺(75—94 页)[Sankt Bruno(S. 75 - 94)]

（1）反费尔巴哈“运动”(“Feldzug” gegen Feuerbach)

（2）圣布鲁诺对费尔巴哈与施蒂纳之争的考察（Sankt Brunos Betrachtungen über den Kampf zwischen Feuerbach und Stirner)

（3）圣布鲁诺反对“神圣家族”的作者（Sankt Bruno contra die Verfasser der “heiligen Familie”)

（4）“M. 赫斯”悼词（Nachruf an “M. Heß”)

Ⅲ. 圣麦克斯(97—428 页)[Sankt Max(S. 97 - 428)]

（1）唯一者及其所有物(98—421 页)[Der Einzige und sein Eigentum(S. 98 - 421)]

旧约：人(100—219 页)[Altes Testament：Der Mensch(S. 100 - 219)]

新约：“我”(220—421 页)[Neue Testament：“Ich”(S. 220 - 421)]

莱比锡宗教会议的结论（431—432 页）[Schluß des Leipziger Konzils(S. 431 - 432)]

真正的社会主义(435—437 页)[Der wahre Sozialismus(S. 435 - 437)]

(2)《莱茵年鉴》或真正的社会主义的哲学（441—468 页）〔Die "Rheinischen Jahrbücher" oder die Philosophie des wahren Sozialismus (S. 441－468)〕

Ⅳ. 卡尔·格律恩：法兰西与比利时的社会运动（达姆城，1845 年），或者：真正的社会主义的历史编纂学〔Karl Grün：Die soziale Bewegung in Frankreich und Belgien（Darmstadt，1845）oder：Die Geschichtsschreibung des wahren Sozialismus(S. 471－516)〕

Ⅴ. "霍尔施坦的格奥尔格·库尔曼博士"或对真正的社会主义的预言（519—528 页）〔"Der Dr. Georg Kuhlmann aus Holstein" oder die Prophetie des wahren Sozialismus(S. 519－528)〕

3. 马克思、恩格斯遗稿目录，国际社会史研究所，阿姆斯特丹（Inventar des Marx-Engels Nachlaßes，IISG，Amsterdam）

A10 《德意志意识形态》序

1845 年前后，德语，1 S.（印刷）

手稿也有恩格斯的笔迹。

A11 《德意志意识形态》，Ⅰ. 费尔巴哈

1845 年 9 月/1846 年 10 月，德语，59 S.

手稿大部分是恩格斯的笔迹，有马克思的补充和修改。

A12 《德意志意识形态》，Ⅱ. 圣·布鲁诺

1845 年 12 月/1846 年 4 月前后，德语，17 S.

手稿是恩格斯的笔迹，可看出马克思的补充等。

A13 《德意志意识形态》，莱比锡宗教会议，

1846 年 4 月/5 月，德语，S 1 1/2.

手稿是恩格斯的笔迹。

＝《德意志意识形态》第一章导言，"莱比锡宗教会议"，包含：a.〔导言〕，b. "Ⅱ. 圣·布鲁诺"，c. "Ⅲ. 圣·麦克斯"，d.〔结论〕

A 14 《德意志意识形态》，Ⅲ.圣麦克斯

1845 年 9 月/1846 年 5 月,德语,267 1/2 S.,部分残缺。

手稿是魏德迈和恩格斯的笔迹,可看出马克思的补充。

包括"圣·麦克斯""莱比锡宗教会议"一章的结论。

导言(Einleitung)　　　　:页式(Zählung)①I, S. 1/3

旧约(Altes Testament):　　//　　I, S. 3/149

新约(Neues Tsetament):　　//　　II, S. 1/271

结论(Schluss)　　　:　　//　　II, S. 272/273

本文的清稿:

　　页式(Zählg)　I　导言与旧约(Einleitung und altes Testament):

　　魏德迈(Weydemeyer) 1/16,恩格斯(Engels) 17/52

　　//　　53/54,　　//　　55/68

　　//　　69/82,　　//　　83/90

　　//　　91/98,　　//　　99/149

　　页式(Zählg)　II　新约与结论(Neue Testament und Schluss):

　　//　　1/12,　　//　　13/122

　　//　　123/126,　　//　　127/273

　　A15　《德意志意识形态》*Die deutsche Ideologie*,真正的社会主义(Der wahre Sozialismus),

　　1846 年 4 月,德语,23 1/4 S.

　　手稿是恩格斯的笔迹,可看出马克思的几个修改处。

　　恩格斯标记页码,1/40

　　1—4:真正的社会主义(导言)[Der wahre Sozialismus(Einleitung)]

　　5—40:"莱茵年鉴"或真正的社会主义的哲学(Die

---

① A14 与其他章节相比,量较庞大,这意味着其页码计算单位有I和II两种。

"rheinischen Jahrbücher" oder die Philosophie des wahren So-
zialismus)

A16 《德意志意识形态》，Ⅳ. 卡尔·格律恩"社会运
动……"(*Die deutsche Ideologie*，Ⅳ. Karl Grün "Die soziale
Bewegung……,")

1846 年初，德语，34 1/2 S.（结论部分残缺）

手稿是恩格斯的笔记，可看出马克思的补充。

（有伯恩施坦编纂时所做的技术上的注）

——标题：卡尔·格律恩：法兰西与比利时的社会运动
（达姆城，1845 年），或者：真正的社会主义的历史编纂学[Ti-
tel：Karl Grün："Die soziale Bewegung in Frankreich und Bel-
gien"（Darmstadt 1845）oder：Die Geschichtsschreibung des
wahren Sozialismus.]

A17 《德意志意识形态》，Ⅴ. 赫斯"霍尔施坦的格奥尔
格·库尔曼博士"或对真正的社会主义的预言（*Die deutsche
Ideologie*，Ⅴ. Moses Hess "Der Dr. Georg Kuhlmann aus
Holstein" order die Prophetie des sahren Sozialismus），

1846 年前后，德语，6 S.

手稿是魏德迈的笔迹。恩格斯加注标题，魏德迈在
手稿末尾记有"M. Hess"。

比较《赫斯遗稿》（*Hess-Nachlass*），B 82/83（"D. 格
拉齐亚诺（Dottore Graziano）"章与卢格一章的"序
（Vorrede）"——当时与马克思笔记（Marx-Notiz）一同，是为
《德意志意识形态》而写的。）和 B175[关于"库尔曼"手稿（z.
"Kuhlmann"-Manuskript）]。

我们可通过上文列举的 *MEGA1* Ⅰ/5 和 IISG 的《马克思、恩格斯
遗稿目录》，将《德意志意识形态》的结构整理如下。这里，较之 IISG 的
遗稿目录，笔者更以 *MEGA1* 的目录为准。这是因为考虑到前者只停

留在基本的目录层次上,而后者则是根据一定的编辑原则,对手稿进行
重新整理的结果。①

A：序 Vorrede(IISG，A10)

——《遗稿目录》A10 为恩格斯所写,但马克思的亲
笔②/手稿唯一保存于 IML/M。

B：Ⅰ.费尔巴哈 Feuerbach(A11)

——恩格斯的笔迹。可见马克思修改补充的笔迹。

C：莱比锡宗教会议 Das Leipziger Konzil(A13)

——恩格斯的笔迹。《遗稿目录》中 C、D 的顺序互换。

D：Ⅱ.圣布鲁诺 Sankt Bruno(A12)

——恩格斯的笔迹。可见马克思修改补充的笔迹。

E：Ⅲ.圣麦克斯 Sankt Max(A14)

——该手稿量很庞大,恩格斯与魏德迈所写,可见马克
思修改补充的笔迹。

F：莱比锡宗教会议的结论 Schluß der Leipziger Konzils
(A14 的最后部分)

——同 E。

G：真正的社会主义(导言)Der wahre Sozialismus(Einlei-
tung)(A15 前面部分)

——恩格斯的笔迹。马克思作了几处修改。恩格斯标
记页码。

H：一、"莱茵年鉴",或真正的社会主义的哲学 Die
"Rheinische Jahrbücher" oder die Philosophie des wahren So-

---

① 请参考 *MEGA1* Ⅰ/5,S. 561—564 的"手稿的编纂原则"。

② 有关 *MEGA1* Ⅰ/5 本文的说明,通过照片本得到证实。参考同上书,第 551
页;第 564 页,以及第三人称 565 页(*Ibid.*，S. 551,564,565);《马克思、恩格斯著作
集》,第 3 卷,第 15 页序(*MEW*，Bd. 3,S. 15)的照片本。同时也请参考 Bert Andréas,
op. cit.，S. 140。

zialismus

　　——同 G。

　　I：四、卡尔·格律恩，"法兰西和比利时的社会运动"，及真正的社会主义的历史编纂学 Karl Grün："Die soziale Bewegung in Frankreich und Belgien"（Darmstadt，1845）oder：Die Geschichtsschreibung des wahren Sozialismus（A16）

　　——恩格斯的笔迹。马克思修改补充。可见伯恩施坦添加的编辑笔迹。

　　J：五、"霍尔施坦的格奥尔格·库尔曼博士"，或对真正的社会主义的预言"Der Dr. Georg Kuhlmann aus Holstein" oder die Prophetie des wahren Sozialismus（A17）

　　——魏德迈的笔迹。恩格斯写标题，本文结尾处有魏德迈所写的"M. Hess"。

　　通过以上的叙述，我们能够很快地找出《德意志意识形态》所具有的几个特点。第一，手稿本文 Grundtext 的大部分基本上都是恩格斯所写，另有一部分为魏德迈（Joseph Weydemeyer）所写。马克思基于此本文，作了修改和补充。现有 *MEGA1* 版本、MEW 上登载的手稿照片本，以及可在 IISG 阅览的照相复制本，都清楚地说明了这一事实。也就是说，该手稿的各页形式是这样的——按照纸张（*Blatt*）长度（采取窄页上下排列，宽页左右排列的并排 quer beschrieben），对折后左边是恩格斯和魏德迈的誊写稿，右边是马克思对此作的修改和补充。因而，该手稿形式引起了我们对《德意志意识形态》完成过程中马克思与恩格斯合作方式的关注，并使我们开始探讨两人之外的第三者——魏德迈的作用，从而更进一步给我们带来以下疑点，即现存手稿形式是用于印刷的最终稿（Druckfassung od. Druckreifes Manuskript）呢，还是迈向最终稿的未完稿或草稿（Entwurf）？

　　接下来我们要关注的是，手稿第二卷"真正的社会主义者"中，本应在 H［"一、莱茵年鉴……"（Ⅰ. Die 'Rhernische Jahrbücher'……)]和

I〔"四、卡尔·格律恩……"（Ⅳ．Karl Grün：……）〕之间的Ⅱ和Ⅲ章，现在佚失了；且相当于 J 的"五、霍尔施坦的格奥尔格·库尔曼博士……"（Ⅴ．'Der Dr. Georg Kuhlmann aus Holstein'：……"），是否是赫斯（Moses Heß）所作。这些问题重演了伯恩施坦以来的论争①，即《德意志意识形态》的写作除了马克思、恩格斯以外，赫斯起到了怎样的作用？这对手稿客观地位的确立是重要的关键所在。

最后要提及的问题有关《德意志意识形态》特立卓群的意义，即该手稿与当时写就的其他残存手稿有何关联？我们为了寻找这些问题的答案，自然要将研究心力放在手稿执笔过程，即《德意志意识形态》的成稿历史上。

二、《德意志意识形态》的完成

应该说，马克思与恩格斯滞留在布鲁塞尔的时期，是两人开始"密切"合作的最初时期。两人最早的合著是巴黎之遇后开始的《神圣家族》（*Die heilige Familie，order Kritik der kritischen Kritik. Gegen*

---

① 伯恩施坦证实说，1894 年，即恩格斯晚年时，自己曾亲耳听恩格斯讲过，赫斯不仅参与了"库尔曼批判"一章，还参与了"圣麦克斯(Sankt Max)"章。但今天大部分的赫斯研究者对此都不承认。E. 伯恩施坦："'圣麦克斯'．选自马恩论施蒂纳的作品"，《社会主义文献》绪论，伯恩施坦编辑，第 2/3 卷（1903 年），第 17—18 页；W. 蒙克："论赫斯在'德意志意识形态'上的工作"，《年鉴》，第 6 发行年度（1963 年），第 457 页；B. 安德雷亚斯/W. 蒙克："关于'德意志意识形态'的新资料，附一份不为人知的马克思的信和其他文献"，《社会历史档案》，第 8 卷（1968 年），第 29—31 页；I. 陶伯特：《论赫斯在《德意志意识形态》上的工作——A. 卢格的著作〈巴黎两载·研究与回忆〉（莱比锡，1846 年）解读》，《马克思、恩格斯研究来稿》，第 26 期（1989 年），第 146 页〔Eduard Bernstein, Der *heilige Max. Aus einem Werk von Marx-Engels über Stirner*, Vorbemerkung in *Dokumente des Sozialismus*, hrsg. Von E. Bernstein, Bd. 2/3 (1903), S. 17 - 18；Wolfgang Mönke, *Über die Mitarbeit von Moses Hess an der **Deutschen Ideologie**, Annali*, Anno Sesto(1963), S. 457；Bert Andréas/Wolfgang Mönke, *Neue Daten zur **Deutschen Ideologie**. Mit einem unbekannten Brief von Karl Marx und anderen Dokumenten*, Archiv für Sozialgeschichte, Ⅷ. Bd. (1968), S. 29 - 31；Inge Taubert, Zur *Mitarbeit von Moses Heß an der **Deutschen Ideologie**——die Auseinandersetzung Arnold Ruges Werk **Zwei Jahre in Paris. Studien und Erinnerungen**, Lerpzig 1846, Beiträge zur Marx-Engels-Forschung*, 26(1989), S. 146〕。

Bruno Bauer & Consorten. 1844）。这一最早的合著体现了两人与当时德国青年黑格尔派的代表论客——布鲁诺·鲍威尔的诀别，当初预计有 80—100 页左右。恩格斯在 10 天左右滞留巴黎的短暂时间里完成了他所负责的一部分，于 1844 年 9 月初离开巴黎，之后马克思一人将写作工作继续到同年 11 月底，从而使该书的分量比当初预想的要增加三倍。① 而且当恩格斯看到合著的分量比当初预想的要庞大时，曾向马克思表达了自己的惊异。② 考虑到这些事实，我们可以说，当时两人的合作还并不十分紧密。

但是，1845 年 4 月初，恩格斯到达布鲁塞尔，与同年 2 月初就滞留于此的马克思会合后，便开始了两人之间密切的合作，当然，其合作基础是两人之前就经由独立路径而到达的唯物历史观。③ 此时的马克思，正想要就前一年 10 月出版的施蒂纳（Max Stirner）的《唯一者及其所有物》写一篇批判文章，投给巴黎的《前进报！》（*Vorwärts!*）④，但因 1845 年 2 月底两人的合著——《神圣家族》的出版，他们感到没有必要

----

① 参考 W. 蒙克：《神圣家族·关于马克思和恩格斯的第一次合作》（柏林：学院出版社，1972 年），第 126—132 页［Wolfgang Mönke, *Die heilige Familie. Zur ersten Gemeinschaftsarbeit von Karl Marx und Friedrich Engels*（Berlin：Akademie-Verlag, 1972），S. 126 - 132］以及郑文吉，前书，pp. 180—184。

② 《恩格斯致在巴黎的马克思》，巴门，1845 年 1 月 20 日左右，*MEGA2* Ⅲ/1，第 261 页；《恩格斯致在布鲁塞尔的马克思》，巴门，1845 年 3 月 17 日，同上书，第 271—272 页（*Friedrich Engels an Karl Marx in Paris*，Barmen，um den 20. Januar 1845，*MEGA2* Ⅲ/1，S. 261；*Friedrich Engels an Karl Marx in Brüssel*，Barmen，17. März 1845，*Ibid.*，S. 271 - 272）。

③ 关于两人到达布鲁塞尔的日期，请参考马克思、恩格斯列宁研究院：《马克思年谱》（马恩出版社，莫斯科，1934 年），第 27 - 28 页及安德雷亚斯、蒙克：《关于〈德意志意识形态〉的新资料》，第 12—15 页，注 9［Marx-Engels-Lenin-Institut, *Karl Marx. Chronik seines Lebens in Einzeldaten*（Marx-Engels-Verlag，Moskau 1934），S. 27, 28 及 Andréas/Mönke, *Neue Daten zur Deutschen Ideologie*，S. 12 - 15，Anm. 9］。另外，关于两人当时各自唯物历史观的形成和恩格斯对此的评价，请看安德雷亚斯、蒙克：同上书，第 22—23 页（Andréas/Mönke, op. cit.，S. 22 - 23）。

④ 《马克思致在巴黎的 H. 波恩施坦》，1844 年 12 月 2 日，*MEGA2* Ⅲ/1，第 257 页及《马恩年鉴》，3（1980 年），第 299—300 页［Karl Marx an Hernrich Börnstein in Paris. 2. Dezember 1844，*MEGA2* Ⅲ/1，S. 257 及 *Marx-Engels-Jahrbuch*，3（1980），S. 299 - 300］。

再与布鲁诺·鲍威尔，甚至是施蒂纳进行论争。也就是说，马克思已经与出版商列斯凯（C. Leske）就《政治和国民经济学批判》（*Kritik der Politik und Nationalökonomie*）的出版达成协议，正埋头于该书的写作；而恩格斯也正在准备他的《英国社会史》（*Geschichte der englischen Gesellschaft*）的内容之一——《英国工人阶级状况》（*Lage der arbeitenden Klasse in England*），所以至少在 1845 年上半年，并不考虑再与青年黑格尔派展开论争。[①] 但是，当他们结束 1945 年 7 月到 8 月的 40 天的英国之旅[②]回来，情况发生了变化。

　　这一时期的青年黑格尔主义者们，尤其是布鲁诺·鲍威尔和施蒂纳，固守主观唯心主义的立场，远离客观的政治状况。因此在鲍威尔看来，只有"自我意识"（Selbstbewußtsein），才是形成历史的力量和变革世界的权力。而施蒂纳则认为，幻想的霸气才是变革世界的方法。所以，他们各自将所有批判他们的论敌看作是不懂批判为何物的批判产物，看作是幻想的奴隶，不懂得满足自己的认识、愿望、需求的有意识的利己主义为何物。[③] 鲍威尔和施蒂纳的这些论点之所以将刚从英国研究旅行归来的马克思和恩格斯卷进论争，是因为那时马恩两人拿到的《维干德季刊》（*Wigand's Vieteljahrschrift*）第三卷上，刊登了鲍威尔和施蒂纳或间接或直接批判马恩两人的文章。[④] 换言之，鲍威尔和施蒂纳并不是直接对马克思和恩格斯加以攻击，而是将他们两人看作是

---

　　① 参考安德雷亚斯／蒙克：同上书，第 16—18 页（Andréas/Mönke, *op. cit.*, S. 16‑18）。

　　② 马克思、恩格斯列宁研究院：《马克思年谱》，第 28 页（MELI, *Karl Marx. Chronik seines Lebens in Einzeldaten*），S. 28.）。

　　③ 蒙克：《论赫斯在〈德意志意识形态〉上的工作》，第 450—454 页（Mönke, *Über die Mitarbeit von Moses Hess an der **Deutschen Ideologie***, S. 450‑454）。另外，有关布鲁诺·鲍威尔的批判哲学或施蒂纳的利己主义的讨论，请参考郑文吉，前书，第 2 部。

　　④ ［B. 鲍威尔］：《评路德维希·费尔巴哈》，载于《维干德季刊》，第 3 卷，1845 年，第 86—146 页；M. 施［蒂纳］：《施蒂纳的审查官们》，同上书，第 147—194 页｛［B. Bauer］, *Charakteristik Ludwig Feuerbachs*, in *Wigand's Vieteljahrsschrift*, Bd. 3 (1845), S. 86‑146；M. St［irner］, *Recensenten Stirners*, *op. cit.*, S. 147‑194｝。

费尔巴哈主义者,从而使他们不得不从以前的黑格尔哲学遗产中摆脱出来,来阐明他们自己独特的立场。

正如前文所引的《政治经济学批判·序》中说,"把我们从前的哲学信仰清算一下"。还有下文所引的马克思寄给列斯凯的信,信中声明,为了取得哲学和历史哲学的真理性,并让大众知晓,就不得不着手进行论战。这两段文字作为《德意志意识形态》写作动机的表述,具有重要的意义。

> 因为我认为,在发表我的**正面阐述**以前,先发表一部反对德国哲学和那一时期产生的**德国社会主义**的论战性著作,是很重要的。为了使读者能够了解我的同迄今为止的德国科学根本对立的政治经济学的观点,这是必要的。顺便说一句,这就是我在一封信中告诉过您的在《政治经济学》出版以前必须完成的那部论战性著作。①

当然,对于《德意志意识形态》的写作动机,今天多数马克思的研究者认为,当时他们从经济发展迅速的英国见闻归来,其中尤其是马克思,面对德国哲学运动和解放战争必要性之间的巨大反差,认识到①有必要以自己的历史认识科学地阐明工人运动的直接的重要性;②进而让欧洲,尤其是德国的无产阶级对工人运动充满信心,这是重要的课题。② 而且事实上,这对马克思在巴黎时期就已经开始的经济学研究起到了鞭策作用。但是,正如上文所述,我们可以判断《德意志意识形态》直接的写作动机是在于:面对布鲁诺·鲍威尔和施蒂纳的攻击,他

---

① 《马克思致达姆城的 C. R. J. 列斯凯》布鲁塞尔,1846 年 8 月 1 日,*MEGA2* Ⅲ/2,第 23—24 页(Karl Marx an Carl Friedrich Julius Leske in Darmstadt. Brüssel, 1. August 1846, *MEGA2* Ⅲ/2, S. 23 - 24)。

② 蒙克:《论赫斯在〈德意志意识形态〉上的工作》,《年鉴》,第 6 发行年度,1963 年(米兰,1964 年),第 440—442 页;安德雷亚斯、蒙克,同上书,第 23—24 页(Wolfgang Mönke, *Über die Mitarbeit von Moses Hess an der **Deutschen Ideologie***, *Annali*, Anno Sesto 1963(Milano 1964), S. 440 - 442; Andréas/Mönke, *op. cit.*, S. 23 - 24)。

们两人必须要阐明自己的哲学立场。

据《马克思年谱》(*Karl Marx. Chronik seines Lebens in Einzeldaten*, zusammengestellt von Marx-Engels-Lenin-Institut. Moskau 1934)推测,马克思和恩格斯决定要撰写《德意志意识形态》的第一卷①——《莱比锡宗教会议》,是在 1845 年 9 月初。② 据马克思夫人燕妮(Jenny Marx)回忆,该论战文的执笔是在 1845 年夏③。但两人结束四十余日的英国之旅回到布鲁塞尔,是在 8 月 21 日前后,如果说回来数周后他们才看到上述《维干德季刊》上刊登的布鲁诺·鲍威尔和施蒂纳的文章,那么决定要写批驳这些文章的论战文,应该是在稍后些的日子。因此,以往对《德意志意识形态》执笔时期的通常说法是将 9 月作为开始期,并根据恩格斯 10 月 14 日就他们的出版合同给汉堡的出版商坎佩(Julius Campe in Hamburg)的信④,认为最迟是在同年 10 月中旬前后。⑤ 但 IML/M 和 IML/B 共同进行 *MEGA2* 的编纂作业后,于 1972

---

①　当时计划撰写《德意志意识形态》是为了批判鲍威尔和施蒂纳,其暂定标题为"莱比锡宗教会议"。然而到了 1846 年,因为有必要对当时颇有势力的真正的社会主义者进行批判,所以添加了这一部分而成为《德意志意识形态》,《莱比锡宗教会议》便成为该书第一卷,有关真正的社会主义者的部分成为第二卷。*MEGA1* 未将此分为一、二两部分,而 *MEW* 将此分作了两部分。

②　马克思恩格斯列宁研究院:《马克思年谱》(马恩出版社,莫斯科,1934 年),第 29—30 页(Marx-Engels-Lenin-Institut, *Karl Marx. Chronik seines Lebens in Einzeldaten*(Moskau: Marx-Engels-Verlag, 1934), S. 29 - 30)。该书举 *MEGA1* Ⅰ/5, S. 71 的《莱比锡宗教会议》序,作为推断根据。

③　燕妮·马克思:《动荡不安生活的素描》,载于《摩尔与将军·回忆马克思与恩格斯》(柏林:狄茨出版社,1964 年),第 206 页(Jenny Marx, *Kurze Umrisse eines bewegten Lebens*, *Mohr und General. Erinnerungen an Marx und Engels*(Berlin: Dietz Verlag, 1964), S. 206)。

④　《恩格斯致汉堡的 J. 坎佩》布鲁塞尔,1845 年 10 月 14 日,*MEGA2* Ⅲ/1,第 278 页(Friedrich Engels an Julius Campe in Hamburg. Brüssel 14. Oktober 1845, *MEGA2* Ⅲ/1, S. 278)。

⑤　安德雷亚斯、蒙克:《关于'德意志意识形态'的新资料》,第 25—26 页及贝尔特·安德雷亚斯:《马克思与恩格斯——德国古典哲学的终结,文献目录》,第 139 页(Andréas/Mönke, *Neue Daten zur **Deutschen Ideologie***, S. 25 - 26 及 Andréas, *Karl Marx/Friedrich Engels. Das Ende der klassischen deutschen Philosopihe. Bibliographie*, S. 139)。

年推出 *MEGA2* 的试行版,其中称该书的执笔日期很难精确地推算出来,因为是看到《维干德季刊》第三卷后才开始撰写的,所以,依照《维干德季刊》第三卷的出版日期,以及《社会明镜》(*Gesellschaftsspiegel*)这一杂志——上面发表了针对《维干德季刊》上鲍威尔的《评路德维希·费尔巴哈》(*Charakteristik Ludwig Feuerbachs*)的反驳文(*MEGA* 的编者推测作者为马克思),从而推算出《德意志意识形态》的执笔日期为1845 年 11 月。① *MEGA2* 试行版所持的这一主张是否就为即将出版的 *MEGA2* Ⅰ/5 所采纳,我们不得而知,但是应该说,根据新资料推测出的这一执笔日期,是颇为引人注目的。

另一方面,有关《德意志意识形态》的手稿,还有一个吸引我们注意的问题,这就是手稿各章的撰写顺序问题。前文中已经讨论过,*MEGA1* 的文本排列顺序与 IISG 的遗稿目录之间有着一些差异,我们至少能够获知,各章的排列顺序不一定就与撰写顺序一致。正如前文所说,马克思和恩格斯撰写《德意志意识形态》,是因鲍威尔和施蒂纳而起的,②他们对马克思和恩格斯的攻击,其论据在于认为马恩两人不过

---

① 当时的《德国书商报》(*Börsenblatt für den Deutschen Buchhandel*) 92 号(1845. 10. 25)载,《维干德季刊》"于 1845 年 10 月 15—18 日出版于莱比锡",而赫斯在 1845 年第 6 卷《社会明镜》(最迟在 1845 年 11 月 20 日出版)上预告了《对圣人的批判》(*Kritik der heiligen Männer*)。并且,*MEGA2* 的试行版编者主张,1846 年第 7 卷《社会明镜》上登载的未署名文章——《11 月 20 日,布鲁塞尔》,是针对《维干德季刊》上鲍威尔批判《神圣家族》的文章的反批判文,这正与《德意志意识形态》的执笔日期相吻合。马克思、恩格斯:《马克思恩格斯全集(*MEGA*)》,试行本,柏林:狄茨出版社,1972 年,第 402 页[Karl Marx/Friedrich Engels, *Gesamtausgabe*(*MEGA*) Probeband (Berlin: Dietz Verlag, 1972), S. 402]。

② 燕妮回忆说,马克思和恩格斯批判德国普通哲学的著作是因为受到施蒂纳《唯一者及其所有物》的外在触动。之所以这么认为,是有先例的,即两人通过《神圣家族》完成了对鲍威尔的批判。燕妮·马克思:《动荡不安生活的素描》,第 206 页(Jenny Marx, *Kurze Umrisse eines bewegten Lebens*, S. 206)。* 另一方面,前苏联的巴加图利亚(G. A. Bagaturija)教授在其学位论文(1971)中,集中探讨了《德意志意识形态》执笔前后的历史,认为该书的执笔日期是 1845 年 11 月,尤其是在 11 月 20 日之后。A. バガトゥーリア(坂间真人译),《マルクス主義の歴史における〈ドイツ・イデオロギー〉の位置》,《情況》,1973 年 1 月号,p. 72[1994——作者]。

是费尔巴哈主义者。为此,马克思与恩格斯要阐明自己的立场是唯物主义历史观,是区别于费尔巴哈的,并据此想对鲍威尔和施蒂纳加以批判。因而题为"莱比锡宗教会议"的第一卷中,马克思与恩格斯首先要阐述他们通过经济学研究而获得的辩证唯物论和唯物主义历史观,从而建构起批判鲍威尔及施蒂纳等莱比锡教父们(Kirchenväter①)的论据。若据此来看,则可推测出最先起草的是《德意志意识形态》的第一卷——B(Ⅰ. 费尔巴哈),其稍后为 D(Ⅱ. 圣布鲁诺)和 E(Ⅲ. 圣麦克斯)。②

　　而对这一问题,前面提及的 *MEGA2* 试行本又提出了另外的假设。该书编者认为,当时马克思和恩格斯根本没有将"费尔巴哈"一章从《德意志意识形态》中独立出来的想法,因为他们两人是将费尔巴哈的观点与鲍威尔的费尔巴哈批判相联系起来进行分析的,所以觉得没有必要将这一章独立出来论述其独有的立场;但在撰写过程中,他们两人得出了这样的结论,即对费尔巴哈的唯物主义和抽象的人本主义的批判,要从他们自身的唯物主义历史观上进行。也就是说,他们认识到有必要从根本上来区分唯心主义历史观与唯物主义历史观之间的不同,因而全面调整了《德意志意识形态》第一卷的内容结构,将"费尔巴哈"作为独立的一章。故可以推测,B("费尔巴哈"章)的执笔计划早至撰写 D中针对鲍威尔《评路德维希·费尔巴哈》的批判文时,晚至撰写 E 中

---

　　①　马克思和恩格斯讽刺地称鲍威尔和施蒂纳为"教父",尤其是将之称为"莱比锡"教父,这是因为登载他们文章的《维干德季刊》,是由莱比锡的奥托·维干德出版社(Verlag von Otto Wigand)出版发行的。

　　②　安德雷亚斯、蒙克:《关于〈德意志意识形态〉的新资料》,第 26 页(Andréas/Mönke, *Neue Daten zur* **Deutschen Ideologie**, S. 26)。还有假说认为,D 和 E(对鲍威尔和施蒂纳的批判)是先撰写的部分,几乎同时或稍晚些,再开始撰写 B(对费尔巴哈的讨论)。而正是《马克思年谱》,认为 B 的撰写决定与《德意志意识形态》的第二卷同时,是在 1846 年 1 月作出的。但当初曾持这一立场的蒙克,于 1962 年摒弃了他的主张,并于 1968 年和安德雷阿斯一同,主张"费尔巴哈"章是先开始撰写的。蒙克:《论赫斯在〈德意志意识形态〉上的工作》,第 445 页(Mönke, *über die Mitarbeit von Moses Hess an der* **Deutschen Ideologie**, S. 445);《马克思年谱》,第 30 页(*Karl Marx. Chronik*…, S. 30)。

"作为市民社会的社会"一节（*MEGA1* Ⅰ/5，S. 327 - 355）之后。[①] 可以说，*MEGA2* 试行版的这一说法再次将《德意志意识形态》第一卷各章的撰写顺序回复到《马克思年谱》及蒙克早期的主张上去。[②]

　　我们推测《德意志意识形态》第一卷的撰写基本上按下面的这些步骤进行：① 最初的草稿（Entwurf），以及马克思和恩格斯围绕草稿的讨论。[③] ② 经过对草稿的修改，完成誊清稿。③ 根据誊清稿，作文句与内容的增删，再加入编辑上的指示（Angabe）。④ 最后形成用于出版的最终稿（Druckfassung）。如果是这样，那么我们所面对的最大的难题是搞清楚现存的手稿原稿究竟是属于哪一个步骤的。从阿姆斯特丹的 IISG 所藏原稿的照相复制本来看，有的地方全无增删，或仅有少许改动，似即可付印；而有的地方却不是誊清稿，可见大量的增删改动与编辑上的指示，较左边的誊清稿部分还要多。鉴于原稿的这一状态，我们至少可以推断，现存手稿原稿的各个章节处于不同的完成阶段，而非同一撰写步骤的产物。在这里，我们有必要关注古斯塔夫·迈耶尔的主张，即现存手稿至少并非都是用于出版的最终稿。1914 年 5 月以来，迈耶尔为了撰写《恩格斯传》，曾一度集中研究了《德意志意识形态》的手稿。他赞成上述判断的理由是：① 显然相当数量的手稿处于未完成的状态；② 手稿还有一种情况，即完全是定稿前必须要作修改的杂乱

---

① 　*MEGA2* 试行版，第 403—404 页（*MEGA2* Probeband，S. 403 - 404.）。

② 　《马克思年谱》，第 30 页（*Karl Marx. Chronik*…，S. 30）；蒙克：《论赫斯在〈德意志意识形态〉上的工作》，第 445 页（Mönke, *Über die Mitarbeit von Moses Hess an der* **Deutschen Ideologie**，S. 445）。

③ 　马克思逝世后，恩格斯寄给劳拉的信中有这样一段内容，从中可看出马克思与恩格斯撰写《德意志意识形态》时，两人热烈讨论的情形。"在摩尔（马克思的别名）的文稿里，我发现了一整堆稿子，是我们在 1848 年前那段时间合写的著作。有些我很快就要发表。你来到这里以后，我要读其中的一篇稿子给你听，你会笑破肚皮的。这篇稿子现已读给尼姆（Helene Demuth 的别名）和杜西（Eleanor Marx 的别名）听过了。尼姆说：现在我才知道，为什么你们两个人那时候在布鲁塞尔天天晚上这样哈哈大笑，使得家里任何一个人都不能入睡。"恩格斯致在巴黎的拉法格。伦敦，1883 年 6 月 2 日，*MEW* 版，第 36 卷，第 33—34 页（Engels an Laura Lafargue in Paris. London 2. Juni 1883，*MEW*，Bd. 36，S. 33 - 34）。

状态；③ 各段的连接时常断开；④ 各纸张的页码编号不统一，或不完整；⑤ 马克思自己在他的《政治经济学批判·序》中，明确地提到原稿是"两厚册八开本"（zwei starke Oktavbände），但现存手稿的纸张尺寸却是二开本（Folioblätter）和四开本（Quartblätter）。① 而且，现存手稿在完成程度上的参差不齐是 *MEGA1* 的编纂者也承认的。②

因此，鉴于《德意志意识形态》现存手稿在完成程度上的参差不齐，要正确列出该书第一卷各章的撰写顺序和执笔日期并非易事。但是，除极少数例外情况（如马克思笔迹的序言），现存手稿大部分都是并排（quer beschrieben，窄纸上下排列，宽纸左右排列），分为左右两栏，左边是恩格斯的正文——E（Ⅲ．圣麦克斯）的情况例外，第 56 页是魏迈德的誊清稿——右边是马克思的修改和补充或添加了他们二人所作的编纂指示，因此从前文中所论及的执笔步骤来看，应该是相当于第三阶段前后，故作为同一手稿，在一贯性上不存在大的问题。③ 为此我们认为，新版的 *MEGA2* 尽可能要弄清楚其执笔顺序及各章节撰写日期的努力是应该的，但努力的结果是否会超出推测的程度，这还留有疑问。

不管怎样，从客观情况来看，《德意志意识形态》的第一卷，除 A（序言）和 B（Ⅰ．费尔巴哈）外，均于 1845 年底到 1846 年初结束了前记写

---

① 古斯塔夫·迈耶尔：《恩格斯传》，第 1 卷，第 1 版，第 418 页（Gustav Mayer, *Friedrich Engels. Eine Biographie*, Bd. Ⅰ, 1. Aufl., S. 418）；参考古斯塔夫·迈耶尔：《〈德意志意识形态〉手稿的"发现"》，第 284—286 页（G. Mayer, *Die Entdeckung des Manuskripts der Deutschen Ideologie*, S. 284 - 286）；古斯塔夫·迈耶尔：《回忆录》，第 206 页（G. Mayer, *Erinnerungen*, S. 206）及安德雷亚斯：《马克思和恩格斯·德国古典哲学的终结·文献目录》，第 140，143 页，注 17（Andréas, *Marx/Engels. Das Ende der klassischen deutschen Philosophie. Bibliographie*, S. 140, 143 Anm. 17）。

② *MEGA* 采用了梁赞诺夫的假说，即现存手稿中，只有 C（莱比锡宗教会议）、D（Ⅱ．圣布鲁诺）、E（Ⅲ．圣麦克斯）、F（莱比锡宗教会议的结论部分），是交给魏迈德用于出版的定稿。*MEGA1* Ⅰ/5, S. ⅩⅦ-ⅩⅫ.

③ 这一点可从与陶伯特女士的谈话中得到证实，她是现正进行的 *MEGA2* Ⅰ/5《德意志意识形态》部分）的编纂负责人。陶伯特女士明确承认，虽然《德意志意识形态》的编纂还留有未能解决的细小问题，但较之对《1844 年手稿》中若干相互分离的纸页（die losen Blätter）和章节的编纂而言，还是比较容易的：

作第一阶段,并进入第二阶段,即誊写阶段。这是因为,几乎大部分的手稿都是恩格斯誊写,而涉及"Ⅲ. 圣麦克斯"的 E,总计 422 页中有 56 页是魏迈德誊写的。而且魏迈德的誊写稿,并不集中在前面或后面的特定部分,而是与恩格斯的相互交叉,这意味着誊清稿之前的原稿已于这一时期完成了。① 而且魏德迈在布鲁塞尔的停留期间是 1846 年 1 至 2 月;4 月中旬,他为了《德意志意识形态》的出版,带着该书第一卷的手稿赴德国②,因此,认为 1846 年该书的 C、D、E、F 已完成的观点还是说得过去的。③

另一方面,《德意志意识形态》中内容最为充实和丰富的是"B(Ⅰ. 费尔巴哈)",1946 年初时还未完成,后来当该书的出版前景变得渺茫并最终成为不可能时,便一直以未完成的状态搁置下去,直至 1886 年恩格斯为了另一著作又重新将之利用。④ 我们知道,这一时期的马克

---

① 参考上面的 IISG《马克思遗稿目录》,A14。

② 魏德迈在布鲁塞尔的停留期有两个文件可以证明。一是 J. 迈尔通过赫斯问候停留此处的魏德迈的信,二是魏德迈就《德意志意识形态》的出版写给马克思的信。J. 迈尔致在布鲁塞尔的赫斯,贝[克罗德],1846 年 2 月 8 日,载于安德雷亚斯、蒙克:《关于〈德意志意识形态〉的新资料》,第 54 页〈Julius Meyer an Moses Hess in Brüssel. B[eckerode]. 8. Februar 1846. in Andréas/Mönke, *Neue Daten zur* **Deutschen Ideologie**, S. 54〉;J. 魏德迈致在布鲁塞尔的马克思,施尔德舍,1846 年 4 月 30 日,载于 *MEGA2* Ⅲ/1,第 532—533 页(Joseph Weydemeyer an Karl Marx in Brüssel. Schildesche, 30. April 1846. in *MEGA2* Ⅲ/1, S. 532-533)。魏德迈(1818—1866)曾就读于柏林的军事学校,退学后于 1845 年作为《特利尔日报》(*Trier'sche Zeitung*)的共同编辑人留在那里,1846 年 1 月或 2 月来到布鲁塞尔。当时他较接近真正的社会主义者,但后来加入共产主义者同盟,于 1851 年移居美国。参考安德雷亚斯、蒙克,同上书,第 54—55 页,注 165a(Andréas/Mönke, *op. cit.*, S. 54-55, Anm. 165a)。

③ *MEGA2* 的试行版也同意这一推断。*MEGA2* 试行版,第 402 页(*MEGA2* Probeband, S. 402)。

④ 指恩格斯于 1886 年接受《新时代》(*Die Neue Zeit*)约稿,就当时出版的施达克论费尔巴哈的书[C. N. 施达克:《路德维希·费尔巴哈》,斯图加特:恩科出版社,1885 年(C. N. Starcke, *Ludwig Feuerbach*, Stuttgart: Verlag von Ferdinand Enke, 1885)]写的一篇书评。该文于 1888 年作为单行本出版,其中多次提到 1845/1846 年间他与马克思共同撰写的手稿。恩格斯:《路德维希·费尔巴哈与德国古典哲学的终结》,*MEW*,第 21 卷,第 261—307 页(Friedrich Engels, *Ludwig Feuerbach und der Ausgang der klassischen Deutschen Philosophie*, *MEW*, Bd. 21, S. 261-307)。

思和恩格斯之所以想要阐明他们的历史唯物主义与费尔巴哈德的哲学立场有着鲜明的不同，是因为鲍威尔将马克思和恩格斯批判其的文章——《神圣家族》，批判为是费尔巴哈的变种。但从另一个方面来看，我们必须注意到，马克思与恩格斯两人明确认识到受鲍威尔和施蒂纳集中攻击的费尔巴哈，实际上是对德国精神的发展"至少带来一种进步的唯一人物"。① 因此我们可以从《德意志意识形态》的第一卷中读出下面的内容，即马克思与恩格斯在反驳鲍威尔和施蒂纳对他们的攻击时，多采用嘲弄和讽刺的笔调，而对于费尔巴哈，却试图要挽救其遭受鲍威尔和施蒂纳攻击的名誉。

接下来我们要讨论的问题是"A（序言）"与第二卷有关"真正的社会主义者"的 G、H、I、J 的执笔日期。首先，序言是马克思的笔迹，在《德意志意识形态》的所有手稿中，唯有序言的手稿未分作两栏，也未留有用于修改的空白。② 据照相复制本，第一页上只修改或删除了几个单词，第二、三页上画有斜线，标记为全部删除。因此，我们虽然可以推测第一页是定稿，但二、三页疑为草稿，究竟是哪一种还无法轻易断定。而序言中有"该书第一卷的刊行目的"（der erste Band dieser Publikation hat den Zweck）③这些字句，所以我们至少可以推测，序言写于该书第二卷执笔计划产生之后，而撰写序言之时，该书第二卷还未动笔。以往的说法将该序言与赫斯登在《社会明镜》上的执笔预告联系起来，

---

① 蒙克：《论赫斯在〈德意志意识形态〉上的工作》，第 454 页（Mönke, *Über die Mitarbeit von Moses Hess an der Deutschen Ideologie*, S. 454）。引文为 *MEGA1* Ⅰ/5，第 567 页（手稿上用斜线指示删除的部分）。

② IML/M 仅存的 3 页序言的格式可通过 *NEW*, Bd. 3, S. 15 和 *MEGA1* Ⅰ/5, S. 565 的复印本照片予以确认。

③ *MEGA1* Ⅰ/5, S. 3.

认为序言的执笔日期最早应在 11 月下旬①；也可认为最迟是在 1846 年
4 月，正如通常情况下的序文一样，是在该书基本上写完，魏德迈将手稿
带去德国之际。对于后一日期，应该说很难认为该书第二卷在 1846 年 4
月时还全未动笔。故可以假设，该书序言是在该书第一卷的草稿已进行
到相当分量的情况下写就的，这大约是在上述 C、D、E、F 的第一阶段撰
写工作结束后的 1845 年底到 1846 年初，这一观点是压倒多数的。②

　　另一方面，我们联系上述《德意志意识形态》序言来推测该书第二
卷的撰写日期。正如前文所述，1845 年 11 月，赫斯预告《德意志意识
形态》第二卷对真正社会主义者的批判将要动笔。③ 前面我们说，《德
意志意识形态》的序言撰写于 1845 年底至 1846 年初，这时该书的第二
卷还未动笔。但是我们的这一推测并不排除序言写好后随即开始撰写
第二卷的可能。

　　我们推测，马克思和恩格斯感觉到有必要对真正的社会主义者进

---

　　① 1845 年 9 月初到 1846 年 3 月，逗留在布鲁塞尔的赫斯已经得知马克思和恩
格斯批判真正的社会主义者的意图，在《社会明镜》第六期上有所提及。他没有谈及具
体的名称，而是说"马上……我们自己就打算进行彻底的批判"。M. 赫斯：《共产主义
先知的阴谋活动》，《哲学与社会主义论文选。1837—1850 年》，赫斯，柏林，学院出版
社，1961 年，第 374—377 页[Moses Hess, *Umtriebe der kommunistischen Propheten*,
Moses Hess, *Philosophische und sozialistische Schriften*, *1837—1850. Eine Aus-
wahl*(Berlin：Akademie-Verlag, 1961), S. 374 - 377]。尤其请参考 S. 374, 376. 刊
登此文的《社会明镜》第六期最迟应出版于 1845 年 11 月 24 日。*MEGA2* 试行版，第
402 页(*MEGA2* Probeband, S. 402)。

　　② 蒙克：《论赫斯在〈德意志意识形态〉上的工作》，第 456 页(Mönk, *Über die
Mitarbeit von Moses Hess an der* ***Deutschen Ideologie***, S. 456)；安德雷亚斯、蒙克：《关
于〈德意志意识形态〉的新资料》，第 27—28 页，第 33—34 页(Andréas/Mönke, *Neue
Daten zur* ***Deutschen Ideologie***, S. 27 - 28, 33 - 34)。

　　* 最近，陶伯特推算该书序言的执笔时期是在 1846 年 3 月。I. 陶伯特：《处于马
克思、恩格斯与施蒂纳论争的棱镜之中的法国大革命——关于马克思在巴黎的第一次
逗留以及〈德意志意识形态〉的形成的研究》，《马克思故居文集》，第 43 期，特里尔，
1991 年，第 77 页(Inge Taubert, *Die Französische Revolution im Prisma der Polemik
von Karl Marx und Friedrich Engels mit Max Stirner*, *Studien zu Marx'erstem Par-
is-Aufenthalt und zur Entstehung der* ***Deutschen Ideologie***, Schriften aus dem Karl-
Marx-Haus, Nr. 43(Trier[1991]), S. 77)。参考郑文吉《马克思思想的形成和早期著
作》第Ⅱ部第 2 章 p. 137 注 22)[1994—作者]。

　　③ 参考 M. 赫斯：《共产主义先知的阴谋活动》，第 374、376 页(Moses Hess,
Umtriebe der kommunistischen Propheten, S. 374, 376)。

行批判,是在他们开始撰写《莱比锡宗教会议》之时。德国的社会主义者卡尔·格律恩(Karl Grün)和瑞士的格奥尔格·库尔曼(Georg Kuhlmann)等所代表的"真正的社会主义者",将黑格尔的世界大同理想和费尔巴哈的人本主义结合起来,反对法国的非科学社会主义(unwissenschaftlicher Sozialismus),标榜自己的立场是立足于"人的真正本质"的"真正的社会主义(wahrer Sozialismus)"。而马克思和恩格斯批判地认为,这些真正的社会主义者的哲学基础是费尔巴哈"共同人类(Mitmensch)"概念上的利他主义,他们不过是小市民式的共产主义者,从长远上将会对无产阶级运动起到消极的作用。而 1845 年 9 月以后,这些"真正的社会主义者"的著作和杂志突然得以出版,马克思和恩格斯两人感觉到,"真正的社会主义"以爱的幻想和文学的陈词滥调削弱了无产阶级运动,因而有必要对之进行集中的抨击。①

但是,正如前文所述,《德意志意识形态》第一卷序言写就之前,马克思、恩格斯忙于第一卷的撰写工作,动笔撰写第二卷似在 1846 年 1

---

① 格律恩的《法兰西和比利时的社会运动》(*Die soziale Bewegung in Frankreich und Belgien. Briefe und Studien*)(C. W. Leske,Darmstadt 1845)以及《莱茵年鉴》(*Rheinische Jahrbücher*)都出版于 1845 年 9 月,前者是从真正的社会主义的立场对施泰因、雷博、路易·勃朗有关社会主义的著作进行的改写,而对于后者,虽然马克思和恩格斯想要协助编辑此书,但与之见解不同的真正的社会主义者们拒绝了他们的协助,自己主导了此书的编纂。蒙克:《论赫斯在〈德意志意识形态〉上的工作》,第 458 页(Mönk, "Über die Mitarbeit……," S. 458);安德雷亚斯、蒙克:《关于〈德意志意识形态〉的新资料》,第 32—33 页(Andréas/Mönke, "Neue Daten……," S. 32 - 33). 为格律恩著作奠基的书籍如下。L. 施泰因:《今日法兰西的社会主义和共产主义——一份投给〈当代史〉的文稿》,莱比锡,1842 年;L. 莱伊鲍德:《现代改革者或社会主义者研究》,布鲁塞尔,1843 年;L. 布朗克:《从 1830—1840 年的十年史》,5 卷本,巴黎,1841—1844 年(L. Stein, *Der Sozialismus und Kommunismus des heutigen Frankreichs. Ein Beitrag zur Zeitgeschichte* (Leipzig 1842);L. Reybaud, *Etudes sur les réformateurs ou socialistes modernes*(Bruxelles 1843);L. Blanc, *Histoire de dix ans 1830—1840*, 5 vols. (Paris 1841—1844)).
* 但据陶伯特最近的研究,马克思、恩格斯对真正的社会主义的批判计划是在他们与施蒂纳展开论战的过程中制定的。也就是说,他们在"Ⅲ. 圣麦克斯"中论述共产主义时,明确提出将在第二卷中触及这一问题。*MEW*, Bd. 3, S. 190, 213;I. 陶伯特:《处于马克思、恩格斯与施蒂纳论争的棱镜之中的法国大革命》,第 77 页以下(Inge Taubert, *Die Französische Revolution im Prisma der Polemik von Karl Marx und Friedrich Engels mit Max Stirner*, S. 77ff)〔1994—作者〕。

月之后,也就是该年的前几个月里。因为魏德迈带着该书的最终稿(脱稿本)前往德国的威斯特伐时,并未携带此第二卷手稿,这可以从魏德迈于 1846 年 4 月 30 日写给马克思的信中得到证实。① 同时,我们据该年 5 月 4 日马克思写给魏德迈的信来看,可以推测第二卷是在 5 月前后脱稿的,信中写道:"[……]第二卷差不多已经完成。第一卷的手稿一到(最好用两个邮包寄这些东西),殷切希望马上开始付印。"② 另外,该年 8 月 1 日马克思写给出版商列斯凯的信,以及 1847 年 4 月 8 日《德意志—布鲁塞尔报》第 28 号上刊登的马克思的《驳卡尔·格律恩》(*Erklärung gegen Karl Grün*)等,都显示该书第二卷至少在 1946 年 8 月中旬以前就已脱稿。③ 而且,这里我们必须提到的一点是,当时打算写成《莱比锡宗教会议》的这一手稿之所以改名为《德意志意识形态》,就是因为这篇《驳卡尔·格律恩》。

　　有关《德意志意识形态》第二卷,还有一个需要探讨的问题,这就是该书中唯一一处非马克思和恩格斯所写的部分——J.(V.霍尔施坦的格奥尔格·库尔曼博士)。这一部分是由魏德迈誊写的,在末尾标有"M. Hess",因而在作者真伪的问题上还是比较清楚的。但是这里我们注意到,直接参与撰写《德意志意识形态》的赫斯,竟是该书许多地方

---

① 《J. 魏德迈致在布鲁塞尔的马克思》,施尔德舍,1846 年 4 月 30 日,载于 *MEGA2* Ⅲ/1,第 532—533 页(Joseph Weydemeyer an Karl Marx in Brüssel. Schildesche. 30. April 1846. *MEGA2* Ⅲ/1, S. 532 – 533)。

② 《马克思致在施尔德舍的 J. 魏德迈》,布鲁塞尔,1846 年 5 月 14 日—16 日左右,*MEGA2* Ⅲ/2,第 9 页(Karl Marx an Joseph Weydemeyer in Schildesche. Brüssel, 14. -um den 16. Mai 1846. *MEGA2* Ⅲ/2, S. 9)。

③ 参考《马克思致在达姆城的 C. F. J. 列斯凯列凯斯》,布鲁塞尔,1846 年 8 月 1 日,*MEGA2* Ⅲ/2,第 23 页(Karl Marx an Carl Friedrich Julius Leske in Darmstadt. Brüssel, 1. August 1846. *MEGA2* Ⅲ/2, S. 23);马克思:《驳卡尔·格律恩》,《德意志-布鲁塞尔报》,第 28 期,1847 年 4 月 8 日(Karl Marx, *Erklärung gegen Karl Grün*, *Deutsche-Brüsseler Zeitung*, Nr. 28, 8. April 1847);安德雷亚斯、蒙克:《关于〈德意志意识形态〉的新资料》,第 106 页(Andréas/Mönke, "Neue Daten……," S. 106)。

批判的对象。① 前文讲过,赫斯在登载于《社会明镜》第 6 号上的《共产主义先知的阴谋活动》(Umtriebe der kommunistischen Propheten)中,曾对库尔曼进行过批判,他从该文出发而撰写了"J"。我们可以推测撰写日期是在《社会明镜》第 6 号出版(1845 年 11 月)以后到他离开布鲁塞尔的 1846 年 2、3 月间。② 至于赫斯在布鲁塞尔逗留期(据推测为 1845 年 9 月至 1846 年 2、3 月)内与马克思和恩格斯的关系,虽然前文提到伯恩施坦认为赫斯参与了"E(Ⅲ.圣麦克斯)"的撰写,而围绕这一问题不断有异议提出,但是最近的研究成果表明,赫斯离开布鲁塞尔之前,他与马克思和恩格斯的关系不一定是友好的。因此,赫斯的起草工作只限于《德意志意识形态》第二卷的"J(Ⅴ.库尔曼批判)",而在其后马克思执笔的"I(Ⅳ.格律恩批判)"中,赫斯被要求其起草 J 的马克思批判为真正的社会主义者。③

　　我们在讨论第二卷的过程中,发现 H(批判真正的社会主义者们出版的《莱茵年鉴》)和 I(马克思批判格律恩)之间,缺少章节编号Ⅱ和Ⅲ,于是产生了新的问题——是原本就没有Ⅱ和Ⅲ吗,还是存在有充当这一部分的同时期马克思和恩格斯的其他手稿? 这一问题在最近

---

　　① *MEGA1* Ⅰ/5, S. 92 - 93, 449 - 450, 477 - 478, 498 等。包括有赫斯起草的"库尔曼批判"的《德意志意识形态》第二卷中,他却被指为"真正的社会主义者",这可以说是一种反讽。

　　② 对于赫斯撰写《德意志意识形态》中库尔曼批判文的经过、内容,以及库尔曼的有关活动,请参考蒙克:《论赫斯在〈德意志意识形态〉上的工作》,第 461—479 页(Mönke, *Über die Mitarbeit von Moses Hess an der Deutschen Ideologie*, S. 461 - 479)。

　　③ 参考蒙克:《论赫斯在〈德意志意识形态〉上的工作》,第 457 页(Mönke, *Über die Mitarbeit von Moses Hess*……, S. 457);安德雷亚斯、蒙克:《关于〈德意志意识形态〉的新资料》,第 29—31 页(Andréas/Mönke, "Neue Daten……," S. 29 - 31);安德雷亚斯:《马克思和恩格斯·德国古典哲学的终结·文献目录》,第 146 页(Andréas, *Karl Marx / Friedrich Engels*……*Bibliographie*, S. 146);J. 罗基扬斯基:《马克思、恩格斯与赫斯 1845—1846 年在布鲁塞尔的关系史》,载于《马克思恩格斯年鉴》,9(1986年),第 223—267 页[Jakow Rokitjanski, *Zur Geschichte der Beziehungen von Karl Marx und Friedrich Engels zu Moses Heß in Brüssel 1845 / 1846*, *Marx-Engels-Jahrbuch*, 9(1986), S. 223 - 267]等。

MEGA2 出版准备过程中得以集中地探讨,本文第五节第二项中将会做具体的讨论。故在这里先只罗列他们这一时期写就的,且并未收入《德意志意识形态》的其他手稿及笔记。①

1) 论费尔巴哈(ad Feuerbach)/

费尔巴哈(Feuerbach)/

布鲁诺·鲍威尔结巴了(Bruno Bauer stammelt)/

诗歌和散文中的德国社会主义(Deutscher Sozialismus in Versen und Prosa)

1. 卡尔·贝克:《〈穷人之歌〉或真正的社会主义之诗》(Karl Beck: ***Lieder vom armen Mann*** *oder die Poesie des wahren Sozialismus*)

2. 卡尔·格律恩:《从人的立场论歌德》,达姆城,1846年(Karl Grün: *über Goethe vom menschlichen Standpunkte*, Darmstadt 1846)/

真正的社会主义者(Die wahren Sozialisten)/

德意志现状(Der Status quo in Deutschland)

以上我们考察了马克思和恩格斯的《德意志意识形态》的撰写过程,该手稿从整体上来看,正如迈耶尔所指出的,是未完成的形态,但它至少是具有一贯性的,即对黑格尔以后的德国哲学和当时真正的社会主义者所代表的"德意志意识形态"进行批判,对此我们毫无异议。至于现存手稿的执笔日期,从残存的文件和客观的情况来推测,动笔时间最早是在 1845 年 9 月,最晚在该年 11 月;脱稿最早是在 1846 年 4 月底或 5 月初,最晚在该年 8 月中旬恩格斯前往巴黎之前。②

---

① 安德雷亚斯:《马克思和恩格斯·德国古典哲学的终结·文献目录》,第 140—141 页(Bert Andréas, *Karl Marx/Friedrich Engels……Bibliographie*, S. 140 - 141)。

② 对于《德意志意识形态》的动笔日期,最近的研究成果一致同意是在 1845 年 11 月底前后。[1994——本书作者]参考郑文吉《马克思思想的形成和早期著作》第Ⅱ部第 2 章第 5 节。

第三节　马克思与恩格斯为出版
《德意志意识形态》而作出的努力

马克思和恩格斯为出版《德意志意识形态》而做出的努力几乎是与该书的撰写工作同时进行的。这一时期他们二人除了《德意志意识形态》以外，还计划翻译法国社会主义者们的著作，作为社会主义者丛书系列出版，并创办季刊，发行马克思的《政治和国民经济学批判》等，因此他们与出版商之间的接触是比较频繁的。但是，因为马克思在《莱茵报》、《德法年鉴》和《前进报！》等刊物上发表了非常激进的言论，被普鲁士政府指定为危险人物，甚至下达了逮捕令，只要进入普鲁士域内，就会被逮捕，因此要找到肯出版马克思著作的出版商并非易事。

然而马克思认为，较之撰写经济学著作，"在发表我的正面阐述以前，先发表一部反对德国哲学和那一时期产生的德国社会主义的论战性著作，是很重要的。"①所以我们说，对于马克思而言，他当然想赶快出版表明其立场的《德意志意识形态》。我们虽然不容易从信件的字面上来证实其与《德意志意识形态》的出版有何直接关联，但这一时期的马克思和恩格斯的确试图与出版社进行接触，这从 1845 年 10 月恩格斯写给汉堡的出版商康培的信②中可以证实，可以说并不奇怪。另有居住在基尔的格奥尔格·韦伯（Georg Weber）医生，他是马克思热烈的拥护者，1845 年 11 月中旬他给马克思的信中说，曾在阿拖纳、汉堡、

---

① 《马克思致在达姆城的 C. F. J. 列斯凯》，布鲁塞尔，1846 年 8 月 1 日，*MEGA2* Ⅲ/2，第 23 页（*Karl Marx an Carl Friedrich Julius Leske in Darmstadt.* Brüssel, 1. August 1846. *MEGA2* Ⅲ/2, S. 23）。

② 《恩格斯致在汉堡的 J. 坎佩》，布鲁塞尔，1845 年 10 月 14 日，*MEGA2* Ⅲ/1，第 278 页（*Friedrich Engels an Julius Campe in Hamburg.* Brüssel, 14, Oktober 1845. *MEGA2* Ⅲ/1, S. 278）。

基尔寻找出版社,但都无功而返。①

　　有关《德意志意识形态》的出版问题,目前比较清楚的是通过赫斯进行的交涉。1845 年 11 月,赫斯离开布鲁塞尔去威斯特伐利亚地区旅行。旅行的同时,他接触了当时以比勒费尔德为中心的当地"真正的社会主义者",与律宁(Otto Lüning)、伦佩尔(Rudolph Rempel,1815—1868)、迈耶尔(Julius Meyer)等具体商议了成立社会主义者出版社的事宜。② 当然,在当时的情况下,最重要的出版项目基本上是社会主义者们的季刊,以及法国、意大利、英国等国社会主义者们的著作译本系列(Übersebzungsbibliothek),但据此推测,马克思与恩格斯正在撰写的著作在出版问题上也是非常乐观的。因而该出版事业的发起人之

----

　　① 《G. 韦伯致在布鲁塞尔的马克思》,基尔,1845 年 11 月 22 日,*MEGA2* Ⅲ/1,第 491 页(Georg Weber an Karl Marx in Brüssel. Kiel, 22. November 1845. *MEGA2* Ⅲ/1, S. 491)。我们没有办法根据以上两封信来确认马克思和恩格斯想要出版的究竟是哪一部书,因为康培写给恩格斯的,以及马克思写给韦伯的信都没有留下。以往的说法认为,这两封信与《德意志意识形态》的出版事宜有直接的关系,但据 *MEGA2* 推测,信中提到的是马恩两人决定共同撰写的目录(Friedrich List)册子。参考蒙克:《论赫斯在〈德意志意识形态〉上的工作》,第 491 页(Mönke, *Über die Mitarbeit*……, S. 491);安德雷亚斯、蒙克:《关于〈德意志意识形态〉的新资料》,第 37 页(Andréas/Mönke, *Neue Daten*……, S. 37);*MEGA2* Ⅲ/1(参考书目),第 712 页,第 850 页(*MEGA2* Ⅲ/1(Apparat), S. 712, 850)。

　　② 参考《特里尔日报》,第 339 期,1845 年 11 月 29 日(*Trier'sche Zeitung*, Nr. 339, 29. November 1845)[蒙克:《论赫斯在〈德意志意识形态〉上的工作》,第 51 页]([Mönke, "über die Mitarbeit……," S. 51]);《R. 伦佩尔致在布鲁塞尔的赫斯》,比勒费尔德,1846 年 1 月 14 日[蒙克:《赫斯研究的新的原始资料》,柏林:学院出版社,1964 年,第 105 页]{Rudolph Rempel an Moses Hess in Brüssel. Bielefeld, 14. Januar 1846[Wolfgang Mönke, *Neue Quellen zur Hess-Forschung*(Berlin: Akademie-Verlag, 1964), S. 105]};《恩格斯致在柏林的 A. 倍倍尔》,伦敦,1888 年 10 月 25 日[*MEW*,第 37 卷,第 118 页]{Friedrich Engels an August Bebel in Berlin. London, 25. Oktober 1888[*MEW*, Bd. 37, S. 118]};《赫斯致在布鲁塞尔的马克思、恩格斯》,科隆,1846 年 7 月 17 日[*MEGA2* Ⅲ/2,第 248—249 页]{Moses Heß an Karl Marx und Friedrich Engels in Brüssel. Köln, 17. Juli 1846[*MEGA2* Ⅲ/2, S. 248 – 249]}等。

一——迈耶尔,曾计划于 1846 年初前往布鲁塞尔与马克思和恩格斯见面。①

　　然而,当这一出版社的成立计划因伦佩尔和迈耶尔的个人原因,以及客观政治局势的紧张而逐渐变得渺茫,马克思和恩格斯便让魏德迈携带他们此间完成的《德意志意识形态》手稿的一部分,越过国境前往威斯特伐利亚地区。尽管魏德迈拿着未完成的一部分手稿,于 1846 年 4 月中旬赴德国,是有其多种原因的,但我们需要留意其中之一,即列斯凯写给马克思的信上的内容。

　　列斯凯是与马克思就他的《政治和国民经济学批判》签订出版合同的出版商。他接到柏林审查当局的警告,若再出版带有强烈社会主义和共产主义色彩的书籍就会采取相应的措施。于是列斯凯向马克思通报,并劝告其写成纯学术性的著作,或寻求其他的出版社。② 而以 1846 年 4 月 30 日的信为始,威斯特伐利亚地区的魏德迈往布鲁塞尔寄发了一连的信件,这些信件显示,有关成立出版社的交涉逐渐变得困难,伦佩尔和迈耶尔对该计划的举措最终变得消极,因而魏德迈劝马克思寻

---

　　① 他的访问计划因其父亲去世而未能付诸实现。而且当时正在布鲁塞尔参与《德意志意识形态》手稿誊写工作的魏德迈,也等着迈尔来布鲁塞尔会面。这可从他写给妻子的信中得到证实。《J. 迈尔致在布鲁塞尔的赫斯》,贝［克罗德］,1846 年 2 月 8 日［蒙克:《赫斯研究的新的原始资料》,第 103—104 页］〈*Julius Meyer an Moses Hess in Brüssel*. B［eckerode］, 8. Februar 1846［Mönke, *Neue Quellen zur Hess-Forschung*, S. 103 - 104］〉;《J. 魏德迈致在施尔德舍的律宁》,1846 年 2 月 21 日［安德雷亚斯、蒙克:《关于〈德意志意识形态〉的新资料》,第 38 页,注 107］〈Joseph Weydemeyer an Luise Lüning in Schildesche 21. Februar 1846 ［Andréas/Mönke, "Neue Daten……," S. 38 Anm. 107］〉。

　　② 《C. F. J. 列斯凯致在布鲁塞尔的马克思》,施尔德舍,1846 年 4 月 30 日［*MEGA2* Ⅲ/1, 第 516 页］(Carl Friedrich Julius Leske an Karl Marx in Brüssel. Schildesche, 30. April 1846［*MEGA2* Ⅲ/1, S. 516］);《C. F. J. 列斯凯致在布鲁塞尔的马克思》,达姆城,1846 年 3 月 31 日［*MEGA2* Ⅲ/1, 第 528 页］(Carl Friedrich Julius Leske an Karl Marx in Brüssel. Darmstadt, 31. März 1846［*MEGA2* Ⅲ/1, S. 528］)。

找别的出版社或书籍商。① 在此过程中,《德意志意识形态》的手稿按
照马克思的要求,寄给了住在科隆的丹尼尔斯(Roland Daniels),在那
里继续寻找出版的可能。② 马克思想要以他在德国的社会主义同志的

---

① 《J. 魏德迈致在布鲁塞尔的马克思》,施尔德舍,1846 年 4 月 30 日,[*MEGA2*
Ⅲ/1,第 532—533 页](*Joseph Weydemeyer an Karl Marx in Brüssel*. Schildesche,
30. April 1846[*MEGA2* Ⅲ/1, S. 532 - 533]);《J. 魏德迈致在布鲁塞尔的恩格斯和
P. -C. 吉高特》,施尔德舍,1846 年 5 月 13 日[*MEGA2* Ⅲ/2,第 189—190 页](*Joseph
Weydemeyer an Friedrich Engels und Philippe-Charles Gigot in Brüssel*. Schilde-
sche, 13. Mai 1846[*MEGA2* Ⅲ/2, S. 189—190]);《魏德迈致在布鲁塞尔的马克思》,
施尔德舍,1846 年 5 月 14 日,[*MEGA2* Ⅲ/2,第 193—194 页](*Joseph Weydemeyer
an Karl Marx in Brüssel*. Schildesche, 14. Mai 1846[*MEGA2* Ⅲ/2, S. 193 - 194]);
《魏德迈致在布鲁塞尔的马克思》,施尔德舍,1846 年 6 月 11 日,[*MEGA2* Ⅲ/2,第
225—226 页](*Joseph Weydemeyer an Karl Marx in Brüssel. Schildesche*, 11. Juni
1846[*MEGA2* Ⅲ/2, S. 225 - 226]);《魏德迈致在布鲁塞尔的马克思》,施尔德舍,
1846 年 6 月 14 日,[*MEGA2* Ⅲ/2,第 230 页](*Joseph Weydemeyer an Karl Marx in
Brüssel*. Schildesche, 14. Juni 1846[*MEGA2* Ⅲ/2, S. 230]);《魏德迈致在布鲁塞尔
的马克思》,比勒费尔德,1846 年 6 月 19 日,[*MEGA2* Ⅲ/2,第 231 页](*Joseph Wey-
demeyer an Karl Marx in Brüssel*. Bielefeld, 19. Juni 1846[*MEGA2* Ⅲ/2, S. 231]);
《魏德迈致在布鲁塞尔的马克思》,贝克罗德,1846 年 6 月 28 日,[*MEGA2* Ⅲ/2,第
33—35 页](*Joseph Weydemeyer an Karl Marx in Brüssel*. Beckerode, 28. Juni 1846
[*MEGA2* Ⅲ/2, S. 33 - 35]);《魏德迈致在布鲁塞尔的马克思》,贝克罗德,1846 年 7
月 29 日,[*MEGA2* Ⅲ/2,第 272—273 页](*Joseph Weydemeyer an Karl Marx in
Brüssel*. Beckerode, 29. Juli 1846[*MEGA2* Ⅲ/2, S. 272 - 273]);《魏德迈致在布鲁
塞尔的马克思》,瑞达,1846 年 8 月 19 日,[*MEGA2* Ⅲ/2,第 289—291 页](*Joseph
Weydemeyer an Karl Marx in Brüssel*. Rheda, 19. August 1846[*MEGA2* Ⅲ/2, S.
289 - 291]).

② 《恩格斯和马克思致在科隆的赫斯》,奥斯滕德,1846 年 7 月 27 日以及布鲁塞
尔,1846 年 7 月 28—29 日[*MEGA2* Ⅲ/2,第 20 页](*Friedrich Engels und Karl Ma-
rx an Moses Heß in Köln*. Ostende, 27. Juli 1846 & Brüssel,28 - 29. Juli 1846
[*MEGA2* Ⅲ/2, S. 20]);《魏德迈致在布鲁塞尔的马克思》,瑞达,1846 年 8 月 19 日,
[*MEGA2* Ⅲ/2,第 291 页](*Joseph Weydemeyer an Karl Marx in Brüssel*. Rheda,
19. August 1846[*MEGA2* Ⅲ/2, S. 291]).

力量,尽快地出版此书。① 但是,出版计划在瑞士,以及德国等德国以外的出版社均遭到搁浅;在科隆,尽管有赫斯的不懈努力,《德意志意识形态》的手稿还是于 1846 年 11 月初再次回到布鲁塞尔的马克思手中。②

之后,马克思于 1847 年秋终于确信该书的出版几乎是不可能的了,便寄希望于"共产主义通信委员会"(das Kommunistische Korrespondenzkomitee)所属印刷所的设立。当时,该委员会的势力以布鲁塞尔为中心,正逐渐向外延伸,为了拓展通信委员会的影响,有必要发行机关刊物,这也正是该计划的出发意图。但是,他们的这一想法还未能达成,就爆发了 1848 年二月革命,这使他们创办机关刊物的计划以全然不同的方式得以实现,这就是《新莱茵报》(*Neue Rheinische Zeitung*)的发行。③ 因此,尽管马克思和恩格斯为了出版《德意志意识形态》而作出了不懈的努力,但在他们生前,该书只有极少一部分作为单独的文章发表在杂志上④,而大部分手稿却未能问世,正如马克思自己

———————————

①　马克思的这一心情从他 1846 年 8 月 1 日写给列斯凯的信中可以看出。出版商列斯凯接到普鲁士审查当局的警告后,非常害怕,于 3 月 31 日和 7 月 29 日写给马克思两封信,该信是对这两封信的回信。也就是说,到 8 月初时,尽管通过魏德迈成立出版社的计划失败了,但在以科隆为中心的又一社会主义运动的参与者们(Heinrich Bürgers, Karl D'Ester, Moses Heß)的主导下,建立了股份公司,马克思相当期待这一股份公司将会从财政上支援社会主义者们的出版事业。参考《马克思致达姆城的 C. R. J. 列斯凯》,布鲁塞尔,1846 年 8 月 1 日,[*MEGA2* Ⅲ/2,第 22—25 页,尤其是第 24 页]{Karl Marx an Carl Friedrich Julius Leske in Darmstadt. Brüssel, 1. August 1846 [***MEGA2* Ⅲ/2, S. 22 - 25. 尤其是 S. 24**]}。

②　参考《赫斯致在布鲁塞尔的马克思》,科隆,1846 年 7 月 28 日[*MEGA2* Ⅲ/2,第 269—270 页](*Moses Heß an Karl Marx in Brüssel*. Köln, 28. Juli 1846[*MEGA2* Ⅲ/2, S. 269 - 270]);《K. L. 伯奈斯和恩格斯致在布鲁塞尔的马克思》,巴黎,1846 年 11 月 2 日[*MEGA2* Ⅲ/2,第 63 页]{*Karl Ludwig Bernays und Friedrich Engels an Karl Marx in Brüssel*. Paris, 2. November 1846[*MEGA2* Ⅲ/2, S. 63]}。

③　参考安德雷亚斯、蒙克:《关于〈德意志意识形态〉的新资料》,第 40—41 页(Andréas/Mönke, "Neue Daten……," S. 40 - 41)。

④　马克思和恩格斯生前出版的《德意志意识形态》中唯一的部分是该书第二卷第Ⅳ章——马克思对格律恩的批判。马克思:《卡尔·格律恩:法兰西与比利时的社会运动(达姆城,1845 年),或者:真正的社会主义的历史编纂学》,载于《威斯特伐利亚汽船》,帕德鲍恩,1847 年 8 月,第 3 发行年度,第 8 期,第 439—463 页;9 月,第 9 期,

所采用的象征性表达——"留给老鼠的牙齿"了。虽然,马克思认为这些被闲置的手稿已经完成了自己的任务——"阐明我们的见解"和"自己弄清问题",但我们从他的自我安慰中,清楚地认识到那个时代的另一种面貌。

第四节　*MEGA2* 准备刊行过程中出现的《德意志意识形态》编纂问题

在前文中,我们探讨了马克思和恩格斯遗稿之一的《德意志意识形态》经由怎样的过程引起了学术界的关注,又怎样作为 1932 年的 *MEGA1* Ⅰ/5 而出版,即考察了《德意志意识形态》编纂出版史的第一个时期。接着,我们又讨论了当时马克思和恩格斯撰写完成该书的过程,以及他们做出了哪些出版的努力,即考察了该书编纂出版的"前史"。因而,本节中要介绍的是 1932 年 *MEGA1* 出版以后《德意志意识形态》的编纂、刊行历史。拟先简单探讨编纂出版史的第二个时期,然后介绍最近承担起《马克思恩格斯全集》定本任务的 *MEGA2* 准备过程中论及的有关该书编纂的几个问题,以试图揣测即将出版的 *MEGA2* 的编纂方向。

一、*MEGA1* 之后《德意志意识形态》的刊行与新手稿残片的发现

1932 年,*MEGA1* Ⅰ/5 中《德意志意识形态》的刊行,应该说是该书编纂史和研究史上具有划时代意义的事件,它不是择取该书手稿中

第 505—525 页(Karl Marx, *Karl Grün：Die soziale Bewegung in Frankreich und Belgien*(*Darmstadt 1845*) *order Die Geschichtsschreibung des wahren Sozialismus*, in*Das Westphälische Damp fboot*, Paderborn, August 1847, Jg. Ⅲ, Nr. 8, S. 439 - 463; September, Nr. 9, S. 505 - 525)。该文于 1847 年由斯特鲁威首次发掘出来,刊登在《新时代》上。[参考本文第二节所述第一期前期的手稿出版史中的(1)]

的一部分，而是最早的全面性出版。但这并不是说我们就此认为
MEGA1 的编纂就一定是完美的。*MEGA1* 的编纂，尤其是在第一卷
"Ⅰ.费尔巴哈"章的编纂上，述其方法为："将马克思和恩格斯标注在手
稿上的记录（Notizen）、旁注（Randglossen）、对资料结构的指示（An-
gaben）作为标准，按照著者的表达方式梳理了个别句群（Stoffgruppe）
的辩证关系。"而所谓著者自己的指示，则分为以下三类：① 对结构或
未完手稿的推敲；② 主要是马克思所写的大量的旁注；③ 画在个别相
关句群之间的横线以及标记在较短小节上的括号等。① 因此，要编纂
好结构如此复杂的"未完"手稿，这本身就是件非常困难的事情，考虑到
这一点，可以说 *MEGA1* 出版以后，对《德意志意识形态》的讨论就不得
不主要集中在其编纂问题上。但 *MEGA1* 之后对该书的研究并不止
于此。

　　MEGA1 刊行之后出版的德语版《德意志意识形态》都原封不动地
照搬 *MEGA1*，如 1932 年的"国民普及版"（Volksausgabe）、1933 年的
"苏联外国劳动者出版联合会版"（*Verlagsgenossenschaft auslöndischer
Arbeiters in der UdSSR*）、1953 年的"狄兹版"（*Dietz Verlag*）等。当然，
狄兹版收录了马克思的《关于费尔巴哈的提纲》和恩格斯的《关于费尔
巴哈的笔记》，但对 *MEGA1* 中的文本结构未作何改变。1958 年的普
及版全集（MEW）基本上是根据苏联版全集（Socinenija2，1953），只对
误读和遗漏等作了认读上的改进。至于非德语版，苏联和日本分别于
1933 年和 1947 年首次全译了 *MEGA1*；英语版有 1964 年以 *MEW* 为
底本的"莫斯科前进版"（Progress Publishers），包括下文将提到的 1962
年新发现的文本），法语版有 1968 年的"社会版"（Editions socials），分
别都是最早的全译本。此外 1930 年代以后大部分的译本和选本主要
都是根据 *MEGA1* 来翻译和收录《德意志意识形态》的序言和"Ⅰ.费尔
巴哈"章，或者只是根据需要部分地择取"莱比锡宗教会议"、"圣布鲁

---

① *MEGA1* Ⅰ/5,S. 561 - 564，特别是 S. 561。

诺"或"圣麦克斯",以及第二卷中的"真正的社会主义者"。而将内容庞大的"圣麦克斯"全译或全部收录的情况非常少见。①

然而,1962 年,巴纳(Siegfride Bahne)在阿姆斯特丹的国际社会历史研究所(IISG)内发现了三页手稿(Manuskriptblätter),这对于在《德意志意识形态》的编纂上起到绝对作用的 *MEGA1* 来说,其权威产生了动摇。也就是说,到那时为止,相关学者接触到的都只是部分原稿或原稿照相复制本的照片版,并未想到要对 IISG 所保管的照相复制本进行精密的考察,因此未对 *MEGA1* 的权威提出疑问。对于该书第一卷"Ⅰ. 费尔巴哈"章中文字的脱漏(Lücken),不是归因于手稿本身的未完成性,就是认为正如马克思所表达的那样,是"老鼠的牙齿"(nagende Kritik der Mäuse)造成的结果。但是,巴纳在 IISG 内写有"国会议员伯恩施坦的印刷品"(Drucksachen für das Mitglied des Reichtages Herrn Bernstein)字样的封套中,发现了三张纸页,上面写着"已印刷发表于《社会主义文件》3、4 卷的'圣麦克斯'"(Der 'Heilige Max' mit Auslassung schon in den *Dokumenten des Sozialismus gedruckt Bd.* Ⅲ/Ⅳ),而这正是马克思和恩格斯的《德意志意识形态》的一部分。② 而

---

① 参考安德雷亚斯:《马克思与恩格斯——德国古典哲学的终结,文献目录》,第 147—154(Andréas, *Karl Marx/Friedrich Engels……Bibliographie*, S. 147 - 154)。世界范围内《德意志意识形态》的版本数(包括未删节的整卷本及选本)至 1963 年 9 月统计为 49 件,至 1982 年增至 81 件(有些是前者未确认的算在后者中)。参考贝尔特·安德雷亚斯:《马克思、恩格斯与黑格尔左派》,《年鉴》,第 7 发行年度,1964—1965 年,米兰,1966 年,第 451—456 页〔Bert Andréas, *Marx et Engels et la gauche hégélienne, Annali*, Anno Settimo 1964—1965(Milano 1966), pp. 451 - 456〕。

* 但据笔者调查,该书的日语译本最早出版于 1935—1936 年间,由以森宏一为代表的唯物主义研究会共同翻译。参见郑文吉《马克思思想的形成和早期著作》第Ⅱ部第 4 章第 2 节〔1994—作者〕。

② S. 巴纳:《马克思、恩格斯的〈德意志意识形态〉——一些补遗的文字》,《国际社会史评论》,第 7 卷,1962 年,第 93—95 页(S. Bahne, *Die Deutsche Ideologie von Marx und Engels. Einige Textergänzungen*, International Review of Social History, Vol Ⅶ(1962), S. 93 - 95)Einige。这三张纸页上的文字被判定为是插入 MEGA Ⅰ/5, S. 32, Z. 5("费尔巴哈"章)和 S. 180, Z. 20("圣麦克斯"章)之间的部分,以及"圣布鲁诺"章中一系列的异稿。

且，他还更进一步地将 *MEGA1* 所收录的文本与手稿的原稿进行了比较，发现其中有相当大的差异。他指出，因为 *MEGA1* 基本上是依据 IML/M 所藏的照相复制本来出版的，所以首先写在纸张折叠处的文字未能显示在照相复制本上，其次是伯恩施坦在文本上作的修改（特别是注明删除的记号）与著者所加的无法区分。①　这样，巴纳发现的三张纸页——共六页的《德意志意识形态》手稿，使得该书，尤其是"Ⅰ.费尔巴哈"章的形成过程重新得以审视，并最终促成 1965 年巴加图利亚（Georgi Bagaturija）对该书第一章的重新编纂，②从而进一步为 1972 年 *MEGA2* 试行版中"费尔巴哈"章的全面性调整开辟了道路。

二、*MEGA2* 的编纂准备与相关的几个问题

前文中，我们简略探讨了 *MEGA1* 出版以后《德意志意识形态》的刊行历史，而后分析了 1962 年巴纳发现该书三张手稿的意义，这一发现使重新编纂该书的必要性得以明确认识。随着 1968 年 *MEW* 的出版，*MEGA2* 的刊行也计划成熟，而重编《德意志意识形态》的必要性正

---

①　参考同上书，第 94 页（*Ibid.*，S. 94）及第 94 页，注 1(S. 94 Anm. 1)。实际上，在照相复制本上要区别出第三者加在手稿原稿上的记号和原作者所加的记号是极其困难的，对于这一点，作者于 1988 年 1 月比较《经济学哲学手稿》原稿和照相复制本之间的区别时曾有过体会。

②　有关巴加图利亚对 *MEGA1* Ⅰ/5 的批评，即批评该书在编纂上"主观任意"，以及对该书"费尔巴哈"章的重新编纂，请参考以下资料。G. A. Bagaturija, *Struktura I soderzanie rukopisi pervoj glavy* **Nemeckoj ideologii** *K. Marksa I F. Engel'sa*, *Voprosy filosofii*（Moskau 1965），Nr. 10，S. 108 - 118；Nr. 10，S. 79 - 107；Nr. 11. 111 - 137.

＊巴加图利亚论文的日译文收录在巴加图利亚版的日译本卷末。ゲ．ア．バガトゥーリヤ，"K. マルクスと F. エングルスの《ドィツ・ィデオロギー》第 1 章 原稿の構造と内容"，《新版ドィツ・ィデオロギー》（东京：合同出版，1966），pp. 189 - 213［1994—作者］。另外，巴加图利亚版的德译本请参考——"一．费尔巴哈"，《德国哲学杂志》，柏林，1966 年，第 14 发行年度，第 10 期，第 1199—1251 页（"Ⅰ. Feuebach," *Deutsche Zeitschrift für Philosophie*（Berlin 1966），Jg. ⅩⅣ，Nr. 10，S. 1199 - 1251）。同上书，第 1192—1198 页（*Ibid.*，S. 1192 - 1198）上刊有 IML/B 的编者序言。参考郑文吉《马克思思想的形成和早期著作》第Ⅱ部第 3 章第 3 节。

与之相合拍。①

1972 年出版的 *MEGA2* 的试行版中,在阐明该《马克思恩格斯全集》的编纂方针时,对该全集的性质规定如下。

    MEGA 力求完美并忠实地体现马克思与恩格斯毕生的文字工作,并立足于对流传下来的所有著作的文本批评进行的精密探讨,用文献证据来呈现其发展。

    该 *MEGA* 是历史性、批判性的全集,将为各种学术领域的国际性研究提供作为原典的广泛性依据,成为马克思、恩格斯的所有形式与语言版本的最切实的文献基础。②

因此,对 *MEGA2* 性质的规定促使其在编纂上具有以下几个具体特点:① 无遗漏地包容其留存下来并能够见到的所有文字遗产;② 所有文本与原稿彻底保持一致,以原稿中的语言出版;③ 考察基于原有形式和语言的文本的整体发展过程,以统观其著述方法,并进而以文献证据来呈现马克思主义的各发展阶段;④ 通过彻底的文本批评,分析两人的文字著作,为学术上的使用者附加所需要的详尽且全面的学术资料(Apparat)。根据这一编辑原则,收录于 *MEGA2* 的各文本将按照撰写顺序(das Datum der Abfassung)而非著作的出版年代、以年代为顺序来排列,力图将马克思主义的发生及发展史加以文献化。③

我们可以根据上文所述 *MEGA2* 的基本编纂原则,来理解和整理

———————————

①   关于 *MEGA2* 刊行工作的准备情况和结构,*MEGA2* 的编纂意义、内容及编纂方针,请参考以下资料。H. 施泰茵和 D. 沃尔夫:《伟大的遗产·对马克思、恩格斯文献遗稿的历史报道》,柏林:狄茨出版社,1972 年,第 192—200 页;*MEGA2* 试行本,第 5 * —68 * 页(Heinz Stern und Dieter Wolf, *Das Große Erbe. Eine historische Reportage um den literarischen Nachlaß von Karl Marx und Friedrich Engels*(Berlin: Dietz Verlag, 1972), S. 192 - 200; *MEGA2* Probeband, S. 5 * - 68 *)并请参考郑文吉《马克思思想的形成和早期著作》第 II 部第 1 章第 5 节。

②   *MEGA* Probeband, S. 39. *

③   *MEGA2* I/1, S. 35 * - 37 * ;参考郑文吉,同前书,pp. 192 - 194。

最近 *MEGA2* 版Ⅰ/5《德意志意识形态》编纂过程中提出的讨论。今天,新的《德意志意识形态》出版准备过程中最大的问题是与上述第③项有关的。首先是该书第一卷"Ⅰ.费尔巴哈"章的文本排列(Textanordnung),其次是与该书执笔有着直接和间接关系的异稿,两人同时期撰写的其他手稿、草稿、笔记,以及预定作为该书一部分的第三者的文章如何排列,这些是该书出版准备过程中讨论最多,并且出版以后将会继续讨论下去的问题。①

这里,我们先就《德意志意识形态》"Ⅰ.费尔巴哈"章的文本排列问题,以已有论及的 *MEGA2* 试行版为中心,来作一简单的考察。*MEGA2* 的文本编纂原则上是按照基于撰写日期的年代顺序来排列的,而非基于各部(Abteilung)的刊行日期。对于耗时较长的著作,通过对其成稿史(Entstehungsgeschichte)的分析,个别予以决定。对于无法确定日期的手稿或信件等,则根据可推测的著作日期进行排列;而无法推测的情况下,则将最早的起始点(frühestmöglichen Zeitpunkt)作为著作日期。另一方面,对于如《德意志意识形态》和《反杜林论》(*Anti-Dühring*)这样的庞大著作,则决定将与之有直接关系的其他资料汇编起来,按照主题编排成书。②

从上述 *MEGA2* 的文本排列原则来看,应该说处于先天未完成状态的《德意志意识形态》"Ⅰ.费尔巴哈"章的编纂将可能招致许多众议。负责编纂 *MEGA2* Ⅰ/5 的陶伯特认为,执笔当时,这一部分基本上并未打算要作为独立的一章,而是在批判布鲁诺·鲍威尔的《评路德维希·费尔巴哈》一文的过程中,为了明确费尔巴哈的唯物主义和抽象人

---

① 参考 I. 陶伯特:《*MEGA*Ⅰ/2 und Ⅰ/3 卷的新发现及其对确定 *MEGA* Ⅰ/5 卷的研究和编辑任务的意义》,《马克思、恩格斯研究来稿》,22,1987 年,第 25—27 页 (Inge Taubert, *Neue Erkenntnisse der MEGA-Bände* Ⅰ/2 und Ⅰ/3 und ihre Bedeutung für die Bestimmung von Forschungs-und Editionsaufgaben der Arbeit an dem MEGA-Band Ⅰ/5 (Marx/Engels: Die deutsche Ideologie), *Beiträge zur Marx-Engels-Forschung*, 22(1987), S. 25 - 27)。

② 参考 *MEGA2* Probeband, S. 43 * 的 B. Ⅱ.1, 2, 3, 6 项。

本主义的特点,并阐述他们自己的历史唯物主义,而将"费尔巴哈"作为
独立的一章来刊行;该章内容分别写于不同的时期,可以分割成具有独
立观点的七个部分。因此,"费尔巴哈"一章中有的手稿是为该书第一
卷其他章节而撰写的,处于不同程度的修改阶段,而且留有旁注、笔记、
指示以及用于撰写新内容的空白;而有的手稿则还是草稿性质。① 因
此,具有这一性质的"费尔巴哈"章的重编是不可避免的。继 1962 年巴
纳发现三张手稿纸页而加以第一次修订后,巴加图利亚于 1965 年进行
了重新编纂;到了 1972 年,又再次由陶伯特在 *MEGA2* 的试编版中,试
图根据撰写顺序进行全面的重编。也就是说,现存"费尔巴哈"章手稿
是处于不同执笔阶段的原稿汇编,对这一未完手稿的编纂,即便完美程
度上有所差异,但最终毕竟难以摆脱推测的局限,因此对文本编纂的争
论将不会停歇。所以笔者认为,对于相关学者来讲,*MEGA2* 应尽可能
将手稿原有的状态按原形体现出来,为将来的研究提供新的可能,这才
是更为理想的。

　　另一方面,除了未完手稿的排列问题之外,作为《德意志意识形态》
的编纂问题而一直被讨论的,是同时期马克思和恩格斯撰写或执笔的
论说、手稿、草稿、记录等片段与该书第二卷所缺的Ⅱ、Ⅲ章及《德意志
意识形态》的其他章节有何直接和间接的关系。因此,笔者欲先据以往
的研究成果,对《德意志意识形态》同时期马克思和恩格斯撰写的论说、
手稿、草稿、记录以及片段等,进行简单的概括,然后与 *MEGA2* 编纂过
程中提出的几个问题联系起来展开讨论。根据 *MEGA1* 至 *MEGA2* 出

---

① *MEGA2 Probeband*, S. 403 - 404. "费尔巴哈"章共 94 页,左栏的正文有 82
页是写满的,7 页是只有一部分,5 页则留作空白(前文所述 IISG 的目录记为 59 页)。
据笔者对原稿照相复制本的调查,左栏的正文大部分是恩格斯的笔迹,有几行是马克
思的笔迹;行间的修改处发现有他们两人的笔迹。右栏是相异情况下作的字句的添加
和插入、独立的文本、附加的旁注和记录、标记顺序的页码,以及与文本无关的涂鸦等。
参考 *Ibid.*, S. 406 - 415,尤其是 S. 408 - 411 的页码标记(Paginierungsschema)。

版准备工作的各种研究成果,简单列举马克思与恩格斯的著作如下。①
(以下论说、手稿前所标字母联号与附记在《德意志意识形态》最前面的
字母相对应。)

K:1. 论费尔巴哈(ad Feuerbach)[*MEGA1* Ⅰ/5, S.
531, 532, 533 - 535, 536 - 537]
——包括 1845 年 1 月、3 月以及年底左右马克思所著
《关于费尔巴哈的 11 个提纲》和其他有关费尔巴哈的
几个笔记。其中一部分为 B(Ⅰ.费尔巴哈)所用。

L:费尔巴哈(Feuerbach)[*MEGA1* Ⅰ/5, S. 538 - 540]②
——1846 年 10 月,恩格斯写于巴黎的笔记。

M:布鲁诺·鲍威尔结巴了(Bruno Bauer stammelt)
[*MEGA1* Ⅰ/5, S. 541 - 544]③
——1845 年 11 月撰写,刊载于《社会明镜》第 7 号
(1846.1)。
该文从"Bruno Bauer stammelt"开始。对于该
文的作者,*MEGA1* 认为是马克思的妻舅威斯特华

---

① 参考 *MEGA1* Ⅰ/5 及 Ⅰ/6 相应文本的编者注;贝尔特·安德雷亚斯:《马克思与恩格斯——德国古典哲学的终结,文献目录》,第 140—141 页(Bert Andréas, *Karl Marx/Friedrich Engels……Bibliographie*, S. 140 - 141);《马克思、恩格斯研究来稿》,26(1989),第 98—194 页[*Beiträge zur Marx Engels-Forschung*, 26(1989), S. 98 - 194]等。

② 有关该手稿及《德意志意识形态》的关系,尤其是与该书"Ⅰ.费尔巴哈"章的关系,请参考以下资料。I. 陶伯特:《论〈费尔巴哈〉手稿的形成史及其在 *MEGA2* 第Ⅰ/5 卷中的编排》,《马克思、恩格斯研究来稿》,26(1989),第 100 - 109 页(Inge Taubert, *Zur Entstehungsgeschichte des Manuskripts Feuerbach und dessen Einordnung in den Band Ⅰ/5 der MEGA2*, *Beiträge zur Marx-Engels-Forschung*, 26(1989), S. 100 - 109)。马克思恩格斯全集英文版认为该文的执笔时间是 1845 年秋。马克思、恩格斯:《马克思恩格斯全集》,第 5 卷,第 11—14 页(Marx/Engels, *Collected Works*, Vol. 5, pp. 11 - 14)。

③ *MEGA1* 中的标题为《圣布鲁诺反对〈神圣家族〉的作者》(*Sankt Bruno contra die Verfasser der Heiligen Familie*)。

伦（Edgar von Westphalen），而迈耶尔认为是恩格斯，1975 年发行的英文版全集（Collected Works，Vol. 5（pp. 15 - 18））则认为是马克思与恩格斯的合著。

N：诗歌和散文中的德国社会主义（Deutscher Sozialismus in Versen und Prosa）[*MEGA1* Ⅰ/6，S. 31 - 71]

1. 卡尔·贝克：《〈穷人之歌〉或真正的社会主义之诗》（Karl Beck：*Lieder vom armen Mann oder die Poesie des wahren Sozialismus*）[*MEGA1* Ⅰ/6，S. 33 - 47][①]

——1846 年秋恩格斯执笔。当时斯特鲁威、梅林、兰茨胡特/梅耶推测该文作者为马克思，而迈耶尔则认为是恩格斯。刊载于《德意志—布鲁塞尔报》73—74 号（1847. Ⅸ. 12，16）。

2. 卡尔·格律恩：《从人的立场论歌德》，达姆城，1846 年（Karl Grün：*Über Göthe vom menschlichen Standpunkte*，Darmstadt 1846）[*MEGA1* Ⅰ/6，S. 47 - 71][②]

---

① 参考 E. 罗里希：《诗歌和散文中的德国社会主义·1）卡尔·贝克：〈穷人之歌（或真正的社会主义之诗）〉——马克思、恩格斯研究中的一个空白点》，《马克思、恩格斯研究来稿》，26（1989 年），第 100—125 页[*Elke Röllig，Deutscher Sozialismus in Versen und Prosa. 1) Karl Beck：Lieder vom armen Mann oder die Poesie des wahren Sozialismus——ein weißer Fleck in der Marx-Engels-Forschung，Beiträge zur Marx-Engels-Forschung*，26(1989)，S. 100 - 125]。

② 参考 D. 戴克塞尔：《诗歌和散文中的德国社会主义·2）卡尔·格律恩：〈从人的立场论歌德，达姆城，1846 年〉》，《马克思、恩格斯研究来稿》，第 143 页注 20[*Dieter Deichsel，Deutscher Sozialismus in Versen und in Prosa. 2) Karl Grün：Über Göthe vom menschlichen Standpunkte，Darmstadt 1846，Beiträge zur Marx-Engels*，S. 143 Anm. 20]。

　　——1846 年恩格斯执笔。据推测 1847 年 1 月修改后想

　　要添加进 I（《德意志意识形态》第二卷“Ⅳ. 马克思的

　　格律恩批判）。刊载于《德意志-布鲁塞尔报》93—98

　　号（1847. Ⅺ. 21，25，28，Ⅻ. 2，5，8）

　　O：真正的社会主义者（*Die wahren Sozialisten*）［*MEGA1*

　　　Ⅰ/6，S. 73 - 116］①

　　　　——1847 年 1 至 7 月之间恩格斯执笔的手稿。

　　据推测修改后是想用于《德意志意识形态》第二卷所

　　缺二章中的一章。

　　P：德意志现状（*Der status quo in Deutschland*）［*MEGA1*

　　　Ⅰ/6，S. 229 - 249］②

　　　　——恩格斯的手稿，据推测撰写于 1847 年 3 月。

　　据推测修改后是想用于《德意志意识形态》第二卷所

　　缺两章中的一章。

　　以上我们简单查看了《德意志意识形态》同时期马克思和恩格斯撰写的论说、手稿、笔记及片段等，这些据推测与该书有着直接或间接的关系。这里，我们再来简单探讨这些著述与 *MEGA2* 中《德意志意识形态》的编纂有着怎样的关联。

　　首先，当我们讨论现存《德意志意识形态》手稿内容时，正如该书目录所示，最先遇到的问题便是——第二卷所缺的 Ⅱ、Ⅲ 章，其内容究竟相当于上列著述中的哪一种？《德意志意识形态》第二卷涉及真正的社会主义者，且该书第二卷第 Ⅰ 章是批判“莱茵年鉴”的“H”，第 Ⅳ 章是批

---

　　① 参考 *MEGA1* Ⅰ/6，S. 665 及安德雷亚斯：《马克思与恩格斯。德国古典哲学的终结，文献目录》，第 141 页，第 143 页注 21（Andréas，*Karl Marx/Friedrich Engels……Bibliographie*，S. 141，143 Anm. 21）。

　　② *MEGA1* Ⅰ/6，S. 230，669；安德雷亚斯：《马克思与恩格斯。德国古典哲学的终结，文献目录》，第 141 页（Andréas，*Karl Marx/Friedrich Engels……Bibliographie*，S. 141）。

判卡尔·格律恩的"I",故我们确信Ⅱ、Ⅲ章涉及真正的社会主义者。因此可以推测,上述同时期著作中相当于Ⅱ、Ⅲ章的是 N.1、N.2 和 O、P。尤其是恩格斯执笔的 N.1 有可能作为独立的一章(如第二卷第Ⅱ章或第Ⅲ章),而 N.2 可以作为马克思执笔的"Ⅳ.卡尔·格律恩,《法兰西和比利时的社会运动》,及真正的社会主义者的历史编纂学"的延续,被分析为是载入《德意志意识形态》可能性很大的文章。① 然而,从负责编纂 MEGA2 Ⅰ/5 的 IML/B 研究参与人员的研究结果来看,虽然无法否认 O、P、N.1 和 N.2 与所缺部分具有很密切的关联性,但无论如何都缺少具体和明确的证据,来支持必须将这些收入 MEGA2 Ⅰ/5 中的说法。因此他们认为很难将这些文章编入主文本(Hauptteil),而最多有可能被收入附录或 MEGA2 Ⅰ/6 中。②

接下来提出的有关 MEGA2 编纂的问题是,上述 K 到 P 的七篇论说、手稿、笔记、片段是按主题收入独立成书的《德意志意识形态》(MEGA2 Ⅰ/5)呢,还是按照年代顺序收入(MEGA2 Ⅰ/6)? 在 MEGA2 Ⅰ/5 述其编纂方针的 B.Ⅱ.6 中,提到将把马克思和恩格斯的庞大著作,如《德意志意识形态》、《反杜林论》、《自然辩证法》(Di-

---

① D. 戴克塞尔:《诗歌和散文中的德国社会主义·2）卡尔·格律恩:〈从人的立场论歌德〉达姆城,1846 年》,《马克思、恩格斯研究来稿》,第 127 页,第 132—133 页〔Dieter Deischsel, *Deutscher Sozialismus in Versen und in Prosa. 2) Karl Grün：Über Göthe vom menschlichen Standpunkte. Darmstadt 1846, Beiträge zur Marx-Engels-Forschung*, 26(1989), S. 127, 132 - 133〕。

② E. 罗里希:《诗歌和散文中的德国社会主义·1）卡尔·贝克:〈穷人之歌（或真正的社会主义之诗）——马克思、恩格斯研究中的一个空白点〉,《马克思、恩格斯研究来稿》,26(1989 年),第 109—125 页(Elke Röllig, *Deutscher Sozialismus in Versen und Prosa. 1) Karl Beck：Lieder vom armen Mann, oder die Poesie des wahren Sozialismus—ein weißer Fleck in der Marx-Engels-Forschung, Beiträge zur Marx-Engels-Forschung*, 26(1989), S. 109 - 125）；D. 戴克塞尔:《诗歌和散文中的德国社会主义·卡尔·格律恩:〈从人的立场论歌德〉达姆城,1846 年》,《马克思、恩格斯研究来稿》,第 126—145 页〔Dieter Deischsel, *Deutscher Sozialismus in Versen und in Prosa. 2) Karl Grün：Über Göthe vom menschlichen Standpunkte, Darmstadt 1846, Beiträge zur Marx-Engels-Forschung*, 26(1989), S. 126 - 145〕。

alektik der Natur)等，和其附属资料一起，按主题分卷（Band）汇编。①
因此，从这一编纂方针来看，上述七篇文章中的 K、L、M 很有可能因
其撰写时期和内容而遵循 *MEGA1* 的惯例，编入 I /5；而 O、P 则还有
讨论的余地，也就是说很有可能编入 *MEGA2* I /6。这样的话，如果
N. 1 和 N. 2 被判断为属于《德意志意识形态》第二卷，则当然会收入
MEGA2 I /5；如若不然，则不能排除收入 *MEGA2* I /6 的可能。②

　　最后，应该说我们有必要探讨在《德意志意识形态》的编纂上惹起
相当多争议的一个问题，这就是赫斯对《德意志意识形态》著述的贡献。
正如前文提及的赫斯合著《德意志意识形态》一说，伯恩施坦主张是恩
格斯亲口所提，据此，马克思的研究者及赫斯的研究者们对其真伪展开
了持续的讨论。目前限于"Ⅲ. 圣麦克斯"章（E），谢伯纳（Edmund Sil-
berner）和蒙克（Wolfgang Mönke）等赫斯的研究者们都一致否认合著
说。③ 但《德意志意识形态》第二卷的"Ⅴ. 霍尔施坦的格奥尔格·库尔
曼博士（或真正的社会主义的预言）"，因魏德迈誊清后在末尾标有

---

①　*MEGA2 Probeband*，S. 43 *.
②　E. 罗里希，同上引书，第 120—121 页（Elke Röllig, op. cit., S. 120 - 121）；
D. 戴克塞尔，同上引书，第 135 页（Dieter Deichsel, op. cit., S. 135）。
③　蒙克：《论赫斯在〈德意志意识形态〉上的工作》，第 445—448 页（Mönke, *über
die Mitarbeit von Moses Heß an der **Deutschen Ideologie***, S. 445 - 448）；E. 谢勒伯纳：
《赫斯传》，莱顿：E. J. 布里尔，1966 年，第 249 页［Edmund Silberner, *Moses Hess. Ge-
schichte seines Lebens*(Leiden: E. J. Brill, *1966*), S. 249］；Z. 罗森：《赫斯与马克思·
马克思理论史稿》，汉堡：H. 克里斯蒂安出版社，1983 年，第 114 页（Zwi Rosen, *Moses
Hess und Karl Marx. Ein Beitrag zur Entstehung der Marxschen Theorie*(Hamburg:
Hans Christians Verlag, 1983), S. 114）；I. 陶伯特：《论赫斯在〈德意志意识形态〉上的
工作：卢格著作〈巴黎两载〉（莱比锡，1846 年）分析》，《马克思、恩格斯研究来稿》，26
(1989 年)，第 149—150 页［Inge Taubert, *Zum Mitarbeit von Moses Heß an der **Deut-
schen Ideologie**—die Auseinandersetzung mit Arnold Ruges Werk **Zwei Jahre in Par-
is. Studien und Erinnerungen***, Leipzig 1846, *Beiträge zur Marx-Engels-Forschung*,
26(1989), S. 149 - 150]。

"M. Hess"，故明确为赫斯所著①；另外，虽然其对卢格《巴黎二载》
(*Zwei Jahre in Paris. Studien und Erinnerungen*，Leipzig 1846)一书
的批判——《格拉齐安诺博士的著作〈巴黎二载〉》(Dottore Graziano's
Werke. *Zwei Jahre in Paris*，von Arnold Ruge)不包括在《德意志意识
形态》的残存手稿内，但此文被认为是为当时《德意志意识形态》而撰写
的，随着这一主张取得了合理性②，对于这两篇论文是否要载入
MEGA2 Ⅰ/5，以及其收录方式如何，不断有新的争论提出。换言之，
MEGA2 申明将收录马克思和恩格斯毕生的文字遗产，但问题是他们
两人以外的第三人——赫斯的著作，是否能收入主文本。我们虽然可
以推测后者，即赫斯对卢格的批判文将作为正文(Hauptteil)以外的附
录收入，但是该怎样来处理前者，即《德意志意识形态》手稿中已十分明
确的一章"J"(库尔曼批判)，这是要讨论的问题。然而，*MEGA2* 的编
纂人员明确提出，尽管当初《德意志意识形态》的目录结构上包含有
"J"，但依据前文所述的基本编纂方针，它将被收入 *MEGA2* Ⅰ/5 的附

---

　　① 蒙克：《论赫斯在〈德意志意识形态〉上的工作》，第 461—490 页(Mönke,
"über die Mitarbeit……，" S. 461 - 490)。该手稿在赫斯著作中的编号是 A1053，虽不
尽相同，但许多部分与《共产主义先知的阴谋活动》("Umtriebe der kommunistischen
Propheten")(赫斯著作编号 A197b)一致，现 IISG 所藏赫斯手稿 B175 论 G. 库尔曼"博
士"和 A. 贝克"博士"的未完稿，约 1845 年，(B175 Fragment on "Dr." Georg Kuhl-
mann and August Becker. ca 1845)似该文的草稿(该草稿共 24 页，缺第 14 页)。参考
赫斯的手稿 B82,B83。E. 谢勒伯纳：《赫斯作品——他的署名和匿名出版物、手稿以及
通信目录》，莱顿：E. J. 布里尔，1958 年，第 74、12、89、82 页[Edmund Silberner, *The
Works of Moses Hess. An Inventory of His Signed and Anonymous Publications,
Manuscripts, and Correspondence*(Leiden：E. J. Brill, 1958)，pp. 74，12，89，82]。
　　② 赫斯的这一文章刊载于《德意志-布鲁塞尔报》62、63 号(1847. Ⅷ. 5,7)，罗
基扬斯基对该文与《德意志意识形态》的关联性持否定态度，而陶伯特则是肯定的。
E. 谢勒伯纳：《赫斯作品》，第 13 页(Edmund Silberner, *The Works of Moses Hess*, P.
13)；J. 罗基扬斯基：《论马克思、恩格斯在 1845 年至 1846 年与在布鲁塞尔的赫斯之间
的关系》，《马克思恩格斯年鉴》，9(1846 年)，第 223—267 页[Jakow Rokitjanski, *Zur
Geschichte der Beziehung von Karl Marx und Friedrich Engels zu Moses Heß in
Brüssel 1845/1846，Marx-Engels-Jahrbuch*，9(1986)，S. 223 - 267]；I. 陶伯特，同上
引书，第 147、第 158—159 页(Inge Taubert, op. cit.，S. 147，158 - 159)。

录之中。①

结　论

　　《德意志意识形态》是马克思和恩格斯的遗稿之一，尽管他们生前曾为出版该书而付出了努力，但只有极少一部分以独立论文的形式得以出版，而大部分则作为手稿存放在书斋里，交给了"老鼠的牙齿"。本文以 1932 年 *MEGA1* 的发行作为分割点，将《德意志意识形态》的编纂史分为前后两期并进行了考察。众所周知，在马克思主义的形成过程中，《德意志意识形态》不仅是从思想上连接 1845 年《神圣家族》和1847 年《哲学的贫困》的重要一环，而且通过该书两人最初明确改进了其历史唯物主义，因而是极被关注的重要著作。但是，正如本文中所明确揭示的那样，《德意志意识形态》基本上是未完成的手稿，各章节的完成程度和执笔阶段有所不同，编纂上相当困难，可能会有持续的争论。尤其是第一卷的"Ⅰ. 费尔巴哈"章，尽管在内容上是该书中最重要的部分，但不同执笔阶段的原稿混杂，目中所见编纂上的指示或区分句节的横线、注明删除的斜线，以及插入和增删等，都要比其他部分频繁。然而正如陶伯特的观点，《德意志意识形态》与《1844 年手稿》不同，后者是由几篇论文和互不相连的手稿组成的，而《德意志意识形态》不仅有作为独立著作的一贯性，而且相当一部分是清稿的形式，这些都排除了对该书是否能独立成书的疑惑。因而本文通过 1962 年巴纳发现新手稿以后展开的争论及 *MEGA2* 编纂过程中出现的讨论，对号称为马克思和恩格斯全部著作决定版的 *MEGA2* 的 Ⅰ/5（《德意志意识形态》）

---

　　① 　C. 伊可尔：《论赫斯在〈德意志意识形态〉上的工作：第二卷第 5 章》，《马克思、恩格斯研究来稿》，26（1989），第 186—187 页［*Christine Ikker*，*Zur Mitarbeit von Moses Heß an der* **Deutschen Ideologie**—*das Kapitel V des zweiten Bandes*，*Beiträge zur Marx-Engels-Forschung*，26（1989），S. 186 - 187］。

中,作为独立著作的《德意志意识形态》将会以何种面目出现这一问题进行了考察。

　　本文是从编纂史来研究《德意志意识形态》的,我们有时可能会对这样的研究所具有的意义提出疑问。但是,从编纂史来对《德意志意识形态》进行的细致考察,不仅能统照该书的形成过程(Entstehungsgeschichte),而且能进而体现马克思主义思想发展的具体阶段,因而具有重要的意义。换言之,对马克思和恩格斯具体思想发展阶段的考察给我们带来了如下启示,即不能只停留于揭示马克思主义独特的内在发展过程,还有必要同时对影响其思想发展过程的同时代其他人物进行研究。而且,对两人之外的同时代其他人物进行的研究,不应像苏联和东欧诸国一般的研究倾向那样,只作为马克思理论的接受史,而是要结合第三人独特而个别的智识活动,细致地关注同时代人之间的思想互动。另一方面,这种对个别著作的形成历史或马克思思想发展阶段的绵密研究,将会给还处于初级阶段的韩国的马克思主义研究带来新的契机。尤其是对于最近几年里如雨后春笋般涌现出的、带有偏向性的马克思主义的相关著作,这样的研究将会成为提出一种标准的根据;并进而成为一条堤防,限制那些无关文本的、对马克思和恩格斯的无节制的引用;也将会成为一座警钟,警示那些没有明确标准,甚至连文本解题也付诸阙如的马克思、恩格斯选集抑或全译本。

第二章 《德意志意识形态》是为季刊撰写的吗？

——最近对《德意志意识形态》形成史的讨论

引　言

MEGA2 自 1975 年始刊行，因 1989 年以来的东欧剧变，其出版进程遭遇巨大挫折，这虽是事实，但已发行的四十余卷，对于马克思主义的正确理解和马克思学的进展作出了重大的贡献，这是相关学者所熟知的。也就是说，*MEGA2* 不仅发掘和公开了大量新资料，而且致力于将这一期间的文献资料以原语言，并尽可能以原始形态出版，从而对深化马克思学的研究起到了巨大作用。[①] 我们借马克思、恩格斯未完成的遗稿，尤其是其中的《德意志意识形态》，将最近的研究成果作一集

[①] 至 1989 年，*MEGA2* 共出版四十卷，1990—1991 年之间出版五卷，1992 年发行或正在印刷的有四卷，共计四十九卷。参考郑文吉，《转换期的风景：共产圈剧变后〈马克思恩格斯全集〉的续刊工作》，《文学和社会》第 18 号（1992 年夏），pp. 598—601。另外，对于包括 *MEGA2* 在内的新旧 *MEGA* 的刊行经过和特点，接受马克思列宁主义研究院委托，负责 *MEGA* 刊行的国际马克思、恩格斯基金会（Internationale Marx-Engels Stiftung，以下简称 IMES）的成立过程和工作，以及有关学者和智识人士对 IMES 的反应，请参考上述论文及郑文吉，《未竟的梦想——〈马克思恩格斯全集〉的出版》，《文学和社会》第 14 号（1991 年夏），pp. 638—697；第 15 号（1991 年秋），pp. 1082—1118。

结，来作为马克思学之深化的一例。

　　我们知道，《德意志意识形态》是马克思和恩格斯于 1845 至 1846 年间在布鲁塞尔撰写的，通过这一文稿，首次并具体地明确了马克思主义的历史唯物主义，因而是马克思主义的形成和展开过程中具有重要意义的著作之一。众所周知，以往对于《德意志意识形态》的文本、形成史、执笔过程等的认识，都是以 *MEGA1* 作为绝对的权威。① 但是，以 1962 年巴纳(Siegfried Bahne)发现《德意志意识形态》的手稿残片为契机，1965 年巴加图利亚(G. A. Bagaturija)对该书"Ⅰ. 费尔巴哈"章进行了重新解释并重排了文本，1972 年 *MEGA2* 试行版(Probeband)发行，这些使有关《德意志意识形态》的通常说法——基于执笔过程的形成历史、文本的排列等——面临重大挑战。② 而 *MEGA2* 的编纂人员则希望在这些新研究成果的基础上，出版一部作为决定版的 *MEGA2* Ⅰ/5（《德意志意识形态》）。③ 他们的努力不仅使《德意志意识形态》执笔方面的具体事实得以显现，如执笔动机、执笔时期、执笔过程、特定文本的

---

　　① 　参考郑文吉，《从编纂史看〈德意志意识形态〉——期待 *MEGA2* Ⅰ/5(〈德意志意识形态〉)的刊行》，《文学和社会》第 11 号（1990 年秋），pp. 1168—1223[郑文吉，《马克思思想的形成与早期著作》，第二部第一章]；郑文吉，《马克思、恩格斯的〈德意志意识形态〉"Ⅰ. 费尔巴哈"章的重新建构——关于梁赞诺夫以来的各种版本的比较探讨(上)》，《世界的文学》第 59 号（1991 年春），pp. 315—316. 337—344。

　　② 　见郑文吉，《马克思、恩格斯的〈德意志意识形态〉"Ⅰ. 费尔巴哈"章的重新建构——关于梁赞诺夫以来的各种版本的比较探讨(下)》，《世界的文学》第 60 号（1991 年夏），pp. 259—286。

　　③ 　关于《德意志意识形态》在 *MEGA2* 的出版，暂定为 1972 年就"Ⅰ. 费尔巴哈"章出试行版，正式本则是在对试行版进行批判的基础上，加以全面重编，预计在 1992 年或 1993 年出版。但因柏林墙的崩塌，这一计划委让给了特里尔的卡尔·马克思故居，当初计划 1994 年发行。随着东欧全面性的瓦解，财政上的困乏使得 *MEGA2* 工作本身不可避免地面临再议的命运，最终，*MEGA2* 的未刊部分不得不按照新的编纂方针进行全面型重构，据传，这时《德意志意识形态》也成为重新讨论的对象。因此目前来看，该书的刊行时间还是不透明的状态。以前《德意志意识形态》的文本编纂是由陶伯特(Inge Taubert)女士带领的东德编纂组负责的，在新的编纂方针下，他们的编纂成果将会以何种程度为 *MEGA2* Ⅰ/5 所吸收？这是非常有趣的关注焦点。参考郑文吉，《从编纂史看〈德意志意识形态〉》，p. 1169. 注 3;郑文吉，《转换期的风景》，pp. 604—607。

执笔者及各合著人的参与程度等,而且对同一时期写就的特定手稿是否应编入 *MEGA2* Ⅰ/5 这一问题进行了 20 多年多角度的讨论,使《德意志意识形态》撰写当时(1845—1846 年)马克思和恩格斯周围的各种情况得以呈现。①

① 若从地域上来看 1960 年代以来《德意志意识形态》的研究成果,则集中体现在莫斯科、东柏林、特里尔、东京。按顺序具体列举如下。

(A) 以莫斯科为中心的研究,其代表是巴加图利亚(G. A. Bagaturija)教授 1960 年代和 1970 年代的研究成果: i) *K istorii napisanija, opublikovanija I issledovanija* **Nemeckoj ideologii** *Marksa I Engel'sa, Iz istorii formirovanija I razvitija marksizma*, Moskva 1959, S. 48 - 85(《马克思、恩格斯的〈德意志意识形态〉的执笔、刊行、研究历史》,《马克思主义的形成和发展历史:科学会报资料》,莫斯科, 1959); ii) *Struktura I soderzanie rukopisi pervoj glavy* **Nemeckoj ideologii**, *Voprosy filosofii*, 1965, Heft 10, S. 108 - 118(《〈德意志意识形态〉第 1 卷第 1 章原稿的结构和内容》,《哲学问题》,苏联科学院哲学研究所,1965 年第 10 号)及 *K. Marks I F. Engel's, Fejerbach, Protivopoloznost' materialisticeskogo I idealisticeskogo vozzrenij*(《德意志意识形态》,"Ⅰ. 费尔巴哈"章的重构文本),*Voprosy filosofii*, 1965, Heft 10. S. 79 - 107; Heft 11, S. 111 - 137(《哲学问题》,1965 年第 10 号,11 号;以上单行本于 1966 年发行)[日译本:《新版ドイツ・イデオロギー》,花崎皋平译(东京:合同出版社,1966),依次为 pp. 189—213; pp. 5—187]; iii) **Tezisy o Fejerbachel' Nemeckaja ideologii**, *Naucnoinformacionnyj bjulletein sektora proizvedenii K. Marksa I F. Engel'sa*, inst. marksizma-leninizma pro CK KPSS, 1965, Heft 12, S. 1 - 70(《〈关于费尔巴哈的提纲〉和〈德意志意识形态〉》,《马克思、恩格斯作品类别的学术研究报告》(IML),1965 年第 12 号); iv)《马克思最伟大的发现——历史唯物主义的形成和发展》,《历史马克思》(莫斯科,1968); v) *Iz opita izucenija rukopisnogo nasledstva Marksa I Engel'sa. Rekonstrukcija pervoj glavy* **Nemeckoj ideologii**, Moskva 1969(《〈德意志意识形态〉第一篇的重构:为了马克思、恩格斯手稿遗产的研究》,1969)[日译:坂间真人译,《情况》,1974 年 1 月号,*pp.* 87 - 127]; vi) *Mesto Nemeckoj ideologii Marksa I Engel'sa v istorii marksizma. Filosofskoe obosnovanije naucnolo kommunisma* [621, *Teorija naucnogo kommunisma*, Moskva, 1971]《〈德意志意识形态〉在马克思主义历史上的地位——科学共产主义的哲学根据》[巴加图利亚的学位论文,1971][其俄语概要的日译:坂间真人译,《情况》,1973 年 1 月号,*pp.* 61—78]。此外,刊登于《马克思恩格斯年鉴》(*Marx-Engels-Jahrbuch*)上的戈劳维娜(Galina Golowina)、罗基扬斯基(Jakow Rokitjanski)的研究也值得关注。

(B) 其次是以东柏林为中心的研究,与 *MEGA2* Ⅰ/5 的编纂工作并行,以陶伯特(Inge Taubert)女士为主导。 i) ——《马克思、恩格斯〈德意志意识形态〉第一卷第一章的新近发表》,《德国哲学杂志》,第 14 发行年度,第 10 期,1966 年,前言,第 1192—1198 页;正文,第 1199—1251 页;注释,第 1251—1254 页(*Neuveröffentlichung des Kapitel I des* Ⅰ. *Bandes der* **Deutschen Ideologie** *von Karl Marx und Friedrich Engels, Deutsche Zeitschrift für Philosophie*, 14. *Jahrgang, Heft 10 (1966), Vorwort, S. 1192 - 1198; Text, S. 1199 - 1251; Anmerkungen, S. 1251 - 1254*)[根据巴

加图利亚的文本,该新德语版的准备人为 Inge Tilhein,她与陶伯特似为同一人];ⅱ)
《论马克思、恩格斯的唯物主义历史观:关于〈德意志意识形态〉第一章中的几个理论问
题》,《德国工人运动史来稿》,第 10 发行年度,1968 年,纪念马克思诞辰 150 周年特
刊,第 27—50 页(*Zur materialistischen Geschichtsauffassung von Marx und Engels:
Über einige theoretische Probleme im ersten Kapitel der **Deutschen Ideologie**, Beiträge
zur Geschichte der deutschen Arbeiterbewegung*, 10. Jahrg. (1968), Sonderheft zum
150. Geburtstag von Karl Marx, S. 27 - 50);ⅲ)《马克思、恩格斯:〈德意志意识形
态〉Ⅰ.费尔巴哈·唯物主义直观与唯心主义直观的对立》,*MEGA2* 试行版,柏林:狄
茨出版社,1972 年,正文,第 33—119 页;参考文献,第 399—507 页[*Karl Marx/
Friedrich Engels, Die Deutsche Ideologie, Ⅰ. Feuerbach. Gegensatz von materialis-
tischer und idealistischer Anschauung, MEGA2* Probeband(Berlin: Dietz Verlag,
1972), Text, S. 33 - 119; Apparat, S. 399 - 507][该 *MEGA2* 试行版的编者记为陶伯
特和德纳特(Johanna Dehnert];ⅳ)《关于 *MEGA2* 第一部分第 5 卷(〈德意志意识形
态〉)的准备工作》,《马克思、恩格斯研究来稿》,26(1989 年),第 99—194 页("Aus der
Arbeit an der Vorbereitung des Bandes 5 der Ersten Abteilung der *MEGA2*(*Die deut-
sche Ideologie*)," *Beiträge zur Marx-Engels-Forschung*, 26(1989), S. 99 - 194)[这
里刊登有以陶伯特为首的五篇论文];ⅴ)《恩格斯向唯物主义和社会主义的过渡》,《马
克思恩格斯年鉴》,12(1990 年),第 31—65 页(*Engels' Übergang zum Materialismus
und Sozialismus, Marx-Engels-Jahrbuch*, 12(1990), S. 31 - 65);ⅵ)《马克思、恩格
斯的〈德意志意识形态〉是如何形成的? 新的见解、问题以及争论焦点》,《马克思在巴
黎的第一次逗留以及〈德意志意识形态〉的形成研究》,《马克思故居文集》,第 43 期,特
里尔,1991 年,第 9—87 页{*Wie entstand die Deutsche Ideologie von Karl Marx und
Friedrich Engels? Neue Einsichten, Probleme und Streitpunkte, Studien zu Marx'
erstem Paris-Aufenthalt und zur Entstehung der **Deutschen Ideologie***, Schriften aus
Karl-Marx-Haus, Nr. 43, Trier[1991], S. 9 - 87}。

(C) 特里尔马克思故居现正按照 IMES 的 *MEGA2* 出版计划,负责出版包括《德
意志意识形态》在内的 1848 年以前的 *MEGA2*。这里的轴心人物为该研究所所长佩尔
格(Hans Pelger)、法方的合作人格郎炯(Jacques Grandjonc)。[M. 巴村]主编:《马克
思在巴黎的第一次逗留以及〈德意志意识形态〉的形成研究》,《马克思故居文集》,第
43 期,特里尔,1991 年{[Marion Barzen], Hrsg., *Studien zu Marx' erstem Paris-
Aufenthalt und zur Entstehung der **Deutschen Ideologie***, Schriften aus Karl-Marx-
Haus, Nr. 43, Trier[1991]}[1990 年马克思故居所召开的有关《德意志意识形态》形
成史的国际会议成果]。

(D) 1960 年代中期以来,日本方面的成果颇为引人注目。这里,广松涉教授于
1965 年发表的论文《〈德意志意识形态〉的编辑问题》成了导火线,之后掀起了广泛围
的论争,除广松涉教授之外,还有花崎皋平、望月清司、中川弘、细谷昂、岩渊庆一、坂间
真人等参与。进入 1980 年代后,才逐渐平息。笔者将在另外的论文中对日本学界《德
意志意识形态》的论争展开较为具体的讨论[《马克思思想的形成与早期著作》第二部
第四章],这里只限于简单介绍日本少壮学者的最近成果。岩佐茂,小林一穗,渡边宪
正编著,《〈ドイツ・イデオロギ〉の射程》(东京:创风社,1992)。

本论文中,拟对《德意志意识形态》之"季刊原稿说"进行集中的探讨,"季刊说"虽是近来的研究成果之一,但《德意志意识形态》形成史研究中却未对其作过任何讨论。之所以要考察此说是否妥当,是因为如果假设至今认为是分为一、二两卷的《德意志意识形态》当初是为季刊而撰写的,那么就会随之出现各种各样意想不到的波及问题,从而使我们不得不重新考察以往有关《德意志意识形态》的若干成说。

第一节 戈劳维娜的季刊说和成说的根据

参与 MEGA2 Ⅲ/2(马克思,恩格斯,《来往书信——1846 年 5 月至 1848 年 12 月》,1979)编纂工作的戈劳维娜(Galina Golowina)于 1980 年提出,《德意志意识形态》原先并非二卷著作,而是当初马克思和恩格斯以及赫斯(Moses Heß)三人为其将要发行的季刊所撰写的稿件。戈劳维娜从刊载于 MEGA2 Ⅲ/1、Ⅲ/2 的 1845 年至 1846 年的各种书信中,择出与出版问题有关的这一时期马克思和恩格斯以及第三人的书信,进行缜密的分析,结果显示其中并未提及"两卷《德意志意识形态》",而该时期的马克思和恩格斯正在计划发行季刊及外国社会主义者著作的译丛,因而她认为,我们今天称之为"德意志意识形态"的一系列手稿,正是马克思和恩格斯想要发表在季刊上的原稿。①

戈劳维娜推断,1845 年 2 月初移居布鲁塞尔的马克思一开始就有发行定期刊物的打算。她认为,1844 年,马克思与卢格(Arnold Ruge)一同,在巴黎出版《德法年鉴》(Deutsch-Französische Jahrbüchery),但

---

① G. 戈劳维娜:《1845/1846 年的季刊计划:关于〈德意志意识形态〉手稿的最初的出版规划》,《马克思恩格斯年鉴》,3(1980),第 260—274 页(Galina Golowina, Das Projekt der Vierteljahrsschrift von 1845/46: Zu den ursprünglichen Publikationsplänen der Manuskripte der **Deutsche Ideologie**, Marx-Engels-Jahrbuch, 3(1980), S. 260 - 274)。

仅发行一册就被停刊。之后，马克思一直试图出版杂志，但其抱负未得实现，因此尽管他滞留布鲁塞尔的条件是不允许发行杂志，但这一热望并未打消。戈劳维娜还指出，马克思在巴黎受到驱逐，是因为他与巴黎发行的德语报纸——《前进报！》(*Vorwärts!*)有合作关系，而且《前进报！》被基佐政府(Regierung Guizot)停刊之前，马克思曾积极推进将其改为月刊的计划。移居布鲁塞尔以后，他仍抱持发行杂志这一梦想。①

据戈劳维娜分析，考察 *MEGA2* Ⅲ/1、Ⅲ/2 中 1848 年之前马克思和恩格斯及与他人的往来书信后，结果发现早在 1845 年秋马克思就有了发行杂志的计划，而这一杂志是二十印张以上的季刊②，这样比较容易通过审查。而在这样的基本前提下重新检阅以往有关《德意志意识形态》出版的各种书信，则那些曾经模糊不清的信件内容也就变得明晰起来。③

以往的观点认为，1845 至 1846 年，马克思和恩格斯通过赫斯和魏德迈，接触了威斯特伐里亚地方的社会主义者，试图出版"独立的两卷《德意志意识形态》"(Separatausgabe der zweibändigen 'Deutsche Ideologie')，而据戈劳维娜的研究，以现存的书信，是无法证实这一成说的；而对于书信中的若干字句，通常都解释为两卷本《德意志意识形态》的出版努力，但戈劳维娜则主张应理解为二卷季刊才妥，并举出 1845

---

① *Ibid.*, S. 260. 戈劳维娜引用马克思写给弗莱里格拉特的信——"肯定迟早要创办杂志"，以此主张马克思很可能对发行杂志满怀热望。F. 弗莱里格拉特致 K. 卜希讷，1845 年 2 月 10 日（戈劳维娜，同上引书，第 260 页，再引）｛Ferdinand Freiligrath an Karl Büchner, 10. Februar 1845[Golowina, *op. cit.*, p. 260 再引]｝。

② 一印张相当于十六页书页，因此二十印张以上的书意味着书页超过三百二十页。当时包括普鲁士在内的德国各州的出版审查法规定，二十印张以下的出版物要事先接受审查，因而激进主义者们一般都发行二十印张以上的印刷物，想以此避开严格的事先审查。这些二十印张以上的杂志或单行本中，尤其以 1843 年海尔维格(Georg Herwegh)发行的《来自瑞士的二十一张 *Einundzwanzig Bogen aus Schweiz*》(Zürich und Winterthur: Verlag des Literarischen Comptoirs, 1843)最具代表性，其中刊载了因德国的审查而无法出版的鲍威尔(Bruno Bauer)的《现代犹太人和基督徒获得自由的能力》(*Die Fähigkeit der heutigen Juden und Christen, frei zu werden*)和赫斯的《社会主义和共产主义》(*Sozialismus und Kommunismus*)等文。

③ 戈劳维娜，同上引书，第 261 页(Golowina, *op. cit.*, S. 261)。

到 1846 年间马克思和恩格斯所写及写给两人的十封书信。①

那么,既然 1845 至 1846 年间的书信中从未提及此"两卷《德意志意识形态》",那么这一说法到底是从何而来的呢? 我们为了确认《德意志意识形态》之季刊原稿说,首先有必要追本溯源,搞清《德意志意识形态》原为两卷著作(Werk)这一说法的来源。

对马克思和恩格斯《德意志意识形态》的关注,最早是由恩格斯的一篇序言(Vorbemerkung)引起的,该序言附在恩格斯于 1888 年撰写的《路德维希·费尔巴哈和德国古典哲学的终结》(*Ludwig Feuerbach und der Ausgang der klassischen deutschen Philosophie*)抽印本中。② 他在序言的开头用较长篇幅引用了 1859 年出版的马克思《政治经济学

---

① 戈劳维娜为证明自己的主张而举出的十封书信按时间顺序例举如下:1)《G. 维尔特致马克思》,1845 年 12 月 18 日,*MEGA2* Ⅲ/1,第 493 页;2)《R. 丹尼尔斯致马克思》,1846 年 3 月 7 日,*MEGA2* Ⅲ/1,第 513、514 页;3)《G. J. 哈尼致恩格斯》,1846 年 3 月 30 日,*MEGA2* Ⅲ/1,第 523 页;4)《J. 魏德迈致恩格斯和 P. -C. 齐高特》,1846 年 5 月 13 日,*MEGA2* Ⅲ/2,第 189 页;5)《马克思致魏德迈》,1846 年 5 月 14 日至约 16 日,*MEGA2* Ⅲ/2,第 9 页;6)《赫斯致马克思》,1846 年 5 月 20 日,*MEGA2* Ⅲ/2,第 208 页;7)《J. 迈耶尔致马克思和恩格斯》,1846 年 7 月 9 日,*MEGA2* Ⅲ/2,第 243 页;8)《赫斯致马克思和恩格斯》,1846 年 6 月 17 日,*MEGA2* Ⅲ/2,第 248—249 页;9)《马克思致 C. F. J. 列斯凯》,1846 年 8 月 1 日,*MEGA2* Ⅲ/2,第 23—24 页;10)《魏德迈致马克思》,1846 年 8 月 19 日,*MEGA2* Ⅲ/1,第 289 页[ⅰ) *Georg Weerth an Karl Marx*, 18. Dezember 1845(*MEGA2* Ⅲ/1, S. 493);ⅱ) *Roland Daniels an Karl Marx*, 7. März 1846(*MEGA2* Ⅲ/1, S. 513,514);ⅲ) *George Julian Harney an Friedrich Engels*, 30. März 1846(*MEGA2* Ⅲ/1, S. 523);ⅳ) *Joseph Weydemeyer an Friedrich Engels und Philippe-Charles Gigot*, 13. Mai 1846(*MEGA2* Ⅲ/2, S. 189);ⅴ) *Karl Marx an Joseph Weydemeyer*, 14. -um den 16. Mai 1846(*MEGA2* Ⅲ/2, S. 9);ⅵ) *Moses Heß an Karl Marx*, 20. Mai 1846(*MEGA2* Ⅲ/2, S. 208);ⅶ) *Julius Meyer an Karl Marx und Friedrich Engels*, 9. Juli 1846(*MEGA2* Ⅲ/2, S. 243);ⅷ) *Moses Heß an Karl Marx und Friedrich Engels*, 17. Juli 1846(*MEGA2* Ⅲ/2, S. 248 - 249);ⅸ) *Karl Marx an Carl Friedrich Julius Leske*, 1. August 1846(*MEGA2* Ⅲ/2, S. 23 - 24);ⅹ) *Joseph Weydemeyer an Karl Marx*, 19. August 1846(*MEGA2* Ⅲ/1, S. 289)]。

② 恩格斯的这一著述是书评形式,针对 1885 年出版的施达克的《路德维希·费尔巴哈》(*Ludwig Feuerbach von C. N. Starcke*(Stuttgart: Ferd. Encke, 1885),于 1886 年刊登在《新时代》(*Neue Zeit*)第 4、5 号,1888 年作为抽印本重印,抽印本附有恩格斯的序言,撰写日期明确记录为 1888 年 2 月 21 日。

批判》(*Zur Kritik der politischen Ökonomie*)的序(Vorwort),并提到他们两人在布鲁塞尔为了清算以前的哲学意识而动笔撰写,而"这个心愿是以批判黑格尔以后的哲学的形式来实现的",其具体结果便是"两厚册八开本的原稿"(Das Manuskript, zwei starke Oktavbände)。①

但是,马克思和恩格斯提到的这些内容只是明确了存在有两卷批判黑格尔以后德国哲学的手稿,至于这是否就是具体的"两卷本《德意志意识形态》",似连 1890 年代末至 1900 年代初发掘并公布该手稿部分内容的斯特鲁威(Peter von Struve)和伯恩施坦(Eduard Bernstein)也未能有充分的认识。② 而 1902 年出版了梅林(Franz Mehring)的四卷本《马克思、恩格斯和拉萨尔遗著选》,梅林在提及 1844 年 7 月至 1847 年 11 月间德国社会主义阵营报刊杂志的一章中的编者序(Einleitung des Herausgebers)里,列出《德意志意识形态》一项,并首次具体论及该书。③ 梅林在文中揭示,马克思和恩格斯为厘清自己的哲学而

① 马克思:《政治经济学批判》,*MEW*,第 13 卷,第 10 页;恩格斯:《路德维希·费尔巴哈和德国古典哲学的终结》,选自《新时代》的修订抽印本,附补遗:《马克思1845 年论费尔巴哈》,*MEW*,第 21 卷,第 263 页(Karl Marx, *Zur Kritik der Politische Ökonomie*, *MEW*, Bd. 13, S. 10; Friedrich Engels, *Ludwig Feuerbach und der Ausgang der klassischen deutschen Philosophie*, revidirter Sonder-abdruck aus der *Neuen Zeit* mit Anhang: Karl Marx über Feuerbach vom Jahren 1845, MEW, Bd. 21, S. 263);参考郑文吉,《从编纂史看〈德意志意识形态〉》,《文学和社会》第 11 号(1990 年秋),pp. 1170—1171[郑文吉,《马克思思想的形成与早期著作》,pp. 73—74]。

② 参考郑文吉,《从编纂史看〈德意志意识形态〉》,《文学和社会》第 11 号(1990年秋),pp. 1171—1172[郑文吉,《马克思思想的形成与早期著作》,pp. 74—76]。

③ 《马克思、恩格斯拉萨尔遗著选》,梅林编,四卷本,斯图加特:J. H. W. 狄茨继承人出版公司,1902 年(*Aus dem literarischen Nachlaß von Karl Marx, Friedrich Engels und Ferdinand Lassalle* (herausgegeben von Franz Mehring, 4 Bände, Stuttgart: Verlag von J. H. W. Dietz Nachf. GmbH. , 1902))。梅林在该《遗著选》的"Ⅶ.德国社会主义阵营的期刊 Aus den Zeitschriften des deutschen Sozialismus"一章中说,《德意志意识形态》是马克思和恩格斯为厘清自己的哲学而作,且未能出版,两人将之交与"老鼠的批判 der nagende Kritik der Mäuse",该《遗著选》不收录此书,留待日后出版全集(Gesammtausgabe)时再出。他还简单说明了该书的内容。参考《遗著选》,第二卷,从 1844 年 7 月到 1847 年 11 月,第 3 版,斯图加特:J. H. W. 狄茨继承人出版公司,1920 年,第 334、第 345—349 页[*Aus dem literarischen Nachlaß*, Zweiter Band, Von Juli 1844 bis November 1847, Dritte Aufl. (Stuttgart: J. H. W. Dietz Nachf. , 1920), S. 334, 345 - 349]。

撰写了《德意志意识形态》，其第一册是对布鲁诺·鲍威尔、施蒂纳、费尔巴哈的批判性论争，第二册则涉及德国社会主义的各预言家。我们可以指出梅林的上述说明是依据以下的两种原始资料，一是我们已经提到的恩格斯的序，出自 1888 年出版的《路德维希·费尔巴哈和德国古典哲学的终结》；二是 1847 年 4 月 8 日《德意志—布鲁塞尔报》第 28 号上刊登的马克思的《驳卡尔·格律恩》（*Erklärung gegen Karl Grün*），撰写日期为 4 月 6 日），尽管该文并未出示具体的佐证。

> [……]这篇评论[针对格律恩的"法兰西和比利时的社会运动"]是对弗·恩格斯和我合写的"德意志意识形态"（对以费尔巴哈、布·鲍威尔和施蒂纳为代表的现代德国哲学和以各式各样的预言家为代表的德国社会主义的批判）一书的补充。①

从评论中的这些字句来看，马克思在自己的文章中具体提到了这"两厚册八开本的原稿"的标题。然而，不管是梅林在《遗著选》中称为的两卷本《德意志意识形态》，还是 1918 年出版的《马克思传》中对《德意志意识形态》的叙述与评价，根据的都是以上这两种材料。②

---

① 马克思：《驳卡尔·格律恩》，《德意志—布鲁塞尔报》，第 28 期，1847 年 4 月 8 日，*MEGA1* I/6，第 260 页（Karl Marx，"Erklärung gegen Karl Grün，" *Deutsche-Brüsseler-Zeitung*（Nr. 28 vom 8. April 1847），*MEGA1* I/6，S. 260）；同时也参考 *MEW*，Bd. 4，S. 38。就在该引文的前文中，马克思预告说，针对格律恩著作的该评论（成为《德意志意识形态》的第二卷第 IV 章）将发表在《威斯特伐里亚汽船》（*Das Westphälische Dampfboot*）上。这一宣言文还刊登在《特里尔报》（*Trier'sche Zeitung*）第 99 号（1847 年 4 月 9 日）上，据报道文字上有相当大的差异和勘误。但须提及的一个与本文有关的问题是，《德意志—布鲁塞尔报》上印作 *"Die deutsche Ideologie"*，而《特里尔报》则印作 *"die deutsche Ideologie"*。见 *MEGA1* I/6，S. 260 页的脚注。

② 弗朗兹·梅林：《马克思传》，莱比锡，1918 年；柏林：狄茨出版社，1964 年，第 116—117 页[Franz Mehring，*Karl Marx：Geschichte seines Lebens*，Leipzig 1918；（Berlin：Dietz Verlag，1964），S. 116 - 117]. 在这里，梅林指出《德意志意识形态》是"共 50 印张（Druckbogen）的两卷厚书"，并采用上文所引《驳卡尔·格律恩》中提到的标题。同上书，第 116 页（*Ibid.*，S. 116）。

尽管对于该书的价值有着互不相同的评价①，梅林"两卷的《德意志意识形态》"这一提法还是为后来的迈耶尔（Gustav Mayer）②、梁赞诺夫（David Rjazanov）③沿用下来，并被 1932 年的 *MEGA1* 所采纳④而成为定说。在这里，1924 年由梁赞诺夫首次公开的马克思亲笔撰写的《德意志意识形态》序（Vorrede）也起到了重要的作用。

> 本书第一卷的目的在于揭露这些自称为狼、别人也把他
> 们看作是狼的绵羊，指出他们的咩咩叫声只不过是以哲学的
> 形式来重复德国市民的观念，而这些哲学评论家们的夸夸其

---

①   郑文吉，《从编纂史看〈德意志意识形态〉》，pp. 1172—178[郑文吉，《马克思思想的形成与早期著作》，pp. 75—82]。

②   古斯塔夫·迈耶尔：《恩格斯传》，第一卷，《早年恩格斯》，第一版，柏林：施普林格，1920 年；修订第二版，海牙：尼耶霍夫出版社，1934 年，第 225—244 页、第 385—386 页[Gustav Mayer, *Friedrich Engels. Eine Biographie*, *Erster Band*, *Friedrich Engels in seiner Frühzeit*, 1. Aufl. (Berlin: Springer, 1920), 2. verb. Aufl. (Haag: Martinus Nijhoff, 1934), S. 225 - 244, 385 - 386]。迈耶尔在该书第 225 页中，提到出自马克思《驳卡尔·格律恩》(*Erklärung gegen Karl Grün*)的《德意志意识形态》这一标题。

③   梁赞诺夫：《关于马克思和恩格斯遗稿的最新消息》，《社会主义与工人运动史档案》，第 6 卷，1925 年，第 387—391 页{D. Rjasanoff, *Neueste Mitteilungen über den literarischen Nachlaß von Karl Marx und Friedrich Engels*, *Archiv für Geschichte des Sozialismus* und der Arbeiterbewegung, Bd. Ⅺ(1925), S. 387 - 391)；D. 梁赞诺夫：《马克思、恩格斯论费尔巴哈——〈德意志意识形态〉第一章》，《马克思、恩格斯文库》，第 1 卷，1926 年，第 205—208 页(D. Rjazanov, *Marx und Engels über Feuerbach*: *Der erste Teil der **Deutsche Ideologie***, *Marx-Engels Archiv*, 1. Band[1926], S. 205 - 208}。

④   参考 V. 阿多拉茨基：《导言》，《马克思恩格斯全集》Ⅰ/5；马克思、恩格斯：《德意志意识形态·1845—1846 年》(1932 年)，第 9—19 页(V. Adoratskij, *Einleitung*, *Marx-Engels*, *Gesamtausgabe* Ⅰ/5: Marx und Engels: *Die deutsche Ideologie 1845—1846*(1932), S. Ⅸ—ⅩⅨ; J. 罗基扬斯基：《马克思、恩格斯与赫斯·1845—1846 年在布鲁塞尔的关系史》，载于《马克思恩格斯年鉴》，9(1986 年)，第 228 页、第 260 页注 36(Jakow Rokitjanski, *Zur Geschichte der Beziehungen von Karl Marx und Friedrich Engels zu Moses Heß in Brüssel 1845/1846*, *Marx-Engels-Jahrbuch*, 9(1986), S. 228, 260 Anm. 36)。

谈只不过反映出德国现实的贫乏。①

　　据推测，该序言写于 1846 年夏②，加上上文提到的《驳卡尔·格律恩》，成为马克思自己证明"两卷的《德意志意识形态》"之存在的典据；并自梅林以来，两卷本《德意志意识形态》一说成了不变之事实。然而，最近戈劳维娜主张的《德意志意识形态》之季刊原稿说，却与"两卷的《德意志意识形态》"这一成说相矛盾，这使我们面临新的难题，即该怎样解决这一矛盾呢？

　　因此，我们在追究这两种说法的妥当性之前，先根据戈劳维娜的说法，对自古以来有关《德意志意识形态》的各种叙述与解释进行分析，探讨其值得接受的一面与难以接受的一面。

第二节　对季刊说之妥当性的探讨

　　戈劳维娜所主张的《德意志意识形态》之季刊说有一个最大的优点，那就是能够说明 1845 到 1846 年间马克思和恩格斯的书信中为何全然未提《德意志意识形态》。也就是说，马克思和恩格斯所写的以及写给他们的信中，清楚地提到了季刊以及外国社会主义者译丛，却只字未提《德意志意识形态》。因此，以往认为是指《德意志意识形态》的那些措辞——"二卷的出版物"（Verlag der beiden Bände od. 2 Bände der

---

　　① 《前言：马克思关于〈德意志意识形态〉序言的草稿》，《马克思、恩格斯文库》，第 1 卷，1926 年，第 230—231 页《Vorrede：Entwurf von Marx zu einer Vorrede zur *Deutsche Ideologie*，*Marx-Engels Archiv*，1. Band［1926］，S. 230 - 231}；另参考 *MEGA1* Ⅰ/5, S. 3。该序言最早于 1924 年翻译成俄语而得以译介。*Archiv Marksa I Engel'sa*，Redig. Von Rjazanov（Moskva 1924），Bd. 1.

　　② *MEGA1* Ⅰ/5, S. 2 中考订该序言的撰写日期为 1846 年夏，具体是在 5 月初至 8 月中旬。然而最近的研究提供了新的解释，即与真正的社会主义者展开论争的计划是在撰写"Ⅲ. 圣麦克斯"章"共产主义"（Der Communismus）一节（Abschnitt）的过程中产生的。而这一节则考订为撰写于 1846 年 3 月，从而可将序言的撰写日期稍作提前。

Publication)①,"我们的出版物"(unser Publication)②,手稿或出版物的
"第一卷"(Garantie für Herausgabe des ersten Bandes; das Manuscript
des ersten Bandes der unter meiner Redaction),③"第二卷"
(Manuskript des zweiten Bandes jener Publication),④"册子"(die
Broschüre, von der Sie in Ihrem Briefe sprechen)⑤等——如果被理解
为"季刊的第一卷"、"第二卷",或"其中的一卷"(der ersten Band einer
Vierteljahrsschrift; für einen Band der Vierteljahrsschrift; publication
of your Quarterly),⑥那么以往解读这一时期书信时遇到的许多困难
便迎刃而解了。

　　不仅如此,若将这一解释扩大至他们二人的后期著作或书信,则对
马克思的《政治经济学批判》第一卷序言、《福格特先生》(*Herr Vogt*)以
及恩格斯的《路德维希·费尔巴哈和德国古典哲学的终结》和各种书信
中"1845 至 1846 年间的手稿"这一措辞所产生的疑问都将轻而易举地

---

　　① 《J. 魏德迈致恩格斯和 P. -C. 齐高特》,1846 年 5 月 13 日,*MEGA2* Ⅲ/2, 第
189 页(*Joseph Weydemeyer an Friedrich Engels und Philippe-Charles Gigot*, 13.
Mai 1846, *MEGA2* Ⅲ/2, S. 189)。

　　② 《恩格斯致马克思》,1847 年 1 月 15 日,*MEGA2* Ⅲ/2,第 81 页(*Engels an
Marx*, 15. Januar 1847, *MEGA2* Ⅲ/2, S. 81)。

　　③ 《J. 迈耶尔致马克思和恩格斯》,1846 年 7 月 9 日,*MEGA2* Ⅲ/2, 第 243 页
(*Julius Meyer an Marx und Engels*, 9. Juli 1846, *MEGA2* Ⅲ/2, S. 243);《马克思致
C. F. J. 列斯凯》,1846 年 8 月 1 日,*MEGA2* Ⅲ/2, 第 23 页(*Marx an Friedrich Julius
Leske*, 1. August 1846, *MEGA2* Ⅲ/2, S. 23)。

　　④ 《马克思致魏德迈》,1846 年 5 月 14 日至约 16 日,*MEGA2* Ⅲ/2, 第 9 页
(*Marx an Weydemeyer*, 14. -um den 16. Mai 1846, *MEGA2* Ⅲ/2, S. 9);《马克思致
C. F. J. 列斯凯》,1846 年 8 月 1 日,*MEGA2* Ⅲ/2, 第 23 页(*Marx an Leske*, 1. August
1846, *MEGA2* Ⅲ/2, S. 23)。

　　⑤ 《I. 比尔格斯致马克思》,1846 年 2 月 10 日,*MEGA2* Ⅲ/1,第 503 页(*Ignaz
Bürgers an Marx*, 10. Februar 1846, *MEGA2* Ⅲ/1, S. 503)。

　　⑥ 《马克思致 C. F. J. 列斯凯》,1846 年 8 月 1 日,*MEGA2* Ⅲ/2,第 23 页(*Marx
an Friedrich Julius Leske*, 1. August 1846,*MEGA2* Ⅲ/2, S. 23);《G. J. 哈尼致恩格
斯》,1846 年 3 月 30 日,*MEGA2* Ⅲ/1, 第 523 页(*George Julian Harney an Engels*,
30. März 1846, *MEGA2* Ⅲ/1, S. 523)。

得到解决。① 更进一步来讲，如果假设《德意志意识形态》是为季刊而撰写的原稿，那么我们就能充分地理解，目前被看作是《德意志意识形态》一个组成部分的第 2 卷第Ⅰ章和第Ⅳ章——以书评形式对真正的社会主义者进行的批判，为何会采用这样的撰写方式。

　　然而问题是，虽然认定《德意志意识形态》为季刊撰稿有着上述解释上的好处，但仍留下了悬而未决的几点疑问。所以应该说，我们有必要从几个侧面来探讨对季刊原稿说所提出的异议。首先是其中最容易进入我们视野的表面形式上的问题。马克思在《驳卡尔·格律恩》中提到了"德意志意识形态"这一具体的书名，但不管是持季刊说的戈劳维娜，还是之后基本上接受了同样主张的罗基扬斯基或陶伯特，都未对此

---

① 《政治经济学批判》序言中为"两厚册八开本的原稿"[马克思：《政治经济学批判》"序言"，第一笔记本，MEGA2 Ⅲ/2，第 101—102 页（Karl Marx，"Vorwort，" Zur Kritik der politischen Ökonomie，Erstes Heft，MEGA2 Ⅲ/2，S. 101 - 102）]。《福格特先生》第四章中提到，"我们在这些小册子里，对构成当时同盟的秘密学说的那种英、法两国社会主义或共产主义同德国哲学这二者的杂拌儿进行了无情的批判"[马克思：《福格特先生》，MEGA2 Ⅰ/18，第 107 页（Karl Marx，Herr Vogt，MEGA2 Ⅰ/18，S. 107）]。恩格斯的《路德维希·费尔巴哈和德国古典哲学的终结》中，在引用了上述马克思《政治经济学批判》序言中的内容后又在该文结尾处补充说，"又把 1845—1846 年的旧稿找出来看了一遍"[恩格斯：《费尔巴哈与德国古典哲学的终结》，MEW，第 21 卷，第 264 页（Friedrich Engels，Ludwig Feuerbach und der Ausgang der klassischen deutschen Philosophie，MEW，Band 21，S. 264）]。这些措辞中并未提到《德意志意识形态》。这一情况在下列马克思和恩格斯后期的书信中也是一样的。"关于最近德国哲学和社会主义的两卷著作"[马克思致 J. 韦伯，1860 年 3 月 3 日，MEW，第 30 卷，第 509 页（Marx an Justizrat Weber，3. März 1860，MEW，Bd. 30，S. 509）]，"在摩尔（马克思的别名）的文稿里，我发现了一整堆稿子，是我们在 1848 年前那段时间合写的著作。"《恩格斯致 L. 拉法格》，1883 年 6 月 2 日，MEW，第 36 卷，第 33—34 页（Engels an Laura Lafargue，2. Juni 1883，MEW，Bd. 36，S. 33 - 34）），"马克思和我在 1847[sic]年撰写的大胆至极的手稿 eine grenzlos freche Ms.（或著作 Arbeit）"[《恩格斯致伯恩施坦》，1883 年 6 月 12、13 日，7 月 22 日，8 月 27 日，MEW，第 36 卷，第 39、41、54 页（Engels an Eduard Bernstein，12. /13. Juni，22. Juni，27. August 1883，MEW，Bd. 36，S. 39，41，54）]，"我们的著作 unsrer Schriften 的出版"[《恩格斯致倍倍尔》，1888 年 10 月 25 日，MEW，第 37 卷，第 118 页（Engels an August Bebel，25. Oktober 1888，MEW，Bd. 37，S. 118）]，"马克思也曾参与的未出版的手稿[……]其中包括一卷手稿，若出版的话则会相当于施蒂纳《唯一者》本身的厚度"《恩格斯致 A. 拉布里奥拉》[摘录]，1891 年 2 月 27 日，MEW，第 38 卷，第 42 页{Engels an Antonio Labriola[Auszug]，27. Februar 1891，MEW，Bd. 38，S. 42}。

作充分的考虑。尤其是罗基扬斯基，他为了避开季刊说与著作说之间的冲突，提出了"二阶段说"，即《德意志意识形态》当初是为季刊而撰写的，但当 1846 年出版受挫之后，两人便试图将之作为另外的著作来出版。① 另一方面，在《德意志意识形态》直接的执笔动机和时间上，陶伯特基本接受了戈劳维娜的季刊说，但她却并未说《德意志意识形态》全部是季刊原稿，只明确了该书第一卷第 I 章"费尔巴哈"是论文印刷原稿（Druck-vorlage），用于两人所筹划的季刊。② 这里我们必须述及的一点是，《德意志意识形态》"I.费尔巴哈"章的三束誊清稿（Urtext）中，纸张 6—11{S. 8—28. 包括 1962 年巴纳发现的 S. 1—2，[11]—cd}写于"Ⅲ.圣迈克斯"动笔之前，但纸张 20—21(S.〈29〉—35)、纸张 84—92(S. 40—72)却是从"Ⅲ.圣迈克斯"中抽出或是执笔过程中的旁出部分，考虑到这些，可以说"Ⅲ.圣迈克斯"章在完成程度上是没有疑问的。③ 因此我们便遇到下面这个问题——从量上来看，现存数量庞大的《德意志意识形态》手稿真能被认定为是季刊用稿吗？

　　以笔者之见，该著作手稿的庞大数量是一个关键，这个问题虽然在《德意志意识形态》之季刊用稿说的争议中未被重点论及，但对于该说法是否能成立却是至关重要的。1932 年，因 *MEGA2* Ⅰ/5 的出版，《德

　　① J.罗基扬斯基：《马克思、恩格斯与赫斯 1845—1846 年在布鲁塞尔的关系史》，第 260 页注 38(Jakow Rokitjanski, *Zur Geschichte der Beziehungen von Karl Marx und Friedrich Engels zu Moses Heß in Brüssel 1845/46*, S. 260 Anm. 38)。

　　② I.陶伯特：《后黑格尔哲学批判·关于马克思、恩格斯〈德意志意识形态〉第一卷形成史·关于马克思在巴黎的第一次逗留以及〈德意志意识形态〉的形成的研究》，《马克思故居文集》，第 43 期，特里尔，1991，第 41 页{Inge Taubert, *Die Kritik der nachhegelschen Philosophie. Zur Entstehungsgeschichte des ersten Bandes der Deutschen Ideologie von Marx und Engels*, *Studien zu Marx' erstem Paris-Aufenthalt und zur Entstehung der* **Deutschen Ideologie**, Schriften aus dem Karl-Marx-Haus, Nr. 43 Trier[1991], S. 41}。

　　③ 参考郑文吉，《马克思、恩格斯的〈德意志意识形态〉"I.费尔巴哈"章的重新建构》，pp. 318 - 331[郑文吉，《马克思思想的形成与早期著作》，第二部第三章第二节]；陶伯特：《后黑格尔哲学批判》，第 41—49 页(Inge Taubert, *Die Kritik der nachhegelschen Philosophie*, S. 41 - 49)，尤见 S. 49。

意志意识形态》的全貌得以首次展露,而这之前梅林已经接触到了这一数量庞大的手稿,他在 1910 年代提到,这是"有五十印张(Druckbogen)的厚厚的两册书"①。由此可见,若要说如此庞大的《德意志意识形态》是季刊用稿,则是有其相当勉强之处的。尤其是当时的出版环境并不尽如人意,为躲避审查有一个二十印张的下限,而光《德意志意识形态》手稿就几乎已经独占了两卷季刊的全部纸面。② 尽管如此,我们检阅马克思和恩格斯 1845 至 1846 年间的书信时,可以发现有不少撰稿人为两人及赫斯所构想的季刊写了稿,或正在就写稿与刊载事宜进行商议。1845 年 11 月下旬以后,他们三人出版季刊的计划变得具体,作为该计划的参与人,维尔特(Georg Weerth)、伯奈斯(Karl Ludwig Bernays)、布尔格(Ignaz Bürgers)、丹尼尔斯(Roland Daniels)、哈尼(George Julian Harney)、魏特林(Wilhelm Weitling)、魏德迈(Joseph Weydemeyer)等首先被列举出来。③ 下面我们以其中几人为例作具体探讨,当时的书信及资料确证他们曾为季刊寄稿。

---

① 弗朗兹·梅林:《马克思传》,莱比锡,1918 年;柏林:狄茨出版社,1964 年,第116 页[Franz Mehring, *Karl Marx*: *Geschichte seines Lebens*(Leipzig 1918; Berlin: Dietz Verlag, 1964), S. 116]。50 印张约有 800 页。《德意志意识形态》在 *MEGA*2 Ⅰ/5(242 * 162mm)中为 S. 1 - 528,《马克思列宁主义丛书版》*Bücherlei des Marxismus-Leninismus*(204×138 mm)中为 S. 9 - 587,*MEW*3(211×141 mm)中则为 S. 13 - 530,由此可见该书之庞大。

② 该时期出版的类似种类刊物的总页数举例如下:1943 年出版的《来自瑞士的二十一印张》为 336 页;卢格的《最新德国哲学与时评轶事》,苏黎世/温特图尔:文学商行出版社,1843 年(*Anekdota zur neuesten deutschen Philosophie und Publizistik* Zürich und Winterthur: Verlag des Literarischen Comptoirs, 1843》)第 1 卷为 Ⅳ+320 页,第 2 卷为 Ⅳ + 288 页;卢格和马克思发行的 1844 年《德法年鉴》(*Deutsch-Französische Jahrbücher*)1、2 合集 *1ste und 2te Lieferung* 为 240 页;1845 年卡尔·格律恩出版的《新轶事》(达姆城:C. W. 列斯凯印刷出版,1845 年)(*Neue Anekdota* Darmstadt: Druck und Verlag von Carl Wilhelm Leske, 1845)为 ⅩⅥ+309 页;促使马克思和恩格斯撰写《德意志意识形态》的《维干德季刊》(*Wigand's Vieteljahrschrift* (Leipzig: Druck und Verlag von Otto Wigand, 1845),其第 1 卷有 331 页,第 2 卷有 334 页,第 3 卷有 327 页,第 4 卷有 333 页。

③ *MEGA*2 Ⅲ/1, S. 853;罗基扬斯基,同上引书,第 229 页(Rokitjanski, *op. cit.*, S. 229)。

（1）维尔特（Georg Weerth）的《普赖斯手稿》（M. S. Preiss）：维尔特在 1845 年 12 月 18 日的信中说，"刊登于贵刊的《普瑞斯手稿》（M. S. Preiss）将于下周二（12 月 23 日）送交"。该"手稿"意味着《德国商业生活的幽默写生》（*Humoristische Skizze aus dem deutschen Handelsleben*）第一章。①

（2）伯奈斯（Karl Ludwig Bernays）的《关于犯罪与刑事审判》（Über Verbrechen und Kriminaljustiz）：伯奈斯应马克思的寄稿要求，于 1845 年底至 1846 年初之间，将列斯凯出版社（Leske in Darmstadt）出版的该手稿寄往布鲁塞尔，在信中，他请编辑者按照自己的意图刊载其中的部分内容，并提出支付稿费的要求，而且据知马克思给他汇去了足够的稿费。②

（3）丹尼尔斯（Roland Daniels）：丹尼尔斯在 1846 年 5 月 15 日给以马克思和恩格斯为首的布鲁塞尔共产主义者通信联盟的信中说，接受马克思的提议，同意将批判格律恩的《从人的观点论歌德》（*Ueber Göthe vom menschlichen Standpunkte*）的信发表在杂志上，并表示，如

---

① 《G. 维尔特致马克思》，1845 年 12 月 18 日，*MEGA2* Ⅲ/1，第 493、853 页（*Georg Weerth an Karl Marx*，18. Dezember 1845，*MEGA2* Ⅲ/1，S. 493、853）。另外，维尔特在 1846 年 6 月 5 日或 6 日给马克思的信中也提到"手稿"，但无法确认是否与该稿为同一手稿。同时参考 B. 安德雷亚斯、W. 蒙克：《关于〈德意志意识形态〉的新资料·附一份不为人知的马克思的信和其他文献》，《社会历史档案》，第 8 卷（1968 年），第 75 页（Bert Andréas/Wolfang Mönke，*Neue Daten zur* **Deutschen Ideologie**：*Mit einem unbekannten Brief von Karl Marx und anderen Dokumenten*，*Archiv für Sozialgeschichte*，Band Ⅷ（1968），S. 75）。

② 《伯奈斯致马克思[恩格斯和赫斯]》，1846 年 1 月 21 日，1846 年 2 月 23 日，1846 年 3 月 2 日，1846 年 3 月 7 日，1846 年 3 月 26 日，*MEGA2* Ⅲ/1，第 498、504、509、512、520 页{*Bernays an Marx*[*Engels und Heß*]，21. Januar 1846；23. Februar 1846；2. März 1846；7. März 1846；26. März 1846，*MEGA2* Ⅲ/1，S. 498，504，509，512，520}并参照安德雷亚斯、蒙克，同上引书，第 28—29、56—59 页（Andréas/Mönke，*op. cit.*，S. 28 - 29，56 - 59）。伯奈斯的该文于 1845 年底至 1846 年初由达姆施塔特的列斯凯出版社（Leske in Darmstadt）出版，但因前半部分印刷不善而考虑再版。这时马克思请他参与季刊的撰稿，便将该手稿寄往布鲁塞尔。关于此间情况和该手稿的内容，请见安德雷亚斯、蒙克，同上引书，第 29 页注 62（Andréas/Mönke，op. cit.，S. 29 Anm. 62）和《伯奈斯致马克思》，1845 年 3 月 10 日，*MEGA2* Ⅲ/1，第 456—457 页（*Bernays an Marx*，10. März 1845，*MEGA2* Ⅲ/1，S. 456 - 457）。

果有可能的话，愿意将另一篇文章以假名发表。因此，就像《德法年鉴》中的做法一样，这一格律恩批判文被决定冠以书信体标题（Briefrubrik）；并据巴加图利亚的看法，他的另一文章可能被作为针对汉森（V. Hansen）著作的一篇书评。①

（4）魏特林（Wilhelm Weitling）的手稿——《正义——五百天的研究》（*Gerechtigkeit*：*Ein Studium in 500 Tagen*）萃编：魏特林在 1846 年 5 月 24 日给马克思的信中说，"关于手稿，我未从梅耶那里听到任何解释，而且您的季刊不像是要将之摘录发表"，因而要求退还手稿。虽然难以确定该手稿为何内容，但恩斯特·巴尔尼科尔（Ernst Barnikol）将之看作是三个月前（相对于写信当时的 5 月）就已脱稿并送交的魏特林的遗稿——《正义》（该书于 1929 年由巴尔尼科尔首次出版）。之后

---

① 这一看法是基于对《德意志意识形态》持季刊原稿说的戈劳维娜的主张。《R. 丹尼尔斯和 H. 比尔格斯致共产主义通信委员会》，1846 年 5 月 15 日，*MEGA2* Ⅲ/2，第 199 页（*Roland Daniels und Heinrich Bürgers an des Kommunistische Korrespondenzkomitee*，15. Mai 1846，*MEGA2* Ⅲ/2，S. 199）；戈劳维娜，同上引书，第 264 页（Golowina, *op. cit.*, S. 264）。丹尼尔斯这一书信体的格律恩批判今已不存，可以从 1847 年恩格斯执笔的《诗歌和散文中的德国社会主义 2)卡尔·格律恩，诗歌和散文中的德国社会主义（[……] *Deutsche Sozialismus in Versen und Prosa*）。2) 卡尔·格律恩：〈从人的立场论歌德〉，达姆城，1846 年》（Karl Grün：'Ueber Göthe vom menschlichen Standpunkte,' Darmstadt 1846）来推想。该文最早刊载于 *MEGA1* Ⅰ/6，S. 47 - 71，且最近的研究成果如下。D. 戴克塞尔：《诗歌和散文中的德国社会主义·卡尔·格律恩：〈从人的立场论歌德，达姆城，1846 年〉》，《马克思、恩格斯研究来稿》，26（1989 年），第 126—145 页[Dieter Deichsel, *Deutscher Sozialismus in Versen und in Prosa*. *Karl Grün*：**Ueber Göthe vom menschlichen Standpunkte**，Darmstadt 1846，Beiträge zur Marx-Engels-Forschung，26(1989)，S. 126 - 145]。对于后者，戈劳维娜依据的是巴加图利亚对丹尼尔斯的如下研究。G. 巴加图利亚：《R. 丹尼尔斯》，《马克思、恩格斯与第一批无产阶级革命家》，柏林，1965 年，第 209—260 页，重点参考第 215 页，*MEGA2* Ⅲ/2，第 786 页，说明，第 199 页，9)—12)[G. Bagaturija, *Roland Daniels*，*Marx und Engels und die ersten proletarischen Revolutionäre*(Berlin 1965)，S. 209 - 260，重点参考 S. 215. *MEGA2* Ⅲ/2，S. 786，Erläuterungen，199. 9)—12]。

巴尔尼科尔的这一主张就一直被作为成说而沿用下来。①

　　以上我们考察了书信中明确记载有为季刊寄稿的四人的情况。且这里要补充的是，我们必须要探讨上述赫斯的两篇手稿，这两篇手稿作为马克思和恩格斯《德意志意识形态》中的一部分，是计划要发表在该季刊上的。赫斯的研究者以及马克思、恩格斯研究者们都认为赫斯合著《德意志意识形态》的说法是很矛盾的，甚至称之为"命运的讽刺"(Ironie des Schicksals)、"奇怪的事件"(ein Kuriosum)、"悖论的"(paradoxerweise)。② 这是因为，赫斯在他作为合著人所参与的著作中，处处被马克思和恩格斯指为"真正的社会主义者"，成为辛辣批判的对象。③但是对于马克思和恩格斯来说，他们是极力避免与持不同世界观者合著一书的，同一著作内的自相矛盾是不可能有的事情，因而罗基扬斯基认为，如果将《德意志意识形态》看作是季刊稿，而当时季刊是允许不同意见的评论共存的，那么这一矛盾就可轻而易举地得以解决。④ 因此，

---

　　①　《魏特林致马克思》，1846 年 5 月 24 日，*MEGA2* Ⅲ/2，第 210 页，E. 巴尼科尔主编，《基督教与社会主义·源泉与表现》(Ⅰ. 被俘的维特林及其"正义")，基尔：W. G. 缪劳出版社，1929 年，第 266—267 页[*Weitling an Marx*，24. Mai 1846，*MEGA2* Ⅲ/2，S. 210. Ernst Barnikol, Hrsg., *Christentum und Sozialismus. Quellen und Darstellungen*，I. Weitling der Gefangene und seine 'Gerechtigkeit' (Kiel：Walter G. Mühlau Verlag, 1929)，S. 266 - 267)；*MEGA2* Ⅲ/2，第 802 页(说明)(*MEGA2* Ⅲ/2，S. 802(Erläuterungen)]；同时参考《W. 魏特林致 H. 克里格》，1846 年 5 月 16 日，*MEGA2* Ⅲ/2，第 871—872 页)(*Wilhelm Weitling an Hermann Kriege*，16. Mai 1846，*MEGA2* Ⅲ/2，S. 871 - 872)及罗基扬斯基，同上引书，第 263 页注 91(Rokitjanski, *op. cit.*，S. 263 Anm. 91)。

　　②　E. 谢勒伯纳：《赫斯传》，莱顿：E. J. 布里尔，1966 年，第 249 页[Edmund Silberner，*Moses Hess：Geschichte seines Lebens*(Leiden：E. J. Brill, 1966)，S. 249；W. 蒙克：《论赫斯在〈德意志意识形态〉上的工作》，《年鉴》，第 6 发行年度(1963 年)，第 448 页(Wolfgang Mönke, Uber die Mitarbeit von Moses Hess an der *Deutschen Ideologie*，*Annali*，Anno Sesto(Milano 1963)，S. 448)；Z. 罗森：《赫斯与马克思》，汉堡：H. 克里斯蒂安出版社，1983 年，第 114 页[*Zwi Rosen，Moses Hess und Karl Marx*(Hamburg：Hans Christians Verlag, 1983)，S. 114]。

　　③　*MEGA1* Ⅰ/5，S. 435 - 37，449 - 450，477 - 478，498 etc. (*MEW*，Bd. 3，S. 441 - 443，453 - 454，479 - 480，501 etc.)。

　　④　J. 罗基扬斯基，同上引书，第 227—228 页(Jakow Rokitjanski, op. citl，S. 227 - 228)。

我们在这里有必要搞清楚列于赫斯著作目录中的《霍尔施坦的格奥尔格·库尔曼博士或对真正的社会主义的预言》(*Der Dr. Georg Kuhlmann aus Holstein oder die Prophetie des wahren Sozialismus*)和《格拉齐安诺博士,德国哲学的小丑》(*Dottore Graziano, der Bajazzo der deutschen Philosophie*)是否撰写于 1845 至 1846 年间,并且,它们是不是为《德意志意识形态》及当时赫斯、马克思和恩格斯想要发行的季刊而撰写的手稿。① 这也是一项基础作业,因为之前考察的四人的手稿,

_____

① E. 谢勒伯纳:《赫斯作品:他的署名和匿名出版物、手稿以及通信目录》,莱顿:E. J. 布里尔,1958 年,第 89、74、12 页;第 13、74、82、84 页[Edmund Silberner, *The Works of Moses Hess: An Inventory of His Signed and Anonymous Publications, Manuscripts, and Correspondence* (Leiden: E. J. Brill, 1958), pp. 89, 74, 12; 13, 74, 82, 84]。谢勒伯纳对于这两篇著作的注释按原文介绍如下:

ⅰ)《霍尔施坦的格奥尔格·库尔曼博士》:B 175. 论 G. 库尔曼"博士"和 A. 贝克"博士"的未完稿,约 1845 年,11 pp. 8°. 开头部分遗失。编号:15,16[p. 16a 由赫斯粘贴,已轻微变质],17—24, IISG. 也许是为 A 1053 草拟,但并不包含在其中;见A 1053.《霍尔施坦的格奥尔格·库尔曼博士》或对真正的社会主义的预言。载于 *MEGA*,Ⅰ.第五部分,519—528/包含来自 A 197b 的全部段落。由赫斯约于 1845 年撰写,马克思编辑。部分《德意志意识形态》。也可参见,B 175;见 A 197b. 瑞士:《共产主义先知的阴谋活动》[标题根据的是第 6 期内容目录],《社会明镜》,第一卷,报道与笔记,第 93—96 页[与 G. 库尔曼相对立]。显示的作者信息:G. 库尔曼致 W. 菲舍尔博士,1846 年 3 月 24 日,HHS,问询处,M. I. B. 第 924 号,美茵兹,1846 年 4 月 2日。与 A 1053 不同,但部分一致〈Fragment on "Dr." Georg Kuhlmann and August Becker. [Ca 1845], 11 pp. 8°. Beginning missing. Numbered: 15, 16[p. 16a was pasted over by Hess and has deteriorated slightly], 17 - 24. IISG. Drafted perhaps for, but not included in, A 1053; ⇒A 1053. "Der Dr. Georg Kuhlmann aus Holstein" oder die Prophetie des wahren Sozialismus. In *MEGA*, Ⅰ. Abt., Ⅴ, 519 - 528/Includes whole passages from A 197b. Written by Hess ca 1845. Edited by Marx. Part of "die deutsche Ideologie." See also B 175; ⇒A 197b. ＊Schweiz: Umtriebe der kommunistischen Propheten[Title according to the table of contents of issue No. 6], *Gesellschaftsspiegel*, Bd. Ⅰ, Nachrichten und Notizen, pp. 93 - 96[Versus Georg Kuhlmann]. Authorship revealed: Georg Kuhlmann to Dr W. Fischer, March 24, 1846 HHS, Informationbüro, M. I. B. No. 924, Mainz, den 2. April 1846. Different from, but in parts identical with A 1053〉;

ⅱ)《格拉齐安诺博士》:A 200. 格拉齐安诺博士的[A. 卢格]作品。卢格的《巴黎两载》。《德意志—布鲁塞尔报》,第 62 和 63 号(8 月 5 日和 7 日)第 2—3 页。IISG;A. 1054. 格拉齐安诺博士或卢格博士在巴黎/写于 1846 年 9 月;J. P. 迈耶尔出版,载于《社会》,8/1(1931 年),174—180. 参见 B 83;⇒B 83. 格拉齐安诺博士或卢格博士

若能与赫斯的这两篇合起来,就可大致估计出季刊的容量来。

首先,作为《德意志意识形态》的第 2 卷第Ⅴ章,"Ⅴ.霍尔施坦的格奥尔格·库尔曼博士"始终被看作是该书的一部分,手稿由魏德迈誊清,末尾标有"M. Hess",标题是恩格斯所写。[①]因此,无论《德意志意识形态》是独立的著作,或是为季刊而撰写的原稿,该手稿都是《德意志意识形态》的组成部分,学者们对这一点是毫无疑义的。只是 *MEGA2* 现在的编纂原则是正文篇中只刊登马克思和恩格斯的著作,而该手稿是收录在正文篇还是附录篇,则还有讨论的余地。[②]

与"Ⅴ.霍尔施坦的格奥尔格·库尔曼博士"同时,为《德意志意识形态》及为赫斯、马克思、恩格斯打算共同创办的季刊而准备的稿件,还

在巴黎,科隆,1846 年,8 pp. 4°。去世后出版(参见:A 1054)。也可参见,B 107;⇒ B 107.《文化史研究·古代民族与现代民族比较》[19 世纪 40 年代中期],1 页,在 f° 中。IISG. 在反面:B 83 的变化形式片段(论卢格){A 200. Dottore Graziano's[Arnold Ruge] Werke. *Zwei Jahre in Paris*, von A. Ruge. *Deutsche-Brüsseler-Zeitung*, S. 2 - 3 of Nos. 62 & 63(August 5. and 7.). IISG; A. 1054. Dottore Graziano oder Doktor Arnold Ruge in Paris/Written in September 1846; Published by J. P. Mayer, *in Gesellschaft*, ⅤⅢ/1(1931), 174 - 180. See B 83; ⇒B 83. Dottore Graziano oder Doktor Arnold Ruge in Paris. Cologne, September 1846, 8 pp. 4°. IISG. Published posthumously(see:A 1054). See also B 107;⇒B 107. Studien zur Culturhistorie. Vergleich der alten und modernen Völker[Middle 1840's], 1 leaf, in f°. IISG. On Verso:a fragment of a variant of B 83(on Ruge)}.

① 马克思、恩格斯遗稿目录,IISG,阿姆斯特丹,A 17《德意志意识形态》(*Inventar des Marx-Engels Nachlaß*, IISG, Amsterdam, A 17 *Die deutsche Ideologie*). 尽管该手稿夹在马克思和恩格斯的遗稿中,但其作者是赫斯,这是没有疑问的。据推测该手稿的完成时期是 1846 年 4 月之前,时值誊写人魏德迈滞留于布鲁塞尔之际。郑文吉,《从编纂史看〈德意志意识形态〉》,pp. 1183, 1186 注 24)及 pp. 1200—1201[郑文吉,《马克思思想的形成与早期著作》,pp. 87,90 注 24 及 104—105]。

② 蒙克:《论赫斯在〈德意志意识形态〉上的工作》,《年鉴》,第 6 发行年度(1963 年),第 461—479 页(Wolfgang Mönke, *Über die Mitarbeit von Moses Hess an der Deutschen Ideologie*, *Annali*, Anno Sesto(Milano 1963), S. 461 - 479);C. 伊可尔:《论赫斯在〈德意志意识形态〉上的工作:第二卷第 5 章》,《马克思、恩格斯研究来稿》,26(1989),第 171—194 页(Christine Ikker, *Zur Mitarbeit von Moses Heß an der Deutschen Ideologie— das Kapitel V des zweiten Bandes*, *Beiträge zur Marx-Engels-Forschung*, 26(1989), S. 171 - 194)。

有"格拉齐安诺博士"。该文作为批判卢格(与鲍威尔、施蒂纳同为青年黑格尔派)的文章,当时是《德意志意识形态》第一卷《莱比锡宗教会议》(*Leipziger Konzil*)中的一部分。所以 1846 年 4 月中旬,魏德迈最初前往威斯特伐利亚时携带的手稿中,就包括有这篇《格拉齐安诺博士》。随着《德意志意识形态》和季刊的创办计划以失败而告终,魏德迈将包括该篇文章在内的手稿交给了科隆的丹尼尔斯。但是,赫斯为了迅速回应卢格对其近乎人身攻击的批判①,曾计划从马克思那里拿回该手稿,增改后作为小册子发行。② 但因实际情况不尽如人意,赫斯就将该文分两次发表在了 1847 年 8 月 5 日、7 日的《德意志—布鲁塞尔报》(62,63 号)上。于是,该手稿并不在马克思和恩格斯保管的《德意志意识形态》手稿堆中,但根据东德 *MEGA2* 研究组的研究成果推测,该手稿是《德意志意识形态》第一卷的第Ⅳ章③,他们进而主张将之收入《德意志意识形态》所在的 *MEGA2* Ⅰ/5 的附录之中。④

　　以上我们具体考察了六篇准备要登载在马克思、恩格斯及赫斯所筹划的季刊上的文章。如果假设《德意志意识形态》是为季刊撰写的稿件,那么"至少"有这六篇文章,要和《德意志意识形态》中马克思和恩格斯共同撰写的部分一起,刊登在"两卷的"(zweibändige)季刊上。然而

---

　　① 〔阿诺德·〕卢格:《拉比摩西与莫瑞兹·赫斯》,《对立》,K. 海茵岑,曼海姆,1846 年(〔Arnold〕Ruge, *Der Rabbi Moses und Moritz Heß*, *Die Opposition*, hrsg. Von Karl Heinzen, Mannheim 1846)。

　　② 《赫斯致马克思》,1846 年 7 月 28 日,*MEGA2* Ⅲ/2,第 270 页(Moses Heß an Marx, 28. Juli 1846, *MEGA2* Ⅲ/2, S. 270)。

　　③ 如果是这样,《德意志意识形态》第一卷的结构即是"Ⅰ. 费尔巴哈"/"Ⅱ. 圣布鲁诺"/"Ⅲ. 圣迈克斯"/"Ⅳ. 格拉齐安诺博士"。

　　④ I. 陶伯特:《论赫斯在〈德意志意识形态〉上的工作——A. 卢格的著作〈巴黎两载。研究与回忆〉(莱比锡,1846 年)解读》,《马克思、恩格斯研究来稿》,第 26 期(1989 年),第 146—170 页(Inge Taubert, *Zur Mitarbeit von Moses Heß an der* **Deutschen Ideologie**—*die Auseinandersetzung mit Arnold Ruges Werk* **Zwei Jahre in Paris. Studien und Erinnerungen**, Leipzig 1846, *Beiträge zur Marx-Engels-Forschung*, 26(1989), S. 146 - 170);蒙克,同上引书,第 479—490 页(Wolfgang Mönke, *op. cit.*, S. 479 - 490)。

这里令我们不解的是，仅仅"两卷"的季刊真能包容进数量如此庞大的原稿吗？"具有连续性的季刊"为何一直被马克思、恩格斯及第三人称为"两卷"、"第二卷"呢？也就是说，我们有必要认识到，"仅两卷"这一概念太过强烈了，以至于和"两卷的《德意志意识形态》"这一已有的观点无法轻易分离。

另一方面，如果我们将马克思、恩格斯、赫斯的《德意志意识形态》手稿及维尔特等的文章都看作是他们所筹划的季刊用稿的话，其中最突出的一个特点就是，对于其他的文章来说，不管作者是真名还是假名，都有明确的署名，而唯独马克思和恩格斯没有具体署名，只采取合著的形式。也就是说，《德意志意识形态》如果是短篇的季刊用稿，则各个章节有必要都采取两人合著的形式吗？因此笔者欲就《德意志意识形态》的"合著问题"，来探讨向来就有争议的几个问题。

第三节　作为《德意志意识形态》合著者的马克思与恩格斯

不管《德意志意识形态》是独立的著作，还是季刊原稿，其为马克思和恩格斯二人合著之事实是毫无疑问的。现存的该书手稿很清楚地向我们显示，手稿"基本上"是两列并排（quer beschrieben），左边的正文（Grundtext）是恩格斯的笔迹，右边则是马克思对此作的修改和补充。然而问题是两人各自对合著该书的贡献如何，对此相关学者们的意见不尽相同。也就是说，在两人的合作上，与 1844 年秋写于巴黎的《神圣家族》①相比,《德意志意识形态》要更加积极,这是事实。但是对于两人实际的参与程度,学者们的看法却极其多样,从恩格斯"笔录口述说"到"恩格斯主导说",意见迥然不同。

　　如上所述,笔者曾将马克思和恩格斯合作撰写《德意志意识形态》的过程分为四个阶段:① 最初的草稿(Entwurf od. Konzept),以及马克思和恩格斯围绕草稿的讨论;② 对草稿的修改和誊写;③ 根据誊清稿,作文句与内容的增删,再加入编辑上的指示;④ 最后形成用于出版的最终稿(Druckfassung, Druckvorlage od. Reinschrift)。② 但以现存的该书手稿的各种状态来看,不仅无法推测整个手稿全都属于哪一个阶段,而且各部分中个别章节究竟属于哪一个阶段也很难断定。更有甚者,还有反复第二和第三阶段,或不经过第二、第三阶段,仅仅是第一阶段的草稿或跳至第四阶段最终稿的情况。但是,从整体上来看现存的《德意志意识形态》手稿,除了序言和第一卷的"Ⅰ. 费尔巴哈"章外,大部分第二、第三阶段的手稿都被当做第四阶段的手稿来一样对待,因此被认为整体上具有相当高的完成程度。而马克思所写的序言为第一

---

　　① 有关撰写《神圣家族》时二人的合作情况,以及该书的编辑出版经过,请参考以下资料。W. 蒙克:《神圣家族·关于马克思和恩格斯的第一次合作》(柏林:学院出版社,1972 年),第 126—132 页(Wolfgang Mönke, *Die heilige Familie*: *Zur ersten Gemeinschaftsarbeit von Karl Marx und Friedrich Engels*(Berlin: Akademie-Verlag, 1972), S. 126 - 132);郑文吉,《从编纂史看〈德意志意识形态〉》,pp. 1186—1187[郑文吉,《马克思思想的形成与早期著作》,pp. 90—91]。

　　② 参考郑文吉,《从编纂史看〈德意志意识形态〉》,pp. 1193—1194[郑文吉,《马克思思想的形成与早期著作》,pp. 97—98];郑文吉,《马克思、恩格斯的〈德意志意识形态〉"Ⅰ. 费尔巴哈"章的重新建构》,pp. 317—318[郑文吉,《马克思思想的形成与早期著作》,pp. 187—188]。

阶段的手稿,"Ⅰ.费尔巴哈"则为四个阶段并存,这是众所周知的事实。① 尽管现存手稿执笔阶段呈现出重层特点,但有一个事实是不变的,即手稿的正文是由恩格斯执笔或誊写,②增删、修改、编辑上的指示虽也有恩格斯所写的,但大部分是马克思所作。那么,《德意志意识形态》对历史唯物主义阐释的改进究竟是在马克思和恩格斯两人中谁的主导之下进行的呢?《德意志意识形态》在马克思主义形成史上的地位越是重要,这个问题就越是成为关键。

实际上,恩格斯执笔《德意志意识形态》的说法,是由最早认识到该书重要性,并对之进行了缜密考察的迈耶尔(Gustav Mayer)提出的,并且之后被作为成说接受下来。迈耶尔是《恩格斯传》的作者,他想要从作为人生同路人的马克思和恩格斯两人的业绩中,梳理出恩格斯的贡献。对于《德意志意识形态》撰写期间两人的工作,迈耶尔指出,"从一开始,两人就对彼此的精神财产不分你我,只专注于实现特定的目的";

---

① 迈耶尔(Gustav Mayer)是对《德意志意识形态》具有基本的理解,且最早对该书手稿进行考察的研究者之一,他对该书手稿形态作过如下描述:"对于传至后世的马克思和恩格斯合著的这一庞大著作,有必要对其手稿进行基本的、专业的研究。至少现存手稿的所有章节毫无所获地辗转了许多出版社,并不像是用于出版的最终稿(druckfertiges Examplar)。许多纸张(Blatt,大纸的 1/4 大小的纸张)呈现出最初草稿(Konzept)的痕迹,且其中出现了马克思和恩格斯决不会认为有出版可能的措辞,还有些缺乏连接过程就另外开始的相关部分,页码标注也不统一。"古斯塔夫·迈耶尔:《恩格斯传》,第一卷,第一版,柏林:施普林格,1920 年,第 418 页〈Gustav Mayer, *Friedrich Engels*, Band Ⅰ, 1. Aufl. (Berlin: Springer, 1920), S. 418〉〈转引自 G. 迈耶尔:《〈德意志意识形态〉手稿的"发现"》,《社会主义与工人运动史档案》,第 12 卷,1926 年,第 287 页〈G. Mayer, *Die **Entdeckung** des Manuskripts der **Deutschen Ideologie***, *Archiv für die Geschichte des Sozialismus und der Arbeiterbewegung*, Band Ⅻ [1926], S. 287〉;参考郑文吉:《从编纂史看〈德意志意识形态〉》,pp. 1180—1186,1193—1194[郑文吉:《马克思思想的形成与早期著作》,pp. 84—90,97—98];《马克思、恩格斯的〈德意志意识形态〉"Ⅰ.费尔巴哈"章的重新建构》,pp. 317—318,322—330[郑文吉:《马克思思想的形成与早期著作》,第 2 部第 3 章第 2 节引言及第 2 节第Ⅲ项]。

② 但也有例外,第 1 卷"圣迈克斯"章的一部分和第 2 卷"Ⅴ.霍尔施坦的格奥尔格·库尔曼博士"是由魏德迈誊写的。参考马克思、恩格斯遗稿目录,IISG,阿姆斯特丹,A 14,A17(Inventar des Marx-Engels Nachlaßes, IISG, Amsterdam, A 14, A17)。

同时认为,他们二人的历史唯物主义首次在《德意志意识形态》中形成了体系,要想将撰写期间两人的精神财产分离开来,将会比他们二人人生中的任何时期都要困难。[①] 接着,他又说道:

> 现存的该手稿,其大半是草稿(Konzept),另有一部分是誊清稿(Reinschrift)。手稿由恩格斯执笔,马克思只作增补、修改。[……]但是,这种情况下不能只靠笔迹来断定谁是作者。这是因为,马克思的笔迹潦草,认读困难,而恩格斯的笔迹认读起来比较容易,因而恩格斯不仅负责用于印刷的最终誊清稿,而且将他们二人已经通过谈话达成一致的内容也首次搬上稿纸。可以推测,因二人的自由、机敏、熟练,恩格斯有时也独立完成了若干节(manche Abschnitte)的撰写。[②]

以此说明了现存手稿的形成过程。然而,到了梁赞诺夫那里,迈耶尔所持的恩格斯执笔说被修改为恩格斯笔录口述说。

> 手稿几乎全都是由恩格斯手写的,马克思只作了修改、增补及稍许的栏外注记。但是,不能就此下结论说恩格斯是该书的作者。恰恰相反,尤其是第 1 章("Die Ideologie überhaupt, namentlich die deutsche"[至手稿原稿的 S. 35]),即便说是两人的合著,也给人以马克思口述内容、恩格斯笔录(in die Feder diktierte)的印象。与此不同,第二章[手稿原稿的 S. 40 以下]则不像是依据口述,而是恩格斯单独撰写。较之恩格斯对自己手稿所作的通常的修改,以及第 2 章中实际出现的修改,第 1 章中出自恩格斯之手的修改要更多,更本质。更何况这里所面临着复杂的问题,即以《德意志意识形

---

① 古斯塔夫·迈耶尔:《恩格斯传》,第一卷,《早年恩格斯》,第一版,柏林:施普林格,1920 年;修订第二版,海牙:尼耶霍夫出版社,1934 年,第 225—244 页[Gustav Mayer, *Friedrich Engels, Ein Biographie; Erster Band, Friedrich Engels in seiner Frühzeit*, 2., verbesserte Aufl. (Haag: Martinus Nijhoff, 1934), S. 226]。

② 同上书,第 226—227 页(*Ibid.*, S. 226 - 227)。

态》原稿中出现的笔迹为依据，是无法从根本上断明这两个作者各自的业绩的。①

我们可以通过以上迈耶尔和梁赞诺夫的叙述，对《德意志意识形态》的撰写阶段和过程加以考察。也就是说，一般认为，不论《德意志意识形态》是否有草稿，它都是根据基本的撰写计划，经过马克思和恩格斯的深入讨论②，完成第二阶段的誊写，该誊写稿又经过两人的增删、修改以及编辑上的指示，成为定稿或以此作为最终稿。而且，一般的理解是，该著作虽是马克思和恩格斯共同构思，但马克思起到了主导的作用。③ 但是，1965 年之后，通过文本批判对《德意志意识形态》进行集中

---

① D. 梁赞诺夫：《马克思、恩格斯论费尔巴哈——〈德意志意识形态〉第一章·编者导言》，《马克思、恩格斯文库》，第 1 卷，1926 年，第 217 页[D. Rjazanov, *Marx und Engels über Feuerbach*(*Erster Teil der **Deutschen Ideologie***)：Einführung des Herausgebers, *Marx-Engels Archiv*, 1. Band(1926), S. 217]. （ ）中为作者所加。

② 马克思逝世后，恩格斯整理他的文件时，发现了该书的一堆手稿，下文所引的书信内容描写了当时的情况，从中可见《德意志意识形态》执笔时期内，马克思和恩格斯两人的撰写过程。"在摩尔(马克思的别名)的文稿里，我发现了一整堆稿子，是我们在 1848 年前那段时间合写的著作。有些我很快就要发表。你来到这里以后，我要读其中的一篇稿子给你听，你会笑破肚皮的。这篇稿子现已读给尼姆(Helene Demuth 的别名)和杜西(Eleanor Marx 的别名)听过了。尼姆说：现在我才知道，为什么你们两个人那时候在布鲁塞尔天天晚上这样哈哈大笑，使得家里任何一个人都不能入睡。"《恩格斯致在拉法格》，1883 年 6 月 2 日，*MEW* 版，第 36 卷，第 33—34 页(*Engels an Laura Lafargue*, 2. Juni 1883, *MEW*, Band 36, S. 33‑34)；另参考燕妮·马克思：《动荡不安生活的素描》，载于《摩尔与将军·回忆马克思与恩格斯》(柏林：狄茨出版社，1964 年)，第 206 页[Jenny Marx, *Kurze Umrisse eines bewegten Lebens*, *Mohr und General*：*Erinnerungen an Marx und Engels*(Berlin：Dietz Verlag, 1964), S. 206]。

③ 参考马克思：《政治经济学批判》，第一笔记本，"前言"，*MEGA2* Ⅱ/2，第 101—102 页(Karl Marx, *Zur Kritik der politischen Ökonomie*, *Erstes Heft*, "Vorwort," *MEGA2* Ⅱ/2, S. 101‑102)；F. 恩格斯："前言"{关于《共产党宣言》[1888 年英文版]}，*MEW*，第 21 卷，第 357—358{Friedrich Engels, "Vorrede"(zum *Manifest der Kommunistischen Partei*[englische Ausgabe von 1888]}, *MEW*, Bd. 21, S. 357‑358)；恩格斯：《论共产主义联盟的历史》，*MEW*，第 21 卷，第 211—212(Friedrich Engels, *Zur Geschichte des Bundes der Kommunisten*, *MEW*, Bd. 21, S. 211‑212)；恩格斯：《费尔巴哈与德国古典哲学的终结》，*MEW*，第 21 卷，第 263—264 页(Friedrich Engels, *Ludwig Feuerbach und der Ausgang der klassischen deutschen Philosophie*, *MEW*, Bd. 21, S. 263‑264)等。

研究的日本学者广松涉，却反对这一成说，他提出了新的主张，认为《德意志意识形态》，尤其是该书第 1 卷的"Ⅰ.费尔巴哈"章，是在恩格斯的主导下完成的。他的主张使得这一问题具有了新的样式。也就是说，广松涉提出了《德意志意识形态》、"Ⅰ.费尔巴哈"章的恩格斯主导论。

广松涉在他 1965 年的论文中主张，当时最具权威的 *MEGA1* Ⅰ/5（阿多拉茨基版）的《德意志意识形态》之文本"实际上无异于伪书"，并提出要从根源上对文本进行重构。他甚至进而主张，该书"Ⅰ.费尔巴哈"章的"执笔者主要是恩格斯［而非马克思］"。① 这以后，他以《德意志意识形态》"Ⅰ.费尔巴哈"章的主笔人是恩格斯为前提，并为了将之合理化而投入很多精力开展研究，其结果是，他否定了有关该书"Ⅰ.费尔巴哈"章之撰写的已有成说：① 笔录口述说；② 根据笔记，敷衍成文；③ 经过事先的讨论，根据协议写成文章——而是强调恩格斯的原创。② 他认为，《德意志意识形态》由三人合著，一开始就计划各人分工撰写，这是理所当然的事情。因此，广松涉推测他们三人的分工撰写过程如下。因赫斯已经付梓印行过《晚近的哲学家》(*Die letzten Philoso-phen*，Darmstadt：C. W. Leske)，并曾批判过费尔巴哈、鲍威尔、施蒂纳，考虑到他与卢格、他与真正的社会主义者们的关系，故决定由赫斯来批判以卢格为代表的真正的社会主义者；在《神圣家族》中批判过鲍威尔的马克思和恩格斯，则简单地完成鲍威尔批判；至于施蒂纳批判，

---

① 广松涉，《〈ドイツ・イデオロギ－〉编辑の问题》，《唯物论研究》（季刊）21 号（1965 年春季号），pp. 104（［ ］内为笔者所加），106；另参考郑文吉，《马克思、恩格斯的〈德意志意识形态〉》'Ⅰ.费尔巴哈'章的重新建构，pp. 268—276［郑文吉，《马克思思想的形成与早期著作》，第 2 部第 3 章第 3 节Ⅴ项］。

② 广松涉，《初期エンゲルスの思想形成》，《思想》507 号（1966.9），pp. 1—16；广松涉，《初期マルクス像の批判的研究》，《思想》520 号（1967.10），pp. 22—46；广松涉，《エンゲルスの再评价のために》，《世界の大理想》全集（河出书房）月报（1967 年 8 月插入《エンゲルス》）｛广松涉，《增补マルクス主义の成立过程》［东京：至诚堂，1984］，pp. 120—124 收入｝；广松涉，"补遗：いわゆる'口述笔记说'に寄せて"［上引书目，《增补マルクス主义の成立过程》，pp. 110—119 收入］；广松涉，《エンゲルス－その思想形成过程》（东京：盛田书店，1968）。

因马克思曾于 1844 年底计划过批判施蒂纳,故马克思负责该部分内容的意图应是很明确的。至于剩下的费尔巴哈批判,广松涉推测已经撰写了《关于费尔巴哈的提纲》的马克思固然不是没有话说,但因准备不足,并因与列斯凯签有另外的著作出版合同①,所以很有可能让对于该项工作更加积极的恩格斯来分担。广松涉考虑到当时的这些情况,并引征《神圣家族》的例子,从而得出结论说,《德意志意识形态》在执笔上,应该是采用了由恩格斯先撰写费尔巴哈、鲍威尔、施蒂纳批判,然后再由马克思改稿、增补的方式。② 广松涉的这一主张依据的并不只是附带的间接材料,如 1846 年马克思与魏德迈、列斯凯之间的往来信件,1846 年秋恩格斯的一系列书信,以及同年春天滞留在布鲁塞尔并参与了《德意志意识形态》誊写的魏德迈的合作情况,而是缜密考察分析了《德意志意识形态》(尤其是"Ⅰ. 费尔巴哈"章)的手稿原稿(基底稿,Urtext)以后才明确的。③

---

① 这里提到的另外的出版计划是指马克思于 1845 年 2 月 1 日与巴黎的出版商列斯凯签订的《政治和国民经济学批判》(*Kritik der Politik und Nationalökonomie*)一书的出版合同。参考《C. F. J. 列斯凯致在布鲁塞尔的马克思》,1845 年 12 月 6 日,*MEGA2* Ⅲ/1,第 492 页(*Karl Friedrich Julius Leske an Marx*, 6. Dezember 1845,*MEGA2* Ⅲ/1, S. 492);《列斯凯致马克思》,1846 年 3 月 16 日,*MEGA2* Ⅲ/1,第 516 页(*Leske an Marx*, 16. März 1846, *MEGA2* Ⅲ/1, S. 516);《马克思致列斯凯》,1846 年 8 月 1 日,*MEGA2* Ⅲ/2,第 22 页(*Marx an Leske*, 1. August 1846, *MEGA2* Ⅲ/2, S. 22);《马克思致 P. W. 阿能科》,1848 年 12 月 28 日,*MEGA2* Ⅲ/2,第 79—80 页(*Marx an Pawel Wassiljewitsch Annenkow*, 28. Dezember 1848,*MEGA2* Ⅲ/2, S. 79 - 80)。该书的出版合同全文刊载于以下资料:*MEGA2* Ⅲ/1, S. 851 - 852{该文英译参考如下:"马克思与达姆城的出版商列斯凯关于出版《政治和国民经济学批判》的合同",《全集》,第 4 卷,纽约:国际出版社,1975 年,第 675 页{*Contract between Marx and the Leske Publishers in Darmstadt on the Publication of Kritik der Politik und Nationalökonomie*, *Marx-Engels*, *Collected Works*, Vol. 4[New York: International Publishers, 1975], p. 675}}。

② 广松涉,《エンゲルス论》,pp. 275 - 277, 301.

③ 这里广松涉教授所说书信是《魏德迈致马克思》,1846 年 4 月 30 日(*Weydemeyer an Marx*, 30. April 1846);《马克思致魏德迈》,1846 年 5 月 14 日(*Marx an Weydemeyer*, 14. Mai 1846);《马克思致列斯凯》,1846 年 8 月 1 日(*Marx an Leske*, 1. August 1846);以及同年秋恩格斯所写的一系列信件。广松涉对其手稿原稿状态及内容进行了缜密考察,最后甚至还讨论了手稿原稿中出现的马克思和恩格斯在用词上的差异。参考广松涉,《エンゲルス论》,pp. 276 - 311。

以上我们讨论了有关马克思和恩格斯合著之《德意志意识形态》执笔阶段的各种成说，并简单考察了最近在日本学界提出的该书"I. 费尔巴哈"章之恩格斯主导说。实际上，专家们在《德意志意识形态》的合著问题上，有其一贯的基本立场，对由马克思主导，经过两人见解的过滤和协议，并在此基础上完成草稿的说法，并没有什么疑问。然而1960 年代和 1970 年代的日本学术界却对此产生争论。该书各章节，尤其是对历史唯物主义的确立有着决定性意义的"I. 费尔巴哈"一章，其具体作者是谁？以手稿原稿的笔迹和内容上的偏差为依据进行分析，马克思和恩格斯在见解上有哪些具体差异？日本学界通过这些举措，使《德意志意识形态》的研究展现出新的境界。[1] 但是本文所要关注的是，如果说《德意志意识形态》不是独立的著作，而是为季刊而撰写的稿件，并且反正是打算要分别刊载于两卷季刊的话，那么如此"庞大"的《德意志意识形态》手稿真的有必要采取合著的形式吗？这个疑问是我们很难摆脱掉的。也就是说，如果说《德意志意识形态》没有经过上述的具体合作阶段（即便是假设省略掉了特定的阶段），那么正如赫斯的情况一样，各章节手稿在末尾标记出作者姓名的可能性就应该是很高的。而如果该手稿是用于季刊的原稿，那么这种可能性就更高。因此我们有必要首先注意到，现存《德意志意识形态》的手稿原稿中，只有第 2 卷的"V. 霍尔施坦的格奥尔格·库尔曼博士"的末尾记有作者名——"M. Hess"。[2] 这里我们可

---

① 1965 年广松涉在日本引发了对《德意志意识形态》的文本批判，这不仅使得日本学术界对该书的兴趣高涨，而且也使对该书的讨论不止局限于文本批判，还扩大到探究该书内容中出现的马克思和恩格斯在理论上的差异。参与这一论争的有花崎皋平、望月清司、中川弘、细谷昂、岩渊庆一、坂间真人等大批学者。笔者将另行对此问题作更具体的探讨，作为了解日本马克思学现状的一条线索［参考郑文吉，《马克思思想的形成与早期著作》，第 2 部第 4 章］。

② 这里，我们无法全然排除《德意志意识形态》有可能会像《神圣家族》一样，到出版的最后阶段，在目录上标明各章节的作者。《神圣家族》的封面上，按字母顺序标明恩格斯和马克思为合著作者，但我们无法仅凭此就推测出他们各人对这一最早的合著的贡献程度。但所幸的是，马克思在目录中明确地记录了各个章节的作者，因此我们不仅能够推测出他们二人的贡献程度，还能推测出他们各自对于合著的立场。参考 MEW, 第 2 卷，第 653—654 页注 1(MEW, Band 2, S. 653 - 654 Anm. 1)最后一部分。

以比较明确地指出的事实就是,即便说《德意志意识形态》省略掉了上述几个合作阶段中的特定阶段,其合著的可能性也是极其高的。① 尽管他们已经有《政治和国民经济学批判》以及《英国社会史》等个别的著述计划,但从采取合著的形式动笔撰写《德意志意识形态》这一点来看,我们便能够推测,该书的撰写是比两人面临的当前所有课题都要来得紧迫的一项任务。因此,我们有必要考察迫使马克思和恩格斯不得不着手撰写《德意志意识形态》的客观情况,对《德意志意识形态》的执笔动机作更为具体的探究,这也许能对揭开"两卷的《德意志意识形态》"之谜助上一臂之力。

第四节   对《德意志意识形态》执笔动机的重新解释

《德意志意识形态》的执笔动机一直被说成是跟施蒂纳《唯一者及其所有物》(*Der Einzige und sein Eigenthum*,Leipzig:Otto Wigand,1845)的出版有关。② 马克思和恩格斯的第一部合著——《神圣家族》

---

①   我们可举如下实事,作为《德意志意识形态》合著可能性的一个凭证。马克思逝世后,恩格斯接收了他的遗稿,恩格斯在他去世之前,将该书手稿遗赠给了恩格斯本人遗稿的继承人——伯恩施坦(Eduard Bernstein),而非马克思书信和遗稿的正当继承人——爱琳娜·马克思(Eleanor Marx)。有关马克思和恩格斯遗稿的流转,请参考本文结尾处的表和说明[郑文吉,《马克思思想的形成与早期著作》,pp. 182—184]。

②   《唯一者及其所有物》的出版年份为 1845 年,但据推测,其实际发行是在 1844 年 10 月。J. H. 马凯:《施蒂纳:其人其书》,第 1 版,柏林:舒斯特与勒夫勒,1898 年,第 135 页[John Henry Mackay, *Max Stirner:Sein Leben und sein Werk*,1. Aufl. (Berlin:Schuster & Loeffler, 1898),S. 135];H. G. 赫尔姆斯:《匿名社会的意识形态:施蒂纳的"唯一者"与民主的自我意识从三月革命前到联邦共和国的进步》,科隆:绍堡出版社,1966 年[Hans G. Helms, Die *Ideologie der anonymen Gesellschaft:Max Stirners 'Einziger' und der Fortschritt des demokratischen Selbstbewußtseins von VorMärz bis zur Bundesrepublik*(Köln:Verlag M. du Mont Schauberg, 1966)];参考郑文吉,《麦克斯·施蒂纳的生平与著作》,《追随者的时代》(首尔:文学和知性社,1987),p. 71 注 2)。

另据推测,恩格斯和马克思两人最迟在 1844 年 11 月底前就已经阅读了该书。恩脱稿以后，1844 年 1 月，恩格斯通过出版商维干德，接触到了施蒂纳著作的印刷样本，他向马克思转达了该书的出版消息，并表达了自己对施蒂纳利己主义的肯定意见。①但是，对于恩格斯对施蒂纳著作的肯定性评价，马克思是反对的②，他决定为即将创刊的月刊《前进报！》撰写一篇批判文，这可从 1844 年 12 月 2 日马克思给伯恩斯坦的信中得到证实。③因此，关于《德意志意识形态》的执笔动机，向来都以 1844 年底和 1845 年初的这些书信，以及日后燕妮·马克思和恩格斯本人的回忆为依据，④倾向于从施蒂纳《唯一者及其所有物》所产生的冲击效果上来

格斯读该书一事可从他 1844 年 11 月 19 日给马克思的信中证实，马克思读该书一事则可从同年 12 月 2 日其写给伯恩斯坦（Heinrich Börnstein）的信中证实。*MEGA2* Ⅲ/1，S. 250 - 256；*MEGA2* Ⅲ/1，S. 257. 关于后者的信，1975 年发行的 *MEGA2* Ⅲ/1 中还将之推测为 1844 年 12 月底/1845 年 1 月初，但到了 1980 年出版的《马克思、恩格斯年谱》中，就修正为 12 月 2 日。《马克思恩格斯年鉴》，3（1980 年），第 299—300 页［*Marx-Engels -Jahrbuch* 3（1980），S. 299 - 300］. 但是《神圣家族》中却毫无两人读过该书的痕迹，这一事实可以《德意志意识形态》第 1 卷"Ⅱ. 圣布鲁诺"章中的字句来证实："为什么恩格斯和马克思'还没能'批判施蒂纳呢？［……］因为他们撰写《神圣家族》之时，施蒂纳的书'还没有出版'。"*MEW*，Bd. 3，S. 98.

①《恩格斯致马克思》，1844 年 11 月 19 日，*MEGA2* Ⅲ/1，第 251—256（Friedrich Engels an Karl Marx，19. November 1844，*MEGA2* Ⅲ/1，S. 251 - 256）。这里，恩格斯将施蒂纳的利己主义与边沁的功利主义作了比较，并将施蒂纳的利己主义与共产主义者及费尔巴哈式的人联系起来，从而作出了肯定的评价。

② 12 月底左右马克思给恩格斯的信（*MEGA2* Ⅲ/1，S. 892）现已不存，其内容可以通过 1845 年 1 月 20 日恩格斯的回信，以及 1844 年 12 月 2 日马克思给伯恩斯坦的信来推测。*MEGA2* Ⅲ/1，S. 259；*MEGA2* Ⅲ/1，S. 257 及《马克思恩格斯年鉴》，3（1980 年），第 299—300 页［*Marx-Engels-Jahrbuch*，3（1980），S. 299 - 300］. 陶伯特推测 1844 年 12 月底左右马克思给恩格斯的回信批判了恩格斯的如下立场。ⅰ）认为施蒂纳是"朝唯物主义和经验论改变的观念论者"；ⅱ）相信施蒂纳的利己主义"在一方面看来［……]不得不马上转向共产主义"；ⅲ）施蒂纳虽必须"从'我'从经验的、肉体的个人"摆脱出来，但因无法陷于其中而上升成人，故而"不得不将经验的人作为他的基础"。I. 陶伯特：《后黑格尔哲学批判》，第 19—20 页（Inge Taubert，*Die Kritik der nachhegelschen Philosophie*，S. 19 - 20）（引文直接引自 1844 年 11 月 19 日恩格斯给马克思的信。*MEGA2* Ⅲ/1，S. 252）。

③《马克思致伯恩施坦》，1844 年 12 月 2 日，*MEGA2* Ⅲ/1，第 257 页（*Karl Marx an Heinrich Börnstein*，2. Dezember 1844，*MEGA2* Ⅲ/1，S. 257）；《马克思恩格斯年鉴》，3（1980 年），第 299—300 页［*Marx-Engels-Jahrbuch* 3（1980），S. 299 - 300］。

④ 燕妮·马克思：《动荡不安生活的素描》，第 206 页（Jenny Marx，*Kurze Umrisse eines bewegten Lebens*，S. 206）；《恩格斯致拉法格》，1883 年 6 月 2 日，*MEW*，第 36 卷，第 33—34 页（*Engels an Laura Lafargue*，2 Juni 1883，*MEW*，Band 36，S. 33 - 34）。

寻找。

但是,在巴黎创办的月刊——《前进报!》,其改编和发行计划却因编辑人和撰稿人的入狱与流放无果而终,所以我们无法确认马克思拟为月刊《前进报!》撰写的施蒂纳批判是否动笔。只是,有关这一时期我们必须记住的是,马克思受《前进报!》事件的牵连,于 1845 年 2 月被流放至布鲁塞尔,且马克思和恩格斯的第一部合写著作、与布鲁诺·鲍威尔的论战文——《神圣家族》,于该年 2 月下旬得以出版。[①] 而此时赫斯的《晚近的哲学家》一书也即将出版,该书批判了包括施蒂纳、费尔巴哈和鲍威尔等代表性人物的青年黑格尔派。[②] 对于这一时期的马克思来说,重要的事是他们的《神圣家族》使他们与黑格尔派的论战告一段

---

① 马克思与出版商列斯凯签订《政治和国民经济学批判》的出版合同是在 1845 年 2 月 1 日的巴黎,而他和比尔各斯(Heinrich Bürgers)一起前去拜访滞留于布鲁塞尔的弗莱里格拉特(Ferdinand Freiligrath)是在 2 月 4 日,因此可推算出他到达布鲁塞尔的日期是 2 月 3 日。安德雷亚斯、蒙克:《关于〈德意志意识形态〉的新资料》,第 12—15 页注 9(Andréas/Mönke, *Neue Daten zur **Deutschen Ideologie***, S. 12 - 15 Anm. 9);马克思恩格斯列宁研究院:《马克思年谱》(莫斯科:马恩出版社,1934 年),第 27 页(Marx-Engels-Lenin-Institut, *Karl Marx: Chronik seines Lebens in Einzeldaten* (Moskau: Marx-Engels-Verlag, 1934), S. 27). 另据蒙克推测,《神圣家族》的出版是在 1845 年 2 月 24 日。W. 蒙克:《神圣家族》,第 132 页(Wolfgang Mönke, *Die heilige Familie*, S. 132)。

② 赫斯的《晚近的哲学家》中有关施蒂纳的内容,是与马克思当时的评价相一致的,不仅如此,通过恩格斯以及赫斯本人写给马克思的信可知,赫斯还曾利用过马克思写给恩格斯的信。《恩格斯致马克思》,约 1845 年 1 月 20 日,*MEGA2* Ⅲ/1,第 259 页(Engels an Marx, um den 20. Januar 1845, *MEGA2* Ⅲ/1, S. 259);《赫斯致马克思》,1845 年 1 月 17 日,*MEGA2* Ⅲ/1,第 450 页(Moses Hess an Karl Marx, 17. Januar 1845, *MEGA2* Ⅲ/1, S. 450)(并参考 E. 谢勒伯纳主编,W. 布鲁门伯格合作主编:《赫斯通信集》,格拉芬哈格:姆通公司,1959 年,第 105 页(Edmund Silberner, Hrsg. Unter Mitwirkung von Werner Blumenberg, *Moses Hess*, *Briefwechsel* [S-Gravenhage: Mouton & Co. , 1959], S. 105})。虽然科尔纽和蒙克认为赫斯的该书出版于 1845 年上半年,但其正式发行是在该年的 7 月中旬。赫斯:《哲学与社会主义选集。1837—1850 年》,由 A. 考奴和 W. 蒙克主编并加导言,柏林:学院出版社,1961 年,地址不详[*Moses Hess: Philosophische und sozialistische Schriften, 1837—1850. Eine Auswahl*, herausgegeben und eingeleitet von Auguste Cornu und Wolfgang Mönke(Berlin: Akademie-Verlag, 1961), S. L];《列斯凯致赫斯》,达姆城,1845 年 8 月 5 日,《赫斯通信集》,第 130 页(Carl W. *Leske an Hess*, Darmstadt, den 5. August 1845, *Moses Hess*, *Briefwechsel*, S. 130). 另,日本研究者认为该书出版于 1845 年 5 月。良知力·广松涉编,《ドイツ・イデオロギー内部论争》,ヘーゲル左派丛书 第 1 卷(东京:御茶の水书房,1986),p. 33.

落,并且在离开巴黎之前,与出版商列斯凯签订了著作合同而埋头于
《政治和国民经济学批判》的撰写。这些情况对于恩格斯来说也是一样
的,他带着独立撰写《英国社会史》(*Geschichte der englischen Gesell-schaft*)的计划,于该年 4 月初来到布鲁塞尔与马克思会合。① 因此,他
们二人在该年 7 至 8 月的六周间为他们的著作收集资料,直至为了与
英国的社会主义者交流而前往英国旅行;从当时两人的书信中未发现
任何提及要对包括施蒂纳在内的德国哲学家进行批判的端倪,这可以
说是理所当然的事情。

　　然而这里我们必须注意的一点是,1845 年后半年,他们从英国旅
行归来之后,两人为何将眼前的独立著书计划向后推延,而埋头于《德
意志意识形态》这样的庞大著作,来评论并驳斥当代德国的哲学潮流以
及社会主义运动呢? 实际上,马克思在一年以后,即《德意志意识形态》
的大部分内容已脱稿后的 1846 年 8 月 1 日写给出版商列斯凯的信中,
讲到自己的《政治和国民经济学批判》之所以推迟的原因。他说:

　　　　因为我认为,通过一部反对德国哲学和那一时期产生的
　　德国社会主义的论战性著作,来表达我自己的**决定性**的发展

---

　　① 1845 年 2 月 1 日,马克思离开巴黎之前与出版商列斯凯签订的合同中,清楚
地反映了马克思《政治和国民经济学批判》的执笔计划。而这一时期恩格斯所持的《英
国社会史》的写作计划,则清楚地显示在他的《英国工人阶级状况》一书的序言(写于
1845 年 3 月 15 日)和当时的书信中。"(本书中所考察的问题)最初我是打算仅仅作
为一本内容比较广泛的关于英国社会史的著作中的一章来论述的。"恩格斯:《前言》,
《英国工人阶级状况》,*MEW* 2,第 232 页(Friedrich Engels, "Vorwort," *Die Lage der
arbeitenden Klasse in England*, *MEW* 2, S. 232);并参考《恩格斯致马克思》,1845 年
3 月 17 日,*MEGA2* Ⅲ/1,第 270 页(Engels an Marx, 17. März 1845, *MEGA2* Ⅲ/1,
S. 270) 且出版商列斯凯通过马克思托付该书的出版交涉事宜,也可证实这一事实。
参考《列斯凯致马克思》,1845 年 5 月 14 日,*MEGA2* Ⅲ/1,第 469 页(C. F. J. *Leske an
Marx*, 14. Mai 1845, *MEGA2* Ⅲ/1, S. 469);N. 卢姆延则瓦:《论恩格斯关于英国社
会史的计划:1845 年曼切斯特笔记本》,《马克思恩格斯年鉴》,13(1991 年),第 91—
116 页[Nelly Rumjanzewa, *Zu Engels' Plan einer sozialen Geschichte Englands:Die
Manchester-Hefte von 1845*, *Marx-Engels-Jahrbuch*, 13(1991), S. 91 - 116]。

（*positiven* Entwicklung），这是极其重要的事情。① 为了使读者能够了解我的同迄今为止的德国科学根本对立的政治经济学的观点，这是必要的。顺便说一句，这就是我在一封信中告诉过您的在《政治经济学》出版以前必须完成的那部论战性著作。②

也就是说，马克思在上述书信中明确表达了以下几点：① 反对德国哲学和"德国社会主义"的论战性著作的必要性；② 在著作中表达出马克思自己区别于从前的**决定性**的发展；③ 这一作业必须先于已正在进行的经济学著作。因此，我们有必要对马克思和恩格斯两人英国之旅前后，即 1845 年夏天的情况进行更为具体的考察，从而探究信中所表现出的撰写《德意志意识形态》的直接动机。

首先，马克思和恩格斯之所以感到有必要发表一部反对当时德国哲学的论战性著作，似出于以下原因，即对于他们的合著——《神圣家族》，当时的德国报刊及哲学界的反应与评价并不一定就是肯定的。恩格斯和马克思的《神圣家族》于 1845 年 2 月下旬出版，对于 1845 至 1846 年间对之的评价和反应，蒙克于 1970 年代初曾作过调查，结果如下：① 报纸广告有 7 件（只限于 1845 年）；② 简单的新书介绍及言及之处 20 件；③ 较长的书评及言及之处有 8 件。③ 而②与③中，尤其是在③中，当时德国媒体及哲学界对《神圣家族》作者的评价并不只是肯

---

① 在中文版《马克思恩格斯全集》中，此段文字被译为："在发表我的**正面**阐述以前，先发表一部反对德国哲学和那一时期产生的德国社会主义的论战性著作，是很重要的。"——译注。

② 《马克思致列斯凯》，1846 年 8 月 1 日，*MEGA2* Ⅲ/2，第 23—24 页（*Karl Marx an Carl Friedrich Julius Leske*, 1. August 1846, *MEGA2* Ⅲ/2, S. 23-24）。

③ 蒙克所调查的相关资料（1845—1846 年）的序号如下，① 广告为 Dok. Nr. 26，29，30，35，39，40，53；② 新书介绍为 Dok. Nr. 27，33，34，36，37，41，42，43，44，45，48，49，50，56，57，58，59，64，65，66；③ 包括书评在内的长篇文章为 Dok. Nr. 38，52，55，60，61，63，67，69。参考蒙克，《神圣家族》，"五. 文献汇编"，第 141—278 页（Wolfgang Mönke, *Die heilige Familie*, "V. Dokumentation," S. 141-278）。

定的。于是我们推测,③中所属的书评和论战文,是否就与马克思和恩格斯《德意志意识形态》的撰写动机有着密切关联呢? 对此,我们首先根据蒙克的调查,从③中所属的当时对《神圣家族》的各种反应中,择出《德意志意识形态》开始动笔的那一年——1845 年发表的文章,按照发表顺序排列,并简单考察其内容。

[1845—1]施密特,"《神圣家族,或[……](书评)》",《科学批判年鉴》第 56,57,58 号(1845 年 3 月)(Alexis Schmidt:Die heilige Familie [……]/[Rezension]/*Jahrbücher für wissenschaftliche Kritik* [……]/März 1845, No. 55, Spalten 438 - 440;No. 56, Spalten 441 - 448;No. 57, Spalten 449 - 456;No. 58, Spalten 457 - 461);蒙克,神圣家族,文献汇编,第 38 号(Mönke, Die heilige Familie, Dokumentation, Nr. 38)。

——该文发表于黑格尔创办的学术刊物,基本上是从传统黑格尔主义的立场来评论恩格斯和马克思的《神圣家族》的。书评人指出,正如对于施特劳斯和米希勒来说是有限者和无限者,对于鲍威尔来说是纯粹的自我意识是目的一样,对于马克思来说,唯物主义和共产主义是历史的终结(Sp. 440)。他将马克思和恩格斯归作费尔巴哈的追随者,并提到蒲鲁东对他们的肯定态度(Sp. 445,455,460)。书评人认为,对于哲学来说,批判只是手段,无法成为最终的目的,但没有批判的哲学是不存在的(Sp. 446)。批判不是全部,批判自身无法人格化为主体。批判不具生产性。但称之为"黑格尔左派"的派别却认为批判是总体上的哲学,其本身即是全部的目的,并要求其具有生产性,从而批判了鲍威尔一派(Sp. 450)。但是评论者指出,"费尔巴哈和他的追随者们"强调感性,因而"想成为动物,至今还远离哲学所关心的问题"。他还进而断言,因为他们"对于普遍性,也主张真理就在感性之中,故而无法看清普遍性从何而来,而几近动物"(Sp. 460)。书评人批判说,"费尔巴哈的理论中再无所谓的内在完成,感性和直接性是为真理,存在乃事由,并只是将'感性是自身的真正主体'作为他们的命题,来陈述他们所有的智慧"(Sp. 461)。

[1845—2]律宁(?),"《神圣家族,或[……]》",《威斯特伐里亚汽船》第 1 卷 5 号(1845)(Otto Lüning(?):*Die heilige Familie oder Kritik der kritischen Kritik* [……]/*Das Westphälische Dampfboot* [……]/[……]1845, Jg. 1, Heft 5, S. 206 - 214);蒙克,同上引书,第 52 号(Mönke, op. cit., Dok. Nr. 52)。

——书评人为匿名,标记为"△",蒙克推测作者是威斯特伐利亚地方的医生和真正的社会主义者——律宁(1818—1868)。该文在马克思撰写的下面[1846—1]的文章中,被指为"平凡而混乱的书评 *eine mittelmäßige und confuse Rezension*"(下面的[1846—1]"圣布鲁诺对《神圣家族》的作者",S. 7)。但该书评的开头一段却是,"拨开这里的'批判'的云雾,是一件多么愉快的事情。沙洛顿堡的神圣家族的困顿的天空,我们看得是多么地清楚。我们真是某一瞬间被'这样的光亮'所欺骗过的傻瓜。阅读此书是一种内在的解放行为。"(S. 206)看得出,该文对于恩格斯和马克思在《神圣家族》中对布鲁诺·鲍威尔一派的批判持肯定的立场。这时我们要注意的是,书评人指出马克思和恩格斯是费尔巴哈主义者,而且没有放过他们对蒲鲁东的肯定性评价。

[1845—3]古·尤利乌斯,"看得见的教派与看不见的教派之争或[……]",《维干德季刊》第 2 号(1845)(G[ustav]

Julius: Der Streit der sichtbaren mit der unsichtbaren Menschenkirche oder Kritik der Kritik der kritischen Kritik/ *Wigand's Vierteljahrsschrift*/[……] 1845, Bd. 2, S. 326 - 333);蒙克,同上引书,文献第 55 号(Mönke, op. cit., Dok. Nr. 55)。

——尤利乌斯(1810—1851)曾经是《莱比锡总汇报》(*Leipziger Allegemeine Zeitung*)的编辑,该文发表于 1845 年 6 月底发行的《维干德季刊》第 2 号上。[①] 他认为恩格斯和马克思以《神圣家族》掀起了十字军战争,想要从布鲁诺·鲍威尔的"批判的批判"那里挽救出"实践的人道主义"。尤利乌斯还指出,虽然在涉及"犹太人问题(Judenfrage)"的一节中马克思对鲍威尔进行了最本质的进攻,但《神圣家族》只只是承袭了马克思对犹太人问题的一贯立场,而这一问题在《德法年鉴》中已有论及,只不过在《神圣家族》中,其论旨要显得更加果断和鲜明而已。然而,尤利乌斯指出,马克思即便在这里也未能克服费尔巴哈的二元主义,即"作为个别存在的人"和"作为类的存在(Gattungswesen)的人"之间的对立。因此对于马克思来说,类的存在成了新的宗教、新的教会,故尤利乌斯将其定义为"费尔巴哈奠定的观点之继承者(Fortbildner)"(S. 326)。尤利乌斯评论道:"马克思在其人的本性建构上,最终未能脱离二元论。他只是将所有的二元论进行了转置,将对立的两面性转置于现实的、物质的世界。他即便在这里也只是追随了费尔巴哈。在这里,我们有必要注意到,马克思是作为其师长的嫡传弟子,将其师长的见解作为福音来相信,且对

---

① 据推测发行日期为 1845 年 6 月 25 日至 28 日之间。《参考德国书商报》,60 (1845 年 7 月 1 日)(*Börsenblatt für den Deutschen Buchhandel* 60(1. Juli 1845));I. 陶伯特:《后黑格尔哲学批判》(Inge Taubert, *Die Kritik der nachhegelschen Philosophie*, S. 25)。

于那些对立的观点,则赌咒(看作)为浅薄的邪教。"(S. 328)
尤利乌斯的这一批评在下面的文字中达到了顶点——马克思
"想要将唯物主义的人道主义和作为预言家的费尔巴哈置于
祭坛之上"(S. 329)。

[1845—4]无名氏,"布鲁诺·鲍威尔,或我们时代的神学
人道主义的发展[……]"(Anonymus:Bruno Bauer oder die
Entwicklung des theologischen Humanismus unserer Tage.
Eine Kritik und Charakteristik/*Wigand's Vierteljahrss-
chrift*/[……] 1845,Bd. 3,S. 52 - 85;Mönke,*op. cit*,Dok.
Nr. 60)。

——该文匿名发表于 1845 年 10 月中旬发行的《维干德
季刊》第 3 号上①,广泛涵盖了 1836 至 1845 年间布鲁诺·鲍
威尔的著述业绩。该文评价鲍威尔为"掌握了世俗生活新形
态原理"的当代最重要的人物;并不吝赞美之辞,认为鲍威尔
"履行了近代科学成果中最艰深、最重要的部分"(S. 53,85)。
该文强调了鲍威尔在神学世俗化、天国征服上的历史意义,认
为"费尔巴哈为的是个别的人,而鲍威尔为的是人类社会和历
史;费尔巴哈从异化来认识人的宗教观点,而鲍威尔认识到基
督教世界的现象、制度以及所有生活的共同原理;费尔巴哈用
人学来消解神学,而鲍威尔则从相异现象及历史中来认识人
的总体本质,从而消解神学;费尔巴哈探究宗教在主观上、心
理上的根据,而鲍威尔则探究客观的、历史的根据。"(S. 55)
该文还强调说,鲍威尔所取得的业绩比青年黑格尔派中的任
何一人——尤其是费尔巴哈——都要显著。该文进而主张,

---

① 据《参考德国书商报》,第 92 期(1845 年 10 月 21 日)(*Börsenblatt für den
Deutschen Buchhandel*,Nr.92(21. Oktober 1845)),该刊于 1845 年 10 月 16 至 18 日
之间发行。参考 *MEGA2 Probeband*,S. 402。

《德法年鉴》中马克思对犹太人问题的讨论，也是将鲍威尔的原理前后一贯地应用于国家领域的例子（S. 25），而遭到马克思猛烈抨击的《文学总汇报》（*Allgemeine Literatur-Zeitung*），也经历了难能可贵的命运（S. 81）。① 也就是说，在同时代人的评论中，马克思的立场是被作为布鲁诺·鲍威尔的彻底的完成者（konsequenter Vollender）来看待的。

　　[1845—5]布鲁诺·鲍威尔，《评路德维希·费尔巴哈》，《维干德季刊》第 3 号（1845）（Bruno Bauer：*Charakteristik Ludwig Feuerbachs/Wigand's Vierteljahrsschrift/*[……] 1845，Bd. 3，S. 86 - 146）；蒙克，同上引书，文献第 61 号（Mönke, op. cit.，Dok. Nr. 61）。

　　——布鲁诺·鲍威尔的这一文章刊登在《维干德季刊》第 3 号上，概括了从 1930 年匿名发表的《论死亡与不朽》（*Gedanken über Tod und Unsterblichkeit*）到 1843 年《未来哲学原理》（*Grundsätze der Philosophie der Zukunft*）的费尔巴哈哲学展开的全部过程，认为费尔巴哈的唯物主义只不过是一种虚伪。他的论述是这样的。"费尔巴哈只是法国的唯物主义者，只承认眼前的现实本质。[……]正如他的追随者们所指出的，他是朝人道主义转向并分化的唯物主义者。也就是说，他是非唯物主义的唯物主义者，非人道主义的人道主义者。"（S. 123）鲍威尔特别指出，费尔巴尔乐于使用的"类（*die Gattung*）"或"人的本质（*das Wesen des Menschen*）"是绝对的概念，犹如不可触及的神圣的超越者，为人所无法到达或无法把握，因而他的哲学与黑格尔的根本无法区分；他甚至批判说，

---

　　① 这里是说，马克思和恩格斯的《神圣家族》将《文学总汇报》上登载的布鲁诺·鲍威尔及其一派的文章作为批判的对象。

费尔巴哈关于"有"的概念，与"黑格尔的绝对者、谢林的不关心（或'无差别'）*Indifferenz*、费希特的自我、康德的物自体、莱布尼兹的超单子 *Urmonade*、斯宾诺莎的实体、基督教的神——宗教、哲学"，并无二致。(S. 105)

鲍威尔在该文的最后一节——"费尔巴哈和唯一者"中，论及费尔巴哈的归结（Consequenzen）、批判以及与唯一者的斗争，而且在这一节的结尾部分提到恩格斯和马克思的《神圣家族》，轻描淡写地将马克思和恩格斯作为费尔巴哈的亚流来批判，他说，该书体现了"费尔巴哈该怎样转变，他的哲学在与批判进行斗争时该采取何种态度"(S. 138)。① 鲍威尔特别指出，他们两人在《神圣家族》中论及的"现实的人道主义（*realer Humanismus*）"，只是费尔巴哈教条主义的延长和发展，是费尔巴哈唯物主义逻辑的归结(S. 138-143)。② 鲍威尔更进一步地主张，费尔巴哈哲学的完成者不是马克思和恩格斯，而是赫斯，树起赫斯以彻底贬低他们二人的业绩(S. 143)。③

[1846—1]《圣布鲁诺对〈神圣家族〉的作者》，《社会明镜》第 7 号(1846 年 1 月)(*Sankt Bruno contra die Verfasser der*

---

① 同样的字句在《德意志意识形态》第 1 卷"Ⅱ. 圣布鲁诺"章的第 3 节"圣布鲁诺反对《神圣家族》的作者"的前半部分中得以再现。*MEW*, Bd. 3, S. 91.

② 尤其是鲍威尔对"现实的人道主义"的批判，因为恩格斯和马克思在批判鲍威尔及其追随者的《神圣家族》序言的开头，阐明该书的撰写意图——"在德国，对真正的人道主义说来，没有比唯灵论（*Spiritualismus*）即思辨唯心主义（*spekulativen Idealismus*）更危险的敌人了。它用'自我意识'即'精神'代替现实的个体的人，并且同福音传播者一道教诲说：'精神创造众生，肉体则软弱无能。'(*MEW*, Bd. 2, S. 7)，所以鲍威尔直指这一点，对《神圣家族》的作者进行了猛烈的抨击。（此处"真正的人道主义"，韩文作"现实的人道主义"，正文中同。——译注）。

③ 对于鲍威尔的这一评价，马克思和恩格斯反驳说，撰写《神圣家族》时，施蒂纳的《唯一者及其所有物》还未出版，要让批判《唯一者及其所有物》是不当的。参考《德意志意识形态》，*MEW*，第 3 卷，第 98—100 页(*Die deutsche Ideologie*, *MEW*, Bd. 3, S. 98 - 100)。

Heiligen Familie/Gesellschaftsspiegel [⋯⋯]/Januar 1846，
Heft 7/Rubrik：Nachrichten und Notizen，S. 6 - 8)；蒙克，同
上引书，文献第 63 号(Mönke，*op. cit.*，Dok. Nr. 63)。

——该文以"布鲁塞尔，[1845]11 月 20 日"开头，推测作
者为马克思或其周围人物，尽管标注着发行日期为 1846 年 1
月，但例外地似与《德意志意识形态》的撰写有关，从而有探讨
的必要。①

该文表面上是通信员起草的稿件，但内容却是彻底的论
战文。而这篇论战文的思想内容却无甚新意，只是揭示出鲍
威尔并未读到《神圣家族》，而只是看了《威斯特伐里亚汽船》
上刊载的前述[1845—2](律宁(?)，《神圣家族，或[⋯⋯]》)，
就在《评路德维希·费尔巴哈》中对之进行批判，因而是虚妄
的文章；因此该文作者劝读者阅读《神圣家族》，并揭露出鲍威
尔只依靠书评的这一欺骗性。

以上我们简单考察了 1845 年 2 月《神圣家族》出版以后到该年 11

---

①　*MEGA1* 推测该文的作者是马克思的妻舅埃德加·冯·威斯特华伦(Edgar
von Westphalen)，并述及马克思曾加以校订(*MEGA1* Ⅰ/5，S. 531，541 - 544)。但之
后该文被排除在他们的著作集(Socinenija，即 *MEW*)之外，而 1964 年出版的莫斯科前
进版《德意志意识形态》中，被作为马克思和恩格斯的合著而收录。1976 年英文版全
集中，也是作为马克思和恩格斯的合著而收录。尤其是《德意志意识形态》手稿"最旧
层"中的第 1 卷"圣布鲁诺"章第 3 节结论部分中，收录有包括修改和变化的同一内容，
因而认为该文作者极有可能与《德意志意识形态》的作者为同一人。马克思、恩格斯：
《对布鲁诺·鲍威尔的反批评的答复》，马克思、恩格斯：《德意志意识形态》，莫斯科：前
进出版社，1964 年；第 3 版，1976 年，第 627—630；马克思、恩格斯：《马克思恩格斯全
集》，纽约：国际出版社，1976 年，第 5 卷，第 15—18 页及第 586 页注 5；马克思、恩格
斯：[对布鲁诺·鲍威尔的反批评的答复]，马克思、恩格斯：《德意志意识形态》，莫斯
科：前进出版社，1964 年；第 3 版，1976 年，第 627—630；马克思、恩格斯：《马克思恩格
斯全集》，纽约：国际出版社，1976 年，第 5 卷，第 15—18 页及第 586 页注 5{Marx/En-
gels，[A Reply to Bruno Bauer's Anti-Critique]，Marx/Engels，*The German Ideology*
(Moscow：Progress Publishers，1964；3. ed.，1976)，pp. 627 - 630；Marx/Engels，
Collected Works(New York：International Publischers，1976)，Vol. 5，pp. 15 - 18 及
p. 586 note 5}；参考广松涉，"《ドイツ·イデオロギー》とその背景(2)"，《知の考古
学》2 号(1975 年 5—6 月号)，pp42 - 44；*MEW*，Bd. 3，S. 91 - 98。

月下旬《德意志意识形态》动笔时,所发表的当时对《神圣家族》的书评。① 前文已有述及,对于《德意志意识形态》的动笔时期,有基于燕妮·马克思回忆的 1845 年夏季说,这个时间是最早的;之后,联系《维干德季刊》第 3 卷的发行来看,认为早至该年 9 月,晚至 10 月中旬。而 1972 年 *MEGA2* 试行版则考虑到《维干德季刊》第 3 卷的颁布日期、上述[1846—1]"圣布鲁诺对《神圣家族》的作者"的执笔日期(1845 年 11 月 20 日),估算出《德意志意识形态》的动笔是在 1845 年 11 月下旬。② 但是,最近联系《德意志意识形态》的季刊原稿说来看,该书的动笔是在赫斯结束了与威斯特伐利亚社会主义者就出版季刊的交涉返回后的 1845 年 11 月 24—25 日之后,且这一见解取得了优势。③ 因此,我们联系以上考察的 6 篇书评,来分析《德意志意识形态》动笔时期之前,当时的报刊及哲学界的论争为何会使马克思和恩格斯与德国哲学界的再次交锋不可避免。

最早对 1845 年 2 月下旬发行的《神圣家族》所作的评论,正如上述施密特([1845—1])或律宁([1845—2])的情况一样,都将马克思和恩格斯当作是费尔巴哈的追随者,这与施蒂纳《唯一者及其所有物》的情

---

① 继 1845 年发表的上述书评之后,还发现 1846 年也有属于此范畴的以下 2 篇文章:[1846—2] T. 奥皮兹:《布鲁诺·鲍威尔及其对手·四篇文章》,布莱斯劳:特莱温特,1846 年,30 页,第 8 期(蒙克:同上引书,文献第 67 号);[1846—3]K. 施密特:《理性与个体》,莱比锡:维干德,1846 年,308 页,第 8 期(蒙克:同上引书,文献第 69 号)〔Theodor Opitz, *Bruno Bauer und seine Gegner. Vier Artikel*(Breslau: E. Trewendt, 1846) 30 S. ,8°(Mönke, op. cit. , Dok. Nr. 67);[1846—3]Karl Schmidt, *Das Verstandesthum und das Individuum*(Leipzig: Wikgand, 1846)308 S. , 8°(Mönke, *op. cit.* , Dok. Nr. 69)〕。

② 参考郑文吉,《从编纂史看〈德意志意识形态〉》,pp. 1190—1191[郑文吉,《马克思思想的形成与早期著作》,pp. 94—95];*MEGA2* 试行版,柏林:狄茨出版社,1972 年,第 402 页[*MEGA2* Probeband (Berlin: Dietz Verlag, 1972), S. 402]。

③ 参考 G. 戈劳维娜,同上引书,第 261—262 页(Galina Golowina, *op. cit.* , S. 261 - 262);J. 罗基扬斯基,同上引书,第 229—230 页注 46(Jakow Rokitjaski, *op. cit.* , S. 229 - 230, 261 Anm. 46);I. 陶伯特:《马克思、恩格斯的〈德意志意识形态〉是如何形成的?》第 41 页(Inge Taubert, *Wie entstand die Deutsche Ideologie von Karl Marx und Friedrich Engels*? S. 41)。

况并无二致①，但从整体脉络上来看，并没有对他们的业绩只作否定评价。因此，马克思和恩格斯二人至少在 1845 年上半年，曾想以他们的《神圣家族》和 5 月出版的赫斯的《晚近的哲学家》，在与包括青年黑格尔派在内的当代德国哲学界的交锋中，确保比较有利于自己的立场。

但是，1845 年 6 月底出版的《维干德季刊》第 2 号上，刊载了匿名发表的费尔巴哈的《因〈唯一者及其所有物〉而论〈基督教的本质〉》"②，以及前述尤利乌斯的"看得见的教派与看不见的教派之争"（[1845—3]）。费尔巴哈曾将施蒂纳抨击为想凭借他的名字而取得名望的虚妄之人，但当时的客观情况使得他无法不采用某些形式来正面应对施蒂纳的攻击，因此他在上述的《因〈唯一者及其所有物〉而论〈基督教的本质〉》中为自己辩护，以应对施蒂纳对其类的本质、人性、爱、感性等概念的反驳。尽管如此，面对施蒂纳的抨击，费尔巴哈的辩护并不理想，正如施蒂纳所说，"一步也未能摆脱他的类与个人、我与你、人与人的本质这些范畴"。因而我们不难推测，马克思曾期望费尔巴哈以权威性的反驳来回应施蒂纳，但这位师长的辩护却极其缺乏历史性、软弱无力，对此他应该是感到了巨大的困惑。③ 再加上同一号《维干德季刊》上登载了尤利乌斯的文章（[1845—3]），该文虽然并没有否认《神圣家族》的作者马克思以更为坚定的立场论及《德法年鉴》中涉及到的犹太人问题，但问题是，该文再一次强调了以下这点——马克思只不过是费尔巴哈

---

① 施蒂纳只是一边论及人的"类的本质"，一边在脚注中简单地提到刊登于《德法年鉴》中的有关马克思《犹太人问题》的论文。施蒂纳：《唯一者及其所有物》，斯图加特：P. 莱克拉姆，1972 年，第 192 页[Max Stirner, *Der Einzige und sein Eigentum* (Stuttgart: *Philipp Reclam Jun.*, 1972), S. 192]。

② 费尔巴哈：《因〈唯一者及其所有物〉而论〈基督教的本质〉》，《维干德季刊》，第二卷，1845 年，第 193—205 页[Ludwig Feuerbach, *Ueber das **Wesen des Christenthums** in Beziehung auf den **Einzigen und sein Eigenthum***, *Wigand's Vierteljahrsschrift*, Zweiter Band(1845), S. 193–205]

③ 郑文吉，《麦克斯·施蒂纳的生平与著作》，《追随者的时代》{首尔，文学和知性社，1987}，pp. 98—99。引文为施蒂（纳）：《施蒂纳的评论家们》，《维干德季刊》，第三卷，1845 年，第 186 页(M[ax] St[irner], *Recensenten Stirners*, *Wigand's Vierteljahrsschrift*, Dritter Band(1845), S. 186}。

的变种,最终未能克服作为个别存在的人和作为类存在的人这一"二元论"。因此,周围的这些态势要求马克思,不管采用何种形式,都要将他与费尔巴哈之间的关系作一个明确的整理。应该说,1845 年年中撰写的《关于费尔巴哈的提纲》,正是这一客观情况的产物。

《关于费尔巴哈的提纲》(*Thesen über Feuerbach*)被恩格斯称为"包含着新世界观的天才萌芽的第一个文件",[①]文中对包括费尔巴哈在内的有史以来的唯物论和人道主义进行了辛辣的批判,同时积极阐述了马克思自己的实践、实践的行为、人的实践活动、实践的认识论意义、对作为社会各种关系的总和的人的本质的定义、人对自然的对象行为、大众实践斗争的意义等。当然,马克思的这些积极的见地在《1844年手稿》和《神圣家族》中就已显现,但在《提纲》中,马克思在撤回以往的重要主张的同时,阐明了新的世界观,从这一点来看,《提纲》是值得关注的。[②] 因此笔者认为,我们有必要联系前文中所考察的当时对马

---

① 马克思:《关于费尔巴哈的提纲》,*MEW*, 第 3 卷, 第 5—7 页(Karl Marx, *Thesen über Feuerbach*, *MEW*, Bd. 3, S. 5‑7);恩格斯:《费尔巴哈与德国古典哲学的终结》,*MEW*, 第 21 卷,第 264 页(Friedrich Engels, *Ludwig Feuerbach und der Ausgang der klassischen deutschen Philosophie*, *MEW*, Bd. 21, S. 264)(引文为后者)。对于该文的标题,马克思在原先的笔记上标为《论费尔巴哈》(*ad Feuerbach*),但恩格斯在出版时改为《马克思论费尔巴哈》(*Marx über Feuerbach*),在恩格斯的《费尔巴哈和德国古典哲学的终结》(1888)的封面上,注有"马克思 1845 年论费尔巴哈(Karl Marx über Feuerbach vom Jahre 1845)"。但《关于费尔巴哈的提纲》(Thesen über Feuerbach)这一标题,是马克思列宁主义研究院根据以上恩格斯著作的序言 *Vorbemerkung* 而加的。参考 *MEW*, 第 3 卷, 第 547 页注 1(*MEW*, Bd. 3, S. 547 Anm. 1)。

② 马克思:《关于费尔巴哈的提纲》,*MEW*, 第 3 卷, 第 5‑7 页(Karl Marx, *Thesen über Feuerbach*, *MEW*, Bd. 3, S. 5‑7)。有关《提纲》所包含的马克思唯物论的天才萌芽,已有各著者的大量研究成果。《提纲》批判了费尔巴哈的唯物论,揭示了其所具有的观照的和形而上学的特点,《提纲》的重要特点如下。首先,马克思认为包括费尔巴哈在内的向来的唯物论是与市民社会的成立和正当化相联系的,"旧唯物主义的立脚点是市民社会,新唯物主义的立脚点则是人类社会或社会化了的人类"(提纲十)。第二,向来的唯物论,其感性都不是"实践的、人类感性的活动"(提纲五),"现实、感性[……]不是把它们当作人的感性活动,当作实践去理解"(提纲一),而且正如从费尔巴哈身上清楚地显示出来的一样,"没有把人的活动本身理解为客观的活动"(提纲一),认为只有理论的行为才符合人的本质;与此相反,马克思认为,在环境的变化和与之并行的自身的变化上,人的实践活动具有积极的作用(提纲三)。第三,马克思指出,

克思和恩格斯的批判，来探讨具有划时代意义的《关于费尔巴哈的提纲》的撰写过程。

　　有关《关于费尔巴哈的提纲》的执笔日期，向来都是根据恩格斯的《费尔巴哈和德国古典哲学的终结》的序言，推算为 1845 年初 3 月前后。[①]但是，随着最近《提纲》的重要性越来越被认识，对其撰写日期的准确估算也变得越来越迫切，在这一前提下，该《提纲》刊载前后（1844至 1847 年之间）马克思的笔记被加以缜密的考察。[②]巴加图利亚发现，写有《提纲》的笔记中，《提纲》的前一页有出自恩格斯之手的两处记录 *Notiz*（恩格斯到达布鲁塞尔是在 1845 年 4 月中旬），而《提纲》接下来的一页上，则写有书名，书名中有布鲁塞尔图书馆的编号（巴加图利亚推算这些书是在 4 月借出的），因而推算出《提纲》的撰写是在 1845 年4 月。[③]而安德雷阿斯则发现，因布鲁塞尔图书馆书名之后即是英国"借阅图书馆目录"（Catalog der Leihbibliothek）题下的英国经济学书名，

费尔巴哈人道主义的主要缺陷是将人的本质从历史的发展中抽象化，"只能把人的本质理解为'类'"，理解为"许多个人纯粹自然地联系起来的共同性"（提纲六），无法看到个人是"属于一定的社会形式"（提纲七）这一事实，马克思认为，"人的本质是一切社会关系的总和"。第四，马克思揭示出"革命的实践"（提纲三）在历史发展及认识过程中所具有的意义。参考 I. 陶伯特：《后黑格尔哲学批判》，第 27—28 页（Inge Taubert, "Die Kritik der nachhegelschen Philosophie," S. 27 - 28）。

　　① *MEGA1* Ⅰ/5，附录（Anhang），S. 531；马克思、恩格斯列宁研究院整理：《马克思年谱》（莫斯科：马恩出版社，1934 年，第 28 页）Marx-Engels-Lenin-Institut, zusammengestellt, *Karl Marx. Chronik seines Lebens in Einzeldaten*（Moskau：Marx-Engels-Verlag, 1934），S. 28。

　　② 这里联系本文讨论的内容，从 *MEGA1* Ⅰ/5 中 1844 至 1847 年间马克思的笔记里，择出《提纲》前后的内容，概括并简述如下：[……]/S. 34—41：所需的经济学著作题目/S. 42：马克思的笔记中有出自恩格斯之手的两处记录/S. 43：空白/S. 44：马克思的记录/S. 45：记录/S. 46—49：空白/S. 50：记录/S. 51—55：《提纲》/S. 56—71：有布鲁塞尔王立图书馆编号的英文及法文书名/S. 72—81："借阅图书馆目录"题下，有英国经济学书名/[……] 参考 *MEGA1* Ⅰ/5，S. 549 - 550。

　　③ 参考 G. A. Bagaturija, "'Tezisy o Fejerbache' I 'Nemeckaja ideologii'," *Naucno-informacionnyi bjulletein sektora proizvedenii K. Marksa I F. Engel'sa*, inst. marksizma-leninizma pro CK KPSS, 1965, Heft 12, S. 1 - 70；I. 陶伯特，同上引书，第29 页（Inge Taubert, op. cit. , S. 29）；[T. A. バガトゥーリヤ（坂间真人译），"マルクス主义の歴史における《ドイフ・イデオロギー》の位置"]，《情况》1973 年 p. 71。

而推算出该《提纲》的执笔日期是在 1845 年 4 月中旬以后，到马克思和恩格斯启程前往英国作研究旅行的 1845 年 7 月 8 日之间。① 如果安德雷阿斯所推算的《提纲》执笔日期在逻辑上被接受的话，那么我们就可以判断说，《提纲》的撰写，是跟《神圣家族》出版后受到的几方的批判有密切关系的。这里，《维干德季刊》第 2 号上刊登的费尔巴哈和尤利乌斯的文章，尤其是后者的文章，似起到决定性的作用。而《维干德季刊》第 2 号的发行是在 6 月底，这使我们可推算出《提纲》的执笔日期是在之后的 7 月上旬。

　　这样，马克思通过撰写《关于费尔巴哈的提纲》，暂且回应了当前哲学家们的抨击，整理了自己对于费尔巴哈的立场，然后为了收集目前著作的资料，也为了与英国的社会主义者交游，而踏上了英国之旅。他和恩格斯一起，经由伦敦，并主要是停留在曼彻斯特，从 1845·年 7 月 12 日到 8 月 21 日，在英国停留了六周。② 正如马克思在布鲁塞尔—曼彻斯特—布鲁塞尔摘录笔记中所体现出的，他在英国滞留期间取得的成果有为当前著述所搜集的庞大的资料，以及读书和摘录。③ 今天，我们从马克思的摘录笔记中可以看出，当时他所关注的是当前社会状况，并集中进行经济学的研究；而他已与列斯凯签约，并得到了预先支付的 1 500 法郎稿酬，因而他迫在眉睫的关注焦点应是集中在《政治和国民

<hr />

　　① 　贝尔特·安德雷亚斯:《马克思与恩格斯·德国古典哲学的终结·文献目录》,《马克思故居文集》,第 28 期,特里尔,1983,第 126 页注 1[Bert Andréas, *Karl Marx/Friedrich Engels. Das Ende der klassischen deutschen Philosophie. Bibliographie*, Schriften aus dem Karl-Marx-Haus 28(Trier 1983), S. 126 Anm. 1]。

　　② 　马克思恩格斯列宁研究院:《马克思年谱》,第 29 页(Marx-Engels-Lenin-Institut, *Karl Marx. Chronik seines Lebens in Einzeldaten*, S. 29)。

　　③ 　马克思的布鲁塞尔-曼彻斯特-布鲁塞尔摘录笔记共有 12 卷。1845 年 2 至 7 月间的布鲁塞尔摘录笔记公有 5 卷,1845 年 7 至 8 月的曼彻斯特摘录笔记有 3 卷,1845 年从英国返回后的 8 月开始,到 1846 年间,有 4 卷,合计 12 卷。有关的具体叙述参考以下资料. *MEGA1* Ⅰ/6, S. 597 - 618.

经济学》的撰写上。①

但是，随着客观事态的展开，尤其是对《神圣家族》作者马克思和恩格斯哲学立场的抨击，在他们结束英国之旅回来之后，在《维干德季刊》第 3 号上变得更加激烈。1845 年 10 月中旬发行的该杂志第 3 号上，不仅有我们前面讨论过的无名氏的《布鲁诺·鲍威尔，或我们时代的神学人道主义的发展》（［1845—4］）和布鲁诺·鲍威尔的"评路德维希·费尔巴哈"（［1845—5］），还包括有施蒂纳自己的"施蒂纳的评论者"，几乎将所有篇幅都割爱给当代哲学界青年黑格尔学徒的各个派别，以阐明其各自的哲学立场。

然而问题是，从马克思和恩格斯的角度来看，这些稿件无一不是对他们二人的误解，而且轻描淡写地将《神圣家族》的作者单纯地归为费尔巴哈的追随者，从而刺伤了他们智识思想的自尊。尤其是《布鲁诺·鲍威尔，或我们时代的神学人道主义的发展》（［1845—4］）一文。马克思自己已经以 1843 年为界，在思想上告别了鲍威尔，并于 1844 年和 1845 年，围绕犹太人问题与曾为师长的鲍威尔展开论争，而该文却将马克思指为"把鲍威尔的原理彻底地应用于国家，从根源上将之从神学的表达上解放出来"，并将马克思作为鲍威尔的"彻底的完成者"，这使马克思陷于荒唐的处境。② 再加上鲍威尔在其"评路德维希·费尔巴

_____

① 出版商列斯凯在 1845 年 12 月 6 日给马克思的信中，记录了 1 500 法郎的预付稿酬，并向马克思催稿。《列斯凯致马克思》，1845 年 12 月 6 日，*MEGA2* Ⅲ/1，第 492 页（C. F. J. *Leske an Karl Marx*，6. Dezember 1845，*MEGA2* Ⅲ/1，S. 492）。另一方面，对于马克思经济学著作的出版，当时周围人士给以了广泛的期待和关注。参考《R. 丹尼尔斯致马克思》，1846 年 3 月 7 日，*MEGA2* Ⅲ/1，第 514 页（*Roland Daniels an Marx*，7. März 1846，*MEGA2* Ⅲ/1，S. 514）；《魏德迈致马克思》，1846 年 4 月 30 日，*MEGA2* Ⅲ/1，第 533 页（*Joseph Weydemeyer an Marx*，30. April 1846，*MEGA2* Ⅲ/1，S. 533）等。

② ［无名氏］，《布鲁诺·鲍威尔，或我们时代的神学人道主义的发展》，第 75 页（［Anonymus］，*Bruno Bauer oder die Entwicklung des theologischen Humanismus unserer Tage*，S. 75）有关布鲁诺·鲍威尔和马克思在思想上的关联，以及围绕犹太人问题的论战，请参考以下资料。郑文吉，《青年黑格尔派对马克思早期思想形成的影响（1）——布鲁诺·鲍威尔和马克思的思想关联》，《追随者的时代》，pp. 140—160；郑文吉，《青年黑格尔派对马克思早期思想形成的影响（2）——围绕犹太人问题的布鲁诺·鲍威尔与马克思的论战》，同上书，pp. 161—187。

哈"([1845—5])一文的最后一节——"费尔巴哈和唯一者"中,而且是在同一节的结尾处,以比费尔巴哈和施蒂纳都要拙劣的层次,来论说《神圣家族》的作者。更有甚者,鲍威尔指出,费尔巴哈哲学的集大成者并不是马克思和恩格斯,而是赫斯;而施蒂纳则认为当代德国社会主义理论的先驱不是马克思和恩格斯,而是赫斯,这些也都是马克思和恩格斯所很难忍受的。① 正如上述的《关于费尔巴哈的提纲》中所明确的那样,马克思和恩格斯已经划清了与费尔巴哈思想的界限,并正在提炼自身的严密的新唯物主义和革命实践思想,因此当时的这些评价对于他们来说,可想而知是多么地难以接受。

标有"[1845 年]11 月 20 日"具体日期的《社会明镜》第 7 号上,发表有马克思(作者或为曾滞留于布鲁塞尔的马克思的另一密友)的文章([1846—1]),从上述脉络来看此文,其意义便彰显出来。而且我们推测,马克思和恩格斯之所以构思撰写《德意志意识形态》,似也出于此原因。联系最近的《德意志意识形态》之季刊原稿说,来看该书动笔时间的说法——在赫斯与伦佩尔(Rudolf Rempel)和迈耶尔(Julius Meyer)等威斯特伐利亚的社会主义者就出版杂志进行商议,并带着肯定的回答返回布鲁塞尔的 11 月 24 日或 25 日之后——是与上述客观情况相吻合的。

另一方面,自 1845 年夏天以来,"真正的"社会主义者就通过出版物,在德国国内广泛地扩张其影响力,他们促使马克思本人对当时的德国社会主义展开论战。这些真正的社会主义者以泽米希(F. H. Semmig)、马塔伊(Rudolph Matthai)、格律恩(Karl Grün)、库尔曼(Georg Kuhlmann)等为代表,凭借着黑格尔和费尔巴哈的哲学,为远离历史根据的空想社会主义思想套上观念的外衣,不仅歪曲了社会主义,而且用人间之爱来代替阶级斗争,向基层劳动者说教,从而对共产主义运动,

---

① I. 陶伯特,同上引书,第 38—39 页(Inge Taubert, *op. cit.*, S. 38 - 39)。

尤其是基层单位的工人运动产生了大范围的消极影响。① 而 1843 年以来，马克思和恩格斯已经从历史和经济的角度，对市民社会的产生和发展进行了广范围的研究，对市民社会的发展具有了一定程度的眼光，②最重要的是他们明确地意识到，在对这些真正的社会主义者采取决定性的打击之前，他们撰写经济学或社会史的著作是没有意义的。尤其是两人 1845 年 7 月至 8 月间的英国之旅，让他们认识到伦敦的共产主义者同盟内部所面临的理论矛盾，并刺激了他们，使他们感到自己有必要对之加以整理。③ 马克思和恩格斯在《德意志意识形态》的初期

---

① 这四位真正的社会主义者及其著述，成为马克思和恩格斯《德意志意识形态》第 2 卷中批判的对象。这四人的著作名如下：F. H. 泽米希：《共产主义、社会主义与人道主义》，《莱茵社会改革年鉴》，第一卷，1845 年［Friedrich Hermann Semmig, *Kommunismus, Socialismus, Humanismus, Rheinische Jahrbücher zur gesellschaftlichen Reform*, Bd. 1(1845)］；R. 马塔伊：《社会主义的基石》，同上书（Rudolph Mathai, *Socialistische Bausteine, ebenda*）；卡尔·格律恩：《关于法兰西与比利时的社会运动的书信与研究》（达姆城，1845 年）［Karl Grün, *Die soziale Bewegung in Frankreich und Belgien. Briefe und Studien*(Darmstadt 1845)］；G. 库尔曼：《新世界或地上的精神王国·宣言》，日内瓦，1845 年［Georg Kuhlmann, *Die Neue Welt oder das Reich des Geistes auf Erden. Verkündigung*(Genf 1845)］。

② 马克思和恩格斯在 1844 年初到 1846 年期间阅读和摘录了大量著作，马克思达到 90 卷，恩格斯达到 9 卷（限于 1845 年夏）。I. 陶伯特：《论马克思、恩格斯的唯物主义历史观兼谈关于〈德意志意识形态〉第一章中的几个理论问题》，《德国工人运动史来稿》，纪念马克思诞辰 150 周年特刊，第 10 发行年度，1968 年，第 32 页注 31（Inge Taubert, *Zur materialistischer Geschichtsauffassung von Marx und Engels. Über einige theoretische Probleme im ersten Kapitel der **Deutschen Ideologie**, Beiträge zur Geschichte der deutschen Arbeiterbewegung*, Sonderheft zum 150. Geburtstag von Karl Marx, 10. Jahrgang 1968，S. 32 Anm. 31），期间马克思和恩格斯的摘录笔记部分发表在 MEGA2 第 Ⅳ 卷中，但因 MEGA2 发行工作的中断，现 MEGA2 Ⅳ/3（1844 年年中至 1845 年年中）、Ⅳ/5（1845 年 8 月至 12 月）还是未完状态。因此以上的统计依据的是陶伯特的报告，而陶伯特暂且根据的是 MEGA1。另一方面，IISG《马克思、恩格斯遗稿目录》(*Inventar des Marx-Engels-Nachlasses*)的摘录笔记目录(1844—1846年)中，共列举了 86 卷书籍。

③ 参考 I. 陶伯特：《论马克思、恩格斯的唯物主义历史观》，第 44—50 页（Inge Taubert, *Zur materialistischer Geschichtsauffassung von Marx und Engels*, S. 44 - 50）。也请参考 M. 奈特劳：《1845 年德国共产主义伦教讨论会》。据《共产主义劳动者教育协会会议记录簿》，《社会主义与工人运动史档案》，C. 格林伯格编，第十发行年度，莱比锡：希尔施菲尔德出版社，1922 年，第 362—391 页［Max Nettlau, *Londoner deutsche kommunistische Diskussion*, 1845. *Nach dem Protokollbuch des C. A. B. V.*, *Archiv für die Geschichte des Sozialismus und der Arbeiterbewegung*, hrsg. von Carl Grünberg, X. Jahrg. (Leipzig: Verlag von C. L. Hirschfeld, 1922), S. 362 - 391］。

执笔阶段,即"Ⅲ.圣麦克斯"一章中就已说过,要在该书第 2 卷中正式讨论"真正的社会主义",①但该书"Ⅲ.圣麦克斯"章和"Ⅰ.费尔巴哈"章中,随处可见对于历史唯物主义以及生产力和各社会关系之间相关关系的论述,这足以使人联想起《德意志意识形态》执笔时,即 1846 年 5 月,布鲁塞尔共产主义者通信委员会上魏特林和马克思之间的激烈争论。②

如上所述,正如马克思自己在一年以后所吐露的那样,1845 年底,是该将他和恩格斯的区别于当时德国哲学及社会主义的"决定性发展"公之于众的时候了,正是这样的契机,使得他们将各自独立著作的撰写计划向后延迟,而着手写作《德意志意识形态》。因此,无论马克思和恩格斯所构思的《德意志意识形态》是用于季刊的原稿,还是册子,抑或是独立的著作,这一著述的脱稿与出版都不能不是十万火急的事情,他们首先是为了理清自己(Selbstverständigung),其次是为了打破论敌的围攻,不得不赶紧完成该书。也就是说,他们为了阐明自己经过提炼的唯物主义世界观,尤其是马克思,尽管列斯凯催交《政治和国民经济学批判》原稿③,但他仍将现有的著述计划往后推,而动笔撰写《德意志意识形态》,且不受出版物样式的局限,应该说《德意志意识形态》的脱稿与出版是非常紧迫的。马克思和恩格斯为了该书的出版,从 1845 年 10 月起,一直到 1846、1847 年,通过各种渠道不断地进行交涉,从这些事

---

① 《德意志意识形态》第 1 卷"Ⅲ.圣麦克斯"章"自由者"项中的"共产主义"部分。*MEW*, Bd. 3, S. 190。

② I. 陶伯特:《论马克思、恩格斯的唯物主义历史观》,第 34—43 页(Inge Taubert, *Zur materialistischen Geschichtsauffassung von Marx und Engels*, S. 34 - 43);J. 罗基扬斯基:《马克思、恩格斯与赫斯 1845—1846 年在布鲁塞尔的关系史》,第 239—243 页(Jakow Rokitjanski, *Zur Geschichte der Beziehungen von Karl Marx und Friedrich Engels zu Moses Heß in Brüssel 1845/1846*, S. 239 - 243)。

③ 《列斯凯致马克思》,1845 年 12 月 6 日,*MEGA2* Ⅲ/1,第 492 页(C. F. J. Leske an Karl Marx, 6. Dezember 1845, *MEGA2* Ⅲ/1, S. 492)。

实也可以看出这一点来。① 因此，与其"勉强"认为《德意志意识形态》是独立的著作或是季刊用稿，不如推测马克思和恩格斯为了出版这样的著作，考虑到了所有可能的出版样式。

结　论

以上我们联系《德意志意识形态》之季刊原稿说，对该书形成史上出现的几种重要的讨论进行了探讨。1975 年以来 *MEGA2* 的刊行过程中，通过新发掘的许多资料和对资料原形的再现，为深化马克思学做出了贡献。而其中的一个成果即是《德意志意识形态》之季刊原稿说。但通过本文的讨论可知，尽管该书之季刊原稿说具有一定的说服力，但我们接受这一主张后，并不能明白清楚地解释有关《德意志意识形态》形成史的所有问题。例如，仅仅"两卷的季刊"，就能将马克思和恩格斯这一庞大的《德意志意识形态》全都包容进去吗？ 而且，正如我们从同时代的书信中获知的那样，如果将包括赫斯在内的五位撰稿人的六七篇文章都登载在这"两卷的季刊"上，那么即便考虑到当时季刊方式的特殊性，也必然会产生编辑上的不均衡——因《德意志意识形态》而在量上偏于一方，同时也无法解释为何只有该书是合著形式。更何况杂志是以持续性为生命的，对于季刊，除了提到"两卷"外，对第 3、第 4 卷等长期的续刊未见任何言及，这一点要求我们有更具体的说明。这里，笔者为解开"仅两卷"的《德意志意识形态》之谜，而借用了一种角度，即通过探究该书的撰写动机，来尝试作新的解释。

马克思和恩格斯是于 1845 年 2 月和 4 月分别到达布鲁塞尔的，当时他们都带着各自的写作计划。尤其是马克思，他与出版商列斯凯签

---

① 参考郑文吉，《从编纂史看〈德意志意识形态〉》，pp. 1202—1206[郑文吉，《马克思思想的形成与早期著作》，第 1 章第 4 节]。

订了出版合同,并已经预收了一半的稿酬,之后列斯凯又不断地督促其完稿;而且周围的友人都在等待他的经济学著作的出版。因此,如若客观情况未发生决定性的变化和打击,马克思和恩格斯是能够与德国当代哲学,尤其是青年黑格尔学徒的各派的论战保持一定的距离的,因为他们已经以《神圣家族》和赫斯的《晚近的哲学家》来与之暂告一段落。但是,客观情况上发生了论战,尤其《维干德季刊》第 2、3 卷上发表了费尔巴哈、布鲁诺·鲍威尔、施蒂纳、尤利乌斯,以及匿名作者的文章,使得马克思和恩格斯不得不以某种方式来公开阐明他们的立场。费尔巴哈的追随者,费尔巴哈的亚流或继承者云云,对于这些评价,马克思虽然已经通过《关于费尔巴哈的提纲》,周密地整理了自己的立场,但是《维干德季刊》第 3 号上刊登的文章,不仅将他和恩格斯抨击为费尔巴哈的亚流,抨击为他们早已诀别的鲍威尔的最终的完成者,而且将他们的业绩看作是对费尔巴哈的继承,视其为在当代社会主义运动中甚至都无法与赫斯相比的第二级人物。这肯定极大地刺伤了他们二人智识思想的自尊。我们据此推断,马克思和恩格斯现在只有与他们的政敌作正面的交锋,更清楚地阐明他们自身的立场,才有可能继续他们目前的研究,撰写经济学或社会史著作。

于是,1845 年 11 月底之后的《德意志意识形态》的执笔,是从当时与鲍威尔和施蒂纳的正面交锋开始的,然后再回过头来撰写"Ⅰ.费尔巴哈"一章,以此作为阐明他们自身哲学立场的一个重要契机。另一方面,出于对当时德国国内博爱主义式的社会主义运动,即真正的社会主义运动之扩大的忧虑,并为了对他们二人在英国之旅中经历到的共产主义者同盟内部的理论分派与矛盾进行立场的整理,而有必要明确他们自身对社会主义及共产主义的见解。因此我们可以说,他们于 1845 年底所考虑的外国社会主义者丛书、杂志以及其他的出版计划,正与这一客观情况相符合。因而笔者推测,对于 1845 年底动笔、1846 年年中大部分完稿的《德意志意识形态》来说,与其单纯看作是为季刊而撰写的原稿,不如联系上述的客观情况,认为马克思和恩格斯为了想要将之出版，而动员了所有可能动员的出版方式。也就是说，以当时的政治局势和财力，激进主义者的著述是很难出版的，在这种情况下，他们为了早日将自身的立场公开地、清楚地加以阐明，而努力寻求各种途径；不管这种途径是杂志，还是册子，抑或是独立的著作，他们似乎无关出版物的形式，只想赶快脱稿并出版。且笔者的这一暂时的推论，对于《德意志意识形态》之季刊原稿说所不能解决的几点疑问，也许能成为一并解决的一点线索。

〈附表〉 马克思和恩格斯遗稿的流转

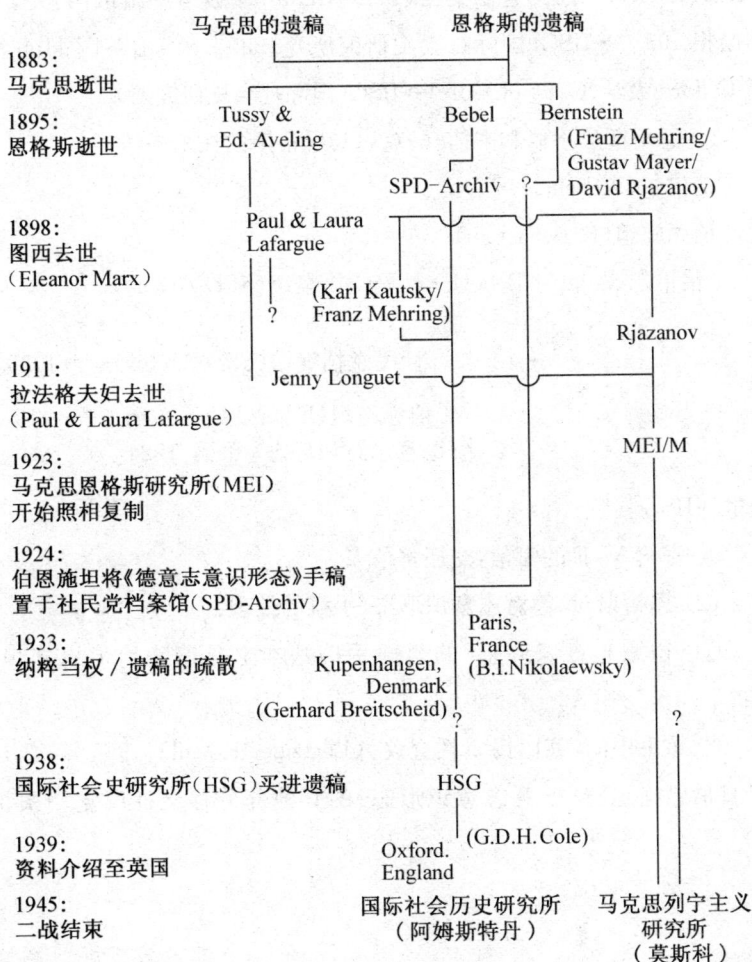

"?"表示遗稿有可能佚失的情况，或佚失的遗稿有可能被找回的情况（参考以下第 319 项）

（1）恩格斯对手稿的基本处理方法及以后的流向：

——逝世之前将他们二人的手稿进行了基本分类。

① 马克思的手稿和书信：爱琳娜·马克思（Eleanor Marx）

爱琳娜·马克思（Eleanor Marx）→E. 阿维琳（Edward Aveling）→P. 拉法格和 L. 拉法格［K. 考茨基/F. 梅林］（Paul & Laura Lafargue［Karl Kautsky/Franz Mehring］）→J. 朗古特和考茨基（Jenny Longuet/Karl Kautsky）→社民党档案馆（SPD-Archiv）→战争中疏散［丹麦，哥本哈根 1933］→IISG（国际社会史研究所）［1935］→经由英国 Hull 港至 Oxford 大学（G. D. H. Cole）→IISG（国际社会史研究所）

② 恩格斯的手稿和书信/马克思与恩格斯的往来书信：

倍倍尔（A. Bebel）/

伯恩施坦（E. Bernstein）

倍倍尔（August Bebel）→社民党档案馆（SPD-Archiv）——

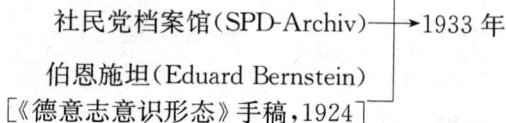

社民党档案馆（SPD-Archiv）——→1933 年

伯恩施坦（Eduard Bernstein）——

［《德意志意识形态》手稿，1924］

疏散→IISG

③ 寄给 M/E 的家信：交还寄信人

（2）恩格斯对《德意志意识形态》手稿的处理：

①《德意志意识形态》的全部手稿基本上是遗赠给伯恩施坦。但是，

② 该书中的《莱比锡宗教会议》（Leipziger Konzil）：1924 年 12 月 21 日伯恩施坦将《德意志意识形态》的其他部分移交社民党档案馆

(SPD-*Archiv*)之前，已经转至社民党档案馆(SPD-*Archiv*)。*

③ 三页"序言(Vorrede)"：保管于 IML/M(梁赞诺夫(Rjazanov)求得[从 L. 拉法格(Laura Lafargue)处?]/之后转至马克思列宁主义研究院)。**

(3) 遗赠之后遗稿的佚失可能：

① 伯恩施坦整理手稿的过程。

② 从伯恩施坦处借阅、使用：F. 梅林(F. Mehring)，G. 迈耶尔(G. Mayer)，D. 梁赞诺夫(D. Rjazanov)(复印)。

③ 遗赠给图西和劳拉(Tussy/Laura)的部分(不一定就是《德意志意识形态》)的借阅、使用：考茨基(K. Kautsky)，梅林(F. Mehring)。

④ 1933 年遗稿的疏散过程：尤其是德国、丹麦国境的穿越过程。***

---

* D. 梁赞诺夫：《马克思恩格斯遗稿选：马克思恩格斯论费尔巴哈》，《马克思恩格斯文库》，第 1 卷，1926 年[D. Rjazanov, *Aus dem literarischen Nachlaß von Marx und Engels. Marx und Engels über Feuerbach*，*Marx-Engels-Archiv*，Ⅰ. Band(1926)]。

** D. 梁赞诺夫：《马克思恩格斯遗稿选·马克思恩格斯论费尔巴哈》，《马克思恩格斯文库》，第 1 卷，1926 年，同上书(D. Rjazanov, *Aus dem literarischen Nachlaß von Marx und Engels. Marx und Engels über Feuerbach*，ebenda)。

*** 施泰恩和沃尔夫：《伟大的遗产》，柏林：狄茨出版社，1972 年；P. 迈耶尔：《社民党档案史与马克思恩格斯遗稿的命运》，《社会历史档案》，第六/七卷，1966/1967 年[Stern & Wolf, *Das großen Erbe*(Berlin：Dietz Verlag, 1972)；Paul Mayer, *Die Geschichte des sozialdemokratischen Parteiarchivs und das Schicksal des Marx-Engels-Nachlaßes*，*Archiv für Sozialgeschichte*，Bd. Ⅵ/Ⅶ(1966/1967)]。

第三章 《德意志意识形态》
"Ⅰ.费尔巴哈"章的重新建构

——关于梁赞诺夫以来的各种版本的比较探讨

引　言

众所周知，在马克思、恩格斯的早期著作中，在他们生前没有出版而以手稿形式保存下来的、在两人的思想形成的过程中起着非常重要作用的是 1844 年撰写的马克思的《1844 年手稿》和 1845—1846 年他们两人共同撰写的《德意志意识形态》。但是，这两部著作在脱稿后近 90 年间以手稿的形式被保存下来，1932 年在《马克思恩格斯全集》历史文献考证版第一版（*Marx-Engels-Gesamtausgabe*，以下简称 *MEGA1*）第Ⅰ部分第 3 卷以及第Ⅰ部分第 5 卷分别首次刊行，引起了相关人士的关注。当然，最初关注这两部著作是为了确定它们在马克思、恩格斯的思想成长过程所占的地位，加上这两部著作在内容上的丰富性以及成熟性，之后也一直成为集中研究的对象。

当初，就这两部著作而言，*MEGA1* 的权威没有怀疑的余地，因此，这些著作的各种普及版、选集以及各种外语翻译版基本上都是以之为底本而刊行的。但是，进入 1960 年代以来，在关于这两部著作的学术研究得以进展的同时,对手稿状态的关注也逐渐高涨,有学者通过将手稿的叙述形态与编辑好的文本进行对照,或者是重新编纂与著者意图相吻合的文本等文献学研究来证明既刊文本的肆意性,甚至指出那些有可能是伪书。在 1970 年代初,与 *MEGA2* 的刊行事业同时进行的有拉宾以来的关于《1844 年手稿》的英格·陶贝特、玛格丽特·艾丽丝·菲、加更·罗加翰的研究成果①,以及因为巴纳发现了《德意志意识形态》的手稿残页而展开的巴加图利亚、陶伯特、广松涉在该书的第 1 部第 1 章的重新建构上所做出的各种尝试,可以说是这方面研究的代表性成果。笔者曾在另外场合论及过关于《1844 年手稿》文献学研究的最新成果。② 在本文中,想围绕后者即《德意志意识形态》的第 1 部"Ⅰ.费尔巴哈"章的重新建构问题来对梁赞诺夫以来的各种版本进行比较分析。

第一节 《德意志意识形态》"Ⅰ.费尔巴哈"章的特征

众所周知,《德意志意识形态》是马克思、恩格斯两人在 1845——

---

① 尼科莱·拉宾:《青年马克思》,1968(柏林:迪茨出版社,1974 年);拉宾:《马克思〈1844 年经济学哲学手稿〉中收录的三大来源的对比分析》,《德国哲学杂志》1969 年第 17 期(1969 年)第 2 册,第 196—212 页;英格·陶伯特:《马克思〈1844 年经济学哲学手稿〉的日期问题》,《马克思、恩格斯研究》1978 年第 3 册,第 17—35 页;英格·陶伯特:《〈1844 年经济学哲学手稿〉的新版本》,《德国哲学杂志》1983 年第 31 期第 2 册,第 213—228 页;玛格丽特·艾丽丝·菲:《〈1844 经济学哲学手稿〉——一个严肃的评论和阐释》(加州大学勃克利分校,未公开发表的博士论文,1979 年);菲:《亚当·斯密对马克思异化理论的影响》,《科学和社会》第ⅩⅬⅦ卷第 2 期(1983 年夏),第 129—151 页;加更·罗加翰:《马克思主义—马克思—历史科学:所谓〈1844 年经济学哲学手稿〉的个案》,《国际社会历史评论》第ⅩⅩⅧ卷第 1 部分(1983 年),第 2—49 页;罗加翰:《在 *MEGA2* 中的 1844 年手稿》,《社会历史档案》1985 年第 25 卷,第 647—663 页。

② 郑文吉:《马克思〈1844 年手稿〉的文本批判——以关于撰写顺序和日期问题的最近的争论为中心》,请参见《追随者的时代》(文学与知性社,首尔,1987 年)第 7 章。

1846 年共同起草,经过修改、补充,并进行了誊写的未完成手稿,它是连接 1845 年出版的两人合著《神圣家族》与 1847 年的《哲学的贫困》的著作。换言之,它作为现实的人类主义向革命的共产主义转换过程中的连接环,在马克思主义形成史上具有重要的意义。该书"对辩证唯物主义的根本问题比初期其他著作从更多的角度,而且是详细地进行了阐述",特别是第 1 部"Ⅰ. 费尔巴哈"章作为"对人类的经济发展史从历史的、哲学的观点初次进行了系统阐述"的部分而受到高度评价。①

但是,问题正在于具有如此重要意义的"Ⅰ. 费尔巴哈"章与现存该书的其他章节不同,是以未完成的状态保留下来的。换言之,构成该书"Ⅰ. 费尔巴哈"章以外其他章节的手稿并非完全没有问题,不过给编纂带来混乱的纸张号码以及页码的缺损很少,论述本身也保持着连贯性。与此相对,这一章明显存在纸张以及页码的缺损,手稿的撰写可以分为几个层次②,并且还有很多增写、删除、修改以及为了修改而标注的边注、编辑指示等。因此,手稿的这种状态在印刷的最初阶段就已经相当混乱,1926 年出版的由梁赞诺夫编辑的"费尔巴哈"章与 1932 年出版的 *MEGA1* 所显示出的极大差异正好说明了这一点。因此,笔者为了论述的方便,首先对各种文本编纂所依据的手稿的状态进行说明,接下来通过手稿以及照片对 1926 年梁赞诺夫版以来的,依据著者的意图尝试复原"Ⅰ. 费尔巴哈"章的各种版本进行概观、比较以实现以下目的:

(1) 概观马克思、恩格斯的工作方式,特别是共同工作时的工作方式;

(2) 凸现手稿所体现的多层撰写阶段,并以此详细论述两人在马

① 《马克思恩格斯全集》(*MEGA1*),1/5(柏林,1932 年),第 9—10 页。

② 笔者认为对多层撰写阶段不能一刀切地来规定。笔者设想分为以下几个阶段:(1) 最初的草案和以草案为中心的马克思与恩格斯的讨论,(2) 对草案的修正和誊写,(3) 在誊写的基础上进行修改,做出编辑标记,(4) 用于出版的最终稿。关于这个问题,请参见郑文吉《通过编纂史来看〈德意志意识形态〉——期待 *MEGA2* Ⅰ/5(〈德意志意识形态〉)的刊行》,《文学与社会》第 11 期(1990 年秋季刊),第 1193 页。另外,在本文的用语当中,"誊写稿"指将修改过的草案重新抄写稿,"誊清稿"指用语出版的最终稿。

克思主义形成过程中的分担情况；

（3）摸索与著者的意图最相近的文本的编纂、排列方式。

一、手稿的撰写

现在，现存《德意志意识形态》手稿的撰写时期不确定，估计起稿最早在 1845 年 9 月，最迟在 11 月；脱稿最早在 1846 年 4 月末至 5 月初，最迟在同年 8 月中旬恩格斯离开巴黎之前。[①] 但是，在关于该书撰写时期的推断之中，众所周知，最难的是我们的讨论对象"Ⅰ.费尔巴哈"章。

关于"Ⅰ.费尔巴哈"章撰写时期的推断之所以困难，首先是因为它与《德意志意识形态》的其他章节相比，完成的程度非常低。[②] 其次，由于这一未完稿中并存着最初的基底稿和估计是最终阶段的誊清稿，而那绝不可能是在同一时期撰写的，因而一般认为其撰写时期涉及《德意志意识形态》的整个撰写时期。[③] 还有，这一章的动笔是否先于该书第 1 部的其他章节这个问题至今仍未解决，更是使得对其撰写时期的确定变得困难。

我们并不认为《德意志意识形态》第 1 部的各章是按照章节的顺序来撰写的，至少，认为从"Ⅰ.费尔巴哈"章开始动笔，接下来写下"Ⅱ.圣布鲁诺"、"Ⅲ.圣麦克斯"，这是以往的一般见解。[④] 但是，*MEGA2* 试行

---

① 前引论文，第 1202 页。关于如此推断的根据，请参见前引论文第 1190—1202 页。

② 这一事实从在该书撰写当初，为了出版而由魏德迈带到德国的该书第 1 部的手稿中缺"Ⅰ.费尔巴哈"章这一点也可以看得非常清楚。请参见前引论文第 1194 页的注 48。

③ 社会史国际研究所（IISG）的《马克思、恩格斯遗稿目录》也将撰写时期推断为 1845 年 9 月至翌年 10 月。请参见前引论文第 1182 页。

④ 贝尔特·安得列列亚斯、沃尔夫冈·门克：《关于〈德意志意识形态〉的新资料：新发现的卡尔·马克思一封信及其他文本》，《社会历史档案》第 8 卷（1968 年），第 26 页。另外，*MEGA1* Ⅰ/5 和 IISG 推测的第 1 部各章的起稿时期如下（两者相同）："Ⅰ.费尔巴哈"章（1845 年 9 月），"Ⅱ.圣布鲁诺"（1845 年 12 月），"Ⅲ.圣麦克斯"（1945 年 9 月）。1876 年出版的进步出版社版《德意志意识形态》（第 635 页）和马克思、恩格斯的英文版全集（第 588 页）采取的也是同样的观点。

版认为：马克思、恩格斯撰写《德意志意识形态》是受了刊登于《维干德季刊》的布鲁诺·鲍威尔的"路德维希·费尔巴哈的特性描写"和施蒂纳的"施蒂纳评论者"的触发，他们对费尔巴哈的见解的陈述基本上是联系施蒂纳对费尔巴哈的批判而展开的，因而在一开始并没有打算独立撰写"Ⅰ.费尔巴哈"章。因此推断"Ⅰ.费尔巴哈"章的起稿是在撰写对现今只保存着一部分的鲍威尔"路德维希·费尔巴哈的特性描写"这一论文进行反论的文章时，或者最迟到撰写Ⅲ章的"作为市民社会的社会"这一节（恩格斯的纸张号码为Ⅲ章的 80—90）最终稿的时期。①*MEGA2* 试行版的这种主张在 1930 年出版的《马克思年谱》以及 1960 年代初发表的门克的论文中就曾被提及，现在如果将以 *MEGA2* 为代表的后者的见解加以概括，那就是《德意志意识形态》第 1 部的Ⅱ、Ⅲ章的撰写先于"Ⅰ.费尔巴哈"章，在该书的Ⅱ、Ⅲ章中关于费尔巴哈的论述最终使"Ⅰ.费尔巴哈"章独立成章。②

另一方面，除了上述《德意志意识形态》第 1 部的起稿顺序问题，还存在关于Ⅱ章、Ⅲ章的起稿先后、在内容以及形式上可以分节的"Ⅰ.费尔巴哈"章的各个部分的撰写时期以及撰写顺序的问题。首先，就前者而言，Ⅱ章、Ⅲ章的撰写顺序从该书第 1 部的整体来看没有什么大的问题，在考虑从Ⅱ章、Ⅲ章到Ⅰ章，以及从Ⅰ章到Ⅱ章、Ⅲ章的原稿的部分移动的时候，这些的撰写顺序对"Ⅰ.费尔巴哈"章的文本排列会有一定的影响，因此有必要在可能的范围内推定撰写顺序。但是，限于这两者的撰写顺序而言，现在除了 *MEGA1* 和 IISG 的《马克思、恩格斯遗稿目录》报告过Ⅲ章起稿于 1845 年 9 月、Ⅱ章起稿于 1845 年 12 月以外，我

---

① *MEGA2* 试行版，第 403—404 页。

② 门克以《马克思年谱》为根据，认为Ⅰ章的撰写时期稍晚于Ⅱ、Ⅲ章。马克思恩格斯列宁学院：《卡尔·马克思年谱》（马克思、恩格斯出版社，莫斯科，1934 年），低 30 页；沃尔夫冈·门克，《关于赫斯在〈德意志意识形态〉中做的协助工作》，《年报》1963 年，第 455 页。

们还没有足以进行推测的具体根据。①

同时,对在外形以及内容上可以分节的"Ⅰ.费尔巴哈"章内部的各个部分的撰写时期以及顺序的确定,与手稿中出现的纸张号码的缺损以及不规则性,对原稿的移动以及推敲的指示一起,对这一章的文本的正确排列来说都是必不可少的。但是,对手稿的详细说明乃就此进行具体讨论的前提,这项工作将在下一节中进行。

"Ⅰ.费尔巴哈"章是一篇未完稿,对此我们十分清楚。该章由马克思、恩格斯增写、推敲到什么时候,对这一点也有必要加以探讨。在前面已经稍许提到,魏德迈为了出版,将《德意志意识形态》第1部的大部分原稿回到德国的时候,还没有撰写完。同年5月14日,马克思在致魏德迈的信中写道:包括该书第2部在内的所有手稿基本上都写完了,你大概马上就可以收到。尽管如此,估计当时第1章还没有写完。因此,即便是在第1部的Ⅱ章、Ⅲ章和第2部分的大部分原稿都被送去德国出版的7月,他们还在致力于"Ⅰ.费尔巴哈"章的撰写。② 旅居巴黎的恩格斯在1846年8月19日致马克思的信是与"Ⅰ.费尔巴哈"章相关的特别值得关注的文献。恩格斯在信中说他读了刊登在维干德创刊的《追随者》杂志的费尔巴哈的"宗教的本质",在对其内容进行简要介绍的同时,说如果撰写"Ⅰ.费尔巴哈"章时需要这篇论文,可以马上将其要旨整理出来寄去。③ 因此,我们可以推测至少到1846年10月中

---

① *MEGA1* Ⅰ/5,第8、78、96页;请参见 IISG《马克思、恩格斯遗稿目录》的A11、A12、A14。另外,作为Ⅲ章的撰写先于Ⅱ章这一主张的根据之一,我们有必要关注燕妮·马克思的回忆,即撰写《德意志意识形态》是因为受到施蒂纳的《唯一者及其所有物》这一外部刺激。燕妮·马克思:《动荡一生的概貌》,《黑人与元帅——对马克思和恩格斯的回忆》(迪茨出版社,柏林,1964年),第206页。

② 《卡尔·马克思致约瑟夫·魏德迈在 Schildesche 的信》,布鲁塞尔,1846年5月14—16日,*MEGA2*.Ⅲ/2,第9页;"《德意志意识形态》第1卷第1章新版"(前言),《德国哲学杂志》14,第10册(1966年),第1195页。

③ 《弗里德里希·恩格斯致卡尔·马克思在布鲁塞尔的信》,巴黎,1846年8月19日,*MEGA2* Ⅲ/2,第27页。另外,10月18日的信中有恩格斯整理的费尔巴哈"宗教的本质"的要旨。《弗里德里希·恩格斯致卡尔·马克思在布鲁塞尔的信》,巴黎,1846年10月18日,*MEGA2* Ⅲ/2,第48—50页。

旬,他们两人还在撰写"费尔巴哈"章。作为未完遗稿而残留下来的,可以说是在 1846 年末和 1947 年《德意志意识形态》的出版事实上变得不可能的时候没有再继续写下去的部分。[①]

二、手稿的构成与外在形态

《德意志意识形态》的所有手稿,除了序言,都保管在位于荷兰阿姆斯特丹的"社会史国际研究所"(IISG)。[②] 此手稿除序言是马克思的笔迹,其正文都是由恩格斯的笔迹写下的(作为例外,"Ⅲ.圣麦克斯"章的 56 页手稿是魏德迈写的),其撰写方式是:将手稿的纸张对半竖折(将纸张的宽上下对折,将长左右对折成竖长形来书写)成两半,恩格斯在左侧誊写,右侧主要由马克思进行修改、补充,或者是标注推敲记号。[③]但是,当初空出来用作修正的右栏中,不仅有马克思的笔迹,恩格斯的笔迹也随处可见,其中不乏出自恩格斯之手的超越当场修改层次的内容。因此,我们可以认为:尽管恩格斯后来表示自谦,[④]但可以看出恩格斯作为《德意志意识形态》合著者,其定位并不停留在一般所认为的对马克思的辅助性立场上,不像在《神圣家族》中只停留在枝叶的层次。

---

① 请参见笔者的前引论文第 1205—1206 页。此"Ⅰ.费尔巴哈"章没有完成这一事实可从恩格斯在 1888 年撰写的《路德维希·费尔巴哈与德国古典哲学的终结》的序文中得到确认。弗里德里希·恩格斯:《路德维希·费尔巴哈与德国古典哲学的终结》,*MEW*,第 21 卷,第 264 页。

② 请参见郑文吉《社会史国际研究所与收藏品》,前引《追随者的时代》第 277—287 页。另外,《德意志意识形态》的序言当初是由拉法格收藏,1920 年代,致力于马克思、恩格斯遗稿收集的莫斯科"马克思、恩格斯研究所"的第一任所长梁赞诺夫使之成为该研究所的收藏品。梁赞诺夫:《马克思和恩格斯论费尔巴哈——〈德意志意识形态〉第 1 部分(编者导论)》,《马克思、恩格斯文库》,马克思、恩格斯研究所杂志(莫斯科:1926 年)第 1 册,第 217 页。

③ 具体说明请参见笔者的前引论文《通过编纂史来看〈德意志意识形态〉》,第 1185、1197 页。

④ 恩格斯在 1885 年撰写的"共产主义同盟史"中,在对撰写《德意志意识形态》当时的情况进行回顾的同时,指出马克思在 1844 年"已经"到达了历史唯物主义,两人在 1845 年春天在布鲁塞尔再会,就各自到达的唯物主义的历史观开展了论述。弗里德里希·恩格斯:《共产主义者同盟历史研究》,*MEW*,第 21 卷,第 211—212 页。

我们以上述整体上的撰写状态为前提,可以探讨作为使整个"Ⅰ.费尔巴哈"章在外形上构成关联之一环的纸张号码和页码。手稿原则上是将一张纸一折为二,纸有正反两面,因此一张纸相当于有 4 页。然而,第Ⅰ章的手稿中,即便号码没有间断,也不存在缺损,但有由恩格斯标注的纸张号码(〔〕内的数字不是恩格斯的笔迹,估计是伯恩斯坦在部分发表原稿的过程中标注的),各张纸的表里两面有马克思标注的页码。因此,我们首先想基于这些纸张号码和页码来排列手稿的顺序。当然,这样的排列根据后面将要论述到的内容上的问题以及文献学研究的成果,也可以做一些调整,不过这样的顺序基本上与该手稿从恩格斯到伯恩斯坦,再到由德国社民党档案馆保管,1920 年代梁赞诺夫对之进行全面复制时的顺序是一致的。[①] 而且,这样的手稿的排列顺序与社会史国际研究所的照片排列顺序也是一致的。

现在,笔者基本上基于这样的排列顺序,以纸张号码和页码有缺损、文章不连贯、在文献学上被提出质疑的部分为参考,将"Ⅰ.费尔巴哈"章分为 9 个部分,想对各个部分进行较为具体的分析。在此,为了便于说明,首先想将纸张的状态图示化(为了便于理解手稿的状况,此图表依据 *MEGA2* 试行版的模式和叙述方式)。

图表的说明模式:"段落的开始……段落的末尾"

		第 1 纸叶		第 1 纸叶	
		第 1 面(a)	第 1 面(b)	第 1 面(c)	第 1 面(d)
分类号码	纸张号码	有无页码 撰写状态 有 无 删 除 (不 包 括 部 分删除)			

纸张大小 ⅰ =198×313 mm;ⅱ =198×315;ⅲ =199×319;ⅳ =216×345

---

① 这样的事实,可以从根据"Ⅰ.费尔巴哈"章最初的照片而复原的梁赞诺夫版得到确认,在 *MEGA1* Ⅰ/5 的附录以及图表中也可以看出。*MEGA1* Ⅰ/5,第 551—552 页。

"Ⅰ.费尔巴哈"章手稿的纸张排列与撰写状态

Ⅰ. 费尔巴哈

正如≠我们≠德意志意识形态家们所≠断言≠宣告的……就必须站在德国以外的立场上来考察一下这些喧嚣吵嚷。

A	[1?]	无页码 整页撰写 全部删除 ⅱ	无页码 整页撰写 全部删除 ⅱ	Ⅰ. 一般意识形态,特别是德国哲学 我们开始要谈的前提……这种交往的形式又是由生产决定的。	
				无页码 整页撰写 ⅱ	无页码 整页撰写 ⅱ
	[2?]	无页码 部分撰写 ⅱ	无页码 空白 ⅱ	无页码 整页撰写 ⅱ	无页码 空白 ⅱ

正如德意志意识形态家们所宣告的……就必须站在德国以外的立场上来考察一下这些喧嚣吵嚷。

B	[1]*	无页码 整页撰写 誊清稿 ⅲ	无页码 部分撰写 誊清稿 ⅲ

第一章 费尔巴哈

A. 一般意识形态,特别是德意志的

德国的批判……和他们自身的物质环境之间的联系问题。

C	[2]*	无页码 整页撰写 ⅱ	无页码 整页撰写 ⅱ	无页码 整页撰写 ⅱ	无页码 部分撰写 ⅱ

各民族之间的相互关系取决于……贵族的组织到处都在君主领导之下。

D	3*	无页码 整页撰写 ⅲ	无页码 整页撰写 ⅲ	无页码 整页撰写 ⅲ	无页码 整页撰写 ⅲ
	[4]*	无页码 整页撰写 ⅲ	无页码 部分撰写 ⅲ	无页码 空白 ⅲ	无页码 空白 ⅲ

由此可见,事情是这样的……并用历史的例子来加以说明。

E	5 *	无页码 整页撰写 ⅲ	无页码 整页撰写 ⅲ	无页码 整页撰写 ⅲ	无页码 部分撰写 ⅲ

当然,我们不想花精力去启发……是具有地方性意义的斗争。

F1	[?] **			1 整页撰写 ⅱ	2 整页撰写 ⅱ

[……]实际上……如果他们的"存在"

	6	〈6b〉 *** 8 整页撰写 ⅱ	〈6c〉 *** 9 整页撰写 ⅱ	〈6d〉 *** 10 整页撰写 ⅱ	〈6e〉 *** 11 整页撰写 ⅱ
	7	12 整页撰写 ⅱ	13 整页撰写 ⅱ	14 整页撰写 ⅱ	15 整页撰写 ⅱ
G	8	16 整页撰写 ⅱ	17 整页撰写 ⅱ	18 整页撰写 ⅱ	19 整页撰写 ⅱ
	9	20 整页撰写 ⅱ	21 整页撰写 ⅱ	22 整页撰写 ⅱ	23 整页撰写 ⅱ
	10	无页码 整页撰写 全部删除 ⅱ	24 整页撰写 ⅱ	25 整页撰写 ⅱ	26 整页撰写 ⅱ
F2	11	27 整页撰写 ⅲ	28 整页撰写 ⅲ	同他们的"本质"完全不符合……是源于自己精神的精神。	
				29 整页撰写 ⅲ	无页码 整页撰写 全部删除 ⅲ

统治阶级的思想……它都一概相信。

	20	<29> **** 整页撰写 全部删除 ⅲ	30 整页撰写 ⅲ	31 整页撰写 ⅲ	32 整页撰写 ⅲ
H	21	33 整页撰写 ⅲ	34 整页撰写 ⅲ	无页码 整页撰写 全部删除 ⅲ	35 整页撰写 ⅲ

[……]能看出来……工业资本。

I	84	40 整页撰写 iv	41 整页撰写 iv	42 整页撰写 iv	43 整页撰写 iv
	***** 〈84〉 85	44 整页撰写 iv	45 整页撰写 iv	46 整页撰写 iv	47 整页撰写 iv
	86	48 整页撰写 iv	49 整页撰写 iv	50 整页撰写 iv	51 整页撰写 iv
	87	52 整页撰写 iv	53 整页撰写 iv	54 整页撰写 iv	55 整页撰写 iv
	88	56 整页撰写 iv	57 整页撰写 iv	58 整页撰写 iv	59 整页撰写 iv
	89	60 整页撰写 i	61 整页撰写 i	62 整页撰写 i	63 整页撰写 i
	90	64 整页撰写 i	65 整页撰写 i	66 整页撰写 i	67 整页撰写 i
	91	68 整页撰写 i	69 整页撰写 i	70 整页撰写 i	71 整页撰写 i
	92	72 整页撰写 i	无页码 部分撰写 i		

　　* 对标注纸张号码的笔迹的报告因版本而异:梁赞诺夫版认为都是恩格斯的笔迹;阿多拉茨基版认为 1、2、4 是马克思的笔迹;MEGA2 试行版认为 3、5 是恩格斯的, 1、2、4 是第三者(伯恩斯坦)的笔迹。(本稿依据 MEGA2 试行版的说法)

　　** 1962 年由巴纳发现的这一残页没有纸张号码,只有页码。

　　*** 此部分当初是由马克思标注了〈6b〉〈6c〉〈6d〉〈6e〉,后来改为 8、9、10、11。

　　**** 当初写下的号码"20"被第三者用铅笔加上"1",改成了"29"。这可以从手稿的照片来确认。(IISG 的手稿照片,A7,S46;笔者确认。)

　　***** MEGA1 指出当初由恩格斯写下的号码"84"被改成"85"(MEGA1 Ⅰ/5,第 532 页)。

　　从上图可以看出,考虑到手稿的外观以及内容的连续性,不妨将之分为 A—I 这么 9 组。换言之,首先以恩格斯标注的纸张号码为中心来排列,同时也列出马克思标注的页码,这样一来,就会出现不连贯的问题。如果进行分组的话,G、H、I 丝毫没有问题,问题是 10 - a、11 - d、

20-a、21-c以及92-b没有标注页码。但是,这些都根据马克思的编辑指示移到了以下其他章中。

10-a:全文被删除了的此页中有"Bauer"这一编辑指示,实际上这个部分原原本本,或者是经过部分修改,被移到了"圣麦克斯"的最终稿的纸张5之中。

11-d:11-b(S.28)、11-c(S.29)以及11-d的左栏全部被删除,经过若干修改后,被移至"圣布鲁诺"章的誊清稿的纸张4、5之中,11-b、11-c右栏中恩格斯写下的内容与正文的内容是相连接的。

20-a:20-a和20-b(S.30)的相当部分被横线与接下来的段落分隔开了,在被竖线删除之后,经魏德迈誊写转用在"圣麦克斯"的纸张20之中。

21-c:在移自"圣麦克斯"的这一页的前后文本中,包括从21-b(S.34)的下段起到这一页(21-c),延至21-d(S.35)的上段的文章,在用横线与前后的文章分隔开之后,全文被竖线删除。这部分原稿经魏德迈誊写,转用至"圣麦克斯"的纸张20之中。

92-b:被视为是马克思写下的笔记与91-a(S.34)的内容相连,有由恩格斯笔迹写下的"Ⅰ.费尔巴哈"章的标题"唯物主义观点与唯心主义观点的对立",没有马克思标注的页码。

排列在G组的3张残页(纸张号码6-11)的前后的F1、F2是巴纳1962年在IISG保管的盖有"国会议员伯恩斯坦的印刷品"图章的信袋中发现的。我们将标注有页码"1"、"2"的残页作为F1,将标注有"29"的残页视为连接纸张11和纸张20的散逸稿,作为F2。[①]

但是,在上述纸张的排列中,最为困难的部分是被分离的残页以及以纸张为单位留下来的从A到E的5组。其中,A显然是[1?]-ab的导论部分,是誊清稿B纸张[1]的被誊写稿。到[1?]?-cd和[2?]-a

---

① S.巴纳:《马克思和恩格斯的〈德意志意识形态〉》,《社会历史国际评论》第7卷第1部分(1962年),第93—104页。请参见笔者的前引论文《通过编纂史来看〈德意志意识形态〉》,第1209页。

中的"Ⅰ.一般意识形态,特别是德国哲学"这样的标题与 C 组中的
"Ⅰ.费尔巴哈 A.一般意识形态,特别是德意志的"的标题十分相似,
给手稿的排列带来了相当的混乱。当然,对于 B、C、D、E 中标注的纸
张号码中,3、5 是由恩格斯、[1][2][4]是由第三者(被推断为是从恩格
斯那里接收了遗稿的伯恩斯坦)所标注的这一主张,笔者首先表示接
受。如上表所示,各个部分之间显然存在不连续性,这一点没有异议的
余地。

　　因此,我们基于以上关于手稿的基本叙述,想以 1920 年代刊行的
梁赞诺夫的"Ⅰ.费尔巴哈"章为出发点,对之后直到广松版的各种版本
稍微进行一些细致的探讨。

第二节　以往的各种版本概观

　　前文已经提到,在现行的《德意志意识形态》的版本中,最为普及的
是 *MEGA1* Ⅰ/5 中刊载的版本,它起着各种普及版、选集,以及各种外
语翻译版的底本的作用。对此,笔者已经在概观《德意志意识形态》编
辑史的别的论文中进行过详细论述。1932 年发行的 *MEGA1*《德意志
意识形态》的权威性基于它是首次全部将手稿付诸印刷,而且 *MEGA1*
本身是马克思、恩格斯所有著作的最早的批判性全集。①

　　但是,巴纳在 IISG 保管的装有伯恩斯坦遗稿的信袋中新发现了属
于《德意志意识形态》的Ⅰ章和Ⅲ章的手稿之后,*MEGA1* 的这种权威
性受到了挑战。因为原苏联的马克思列宁主义研究所的马克思、恩格
斯著作部马上指出了以 *MEGA1* 为底本的《德意志意识形态》的现行版

---

　　①　请参见笔者的前引论文第 1207—1210 页。*MEGA1* "特别是澄清了马克思、
恩格斯研究的客观根据,即对马克思、恩格斯的一切精神遗产进行了一目了然的整理,
将致力于将之再现"。《卡尔·马克思、弗里德里希·恩格斯全集》(校对版)"作品、文
字、信件"。第 1 卷(马克思、恩格斯研究所,莫斯科,1927),第 14 页。

本,特别是"Ⅰ.费尔巴哈"章的肆意性以及不正确性,*MEGA1* 受到了来自正面的挑战。① 因此,进入 1960 年代以来,针对该书Ⅰ章所新提出的编辑上的问题以及对梁赞诺夫的旧版的重新评价,都可以从这样的观点来理解。因此,我们想在把握这些客观状况的基础上,按照年代顺序对梁赞诺夫以来的《德意志意识形态》"Ⅰ.费尔巴哈"章的文本编辑事例进行具体的探讨。当然,我们所探讨的对象,限定于用德文出版的版本。(本稿为了叙述方便,将手稿中恩格斯标注的纸张号码用"纸张 X"〈由第三者笔迹标注的用"纸张[X]"〉表示,马克思标注的页码用"S. X"表示)。

一、梁赞诺夫版

1926 年,公开于《马克思、恩格斯文库》第 1 卷中的梁赞诺夫的德文版(以下简称梁版),是梁赞诺夫在 1924 年编辑的,最初的俄文版也是犹希维奇根据这个版本翻译的。当初,梁赞诺夫计划将马克思、恩格斯的全部著作翻译成俄文出版,并致力于收集两人已经出版的著作、评论以及未发表的原稿、手稿。为此,他与伯恩斯坦进行接触,并在德国社民党档案馆拍制了与两人相关的所有手稿的照片。但是,梁赞诺夫回忆道:在这样的资料收集过程中,"不得不变更计划,而着手发掘为数众多的值得关注的新资料"。也就是说,他判断"如果那些需要投入大量工作的有计划的资料整理如果只是为了翻译成俄文,未必妥当",因而计划出版国际版全集。② 因此,刊载于 1924 年的俄文版《马克思、恩格斯文库》第 1 卷(莫斯科,1924 年,第 211—256 页)的此"Ⅰ.费尔巴

---

① 《〈德意志意识形态〉第 1 卷第 1 章新版·前言》,《德国哲学杂志》14,第 10 册(1966 年),第 1196—1198 页。服部文男:《马克思的思想史研究(学界展望)》,《经济学史学会年报》第 3 号(1965 年 9 月),《马克思主义的形成》(东京:青木书店,1984 年),第 291—294 页;杉原四郎:《*MEGA1* 资料》,《季刊社会思想》1—1(1971 年),第 158 页。另外,关于这个领域的日本的学会报告以及研究成果估计还有很多,不过因为笔者孤陋寡闻,不得不承认了解到的只是一些片段。

② *MEGA1* Ⅰ/1,第 1 册,第 21 页。

哈"章①（其中包括《德意志意识形态》的序言）估计是作为这样的国际版全集计划之一环而再次复原为原文，于 1926 年收录至德文版《马克思、恩格斯文库》第 1 卷的。②

梁赞诺夫承认，对于初次公开的这一手稿的报告和确认至今都不充分，这种情况在文本的编辑上同样存在。特别是他针对手稿基本上是由恩格斯的笔迹撰写的，修正、插入则是马克思的笔迹，表明至少仅仅依据笔迹难以正确地判断在这一合著中两人所起的不同作用。他在只根据笔迹进行判断的情况下，认为第 1 节（一般意识形态，特别是德意志的）是由马克思口述，恩格斯笔记下来的，而推断第 2 节（纸张 84/S. 40 以后），与其说是笔记，还不如说是恩格斯单独撰写的。因为在前者当中，恩格斯比在第 2 节以及以其他草案为基础来撰写时进行了更多的修改，这一点可以从笔迹上看出来。③

他判断由 71 对折页和 1 张誊清稿以及 3 张对折纸张（各有 4 页）构成的"Ⅰ. 费尔巴哈"章虽然是被誊写过的原稿，但在整体上缺乏统一性。换言之，页码的变化以及随处可见的修改说明这一章与其说是连续地，还不如说是分别撰写的，因此由之而来的不连贯性也无法弥补。而且，给文本编辑带来更大困难的是在这些不连贯的原稿中，出现了纸片以及纸张的缺损。但是，在此我们必须加以注意的是：尽管缺这些纸

---

① 梁赞诺夫将《德意志意识形态》在整体上分为二部，将第 1 部分为 3 章，并且给各章分节，分章节时，使用的是卷、章、节，（Band, Abschnitt, Kapitel）。这样的章节区分因编者而异，要加以注意。

② 当时，梁赞诺夫作为"马克思、恩格斯研究所"的第一任所长，致力于推行 *MEGA1* 的出版计划。但是，1931 年 2 月，他被突然解除所长的职务，其后任为阿多拉茨基。因此，收录《德意志意识形态》的 *MEGA1* Ⅰ/5 由后者主导，前者的编辑方针估计被改变了。但是，在这一过程中我们必须注意到一个事实，那就是：《德意志意识形态》的编辑工作在梁赞诺夫、阿多拉茨基时代，都是在卓贝尔的指导下，由韦拉具体承担。请参见迈耶尔《回忆录——从新闻记者到德国工人运动的历史学家》（欧洲出版社，苏黎士、维也纳，1949 年）第 356—357 页。杉原四郎前引论文，第 160、163、155 页。

③ 梁赞诺夫：《马克思和恩格斯遗稿》，《马克思、恩格斯文库》第 1 卷（1926 年），第 217 页。

张号码以及页码(按恩格斯的纸张号码,缺纸张 2-4、12-19、22-83;按马克思的页码,缺 S. 1—7、29、36—29),但梁赞诺夫认为与恩格斯的纸张号码相比,马克思的页码更具有连续性,因而推断相当数量的纸张通过誊写以及著者自身的编辑被移到了别的章节去了。因此,他认为在现存遗稿的原件中,实际佚失的,在前面只有从根本上阐述历史与社会关系的第 1 束张纸和第 2 束张纸之间(G 组的前面部分 S. 1—7)的非常重要的几页,以及阐述经济史部分的第 2 节的最初部分 S. 36—39。[①](请参照后文中关于广松版的叙述。)

因此,基于这样的观点,他的文本编辑基本上没有拘泥于纸张号码以及页码的不连贯性,而将纸张 6 至 92 作为正文连续排列,前面部分分散的纸张以及纸片则根据内容,排列在正文的前后。换言之,他将此章的手稿分为 5 个部分,将基底稿的大束手稿(纸张号码 6—11、20—21、84—92,即 G、H、Ⅰ组)作为正文,将纸张 1(在手稿的说明中为[1?])的 a、b 排在导论部分(纸张 1—2,根据他的说明,与他所提示的图表的纸张 1 不同。笔者根据手稿的说明,将之视为[1]。梁赞诺夫所说的纸张 1—2 当中的前半部分作为此导论部分的誊清稿被省略,没有编入文本中)。接下来排列第 1 节(一般意识形态,特别是德意志的)、手稿的纸张[2],与前记[1?]- cd 和[2?]相连接(一般意识形态,特别是的德国哲学)。因为剩余纸张 1、2 部分的后半部分(手稿纸张 5,E 部分)是根据第 1 节最初部分重新撰写的,根据其内容排列在基底稿的前面,而誊清稿则根据其内容排列在正文的最后。[②]

通过以上说明可以看出,梁赞诺夫的文本排列,基本上是尊重手稿照片版原来的顺序,只是在彼此独立的纸张 1 和纸张 5 之间,对无法确定顺序的纸张 2、3、4 进行了若干调整而已。但是,他这样的文本排列,是以包括纸张[1?][2?],甚至包括纸张 1、4 在内,都是与纸张 6—11、

---

① 梁赞诺夫:《马克思和恩格斯遗稿》,《马克思、恩格斯文库》第 1 卷(1926 年),第 219—220 页。

② Ibid. 第 217—220 页。

20—21、84—92 属于同一撰写阶段的手稿为前提的。这样一来，无视这一章手稿的多层构造的批判则无法避免。①

另一方面，他在将文本印刷的过程中，以〈……〉的方式将手稿的删除部分用小号字体表示在括号之中；当马克思与恩格斯的修正难以表示时，将最终形式排印在正文中，将以前的修改部分放在注释里；栏外的插入、边注则在指定位置处理，位置不清楚时放到脚注当中；编者的补充以及难以判读的字句用[……][…?…]表示，并在脚注中说明是出自谁的手笔。② 因此，我们从他的版本中，可以看出他至少在努力涵盖手稿的所有内容。但是，他所整理的这个版本的问题不在于他没有言及一部分页码和纸张的段落，而在于没有表明具体的挪动情况。另外，关于手稿外观的说明依据的是照片版，因而容易出现错误。如此看来，我们首先可以借广松的话来这样评价梁赞诺夫版：它是力图忠实地介绍作为素材的《德意志意识形态》第 1 卷第 1 章的最初版本。

另外，就与梁赞诺夫版的关系而言，我们不得不提及 1932 年出版的兰格夏特、迈耶版（以下简称为 L/M 版）。以保管在德国社民党档案馆的马克思的遗稿为基础收录了其初期著作的 L/M 版的《德意志意识形态》只对一部分判读错误进行了订正，而没有做任何修改。该版于 1953 年作为普及版刊行。在此，我们之所以特别提及 L/M 版，是因为该版几乎与 *MEGA1* 同时刊行，特别是 1953 年版的袖珍普及版对引起对马克思早期思想的关注做出了重要的贡献，但是它的文本排列受到了许多批评。特别是就与本稿的关联而言，如果对"Ⅰ. 费尔巴哈"章进行推敲的话，此版的排列顺序基本上与梁赞诺夫版相同，与手稿原来的排列顺序完全一致。L/M 版与梁赞诺夫版不同的是，它不是用基底稿[1?]- ab，而是用[1]来替代导论部分。当然，对于 L/M 版为了方便读者，力图使编辑单纯化这种做法，我们可以表示理解。但也不得不指

---

① 广松涉：《〈德意志意识形态〉在编辑上的问题》，《唯物论研究》第 21 号，第 116—117 页。

② 梁赞诺夫版，第 220—221 页。

出：它对手稿中所体现的复杂、多样化的撰写形态，除了极少边注以外，基本上是视而不见。因此，L/M 版的文本至少不适合用于学术研究。

二、*MEGA1*

1932 年发行的 *MEGA1* 不是《德意志意识形态》的部分片段以及摘要，而是最初的全面版（通称 A〈Adoratskij〉版）。在这个意义上来说，它是划时代性的。收录于 *MEGA1* 的《德意志意识形态》的文本，由于 *MEGA1* 阿版本身就具有权威性，再加上该书的编纂者阿多拉茨基在 *MEGA1* Ⅰ/5 的序言中表明是"以马克思和恩格斯在 1846 年 7 月，出版计划失败之前所计划的形态进行复原为原则"，[①]因而被认为是最值得信赖的版本。因此，在那以后，各种德文版本理所当然地原原本本沿用 *MEGA1* 的文本。不用说 1930 年代的"国民普及版"、"在苏外国劳动者出版工会版"以及 1950 年代的"迪茨版"，就连根据第二次俄文版全集而编辑的普及版《马克思恩格斯全集》，即 *MEW* 第 3 卷中所收录的包括"Ⅰ.费尔巴哈"章[②]在内的《德意志意识形态》的文本也不例外。到 1960 年代的各种德文版情况尚且如此，依据这些版本的各种外语翻译版也不可能有例外。[③] 因此，就《德意志意识形态》而言，在进入 1960 年代受到正面挑战之前一直拥有绝对权威的 *MEGA1* 的"Ⅰ.费尔巴哈"的文本编辑原则究竟如何？其中包含怎样的问题，对此我们有必要进行具体的探讨。

收录了《德意志意识形态》的 *MEGA1* Ⅰ/5 的总编阿多拉茨基在该书的序言中明确了"Ⅰ.费尔巴哈"是以未完稿的形式保存下来的这一事实，但他认为在对这一章进行编辑时，草稿中记录的多数边注能起到道标的作用。[④] 因此，现在我们为了稍微具体地理解 *MEGA1* "Ⅰ.费

---

① *MEGA1* Ⅰ/5，第 17 页。
② *MEGA1* 的章节区分为卷、章、节（Band、Abschnitt、Kapitel）。
③ 请参见郑文吉前引论文第 1207—1209 页。
④ *MEGA1* Ⅰ/5，第 17 页，Amn. 1.

尔巴哈"章的文本排列和编辑,有必要对收录于该书卷末的草稿编辑方针进行细致的探讨。

首先,在"Ⅰ.费尔巴哈"的编辑上,编者(实际的编者是韦拉)作为编辑方针加以使用的是写在正文中的马克思、恩格斯的笔记、边注以及其他指示。换言之,编者力图通过将没有完成的手稿的构思以及推敲的指示积极地运用于文本的编辑,以此来"澄清针对著者的叙述方法的各个词句的辩证关系"。

首先,编者将由3层构成的手稿的各部分与在那里出现的标题相连。即(ⅰ)在最早的基底稿纸张6—11(G组)、20—21(H组)、84—92(ⅰ组)出现了"国家和法同所有制的关系"(纸张92—2/.68),(ⅱ)誊清稿前面的[1?][2?](A部分)出现了"Ⅰ.费尔巴哈"([1?]-a)和"Ⅰ.一般意识形态,特别是德国哲学"([1?]-c),(ⅲ)在誊清稿[1]—5之间出现了"Ⅰ.费尔巴哈/A.一般意识形态,特别是德意志的"([1]-a)。在此,编者将(ⅲ)的誊清稿[1]-a中出现的"Ⅰ.费尔巴哈"作为文本编辑的出发点,将(ⅲ)的誊清稿[2]-a中出现的"A.一般意识形态,特别是德意志的"列在这里。这是因为 *MEGA1* 的编者认为(ⅱ)的第二个标题"Ⅰ.一般意识形态,特别是德国哲学"下面的内容与其主题不相符合,在誊写过程中被删除,(语句没有被删除,作为一个里程碑而留下来了),标题因为前者的终止而被扬弃了。因此,"Ⅰ.费尔巴哈"章最终留下3个标题,除去"Ⅰ.费尔巴哈"这样一般性的标题,还剩下两个标题,因此文本可以围绕这两个标题来排列。但是,由于认为将具有多样性的这一章全部排列在两个标题之下有些不够,因此尝试用在手稿的推敲过程中写下的笔记来弥补。①

换言之,编者根据写于手稿 S. 19(8 - d)中的两段笔记和写在 S. 64(90 - a)中的"待续(Fortzufahren)",来推测"圣麦克斯"章和"Ⅰ.费尔巴哈"章的形成阶段。据 *MEGA1* 的编者说,手稿第 19 页中出现了两

---

① *MEGA1* Ⅰ/5,第 561 页。

段笔记,即:

> 到现在为止,我们主要只是考察了人类活动的一个方
> 面——人改造自然。另一个方面,是人改造人
>
> 国家的起源和国家同市民社会的关系①

其中的第二段落与"圣麦克斯"章中论及"新约圣经:Ich"的"5.作为市民社会的社会"这一主题是一致的。但是,"Ⅰ.费尔巴哈"章所探讨的内容到"国家和法同所有制的关系"就停下来了,因此编者认为这个部分结果是在"圣麦克斯"章的最后35纸张(83—117)继续展开论述。这是因为"圣麦克斯"章的纸张83是从"讨论2:私有财产、国家,以及法律"开始的,国家的起源和市民社会与国家的关系在那里得到了阐述,而连接两个部分的环节便是第64页中的"待续(Fortzufahren)",因此主张"Ⅰ.费尔巴哈"章(ⅰ)的部分(纸张6—11、20—21、84—92的基底稿,即G、H、I部分)的撰写先于"圣麦克斯"章的从纸张83起的部分。(在此用作编辑的上述两段笔记和"待续"这个词没有收录到正文当中。)

另一方面,*MEGA1* 的编者在进行文本编辑时,主张用写在正文右栏的边注来弥补上述标题和编辑笔记的不足。被编者视为对象的不只是"Ⅰ.费尔巴哈"章(ⅰ)的部分,即仅见于基底稿的边注当中能将思维朝其他方向引导的语句,还有将已经阐述好的主题进行简略概括的内容。编者所关注的边注有5处,即:(1)写在我们前面已经探讨过的两处笔记右栏的"交往和生产力"(S. 19),以及(2)"历史"(S. 11)②,(3)在用横线与上面的文章隔开,开始探讨新课题时,在 S. 21 的右栏中写下

---

① 此部分被用作文本的编辑的笔记,而没有收录至 *MEGA1* 的正文之中。译者注:原注中收录了德文原文,翻译时省略。有兴趣的读者可参见《文本学语境中的〈德意志意识形态〉》(南京大学出版社,2005年)第212页。译注。

② 在此页的右栏,马克思先是写下了"第一的",然后将之删除,并且再次在 S. 16 中写下了11、12、13、14、16 这些数字。因此,编者判断 S. 11—16 的这个部分阐述的是"历史"的主题。请参见 *MEGA1* Ⅰ/5,第562以及 *MEGA2* 试行版第439、356页。

的"关于意识的生产",①(4)由恩格斯的笔迹写在 S. 55 的"费尔巴哈：存在与本质",(5)S. 60 的"交往形式本身的生产"。*MEGA1* 的编者正是以这 5 处边注为根据,对"Ⅰ. 费尔巴哈"章进行了如下分节。(〔〕中的内容是旧 *MEGA* 的编者添加的手稿中所没有的词语以及标题)

Ⅰ. 费尔巴哈

A. 一般意识形态,特别是德意志的

〔1〕历史

〔2〕关于意识的生产

B. 意识形态的现实基础

〔1〕交往和生产力

〔2〕国家和法同所有制的关系

〔3〕自然产生的和由文明创造的生产工具与所有制形式

C. 共产主义。——交往形式本身的生产

在此,我们必须加以注意的是,按主题进行分门别类的 *MEGA1* 的上述编纂方式,不可避免地带来了将手稿全面进行分节和重新连接这样一种结果。事实上,*MEGA1* 的编者们并不是完全没有意识到这个问题,"如何才能将像是从一个铸器中做出来的素材进行分离"便是针对这一点而提出的疑问。但是,他们主张说:因为马克思和恩格斯在手稿中用许多分隔线划出了长短不同的段落,这些都在括号以及脚注中(表示为"N. B.")体现出来了,因此实际的编辑工作只要反过来追踪他们两人的论述方式,这一点并不难做到。换言之,*MEGA1* 的编者认为只要首先根据分隔线将全部手稿进行分节,然后再通过边注和编辑注

---

① 见于 S. 8、9、10、24、28 中的"Feuerbach"这一边注视被判断为在撰写"圣麦克斯"的过程中出现的此基底稿还未完全被分为Ⅰ、Ⅱ章之前的编辑指示,编者将此部分的主题规定为"意识的生产"。此部分草稿中没有马克思标注的页码,删除部分在记载"Bauer"之后有些被移到了"圣布鲁诺",这一点也可以此脉络来理解。*MEGA1* Ⅰ/5,第 562 页。

进行重新调整,就不会有丝毫问题。① 而且,编者们尽量将被著者删除的部分从正文中分开,排列在卷末的正文异稿之中。

以上,我们根据 *MEGA1* 编者的说明对阿多拉茨基版的编辑原则进行了分析。对于旧 *MEGA* 的这种编辑方针,我们不禁抱有这样的疑问:他们将此"Ⅰ.费尔巴哈"章规定为"未完稿",将之剪切得七零八碎,然后基于编者任意选择的标题随心所欲地进行排列的做法是否妥当呢? 我们通过对手稿进行分析,确认了的标题只有上述标题中的"Ⅰ.费尔巴哈"和"A.一般意识形态,特别是德意志的"这两个,即便最大限度地将其范围加以扩大,也只能到〔B〕节的"〔2〕国家和法同所有制的关系"。因此,不就原则做任何具体的提示,就从见于基底稿的 20 多处边注的个别单词以及此短句中取舍选择标题,更有甚者,基于这些标题将手稿的文本剪切得七零八碎,这种做法不论在何种意义上都可以说远远背离了他们所主张的"以马克思和恩格斯在 1846 年 7 月,出版计划失败之前所计划的形态进行复原"的编辑原则。

我们在对旧 *MEGA* 的文本进行验证的过程中,不禁对编者的大胆表示惊叹。页码顺序的变更自不待言,就连同一段落的文章也在没有具体说明的情况下也被分割开来,排列到其他标题之下。代表旧 *MEGA* 编者之大胆的典型例子有该书第 26—39 页中 A 节的"〔2〕关于意识的生产"。*MEGA1* 的编者首先将草稿的第 21 页(纸张 9-b)右栏的边注"关于意识的生产"采用为标题,然后将写有"F"以及"Feuerbach"的边注部分的文本汇集在这个标题之下。换言之,他们将"F"以及"Feuerbach"这样的边注能够体现的其他可能性,即修改、改稿以及手稿的残留可能性完全加以排除,而完全把它视为编辑上的指示,而且确信它与"意识的生产"这一主题具有关联。看一看这一项的文本,我们得再一次佩服他们的大胆。阿多拉茨基版的文本从上述标题开始的段落(纸张 9-b/S.21 的中间)起,一直持续到基底稿的第一束(纸张 6

---

① *MEGA1* Ⅰ/5,第 563 页。

至 11－b)结束的 S. 28(从 S. 22 中间到 S. 23 没有说明具体理由就跳过
去了)①,然后再次连接这一束最初页的 S. 8(纸张 6－a)。问题是这一
基底稿前头的纸张 6－a 的开头部分"〔……〕实际上"是接着佚失的前
页(S. 7?)写的不完整句,因此将之与 S. 28 最后的文章,即"如果他们
的'存在'"相连接,就成了"如果他们的'存在'〔……〕实际上"。面对这
种无与伦比的想象力,我们只能对其大胆与肆意性表示惊叹。② 接下
来,这一项的文本持续到 S. 8、9、10,碰到 S. 11 的边注"历史",跳过 S.
11—19,与 S. 20 连接,持续到此条目开始的 S. 21 的中间部分,然后又
与基底稿的第二束(纸张 20—21,即 H 注)的 S. 30—35 相连接,然后结
束此部分。

可以说这种对文本的肆意剪贴在其他条目也不例外,A 节的"〔1〕
历史"便是一例。如前所叙,"历史"这部分从 S. 11(纸张 6－e)开始,一
直持续到左右两栏的手稿撰写状态比较复杂的 S. 18、19,在 S. 19 的上
述两处笔记,即"到现在为止……另一方面,是人改造人"和"国家的起
源和国家同市民社会的关系"的前面中断,异想天开地将 S. 68 的第二
段落(在有"国家和法同所有制的关系"这一标题的段落之前)与之连
接,"历史"这一条目到此结束。③ 但是,此"Ⅰ. 费尔巴哈"章末尾被视
为笔记的文本(纸张 92－a/S. 72 和 92－b)并不是收录在《德意志意识
形态》的正文中,而是以"关于费尔巴哈"为题收录在附录当中(MEGA1
Ⅰ/5,第 536—537)。

尽管 MEGA1 的《德意志意识形态》"Ⅰ. 费尔巴哈"章在编辑上存

---

① 这个部分被独立地排列在〔B〕的〔3. 自然产生的和由文明创造的生产工具与
所有制形式〕。MEGA1 Ⅰ/5,第 59—60 页。

② 请参见 MEGA1 Ⅰ/5 第 32 页的注释。特别是 MEGA1 编者的旺盛的想象力
因为巴纳 1962 年发现了 3 张草稿的残页(其中,1 张被视为相当于纸张 11—cd 的部
分,包括 S. 29),其虚构性暴露无遗。巴纳:《马克斯恩格斯的〈德意志意识形态〉》,《社
会历史国际评论》第 7 卷(1962 年),第 93—104 页。S. 29 的文本刊载在 Ibid 的第 96
页。

③ 请参见:MEGA1 Ⅰ/5,第 17—26 页;MEGA2 试行版,第 51—61、113、439—
448 页。

在上述问题,但进入 1960 年代以来,在斯大林时代的马克思、恩格斯研究所,直到对斯大林个人崇拜所带来的影响进行正式清算为止,它一直没有受到过什么挑战。但是,梁赞诺夫被清除出去之后的马克思、恩格斯研究所,也就是阿多拉茨基时代的该研究所成为与"社会民主主义进行对决的研究所",其性质发生了转变,这个时代的研究所的研究成果因为其在政治上的偏见而受到批判,特别是就《德意志意识形态》而言,1964 年巴加图利亚通过"马克思主义史上的《德意志意识形态》之地位"这篇论文,表明"现行各种版本的费尔巴哈章的素材排列并不令人满意。《德意志意识形态》中的这一重要章节有必要重新刊行"。至此,《德意志意识形态》"Ⅰ.费尔巴哈"章的重现建构问题再次成为新的讨论对象而凸现出来了。①

事实上,阿多拉茨基版的"Ⅰ.费尔巴哈"章与梁赞诺夫版相比,尽管也得到了"将遗稿的内容首尾一贯地进行编辑,其内容变得比较容易理解"这样的评价,但是它对手稿本身的肆意编辑,即上述长处根本就无法抵补无视草稿原来的构成这样的短处。另外,正如我们在前面简单地叙述过的那样,1962 年巴纳发现了 3 张草稿的残页,这样,草稿的重新建构作为紧急课题被提出来了。

三、巴加图利亚版

进入 1960 年代之后,由苏联共产党中央委员会所管辖的马克思列宁主义研究所的马克思、恩格斯著作部的巴加图利亚正式就阿多拉茨基时代的马克思列宁主义研究所的 *MEGA1* 的编辑,特别是《德意志意识形态》"Ⅰ.费尔巴哈"章②的重新建构问题(以下简称巴版)。也就是说,他明确指出 *MEGA1* 的"Ⅰ.费尔巴哈"的构成与草稿不同,具有"由于改变了结构,研究和论述的内在逻辑被破坏了,存在着的关联性中

---

① 请参见服部文男的前引书,第 293—294 页。
② 巴加图利亚将由 2 卷(Band)构成的《德意志意识形态》再次分为章(Kapitel)、节(Abschitt)。

断,变得不自然,而且有时还编辑成毫无根据的文本。再加上编者选择的标题与草稿的构造和内容不一致"这样的缺陷。① 事实上,*MEGA1*为了与 1926 年发行的梁赞诺夫版进行对抗,基于奠定马克思、恩格斯著作编辑的新纪元这样大胆的设想,重新对"Ⅰ.费尔巴哈"章进行了脱胎换骨②的编辑。但其肆意性和不正确性在进入 1960 年代以后,遭到了来自苏联学者的正面批判。而且,这种来自苏联内部的批判因为在此时期巴纳在 IISG 发现了《德意志意识形态》的 3 张残页而获得了合理性。

正是在此意义上,发表在 1965 年的《哲学的诸问题》杂志上的巴加图利亚的论文《马克思、恩格斯的〈德意志意识形态〉,第 1 卷第 1 章草稿的构造与内容》以及这一章的文本具有重要的意义。③ 文本很快于翌年即 1966 年以题为《马克思、恩格斯,〈费尔巴哈——唯物主义观点和唯心主义观点的对立〉》(莫斯科,1966 年)的单行本发行。特别是此文本的编者巴加图利亚在该书的序言中明确指出:"1932 年的莫斯科研究所版(指阿版)所尝试的文本置换,即便是在为了获得置换的合理性而进行过慎重探讨,对手稿内容进行过深入研究基础上的所谓必然的内容,也都缺乏充分的根据",对自身版本的客观信赖性进行了自我夸耀。我们接下来将要具体探讨的刊登在《德国哲学杂志》上的"Ⅰ.费尔巴哈"章的文本正是以此巴加图利亚的俄文版为底本的。④

巴加图利亚版认为"Ⅰ.费尔巴哈"章的草稿是由在彼此不同时期撰写的五个部分构成的。首先,巴加图利亚版将因为草稿的佚失而不连续的有恩格斯标注的纸张号码与马克思标注的页码的基底稿分为以

---

① 花崎皋平译巴加图利亚版《德意志意识形态》(合同出版,1966 年),第 193 页。

② 这是借用了广松教授的表述,请参见广松涉前引论文。对于广松版,将在Ⅲ-5 进行具体论述。

③ 论文发表于 *Voprosy filosofit* 第 10 期(1965 年)的第 108—118 页,文本登载在第 10 期的第 79—107 页,以及第 11 期的 111—137 页。

④ 《〈德意志意识形态〉,第 1 卷第 1 章新版·前言》,《德国哲学杂志》14,第 10 册(1966 年),第 1198 页。

下三个部分:(ⅰ)纸张 6—11(S. 8—28,即 G 组),(ⅱ)纸张 20—21(S. 30—34,即 H 组),(ⅲ)纸张 84—92(S. 40—72,即 i 组)。第一部分由包括巴纳 1926 年在 IISG 发现的 3 张残页中的 2 张纸(1 张有页码 S. 1、2,另外 1 张的背面没有页码,只是正面写有"29")在内的 6 张纸和 1 张残页构成,马克思和恩格斯在此部分主要对布鲁诺·鲍威尔的见解进行了驳斥。这个部分的内容在经过一些删除后,原原本本地,或者是经过部分修改后,被移到了"Ⅱ.圣布鲁诺"章中。第二部分由形成"Ⅲ. 圣麦克斯"章的"教阶制"部分的 2 张纸构成,其中被删除的部分由魏德迈誊写后,被编入Ⅲ章中。另一方面,第三部分也被推断为与Ⅲ章的"作为市民社会的社会"与"叛乱(Die Empörung)"相连接而撰写的内容。因此,巴加图利亚版判断在此基底稿的草稿中,由马克思标注了页码的 S. 3—7 和 S. 36—39 佚失了。另外,由恩格斯和伯恩斯坦标注了纸张号码的草稿的前面部分(Ⅱ项中的 A、B、C、D、E 部分)由 2 张草稿和 1 纸誊清稿的 2 部分异稿构成,也就是说,第一异稿(5 页都撰写了)包括绪论部分和"Ⅰ.一般意识形态,特别是德国哲学"这一节,但在这里大部分原稿都被删除了,(Ⅱ项中的 A 部分〔1?〕〔2?〕),第二部分包括将当初的异稿的修正部分原原本本誊写下来的誊清稿(B 的〔1〕)和"A.一般意识形态,特别是德意志的"这一节(C 组的〔2〕),以及恩格斯在新张纸上新撰写的两个文本(D 组的 3、4 和 E 组的 5)。巴加图利亚根据以上关于草稿的说明,将前面部分的草稿编为第 1 节,然后将基底稿的三个部分一次编为第 2、3、4 节,将纸张 92‐a(S. 72)的下段和 92‐b 中的笔记排在最后,以此结束"Ⅰ.费尔巴哈"章。①

换言之,巴加图利亚版首先在第 1 节的开头排列绪论部分的誊清稿,接下来排列"A.一般意识形态,特别是德意志的"(纸张〔2〕)、"1.一般意识形态,特别是德国哲学"(纸张〔1?〕c‐d),然后依次接排具有独立内容的纸张 3、〔4〕、5。如此看来,巴加图利亚版结果是对忠实于草

_____

① 请参见 Ibid.,pp. 1251‐1254,Anm. 2,4,23 & 29,p. 1198.

稿基本顺序的梁赞诺夫版的回归。当然,两者之间并不是没有差异,例
如:巴加图利亚版与使用删除了开头绪论部分异稿的梁赞诺夫版不同,
用的是誊清稿;纸张 3、〔4〕也不像梁赞诺夫版那样是排在最后,而是按
照纸张的顺序排列。在文本的排列上,两者之间也没有原则性的差异。
但是,在活字化的时候,巴加图利亚版比梁赞诺夫版做得更加细致。而
且,巴加图利亚版尽管还处于初步阶段,但在不改变版式的情况下通过
将右栏的边注以及插入部分在正文的下段以及注释中来表示,另外也
非常关注马克思和恩格斯标注的页码以及纸张号码,以此来再现草稿
的原形。

进入 1970 年代以后,巴加图利亚版"Ⅰ.费尔巴哈"章的文本排列
被广为接受。已刊行的德文普及版《德意志意识形态》与《马克思列宁
主义丛书》第 29 卷(1953 年)以及作为普及版的 *MEW* 第 3 卷基本上
使用的是 *MEGA1* 阿版,但是从 1970 年出版的《马克思、恩格斯六卷选
集》起,开始依据巴加图利亚的文本排列(*Ibid/*,Band Ⅰ,pp. 201 –
277),编入 1971 年出版的《马克思列宁主义小册子》系列中的《费尔巴
哈——唯物主义世界观与唯心主义世界观的对立》(《德意志意识形态》
第 1 部第 1 章)也是依据了巴加图利亚编辑的文本。因此,考虑到以上
情况,尽管 *MEW* 作为唯一的德文版全集依旧具有权威性,但从上述
《马克思、恩格斯六卷选集》以及小册子系列的性质来看,1970 年代以
后的巴加图利亚版的普及程度还是相当高的。① 另外,1964 年,由苏联
的外语出版社——进步出版社出版的英文版《德意志意识形态》也从第
三版(1972 年)起,其"Ⅰ.费尔巴哈"章的文本排列开始依据巴加图利

---

① 　关于 1970 年代以后的依据巴加图利亚版的德文版《德意志意识形态》"Ⅰ.费
尔巴哈"章的出版情况,是在本稿被翻译成日文的过程中根据服部文男教授的指点而
补充的。借此机会向提供各种学术信息,不吝指教的服部文男教授表示衷心的感谢。

亚版。这样,巴加图利亚版获得了很高的普遍性。①

四、*MEGA2* 试行版

可以说,1972 年出版的 *MEGA2* 试行版中所收录的《德意志意识形态》的"Ⅰ.费尔巴哈"章②在马克思、恩格斯草稿研究史上具有划时代意义。这是因为以往版本在将草稿活字化的时候,主要关注的不是草稿的状态,而是文本自身的完美性,因此大部分版本的文本要不尽力缓和草稿的未完成状态以及粗糙性,要不极力强调草稿的完美性。我们认为见于收录在旧 *MEGA* 中的阿多拉茨基版的对草稿的肆意分割、连接、结合最终是由试图将之重新建构为具有某种一贯性主题的文章这一编者的意图先行所造成的。从这一点来看,从再现草稿状态这一基本立场出发来尝试将文本活字化的 *MEGA2* 试行版值得关注。

MEGA2 试行版以 1920 年代和 30 年代的 *MEGA1*、1955 年以后的第二俄文版全集以及在此基础上刊行的 *MEGA2* 为基础,自我定位为"为多样化学术领域的国际性研究提供作为原典的全面根据的,构成已成为所有样式和语种的马克思、恩格斯的出版物的最为准确的文献基础的历史性、批判性全集"。③ 也就是说,*MEGA2* 试行版采取的原则是:不是将所有的著作按照出版的年代,而是根据撰写的年代顺序来排列,另外撰写时期跨度大的著作则通过对其形成史进行分析,根据时期的前后来刊登文本。与此同时,*MEGA2* 试行版还以能对各草稿的发展过程一目了然地进行把握作为刊载的前提,《德意志意识形态》

---

① 1964 年初版的进步出版社版《德意志意识形态》基本上是依据 *MEW*,Bd. 3 (1958)翻译成英文的(其中包括巴纳 1962 年发现的 3 张草稿残页)。第二版于 1968 年,上述第三版于 1972 年出版。1976 年出版的现行进步出版社版《德意志意识形态》是第三版的部分修正版。另外,1976 年出版的英文版全集的第 5 卷,也与上述进步出版社版相同。巴加图利亚版于 1966 年很快就被翻译成日文出版(花崎皋平译,合同出版社,1966 年)。

② *MEGA2* 试行版的章节区分为卷、编、章(Band, Kapitel, Abschnitt)。

③ *MEGA2* 试行版,第 39 页(Probeband, p. 39 *.)。

"Ⅰ.费尔巴哈"章便是作为涵盖草稿论述所提出的所有普遍问题的代表性事例之一而被提起的。①

收录于 MEGA2 试行版的"Ⅰ.费尔巴哈"章最值得另眼相看的是其刊载形式。也就是说,此试行版与以往的任何版本不同,按手稿将正文排列在分为左右两栏的各面的左栏,右栏则将草稿中出现的修正、插入、边注等排列、刊登在手稿所标注的位置。另外,对于修改过程过于复杂,编入正文中有碍于正文之行文的正文的异稿以及多层修改部分,则通过卷末的"异稿详情"来进行补充。特别是卷末的"异稿详情"用简明的图表表示了从最初的草案到最后被编纂的文本的文章以及用语、单词的修改变化过程,而且对马克斯、恩格斯两人的笔迹进行了区分②。

另外,除了上述文本的编排方式,我们还必须通过 MEGA2 试行版对文本的分节与排列顺序进行探讨。试行版认为:由于"Ⅰ.费尔巴哈"基本上是未完稿,所以与其说它在整体上具有一贯性,还不如说通过随处可见的边注、指示、空白等可以看出它带有草案以及片段的色彩。因此,此试行版的编者基于草稿的内容以及撰写的方式,将"Ⅰ.费尔巴哈"分为 7 个部分。也就是说,后半部分的 3 个分节与巴加图利亚版相同,将恩格斯的纸张号码与马克思的页码连续着的部分以号码中断处为界限分为 3 个部分(即 G、H、I 组)。而由 6 张纸张和 1 张片段构成的前半部分草稿的排列则与不同于其他版本。其排列顺序是:(1) 纸张 2("A.一般意识形态,特别是德意志的",即 C 组);(2) 纸张〔1?〕

---

① 关于与 MEGA 的刊行相关的准备情况、事业计划、编辑构成、编辑方针等,请参照以下资料:(1)MEGA2 试行版,第 5—68 页;(2)郑文吉《追随者的时代》,第 192—194 页;(3)郑文吉前引论文,第 1210—1213 页。

② M. A. 菲对《1844 年经济学哲学手稿》的解释,可以说代表了这种草稿编纂的实用性、新的学术解释的可能性。也就是说,她通过对该书的第 1 草稿的 3 栏排列式的文本解读,将以往作为黑格尔式的马克思来解释的 1844 年重新解释为斯密式的马克思(M. A. 费:《马克思的〈1844 年手稿〉》;菲:《亚当·斯密对马克思异化论的影响》)。

〔2?〕〔1〕("Ⅰ.费尔巴哈   正如德意志意识形态家们所……",即 A、B 组)①;(3) 纸张 3 和〔4〕(即 D 组);(4) 纸张 5(即 E 组)。

但是,此试行版的编者认为上述文本排列顺序与撰写顺序未必是一致的。据他们所言,"Ⅰ.费尔巴哈"的纸张 6—92 的撰写先于前面部分的残页以及誊清稿。也就是说,第 5 部分的纸张 6—11(S. 1—2,8—29。此处包括巴纳 1962 年发现的 2 张残页,即 F1、G、F2 组)是马克思、恩格斯与鲍威尔的论文《路德维希·费尔巴哈的特性描写》展开争论的部分,构成争论对象的是鲍威尔对费尔巴哈的《基督教的本质》与"将来的哲学根本问题"进行批判的文章《费尔巴哈的宗教》和《费尔巴哈的唯物主义》;②而第 6 部分的纸张 20—21(S. 30—35,即 H 组)是在"圣麦克斯"章的"教阶制"的推敲过程中移至"Ⅰ.费尔巴哈"的;而第 7 部分则是作为"圣麦克斯"章的"作为市民社会的社会"的一部分开始撰写,在撰写过程中,或者是在撰写之后,被移到了"Ⅰ.费尔巴哈"章之中。

另一方面,此试行版认为这一章前面的部分,至少是在后半部分的 5、6、7(即 G、H、I 组),即大束手稿从其他章移至"Ⅰ.费尔巴哈"章之后撰写的。可是,我们注意到:此试行版的编者以两张草稿(〔1〕和〔1?〕)都是以"Ⅰ.费尔巴哈"开头为由,将第 1 部分和第 2 部分判断为完全相同一章的绪论,由于他们认为第 1 部分即"一般意识形态,特别是德意志的"是先撰写的,根据 *MEGA2* 的编纂原则,将此部分排在前面,这一点显然与其他版本有所不同。另外,此试行版还推断:从马克思、恩格斯的特性以及撰写方式来看,阐述分工和所有制形态的第 3 部分(纸张

---

① 在此,〔1?〕- ab 的被删除的部分刊载在资料篇的"异稿详情"之中,只有〔1〕的誊清稿收录在正文之中。*MEGA2* 试行版,第 36—37 页,419—425 页。

② 此部分在对黑格尔之后的历史观所具有的唯心主义特征进行批判的同时,还第一次对唯物主义的历史观进行了含蓄、简洁的说明。在 *MEGA1/5* 的准备过程中,陶伯特对撰写日期和动机进行了慎重的探讨。陶伯特《关于〈费尔巴哈〉手稿的形成历史及其归入 *MEGA2* 的 1/5 卷的问题》,《马克思、恩格斯研究论文集》26(1989),第 101—109 页。

3 和〔4〕)①和在阐明社会意识从属于社会存在的同时，表明他们的研究以及论述方法与唯心主义的观察方法相对立的第 4 部分(纸张 5)是连续撰写的。

以上我们对 *MEGA2* 试行版的文本编纂进行了分析。此版本最值得另眼相看的是其刊载形式，这一点在前文中已经提到。此试行版在文本排列方面，仅将"Ⅰ. 费尔巴哈"章的绪论按撰写的先后顺序排列，这一点与其他版本有所不同，但在整体的顺序上，与巴加图利亚版未必有什么不同。尽管如此，我们之所以对此试行版作为批判全集的价值给予评价，是因为通过这样的试行版的编纂，通过对这种编纂的长处和短处进行学术批判和讨论，当其成果落实到 *MEGA2* Ⅰ/5 中的时候，马克思思想的暴风般形成期的全貌会更加清晰地显现出来。但是，众所周知，包括 *MEGA2* Ⅰ/5 在内的出版事业因为最近的东欧形势而不得不搁浅。②

五、广松版③

1974 年出版的广松版，正如日本的马克思主义研究除了极个别例外一般都鲜为人知一样，广松版也是因为语言的障碍而不太为国际马

---

　　①　此部分关于分工与所有制形态的论述没有结束。编者基于第 2 纸张的〔4〕- b 的一部分和〔4〕- cd 是以空白状态保留下来的这一事实，推测马克思、恩格斯打算紧接着继续展开关于以上主题的论述。

　　②　另外，据社会史国际研究所的洛央博士(Jurgen Rojahn)博士、马克思研究所培尔加所长(Hans Pelgar)博士 1990 年 10 月 5 日致笔者的来信说，计划在今年或明年出版的 *MEGA2* Ⅰ/5 因为最近的东欧形势而遭到挫折，根据新成立的"马克思、恩格斯基金(IMES)"的决议，将在由特里尔的"马克思研究所"主管下于 1994 年行。

　　③　承蒙在东北大学服部文男名誉教授和宫城学院大学黑泷正昭教授的帮助，笔者最近接触到了此广松版。笔者之所以在此特别提到这一点，是因为尽管在日本虽然已经有几种《德意志意识形态》的译本，但鹿儿岛大学的涩谷正、桥本直树两位副教授仍在服部教授的指导下，基于关于"Ⅰ. 费尔巴哈"章的最新研究成果正在着手重新翻译。在此，要特别感谢及时将广松版寄给笔者的黑泷正昭教授的友情。

克思学界所知晓的一个版本。① 但是,此广松版作为显示日本的马克思研究的客观水准的成果,与我们前面所探讨的得到了国家巨大支持的马克思、恩格斯研究的大本营苏联和东德的马恩列研究所拥有机构背景不同,其工作是在个人层面上进行的。这一点值得关注。

此广松版的基本构想基于发表于 1965 年的广松自身的论文《〈德意志意识形态〉在编辑上的问题》。② 广松在此论文发表十年之后,对巴加图利亚版和 *MEGA2* 试行版进行详尽的比较、分析,于 1974 年将之作为单行本出版。让我们以该书的编者序言以及上述论文为参考,对广松版的编辑原则进行具体的探讨吧。

广松提出重新建构《德意志意识形态》"Ⅰ.费尔巴哈"章③问题的大前提,可以从他在上述论文开头发表的"现行版《德意志意识形态》事实上等于伪书"这一爆炸性宣言中看得非常清楚。他指出现行的各种版本都是以斯大林时代的阿多拉茨基版为底本,《德意志意识形态》的第 1 章基本上是未完成稿,他认为如果不恰当地评价恩格斯所承担的部分,那么基于《德意志意识形态》的所有对马克思的解释和批判都会从根本上被推翻。④ 鉴于既存的阿多拉茨基版和梁赞诺夫版收录了"Ⅰ.费尔巴哈"章的所有信息,广松以之为素材来复原草稿的初始状态,对现行各种版本的底本阿多拉茨基版在编辑上的肆意性进行了批判。也就是说,他对梁赞诺夫版和阿多拉茨基版在所有原草稿都是未

---

① 这一事实从在对 1982 年当时的马克思、恩格斯著作的版本进行介绍、整理的安德烈阿(Bert Andréas)的目录中没有被提及,详细报告了 1977 年以来的 *MEGA22* 准备工作的《马克思恩格斯年鉴》(截至 1988 年,已刊行 11 卷)以及《克思恩格斯研究论文集》(截至 1988 年,已刊行 27 卷)。安德烈阿:《卡尔·马克思、弗里德里希·恩格斯〈德国古典哲学的终结〉参考文献》,《马克思、恩格斯故居文稿》28(特里尔 1983)。

② 广松涉:《〈德意志意识形态〉在编辑上的问题》,《唯物论研究》第 21 号,第 104—130 页,1965 年。

③ 广松版的章节构成是按卷(Band)、篇(Abschnitt)、章(Kapitel)的顺序来进行的。因此,由 2 卷构成的《德意志意识形态》的第 1 篇为"Ⅰ. 费尔巴哈",序章为"A. 一般意识形态……"。

④ 广松涉前引论文,第 104 页。

定型稿这一前提下，前者尝试对素材进行单纯的介绍，后者将素材进行脱胎换骨的重新建构的做法进行了批判，主张这些问题"源于未能洞察到原稿的有机内部构成"。① 那么，让我们来看一看其着眼于草稿本身的有机关联的编辑方案的大纲吧。

1974 年的广松版的编辑原则基本上是着眼于马克思在草稿的修改过程中标注的页码。也就是说，广松在将"Ⅰ.费尔巴哈"章的所有草稿按页码顺序排列之后（马克思只在大束手稿的纸张第 6—92 页的 17 纸张中标注了页码），再适当地在这些页中排列小束的改订誊清稿。广松的这种基本编辑原则是基于广松自身对草稿的几种基本假设。第一，相当于基底稿的大束手稿 6—92 是在还没有分出Ⅰ、Ⅱ、Ⅲ章之前撰写的，也许是因为分出Ⅰ章而被移动，或者是在修改、展开Ⅰ章的过程中用竖线删除，也有的被移至Ⅱ、Ⅲ章，广松也没有排除最终缺损的纸张（纸张 1—5，12—19，22—83）被转用到其他章节的可能性。因此，他的这种前提立刻就可以变为别的推断。也就是说，就大束的基底稿而言，他认为恩格斯标注的纸张号码的缺损部分不是原稿本身的佚失，马克思标注的页码的缺损（S. 1—7，29，36—39），也许是因为 S. 1—6（或者是 S. 1—7）和 S. 36—39 原本就没有，也很有可能存在于小束的誊清稿中，因此只有 S. 29 是佚失了。限于小束的誊清稿而言，他判断不存在达到需要用"缺损"一词来表示程度的佚失。② 因此，可以说认为原草稿基本上不存在佚失的这一基本假设，与 1920 年代的梁赞诺夫的前提是相同的。③

因此，他的文本编纂当然是以马克思标注在属于基底稿的大束手稿上的页码为基础，将上述小束手稿的 7 个张纸的誊清稿排列在相应

---

① 广松涉前引论文，第 105—106 页。
② 同上，第 108—109 页。
③ 请参见本稿Ⅲ-1。

页中,在此这些誊清稿的撰写时期①以及内容成为考虑的对象。也就是说,由纸张 6—11、20—21、84—92 这么 3 个部分构成的大束的基底稿虽然在推敲过程中被删除、修正、增补过了,但仅靠这 3 个部分,Ⅰ章还不足以构成有机的整体。因此,不可避免地要撰写新稿并对之进行修改,他认为小束的誊清稿就是在这种情况下被使用的。② 因此,广松为了将这些誊清稿进行适当的排列,尝试对这些草稿的论述内容进行了分析。

广松首先判断:纸张 6—11(S. 8—29)的基底稿的第 1 部分正如在前文中所提到的那样,是在第Ⅰ部 3 章构成定下来之前撰写的,对费尔巴哈、鲍威尔、施蒂纳的批判混杂在一起,不能全部将之移至Ⅰ、Ⅱ、Ⅲ的任何一章之中。可以说,此部分草稿中出现的"F"、"Feuerbach"以及"Bauer"等右栏的边注表明了这个部分具有怎样的特性。(话虽如此,并不是缺乏有机的统一性。)但是,问题是此部分缺前半的 7 页,那么认为基本上不存在佚失的广松对此如此解释呢? 在此,广松注意到马克思给此部分最初的纸张 6 标注的页码由原来的〈6b〉、〈6c〉、〈6d〉、〈6e〉被改为 S. 8、9、10、11 这一事实,认为佚失的纸张 5 的 d 面很有可能是〈6a〉,从而推断马克思标注的页码是从〈6a〉=S. 7 开始的。他认为佚失的部分只有 1 页左右,没有排除剩下的 S. 1—6 可以用新稿来补全的可能性。从结论来说,广松将小束的誊清稿的纸张〔2〕("一般意识形态,特别是德意志的")视为 A 节(广松将之视为 A 章)的序论,认为此序论与此部分一开始的纸张 6 的 S. 8、9、10 连接起来就完整了。换言之,誊清稿的纸张〔2〕的 4 页可以将被认为是佚失了的此部分缺损的 7 页补全③。而且,他认为接下来的 S. 11—29 在内容上是对历史唯物主

---

① 他认为在 7 张手稿中,〔1〕、〔2〕、3、〔4〕是誊清稿,〔1?〕- ab 是属于另外层次的草案,5 也是誊清稿,6 之后属于另外层次,〔1?〕- cd、〔2?〕- a 或许与 5 相同,或许与 6 之后同属大束手稿,尽力将之判断为独立的层次。请参见前引论文第 110—111 页。

② 前引论文,第 117—118 页。

③ 前引论文,第 120—121 页;河出书房广松版"编者序言"Ⅱ.2 以及Ⅱ5.3。

义的提示(S. 11—16)、展开(S. 17—23)、总括(S. 24—25)、得出的结论
(S. 25—29)。①

　　其次,广松将由纸张 20、21 构成的基底稿的第 2 部分(S. 30—35,
20 - a 和 21 - c 全部被删除)视为在章节构成确定之后,在撰写"Ⅲ. 圣
麦克斯"的过程中出现的"离题部分"。② 他根据纸张 20 - a 中被全文
删除的部分被誊写至连接Ⅲ章纸张 19 的纸张 20 前后的部分,认为Ⅲ
章纸张 20 前后的部分有可能是此基底稿的纸张 20 前后的原稿,或者
是插入的改订誊清稿。而且,他从编辑的角度来看待暗示此部分内容
的 S. 34 末尾的内容("要说明这种曾经在德国占统治地位的历史方法
以及主要占统治地位的原因,就必须从它与一切意识形态家的幻想,例
如,与法学家、政治家的幻想的联系出发,必须从这些家伙的独断和玄
想和曲解出发")就与第三部分的关系而言,可以定位为 B 节的绪论,
或者是向 B 节过渡的部分。另一方面,广松将基底稿的末尾(纸张 92 -
ab)的第 2 笔记(为什么意识形态理论家使一切本末倒置)与第二部分
连接起来,主张在此部分没有结束的论述以及接下来的课题在那里得
到了提示③。

　　最后,此基底稿的第三部分是纸张 84—92(S. 40—72),在纸张序
号上,此部分与第二部分缺从 22—83 的 62 纸张,而如果按照马克思标
注的页码,则只缺 S. 36—39 这么 4 页,缺损量只相当于 1 纸张。广松
认为此部分是在撰写"Ⅲ. 圣麦克斯"的过程中出现的"离题部分",在立
论和内容上与Ⅲ"章的纸张 82 是连续的,但与纸张 84—92 并不对应。
他认为缺损的 1 纸张的原稿,很有可能是改订新稿,将之推断为小束手

----

　　① 尽管广松主张当初的原稿不存在佚失,但他承认 S. 29 是佚失了,不过推断篇
幅不会太长。广松前引论文第 121—122 页。但是,1962 年由巴纳发现的 S. 29 中有
恩格斯撰写长篇文稿。请参见前引广松版的第 60—61 页,以及 MEGA2 试行版的第
463—464 页。
　　② 其根据是:写有见于基底稿第 1 部分中的"Bauer",没有指示篇章移动的边
注。请参见广松版"编者序言"Ⅱ. 3. 2. 1。
　　③ 广松前引论文,第 123—124 页。

稿的纸张 3 - abc 和〔4〕- ab(〔4〕- cd 为空白)这 6 页,并排列在第三部分的开头部分。① 就这样,广松根据出现在此部分末尾的第 3 笔记(92 - b)中的语句,将此部分为 3 项:

> 个人过去和现在始终是从自己出发的。他们的关系是他们的现实生活过程的关系。为什么会发生这样的情况? 他们的关系会相对于他们而独立以及他们的生命的各种力量会成为压倒他们的优势?
>
> 总之,分工,这一阶段依赖于当时生产力的发展。
>
> 土地所有制。公社所有制。封建的。现代的。
>
> 等级的所有制。手工工场的所有制。工业资本。②

也就是说,广松将从没有开头的 S. 40 至 S. 52 的中间部分与第 3 笔记连接在一起,在此对基于所有制形态的各个历史阶段的经济史内容、从 S. 52 中间到 S. 68 中间的关于由生产力和交往形态的矛盾所引起的历史冲突以及作为其解决方式的共产主义,即关于异化和回归进行了论述,上述笔记是对此论述的补充。接下来从 S. 68 的下半部分到 S. 72 的上半部分,写下的是以"国家和法同所有制的关系"为标题的文章。③

广松正是基于草稿本身的外观、组成及其在内容上的展开,采取了与我们在前文中探讨过的其他其他版本不同的独特的编辑方式。也就

---

① 广松版,第 vii、viii 页。

② 原文如下:

Die Individuen sind immer von sich ausgegangen, gehen immer von sich aus. Ihre Verhältnisse sind Verhältnisse ihres wirklichen Lebensprozesses. Woher kommt es, daß ihre Verhältnisse sich gegen sie verselbständigen? daß die Mächte ihres eignen Lebens übermächtig gegen sie werden?

Mit einem Wort: *die Teilung der Arbeit*, deren Stufe von der jedesmal entwickelten Produktivkraft abhängt.

Grundeigentum. Gemeindeeigentum. feudales. modernes.

Ständisches Eigentum. Manufactureigentum. industrielles Kapital.

③ 广松前引论文,第 125—126 页。

是说，广松版将正文排列在偶数页，将草案、异稿、边注排列在奇数页。其文本的排列顺序是：

将誊清稿纸张〔1〕作为第一章的绪论排列在，排列在第 1 章标题之后的偶数页中（〈ⅰ〉. 将其草案〔1?〕- abc 排列在奇数页）。接下来将〔2〕- abcd 作为 A 节的绪论排列，后面紧接着是大束手稿第一部分的纸张 6—11(S. 8—29)（〈ⅱ〉. 将纸张〔1?〕- cd、〔2?〕- a 作为与 S. 11—12，〈ⅲ〉. 将纸张 5 - abcd 作为与 S. 13—16 相对应的异稿），再接下来将大束手稿第二部分的纸张 20—21(S. 30—35)全部排列在偶数页。〈ⅳ〉. 然后将誊清稿的纸张 3、〔4〕和大束手稿第三部分的纸张 84—92(S. 40—72，包括最后的笔记)全部按顺序排列在偶数页。但是，在此我们必须加以注意的是，像〈ⅰ〉. 那样排列第Ⅰ章绪论的草稿还很自然，但像〈ⅱ〉.〈ⅲ〉. 那样，一方面将没有任何编辑指示的这两个部分的誊清稿视为正文的异稿，另一方面将巴纳在 1962 年发现的显然有马克思标注了 S. "1"、"2"页码的 1 张残页作为"定位不明"的内容，以附录的形式加以处理①，这样的编辑标准显然有些缺乏统一性。接下来我们觉得有疑问的是，像〈ⅳ〉. 那样，广松以文本论述的是历史上各种所有制形态为由，将这个部分排列在基底稿第三部分的最初部分(S. 40—52)的正文前面。② 可以说，这很容易成为基底稿第二部分与第三部分之间佚失的 S. 36—39 就是小束手稿的纸张 3、〔4〕(在誊清稿中，只有纸张 3、5 中有恩格斯标注的纸张号码)的改订新稿这种误解的基础。尽管广松在"编者序言"中没有排除其为"独立稿"的可能性，但因为在其文本方案中有"我们认为第 3、4 张手稿是'大束手稿'缺损部分即第[36]—[39]页(以及现存的第三部分的开头)的改订新稿，不妨将之排列在此处"这样的说法③。这使得我们的上述担心成为现实。

最后，有必要谈一下广松版的编辑问题本身。我们已经谈到，

---

① 广松版，《编辑序言》，第Ⅳ. 4. 1. 3 项。
② 广松版，《编辑序言》，第Ⅳ. 4. 2. 4. 2 项；广松前引论文，第 127—129 页。
③ 广松版，《编辑序言》，第Ⅳ. 4. 2. 4. 2 项；广松版，第 78 页的脚注。

MEGA2 试行版用双栏版式这一划期的方法对手稿进行了复原。从这一点来看,广松版迈出的步子更大,尝试着用双联页来再现文本的多样性。也就是说,将正文排列在偶数页,将草案、异稿、边注排列在与正文相对应的奇数页中,将被竖线以及横线删除的部分全部用小号字体复原,将马克思的修改、插入部分用粗题(bold体),将恩格斯的修改、插入部分用斜体(italic体)表示,在注释中对以往各种版本在判读上的差异进行说明,以此弥补未能直接验证手稿之不足。但遗憾的是,总括《德意志意识形态》"Ⅰ.费尔巴哈"章全部外延的广松版由于容纳了2—3的草案以及异稿,事实上并没有能够充分发挥双联页的优势。换言之,当初考虑将栏外的笔记风格的边注以及指示与手稿正文相对应的编者不是把那些内容标注在奇数页上,而是在边注中进行处理。①尽管如此,我们认为对于编者为了使手稿的内在构成一目了然而在排列方式上所做出的努力必须给予评价。

第三节 "Ⅰ.费尔巴哈"章的各种版本的综合分析

以上,我们主要对《德意志意识形态》"Ⅰ.费尔巴哈"章的草稿的现象形态和1920年代以来基于该草稿的各种版本在编辑上的差异进行了探讨。我们之所以从《德意志意识形态》"Ⅰ.费尔巴哈"章的文本编纂的角度进行探讨,是因为该著作,特别是其第1章是马克思和恩格斯的暴风般思想形成期的纪念碑性著作。特别是,"Ⅰ.费尔巴哈"章是显示他们两人摆脱黑格尔以来的德国的唯心主义历史观,奠定历史唯物主义的基础这一事实的文献史料,基于手稿对之进行正确的复原乃最为紧要的课题。但是正如我们在前文中所探讨过的那样,因为草稿本身是以未完成的形式遗留下来的,加上现存的草稿存在断裂与片段

---

① 广松版,《编辑序言》,第Ⅳ.4.2,Ⅳ.2.1,Ⅳ.2.4.4项。

性,很显然"Ⅰ.费尔巴哈"章的完全复原绝不是一件简单的事情。因此,笔者想在此澄清几个与手稿复原相关的几个问题,以为今后将进行的"Ⅰ.费尔巴哈"章的编辑提供一个基础。

第一,在"Ⅰ.费尔巴哈"章全面编辑中,最为关键的是现存手稿中是否存在佚失的问题。如前所述,梁赞诺夫、*MEGA1* 以及广松涉基本上认为原草稿不存在佚失,即便有佚失其数量也极少。因此,在文本的编辑上,前者对现存草稿的完全保存持肯定态度。与此相反,后者对草稿本身的不完全性表示认可,尽力来填补原草稿的空白(不管那是形式上的,还是内容上的),以回避这一点。但就前者的各种版本的编辑方针以及文本排列而言,如前所述,梁赞诺夫版将素材单方面地活字化,*MEGA1* 阿版则进行了脱胎换骨的重新建构,而后者的广松版则肆意地将以片段形式遗留下来的小束手稿(A、B、C、E、D 组)或视为正文,或视为草案、异稿。特别是广松版将 1962 年发现的 3 张残片中属于纸张 11-cd 的 1 页草稿(F2)收录于正文,而将标有页码"1"、"2"F1 收录于附录,相信原草稿被完整地保存下来了。因此,我们为了澄清"Ⅰ.费尔巴哈"章究竟是否被完整地保存下来了这个问题,有必要言及恩格斯去世后马克思、恩格斯遗稿的流转状况。

1883 年,马克思去世后,其遗稿和藏书由恩格斯整理,特别是马克思的遗稿被恩格斯利用于学术方面,我们可以从《路德维希·费尔巴哈与德国古典哲学的终结》的序言中看到恩格斯曾提及《德意志意识形态》的草稿。① 恩格斯去世后,他们两人的藏书被捐赠给德国社民党档案馆,马克思的遗稿捐被赠给其女儿杜西(Tussy),即爱琳娜·马克思,两人的往来书信被捐赠给倍倍尔(August Bebel)和伯恩斯坦。其中,我们特别关注的《德意志意识形态》由恩格斯捐赠给伯恩斯坦,为伯恩斯坦所拥有。该稿在 1924 年正式被捐赠给社民党档案馆之前,大体

---

① *MEW*,第 21 卷,第 264 页。

上经历了以下变迁,在学术上得到了利用。①

(1)首先,伯恩斯坦自身于 1899 年将该草稿的一部分发表在《新时报》和 1903—1904 年的《社会主义文献》上。

(2)马克思传记的作者,马克思、恩格斯、拉塞尔的遗稿的编纂者梅林(Franz Mehring)也将其中一部分用于《遗稿集》(1913 年)和《马克思传》(1918 年)。

(3)迈耶尔(Gusutav Mayer)为了撰写《恩格斯传》(1920 年),从伯恩斯坦那里借用了原稿。

(4)据说梁赞诺夫也在 1920 年代从伯恩斯坦那里借用了原稿。

我们从上述草稿的利用过程来看,至少就(2)、(3)、(4)而言,没有理由怀疑会佚失。那是因为当时的他们比起那个时代的任何人都充分认识到了草稿本身的重要性和历史感觉的敏锐性。因此,可以说问题出在(1)的伯恩斯坦身上。伯恩斯坦曾与考茨基一起跟晚年恩格斯学习马克思手迹的解读法,尽管他具有修正主义倾向,但从恩格斯那里接受过遗稿的赠送,可见他深得恩格斯的信赖。因此,他本身能比较自由地使用受赠的《德意志意识形态》手稿,前面所提到的在《新时代》和1903—1904 年的《社会主义文献》上部分发表手稿便是一例。可以推断,他在将草稿公开的过程中不可避免地会对原草稿进行改动或者是抽出其中特定的部分。例如:如今原草稿中可见的第三者的笔迹,除了社民党档案馆以及 IISG 的图书管理员的之外,便是伯恩斯坦的了;1962 年,由巴纳在 IISG 发现的由 3 张纸构成的草稿便是从盖有"国会议员伯恩斯坦之印刷物"之戳的档案袋中发现的。②

---

① 郑文吉:《社会史国际研究所和收藏品》,第 278—280 页;郑文吉:《通过编纂史来看〈德意志意识形态〉》,第 1172—78 页。梁赞诺夫:《马克思和恩格斯文献遗存》,第 206—209 页;迈耶尔:《回忆录——从新闻记者到德国工人运动的历史学家》(欧洲出版社,苏黎士 维也那 1949 年),第 206 页。

② S. 巴纳:《马克思和恩格斯的〈德意志意识形态〉——一些文本的补充》,第 93—94 页。

其次，我们还能从因为恩格斯的遗嘱而转让给马克思的女儿杜西的马克思遗稿的流转过程来找出原草稿佚失的可能性。恩格斯在他生前已经将马克思遗稿的相当部分整理分类，那些在他去世后赠予杜西。但是，杜西于 1898 年死于不幸，此遗稿再次转到了她妹妹劳拉手中。但是，劳拉也因为破产于 1911 年与丈夫一同自杀，遗稿的佚失也因此不可避免。[①] 我们之所以在这里特别提及赠与杜西的马克思的遗稿部分，是因为梁赞诺夫公开表明：马克思的《德意志意识形态》的序言是他在 1920 年代从劳拉那里得到的。[②] 我们一直认为《德意志意识形态》的草稿由伯恩斯坦完整地保管了，而序言的草稿是由梁赞诺夫所有，另外，其他部分（《莱比锡宗教会议》）1901 年就已经从伯恩斯坦保管的草稿中分离，转为由德国社民党档案馆保管。[③] 因此，不能排除《德意志意识形态》部分佚失的可能性。

基于上述事实，对认为原草稿得到完整的保存，因而排除佚失的可能性，而且基于这样的假定来编辑文本的危险性，我们必须特别加以警惕。

接下来要谈的是关于原草稿的排列问题。在大束手稿（纸张 6—11〈S. 8—29〉、20—21〈S. 30—35〉、84—92〈S. 40—72〉）中，恩格斯标注的纸张号码和马克思标注的页码虽然也不连贯，但按照序号排列不会有什么大碍。关键是应该如何排列包括纸张〔1?〕〔2?〕在内的从纸张〔1〕到纸张 5，以及 1 张片段的小束手稿。当然，前者并不是完全没有问题。也就是说，在被分为 3 个部分的大束手稿当中，i）第 1 部分（G组）纸张 6—11 从马克思标注的 S. 6 开始，而这一页的开头（〔……〕实际上……）是接着佚失的 7 页写下的。被推断为此第 1 部分的 7 页当中前 2 页（马克思标注的页码为 S. 1, 2；F1）1962 年被巴纳发现，因此巴加图利亚版和 *MEGA2* 试行版理所当然地将之理解为佚失的第 1 部

　　① 郑文吉：《社会史国际研究所和收藏品》，第 278—280 页；佐藤金三郎：《马克思遗稿的故事》（岩波书店，1989 年），第 181—194 页。

　　② 梁赞诺夫：《马克思和恩格斯文献遗存》，第 217 页。

　　③ Ibid., p. 208.

分的开头。(但广松没有接受这样的假定,而将 S.1,2 排列在附录之中。ⅱ)当初,大束手稿的第 1 部分(G 组:S.8—28)与第 2 部分(H 组:S.30—35)之间缺 S.29,这一页可以用 1962 年被巴纳发现、写有 S."29"页码的 1 张纸片(F2)来连接。ⅲ)大束手稿的第 2 部分(H 组)与第 3 部分(Ⅰ组)之间很显然缺 4 页(S.36—39)。因此,问题可以归结于:是应该将缺损的基底稿的前半部分(G 组的前半部分:S.1—7,或者说是将被发现的 S.1,2 除外的 S.3—7)以及相当于 1 纸张的 S.36—39保持原状,还是应该尽量用现存的小束手稿的片段来弥补,这既是基底稿的复原问题,也是关系到如何处理小束手稿的各个片段的问题。因此,我们暂且将此基底稿缺损部分的处理问题搁置起来,首先有必要对小束手稿的性质进行更加细致一点的探讨。

首先,在由 6 个纸张、1 张纸片构成的小束手稿当中,纸张〔1〕(Ⅰ.费尔巴哈 正如德意志意识形态家们所宣告的……)从层次上来说是最后撰写的誊清稿,纸张〔1?〕- ab 正是纸张〔1〕的草案。另一方面,纸张〔2〕的 abcd 与纸张〔1?〕- cd、〔2?〕- a 分别以"1.费尔巴哈 A.一般意识形态,特别是德意志的"和"1.一般意识形态,特别是德国哲学 A."的标题开头的。因为这两个标题有类似性,因此一般都认为是"Ⅰ.费尔巴哈"章 A 节的绪论,但在排列上顺序不一。例如,梁赞诺夫版、阿多拉茨基版、巴加图利亚版将这些按顺序排列(在阿版中,后者的标题除外),MEGA2 试行版基于按照草稿的撰写先后顺序的原则,将前者排列在被认为是整个第 1 章绪论的纸片〔1〕的前面。而广松版则认为后者要不是在撰写途中的剔除稿,从其内容以及论述的展开来看,要不是纸张 6 - d(S.11)、纸张 7 - a(S.12)改订异稿,将这些排列在相对应的奇数页中。① 而且,对于在内容上是连续的纸张 3、〔4〕,MEGA1、

---

① 广松以〔1?〕- cd 和〔2?〕- a 中完全看不到马克思的修改为根据,推断在撰写誊清稿〔1〕、〔2〕时改变了撰写计划,将此部分剔除了(旧 MEGA 也是如此。MEGA1 1/5,p.561)。但他又认为此部分的内容与纸张 6 - d(S.11)之后关于"历史"部分的论述相对应。参见广松前引论文第 118—119 页以及广松版《编者序言》第Ⅱ项。

MEGA2 试行版都接排在〔2〕之后，梁赞诺夫将之排列在正文的最后，广松版则排列在基底稿第 2 部分与第 3 部分不连续的 S. 36—39 的位置，而且是作为正文排列在偶数页。最后是关于小束手稿中的纸张 5 的排列。在巴纳发现草稿残片之前的梁赞诺夫版将之排列在基底稿的纸张 6 之前。*MEGA1* 将之排列在纸张〔4〕的后面，使纸张 5 的走向与〔4〕相反（这在结果上是相同的，但在逻辑上是相反的）。另一方面，在上述草稿残片 F1 被发现之后出现的巴加图利亚版以及 *MEGA2* 试行版将之排列在〔4〕与新发现的 F1 的 S. 1，2 之间。广松版将新发现的 F1 排列在附录中，而将纸张 5 作为与阐述"历史"的基底稿的纸张 7 - bcd(S. 13—15)和 8 - a(S. 16)相对应的异稿而接排在奇数页中的〔1?〕 - cd 和〔2?〕- a 之后。下面列出各版排列上述原草稿顺序的对照表，以供读者参考。（不过，因为 *MEGA1* 将草稿的顺序完全打乱，难以整理，在此省略 *MEGA1* 的排列顺序）

《德意志意识形态》"Ⅰ. 费尔巴哈"章各种版本的文本排列顺序

	梁版	*MEGA1*	巴版	*MEGA2* 试行版	广松版
〔1?〕- ab	Ⅰ	正文 异稿	部分 脚注	异稿 详情	Ⅰ - 1 *
〔1?〕- cd，〔2?〕- a	Ⅲ	Ⅲ	Ⅲ	Ⅲ	Ⅲ - 1 *
〔1〕	省略	Ⅰ	Ⅰ	Ⅱ	Ⅰ
〔2〕	Ⅱ	Ⅱ	Ⅱ	Ⅰ	Ⅱ
3，〔4〕	Ⅸ	Ⅳ	Ⅳ	Ⅳ	Ⅲ
5	Ⅳ	Ⅴ…	Ⅴ	Ⅴ	Ⅲ - 2 *
F1(S. 1，2)	/	/	Ⅵ	Ⅵ	附录
6—11，F2(S. 8—29)	Ⅴ	？	Ⅶ	Ⅶ	Ⅲ
20—21(S. 30—35)	Ⅵ	？	Ⅷ	Ⅷ	Ⅳ
84—92(S. 40—72)	Ⅶ	？	Ⅸ	Ⅸ	Ⅵ
最后的笔记	Ⅷ	附录	Ⅹ	Ⅹ	Ⅶ

* 在奇数页中作为草案或者改订异稿排列。

　　如上所述,各种版本在编辑上的差异基本上是围绕这 6 个纸张和 1 张残页的片段如何定位而产生的。因此我们可以确定:如何规定这些小束手稿的各个片段的性质,会给整个"Ⅰ.费尔巴哈"章的文本编辑带来决定性的影响。而且,对这些小束手稿各纸张性质的规定最终与编者对上述现存手稿是否存在佚失这个问题的判断密不可分。因此,正如 MEGA2 试行版的编者所表明的那样,《德意志意识形态》"Ⅰ.费尔巴哈"章的编辑是一项伴随与手稿本复原相关所有问题的极为困难的工作。因此可以说,今后有可能出现的各种版本最终也有可能是介入了编者的意图的编者自身的编辑原则的产物。因此,作为减少编者的主观立论基础的方法,我们不得不论及文本体例的问题。

　　我们在将手稿本的复原原则视为著者本来的撰写意图的再现时——现存原草稿中有编辑指示的情况另当别论,像本稿所探讨的"Ⅰ.费尔巴哈"章这样,那不是一件容易的事情。或许通过忠实地再现现存原草稿来为研究者开展研究提供素材,也可以成为重要的编辑原则。从这样的角度来看,MEGA2 Ⅰ/2 所展示的《1844 年手稿》第 1 草稿的第 1 再现部分具有重要意义。① 当然,我们并不认为一般普及版也必须跟上述《1844 年手稿》的第 1 再现部分一样,不过就《德意志意识形态》"Ⅰ.费尔巴哈"章而言,MEGA2 试行版以及广松版在编辑史上,可以说是划时代的里程碑。如前所述,MEGA2 试行版通过双栏版式体现了这种可能性,广松版以双联页版式将原草稿的整体发展过程一目了然地展现出来的做法也很有创意。但是,此两种版本之前者将异稿详情和删除部分排列在资料表中,难以一目了然地阅读;在后者中这种弱点得以消除,马克思与恩格斯的撰写部分用不同的字体明确地区分开来,很显然在体例上有所前进。但是,如前所述,广松版假定大束的基底稿是极少有佚失的完整的手稿,尝试以此为主轴来建构文本——将小束手稿要不视为弥补基底稿缺损部分的改订新稿,要不视

---

① 　*MEGA2* Ⅰ/2,pp. 187 - 247.

为异稿,或者是草案——可以说这样一来使得可以描绘手稿整体发展过程的奇数页的作用收到了决定性的限制。

结　论

马克思、恩格斯的遗稿《德意志意识形态》是显示在两人思想的暴风般形成期,他们如何与当时的主流黑格尔和黑格尔主义者的主观主义历史观进行交锋,并将之克服,树立独自的唯物主义历史观的具有重要意义的历史性文献。特别是,其中的第 1 部即第 1 章"费尔巴哈"比同书的其他任何手稿都集中表现了他们的立场,而其完成程度也不如其他部分。但是,尽管"费尔巴哈"章的完成程度不高,但是马克思与恩格斯共同撰写该著作的形态自不待言,即便只是一年左右这样有限的期间,但那期间包括了他们对手稿进行了补充、订正、修改的全过程,因此那是跟踪两人思想内在发展阶段的必不可少的资料之一。但是,因为该书的手稿——正如前文中说提到过的那样,包含着手稿本有可能出现的所有总括性的问题,因此其文本的出版伴随着极大的困难。本论文具体探讨了的梁赞诺夫版以来的各种版本所显示出来的多样化的文本编辑正是起源于手稿本其本身的复杂性。

笔者在本论文中对手稿的现象形态进行了叙述,基于这样手稿,在比较、探讨各种版本的文本的过程中,逐一列举了它们的长处、短处以及功罪。按顺序,接下来应该是提示笔者的新编辑方案。而且,在当初东德和原苏联的马克思列宁主义研究所动员庞大的人力和物力长期准备,计划今年或明年出版的 MEGA2 Ⅰ/5(《德意志意识形态》)不知要延期至何时的情况下,应该对甚至被称为伪书的现行各种版本(指基于 MEGA1 以及 MEW 的各种版本)表明笔者的见解,并提出相应的编辑方针。但是,考虑到方案本身的重要性,不便贸然提出。当然,在表述笔者见解和立场的本稿的展开过程中,这个问题已经比较明确地提出来了。笔者想指出《德意志意识形态》"Ⅰ.费尔巴哈"章的编辑至少要考虑的两个基本原则，来概括全文。

首先，就文本的排列而言，笔者认为应该依照原草稿当初的排列形态。我们并不否认基底稿的纸张 6—92(S. 1—2,8—29,30—35,40—72)的有机关联性以及残余的小束手稿的片段性。但是，如果我们刻意追求基底稿的有机关联性时，会像广松版那样，在结果上不得不使得没有任何编辑指示的小束手稿的片段从属于基底稿。我们认为，在广松版中，即便各个片段被定位于基底稿之中，如果必要的话，其片段性还可以得到保证。然而，如此对草稿片段进行肆意的定位，即便是基于在内容上的展开，我们也不得不质疑道：那与完全提出同样原则的 *MEGA1* 的肆意性又有什么区别呢？因此，笔者认为：只要对"Ⅰ.费尔巴哈"章是未完稿这一事实不加怀疑，那么忠于由马克思、恩格斯撰写，转至伯恩斯坦之手的原草稿的顺序——阿多拉茨基版的图表中对此有明确的说明①——与我们赋予《德意志意识形态》以学术意义的意图也是一致的。当然，在将这些原则加以运用的时候，会遇到如何排列根据标题和内容而被称为绪论或节的开头，其顺序比较明了的纸张〔1〕、〔2〕和〔1?〕〔2?〕，特别是〔1?〕- cd、〔2?〕- a 这一非常棘手的问题。不过，考虑到〔1?〕〔2?〕所具有的作为草案的特性，使〔1〕、〔2〕成为正文的话，不会有太大的问题。

其次，笔者关注的编辑体例的问题。对此，笔者在正文的论述中已经明确提及了。至少，就"Ⅰ.费尔巴哈"章而言，笔者希望能充分发挥两栏(或者是双联页)版式的优势。这是因为，这种编辑体例不仅能使难以接触到原草稿的研究人员对草稿的状态能有充分的认识，而且还有必要像前述 *MEGA2* 试行版和广松版那样，用多样化的字体表示草稿的多样化的展开，将手稿的内在展开，进而将马克思与恩格斯共同撰

---

① 梁赞诺夫版中也对小束手稿的排列进行了说明，也配有图表。不过，就小束手稿的各纸张以及页的排列，其说明不是很明了。梁赞诺夫：《马克思和恩格斯文献遗存》，第 22 页以及第 218 页的图表。

写的工作状态都一目了然地再现出来。因此,基于文献批判的研究版
本——笔者能够补充的在前文中都已经提及了——有必要从考虑
MEGA2 试行版资料表中被图表化修改过程的能否在正文中体现出
来,如何更好地运用广松版奇数页来再现原草稿的角度来对这些问题
进行积极探讨。此时,我们首先会联想起刊载于 *MEGA2* Ⅰ/2 中的《政
治学哲学手稿》的第 2(草稿)的再现部分。但是,在此我们不得改变的
是要尽量使文本的排列顺序与原草稿的顺序保持一致。而且,即便文
本的提示以最终文形为主来进行,也应该就与上述批判性文本的关联
来考虑它与原草稿的删除部分以及修正、增写、边注、提示等的处理
问题。

* 本稿是在 1990 年度在韩国政治学会例行学术发表会(1990 年 12 月
7—8 日)发表的论文的基础上修改成的。

第四章　1960 年代和 1970 年代日本学界的《德意志意识形态》论争[①]

——日本马克思学的一个具体实例

引　言

1970 年代,广松涉的《德意志意识形态》新编辑版广泛流传;同时坂间真人也对日本的《德意志意识形态》论争推波助澜,他称日本是与苏联、东德并驾齐驱的"马克思、恩格斯、马克思主义研究的'御三家'(三大家)"(バガトゥーリヤ巴加图利亚,1972/7:30;1973/1:62)。[②]

①　笔者曾作为日本国际交流基金的研究员(1991/1992),赴日本仙台的东北大学进行为期一年的研究,期间构思了本论文,资料虽不完备,却也是这一期间收集的。因此,笔者在这里要向促成此次赴日研究的日本国际交流基金相关人员,以及笔者赴日期间给以各种帮助的东北大学名誉教授服部文男先生、同大学经济学部的大村泉教授等经济学部教授和服部学会所属的各位同仁表示谢意。立命馆大学的中村福治、仙台大学的大和田宽教授,对本文资料的收集,帮助尤为巨大,在此鸣谢。

②　本文的脚注样式与笔者的其他论文不同,本文末尾附有按年代顺序整理而成的《有关日本〈德意志意识形态〉论争的文献目录》,正文中插入目录中论文或著作的标注,为便于查找,读法如下:i)著者或笔者;ii)年度(若为杂志或报纸,则添加月和日);iii)页码。其余标注则遵循常例。如正文中的(バガトゥーリヤ巴加图利亚,1973/1:62),即出自 T. A. バガトゥーリヤ巴加图利亚[解说・譯 坂間真人(坂间真人译、解说)],"マルクス主義における《ドイツ・イデオロギ-》の位置",《情况》(1973 年 1 月号"《德意志意识形态》在马克思主义中的位置",《情况》1973 年 1 月号。),p. 62(解释部分)。

坂间真人 20 多岁便英年早逝,对于他的这一说法是否妥当还有讨论的
余地,但他的这一措辞却有客观的依据作为支撑,其中之一便是广松涉
教授提出的《德意志意识形态》"Ⅰ.费尔巴哈"章的文本批判,以及由此
引发的日本国内的《德意志意识形态》论争。实际上,即便是在表达自
己的观点上显得比较消极的日本学者,对于 1960 年代和 70 年代在日
本展开的围绕"广松涉编辑方案"的《德意志意识形态》论争,也认为"从
世界范围来看,其水准是很高的"(细谷,1979:157)。

　　笔者对于日本马克思学的研究成果关注甚少,知之片面,要对有着
近一个世纪深厚渊源的日本马克思、恩格斯、马克思主义研究成果[①]进
行考察,是不可能的事情。因此本文的主要目的是就笔者自己最近的
研究课题——《德意志意识形态》,来试图概括日本在这一领域的研究
成果。且本文的研究对象也是限于日本《德意志意识形态》论争得以集
中展开的 1960 年代和 70 年代。对于笔者关注范围之外的问题,自然
会挂一漏万,摆脱不了言不尽意的局限。尽管如此,笔者还是期望通过
本文来审视一个具体的实例,了解日本马克思主义的研究现状,并从而
理解在这一过程中,他们为何自称为世界范围内马克思、恩格斯、马克
思主义研究的"御三家"之一。因为 1960 年代以来,日本在《德意志意
识形态》的研究上开拓了新的境界,并与同时代展开的世界范围内的马
克思学,尤其是 *MEGA2* 中《德意志意识形态》文本的重新排列有关,从
而成为备受关注的事案。

---

　　① 日本马克思学的起点应放在何处? 这一问题是大家非常关注的。但作为笔
者来说,首先想将 1904 年(明治 37 年)11 月作为一个起点,这一年中,日本首次翻译
了马克思的著作。据记载,日本的《平民新闻》(周刊)在其创刊一周年的纪念号(1904.
11.13)上,翻译并刊载了《共产党宣言》,但随即被禁止发售。参考 M. E. 书志编辑委
员会编,《马克思、恩格斯日译文献目录》マルクス・エンゲルス邦译文献目录(暂定
版)[科学书店,大月书店(东京:极东书店/ナウゥ/大月书店远东书店),1973]。

第一节 日本的《德意志意识形态》翻译史
——论争的基础土壤

1965 年,广松涉发表了论文《〈德意志意识形态〉的编辑问题》,从而在日本国内掀起《德意志意识形态》的论争。在讨论这一论争之前,我们有必要对该书在日本的翻译史作简略的一瞥。1960 年代以前日本对《德意志意识形态》的探讨,只限于将之作为唯物主义或历史唯物主义的基础加以引用,并未将《德意志意识形态》本身作为正式的研究对象(岩佐等编,1992:5)。但是,未将"《德意志意识形态》本身"作为正式的研究对象,绝不意味着低估该书的重要性。这是因为,我们从该书的翻译史中,可以明确看出日本人对《德意志意识形态》的关注。

在日本,《德意志意识形态》的翻译和出版,几乎与该书的原语出版同期。《德意志意识形态》的"第 Ⅰ 编①费尔巴哈"于 1924 年首次以俄语公开,随即于 1926 年首次以德语原语发表,而日本立刻于 1926 年引进并翻译。1932 年,当 *MEGA1* Ⅰ/5 出版了《德意志意识形态》的全部手稿,日本又马上引进并翻译,将该书看作是马克思主义之历史唯物主义确立的最重要的著作之一,这为 1960 年代之后正式展开的对《德意志意识形态》本身的论争提供了基础和土壤。这样,1960 年代中期,当广松涉以前面所说的论文来正面挑战 *MEGA1* 的权威时,几乎与此同时,苏联的巴加图利亚(G. A. Bagaturija)编纂的《德意志意识形态》

---

① 在《德意志意识形态》的章节结构上,梁赞诺夫版和 *MEGA1* 版是按照卷、章、节(Band, Abschnitt, Kapitel)的顺序,而巴加图利亚版和 *MEGA2* 试行版则分为卷、编、章(Band, Kapitel, Abschnitt)。试行版因此,虽然笔者是按常例写作卷、章、节,但日本(尤其是广松涉)则按卷、编、章的顺序。本文讨论的是日本的《德意志意识形态》论争,因而为方便起见,一般写作卷、编、章,但若所讨论的当事人写作卷、章、部时,本文也从其写法,希望读者注意。郑文吉,《马克思、恩格斯的〈德意志意识形态〉》"Ⅰ. 费尔巴哈"章的重新建构》,《世界的文学》59 号(1991 年春),60 号(1991 年夏)[郑文吉,《马克思思想的形成与早期著作》,第Ⅱ部第 3 章]。

"Ⅰ.费尔巴哈"的日译本出版,再加上基于广松涉编辑方案的新版尝试,使得日本的《德意志意识形态》,尤其是该书的第 1 卷"Ⅰ.费尔巴哈",达到了十余种版本。因此可以说,日本的《德意志意识形态》翻译史,成为考察 1960 年代以来的《德意志意识形态》论争史的一个出发点。但在本节中,为了讨论的方便,首先对有着巨大冲击力的广松涉编辑方案发表之前的版本——梁赞诺夫版和阿多拉茨基版的日语译本进行考察。

1896 年以来,斯特鲁威(Peter von Struve)和伯恩施坦(Eduard Bernstein)开始将马克思和恩格斯的《德意志意识形态》部分地公开,1917 年俄国革命以后,新成立的苏联"马克思恩格斯研究院"刊行了该书的第 1 章 "费尔巴哈",随即旧版的《马克思恩格斯全集》第 1 部 5 卷刊行,从而得见《德意志意识形态》的全貌(重田,1962/2—4)。① 而这期间主要停留在翻译《共产党宣言》、《资本论》、《雇佣劳动和资本》等马克思和恩格斯著作的日本,其关注的焦点也便投向这些新公开的资料。

马克思和恩格斯的《德意志意识形态》"Ⅰ.费尔巴哈",最早是由梁赞诺夫于 1924 年翻译成俄语并予以公开的,随即在 1926 年的《马克思、恩格斯文稿》(Marx-Engels Archiv)第 1 卷中,首次以德语原语问世。同一年,正是这一《德意志意识形态》"Ⅰ.费尔巴哈",被栉田民藏和森户辰男以《德意志意识形态的第 1 篇——费尔巴哈论》为题,译成

---

① 　除重田晃一外,别国对《德意志意识形态》公开刊行史的研究还有以下成果。B. 安德雷亚斯、W. 蒙克:《关于〈德意志意识形态〉的新资料,附一份不为人知的马克思的信和其他文献》,《社会历史档案》,第 8 卷(1968 年)[Bert Andréas/Wolfgang Mönke, Neue Daten zur **Deutschen Ideologie**. Mit einem unbekannten Brief von Karl Marx und anderen Dokumenten, Archiv für Sozialgeschichte, Bd. Ⅷ(1968)];贝尔特·安德雷亚斯:《马克思与恩格斯·德国古典哲学的终结·文献目录》,《马克思故居文集》,第 28 期,特里尔,1983 年,第 139—154 页[Bert Andréas, Karl Marx/Friedrich Engels. Das Ende der klassischen deutschen Philosophie. Bibliographie, Schriften aus dem Karl-Marx-Haus, Nr. 28(Trier 1983),S. 139—54];郑文吉,《从编纂史看〈德意志意识形态〉——期待 MEGA2 Ⅰ/5(〈德意志意识形态〉)的刊行》,《文学和社会》第 11 号(1990 年秋),pp. 1168 - 1223[郑文吉,《马克思思想的形成与早期著作》,第Ⅱ部第一章]。

日语,刊登在他们的社团杂志《我等》(第 8 卷,5、6 月号)上。之后,在 1930 年代,《德意志意识形态》的第 1 卷第 1 章出现了三种单行本,还被收录进 1928 年开始发行的改造社版《马克思恩格斯全集》①第 15 卷 (1930.12)中,可见其公开之后受到的巨大关注。列举梁赞诺夫版的日译本如下。

　　* 梁赞诺夫的日语译本(梁版;底本,《马克思、恩格斯遗稿选·马克思、恩格斯论费尔巴哈(〈德意志意识形态〉第一部分)》,梁赞诺夫编,《马克思、恩格斯文库》,莫斯科马克思恩格斯研究院杂志,第 1 卷,(美茵河畔法兰克福:出版公司,1926 年){*Aus dem literarischen Nachlass von Marx und Engels*: *Marx und Engels über Feuerbach*(*Erster Teil der **Deutschen Ideologie***), herausgegeben von D. Rjazanov, Marx-Engels Archiv, Zeitschrift des Marx-Engels-Instituts in Moskau, Ⅰ. Band { Frankfurt a. M. : Verlagsgesellschaft mbH.,

---

　　① 《马克思恩格斯全集》在日本的出版是在 1920 年代,由于受到俄国革命的影响,工人运动开始活跃起来。东京的中央出版社曾在 1920 年 3 月尝试出版《马克思全集》,但仅止于一卷,而且其内容也是名不副实。同一年 6 月,东京的大镫阁开始出版《马克思全集》,至 1924 年,共出版了 12 册。但真正意义上的日语版《马克思恩格斯全集》出版计划是 1928 年尝试的改造社版,以及对改造社版的粗拙和缺漏加以批判的联盟版。尤其是后者,其出版计划得到了当时苏联马克思恩格斯研究院院长梁赞诺夫 (D. Rjazanov)的支持,以 1927 年开始刊行的 *MEGA1* 为底本,结构上分三部(一般·《资本论》·书信),共 20 卷。但由于结成联盟的同人社、弘文堂、希望阁、岩波书店、丛文阁之间意见不一,原稿的翻译也进展缓慢,最终化为泡影,只有前者改造社版得以具体实施。以社会思想社同人为主轴的改造社版《马克思恩格斯全集》,当时预计出版 20 卷,1928 年 6 月开始出版以后,因 *MEGA* 和《马克思、恩格斯文库》中新资料添加进来,所以至 1935 年 10 月,共出版了 37 册,包括主卷 27 卷(30 册)、别卷(索引及年表)和补卷各 1 卷,以及另出的《资本论》5 册。这一改造社版作为当时“世界上存在的唯一全集”,收拢了当时能够找到的所有马克思和恩格斯的著作与书信,从这一点上来说,具有很大的意义。且各册的发行价为 1 日元(只有补卷为 1.5 日元),作为廉价的“円本”,这一版本得以广泛普及,被认为对于 1920 年代、30 年代之后马克思主义和思想在日本的普及起到了巨大的作用。参考村田阳一,《邦譯 M. E. 全集·選集と *MEGA*》日译《马克思恩格斯全集》、《选集》、《新しいメガ》(东京:极东书店新《*MEGA*》,远东书店,1973),pp. 24 - 26。

[1926]}}.

(1) 栉田民藏和森户辰男译,《独逸的观念形态》,第 1 篇 "フォイエルバッハ論",《我等》第 8 卷(大正十五年/1926 年) 5,6 月号《德意志意识形态》,第一篇《费尔巴哈论》

(2) 河上肇、森户辰男、栉田民藏译,《ドイッチェ・イデ オロギ-》(《德意志意识形态》),我等丛书 4(我等社,昭和五/ 1930.5.25)

(3) 竹沼隼人阅、由利保一译,《ドイッチェ・イデオロギ -》,リヤザノフ编;(梁赞诺夫编《德意志意识形态》),永田书 店,后由希望阁出版(永田书店,后希望阁,昭和五/1930.6. 15)

(4) リヤザノフ编、三木清译,《ドイッチェ・イデオロギ -》(《德意志意识形态》),岩波文库 663(东京:岩波书店,昭和 五/1930.7.15)

(5) 森户辰男、栉田民藏译,《ドイッチェ・イデオロギ -》,《マルクス・エンゲルス全集》(《德意志意识形态》,《马克 思恩格斯全集》第 15 卷)(改造社,昭和 5/1930.12.20),①

---

① 这里,《马克思、恩格斯文库》中所刊载的梁赞诺夫的编者序、《关于费尔巴哈的提纲》(马克思)、《〈德意志意识形态〉序言手稿》(马克思)、《费尔巴哈唯物主义观点和唯心主义观点的对立》(马克思)、《莱比锡宗教会议》(马克思和恩格斯)、《卡尔·格律恩〈法兰西和比利时的社会运动〉或〈真正的社会主义〉的历史编纂学》(马克思),都收录在《德意志意识形态》题下。关于这一《德意志意识形态》,1931 年出版的 7 卷全集的第 2 卷中,刊载了从《社会主义文件》(*Dokument des Sozialismus*)中摘取来的"圣麦克斯"的一部分,1932 年出版的第 26 卷(补遗 3)中,刊载了从 S. 兰德舒特和 J. P. 迈耶尔编纂的克罗纳袖珍版《历史唯物主义·早期著作集》(S. 兰德舒特和 J. P. 迈耶尔编,2 卷本,克罗纳袖珍版,1932 年)(Karl Marx, *Historische Materialismus*, *Die Frühschriften*, hrsg. von S. Landshut und J. P. Mayer, 2 Bde. Kröners Taschenausgabe, 1932)中摘取的《真正的社会主义》(马克思)和未刊行过的《圣麦克斯》的一部分。还是在 1932 年,这年出版的第 27 卷(补遗 4)中,收录了未译的那一部分《圣麦克斯》(马克思)和《圣麦克斯补遗》(马克思),以及《E. V. 霍尔施坦的格奥尔格·库尔曼博士,或对真正的社会主义的预言》(马克思)。

pp. 285 – 498。

但是众所周知,这些译本都是以《马克思恩格斯全集》中的梁赞诺夫编纂的文本"Ⅰ. 费尔巴哈"为底本的。只有第 5)项的改造社版《马克思恩格斯全集》中,除了"Ⅰ. 费尔巴哈"之外,还刊载了《德意志意识形态》第 2 卷中的马克思的"格律恩批判",但也仅此而已。这一情况一直持续到 1932 年,*MEGA1* 第一部第 5 卷在"历史的、考证的全集"(*historisch-kritische Gesamtausgabe*)的旗号下,刊载了包括"Ⅰ. 费尔巴哈"在内的《德意志意识形态》全文,梁赞诺夫编纂的《德意志意识形态》"Ⅰ. 费尔巴哈"自然就丧失了其权威地位。

这样,1932 年以后,*MEGA1* 中刊载的德语原文就成了《德意志意识形态》的正式文本,日本也随之开始推进基于 *MEGA1* 的翻译作业,其最早的成果便是 1936 年森宏一所代表的"唯物论研究会"翻译的《德意志意识形态》(参考泽水,1932/12;服部,1933/3;森、山岸、中岛,1934/10;1934/11)。因 *MEGA1* Ⅰ/5 的编者是阿多拉茨基(V. Adoratskij),故 *MEGA1* 版的《德意志意识形态》也被称为阿多拉茨基版,之后其日译本出版了以下几个版本。

　　＊阿多拉茨基版的日译本(阿版;底本,马克思、恩格斯:《德意志意识形态》,《马克思恩格斯全集》,第一部,第 5 卷,莫斯科马克思恩格斯列宁研究院委托,阿多拉茨基主编,柏林:1932 年(Karl Marx/Friedrich Engels, *Die Deutsche Ideologie*. Marx/Engels, *Gesamtausgabe*, Erster Abeilung, Band 5, herausgegeben von V. Adoratskij. Im Auftrage des Marx-Engels-Lenin-Instituts Moskau, Berlin 1932))。

　　(1) 唯物论研究会(代表:森宏一)译,《ドイツ・イデオロギ-》(《德意志意识形态》)(3 分册,东京:ナウカ科学书店,1935—1936/全卷合本,东京:白杨社,1937)。

(2) 森宏一译,《ドイツ・イデオロギ-》《德意志意识形态》,《マルクス・エンゲルス選集》《马克思、恩格斯选集》,1卷上(东京:大月书店,1950),PP. 10 - 114[包括"Ⅰ.费尔巴哈"的全译和《德意志意识形态》第 3 部(《圣麦克斯》)中的"政治自由主义"]。

(3) 伊藤勉、山崎章甫译,《ドイツ・イデオロギ-》(《德意志意识形态》第 1 分册)(东京:国民文库社,1953)[仅收录"Ⅰ.费尔巴哈"、"Ⅱ.圣布鲁诺"的第 2 分册]。

(4) 古在由重译,《ドイツ・イデオロギ-》(《德意志意识形态》)(东京:岩波书店,1956)["Ⅰ.费尔巴哈"的全译和"圣布鲁诺"、"圣麦克斯"的抄译]。

(5) 真下信一译,《ドイツ・イデオロギ-》(《德意志意识形态》),《マルクス・エンゲルス全集》(《马克思恩格斯全集》),第 3 卷(东京:大月书店,1963)。

(6) 真下信一译,《新譯ドイツ・イデオロギ-》(《德意志意识形态》),国民文库 6(东京:大月书店,1965)[只收录 5)项的费尔巴哈]。

正如以上列举的阿多拉茨基版日译本所示,《德意志意识形态》的全译只限于 1)项和 5)项,而此外大部分的《德意志意识形态》只是第 1卷第 1 章"费尔巴哈"的节译本。就第 5)项而言,其底本采用的是 1958年出版的《马克思、恩格斯著作集》(*Marx/Engels,Werke*;*MEW*)第 3卷,但众所周知,这个底本维持了阿多拉茨基的编辑体系,只修改了错字及误读。但以上几个版本中,我们特别要关注(1)——唯物论研究会版,其末尾翻译刊载了收录在 *MEGA1* 卷末的文本异稿(Textvarianten)。虽然我们无法估测该文本异稿对包括 1964 年广松涉论文在内的20 世纪 60 年代以后日本的《德意志意识形态》论争实际上产生了怎样的直接影响;但以笔者之见,该本文异稿为日本学界接受广松涉论文所产生的冲击效应提供了重要的根据。①

第二节　《德意志意识形态》的文本论争

一、广松涉编辑方案带来的诸多可能性

　　"现行版《德意志意识形态》实际上无异于伪书"(广松,1965/春:
104)。1965 年广松涉的论文《〈德意志意识形态〉的编辑问题》,是以这
一石破天惊之句开始的。这篇论文对日本学界的《德意志意识形态》研
究,甚至整个马克思学,带来了巨大的冲击。广松涉周密地研究了《德
意志意识形态》以往的各种版本,即 1926 年发表的梁赞诺夫版和 1932
年公开的阿多拉茨基版(*MEGA1* 版)后,主张应该打破以往成说中的
两个"神话",并提出以下两个观点:①《德意志意识形态》的手稿,尤其
是包括有历史唯物主义正式确立等重要内容的第 1 章《费尔巴哈——
唯物主义观点和唯心主义观点的对立》,是未完成的手稿;②其主笔人
不是马克思,而是恩格斯(前述论文:104—105)。他的这一主张使得
"Ⅰ.费尔巴哈"章的编辑问题被重新提起,也使得马克思主义发展史
上,马克思和恩格斯的重要度问题被重新加以严肃的讨论。

　　广松涉《德意志意识形态》"Ⅰ.费尔巴哈"的文献学研究,似有着以
下缘起,即已有的梁赞诺夫版(以下称为梁版)和阿多拉茨基版(以下称

---

　　①　战前有关《德意志意识形态》的讨论中,有一个问题我们必须要提到,这就是
该书"Ⅰ.费尔巴哈"篇中"das bewußte Sein(被意识到的存在)"的译法问题。关于
"Das Bewußtsein kann nie etwas Andres sein als das bewußte Sein, und das Sein der
Menschen ist ihr wirklicher Lebensprozeß(意识绝对不会有别于被意识到的存在,而人
的存在就是其现实的生命过程)"(*MEGA1* Ⅰ/5, S. 15)句中"das bewußte Sein"的译
法,战前负责翻译该书的唯物论研究会通过其机关刊物《唯物论研究》进行过问卷调
查,认为这对揭示《德意志意识形态》中出现的意识论问题是十分重要的。参考稻生
胜,"意識と意識の轉倒としてのイデオロギ-"(岩佐等编,1992:216—17)。

为阿版)的文本很难认为根据的是同一个手稿,两者有着非常显著的差异(前述论文:105)。广松涉指出,梁版对于手稿就好像是拍照复制一样,忠实地,且依次将之变为铅字,与之相比,阿版则是剪剪拼拼,原稿遭到了脱胎换骨般的重构。1932 年 MEGA 出版以后,该版本的《德意志意识形态》文本便具有了稳固的权威;当时在日本,由"唯物论研究会"主持该版本的翻译,其权威得到了认同(森、山岸、中岛,1934/10:167)。然而,广松涉却对阿版的稳固权威提出了挑战,他尝试着对《德意志意识形态》,尤其是该书的"Ⅰ.费尔巴哈"进行文献学研究。我们看到,广松涉的这一挑战成为 1960 年代中期以来日本《德意志意识形态》论争的导火线,因此在这里,我们要对他 1965 年发表的《〈德意志意识形态〉的编辑问题》这一里程碑式的论文加以更为具体的介绍和探讨。①

广松涉在其《德意志意识形态》的文献学研究中,是按以下顺序展开讨论的。①首先对利用的资料加以确认,并概括手稿的状态,②然后对阿版加以批判,③提及梁版,④进而提出自己的新的编辑方案。他认为,自己的这一文献学研究将 a)清楚地勾勒历史唯物主义的形成过程和最初的展开经过,b)揭示《1844 年手稿》中的自我异化理论怎样被扬弃,c)明确历史唯物主义的形成过程中恩格斯的参与程度如何,其中恩格斯的原创是哪些(广松,1965/春:106)。

广松涉首先以梁版和阿版拥有《德意志意识形态》"Ⅰ.费尔巴哈"的全部外延为前提,细致地分析了以之为素材的手稿。他明确指出了该手稿外观上的特点,即手稿可分为大束手稿和小束手稿,大束手稿上恩格斯标记的纸张号码(Bogennummer)和马克思标记的页码(Seiten-

---

① 广松涉的该论文发表之前,重田于 1962 年发表了有关《德意志意识形态》公刊史的研究,他探讨了梁版和阿版后,得出结论说,"阿版与梁版相比,具有高度的体系化特点。因此我们对于有关费尔巴哈的遗稿内容,能获得更加首尾一致的认识,而且能够更容易地理解其内容。从这一意义上来说,**阿版所采用的大胆的编辑方针是成功的。然而编辑方式在给阿版带来这一长处的同时,其自身也反让该版本存在着一定的弱点,这一事实我们是无法否认的**"(重田,1962/4:66. 黑体处为笔者强调)。

nummer)并存,而小束手稿上没有页码,只有纸张号码。但是,这些纸张号码和页码都存在缺失现象,大束手稿缺失[1]—[5]、[12]—[19]、[22]—[83],只存有[6]—[11]、[20]—[21]、[84]—[92]这 17 印张。广松涉认为,与其说纸张[12]—[19]、[22]—[83]是佚失的,不如说是著者中的一人有意识地将这一部分抽掉了。另一方面,对于马克思在每印张上一贯所标注的页码中的缺失,广松涉表现出极其慎重的态度。他将页码缺失的原因归结为以下几类:a)佚失,b)一开始就没有,c)誊清后包含在小束手稿内,d)插入其他部分的手稿中,并认为 S.1—6(或 S.7)和 S.36—39 是 b)、c)的情况,S.29 则是 a)的情况。他还断定,小束手稿中并无严重佚失至可称缺损的情况,最多是标有页码的手稿有一两页的佚失。也就是说,广松涉推测原稿的佚失部分是纸张[6]之前的 S.7 及缺失了的[12]—[19]之间的 S.29①(上述论文:107—109)。

大束手稿的纸张号及页码标记

Bogen (Engels 的笔迹)	6 7 8 9 10 11 ***	20 21	84 85 86 87 88 89 90 91 92
Seite **　a （Marx 的笔迹）　b c d	8 12 16 20 oS * 　27 9 13 17 21 24 28 10 14 18 22 25 (29) 11 15 19 23 26 (oS) *	oS * 　33 30 34 31 oS * 32 35	40 44 48 52 56 60 64 68 72 41 45 49 53 57 61 65 69 oS * 42 46 50 54 58 62 66 70 / 43 47 51 55 59 63 67 71 /

　* oS＝ohne Seitennummer(无页码)

　** a，b，c，d＝各纸张面

　*** 纸张[11]当时只剩下 1 个页面,1962 年巴纳(S. Bahne)发现了另外的一个页面,这一页的 c 面([11]—c)上记有 S.29。

　　除此之外,广松涉还说明了手稿的层积式结构,他指出,这些手稿

---

　　① 本文中出现的[1]—[5]、[6]—[11]等是手稿原稿上标注的纸张(Bogen)号码,S.1—6,8—29 等,则表示页码。

并不是一气呵成的,在论点上也存在矛盾和重复。据他所见,大束手稿经过了马克思和恩格斯的大幅度删减,其余部分中也有添加、修改及纵线删除处,其基底稿(Urtext)的性质十分明显。另,由七张稿纸所组成的小束手稿中,草稿([1?][2?])和誊清稿([1][2][3][4])并存,[5]则虽是誊清稿,但明显区别于上述纸张 6 以下的大束手稿(前述论文:108—111)。①

广松涉对《德意志意识形态》"Ⅰ.费尔巴哈"的手稿形态进行了上述周密的考察后,在此基础上对阿多拉茨基版的伪书性质进行了猛烈的批判。他认为,虽然阿版的编者阐明自己对《德意志意识形态》的编纂是"按照 1846 年 7 月出版遭受挫折之前马克思和恩格斯的计划"进行了再现②,但其所称的编纂计划未见于手稿的任何一个地方。而阿版的编者根据栏外边注,将手稿任意剪裁(而且不是以小节为单位,对小节本身也任意剪裁),并将边注看作是标题,把这些片段归放在边注下,加以排列;且阿版的编者将这些栏外边注解释为"编辑上的指示",将之利用为标题,而这些标题绝大多数存在着能否利用的疑问,在标题的利用上也未见固定的原则。尤其是阿版的编纂,呈现出惊人的肆意性,如将手稿 S. 28 上不完整的句子"([……]如果其'存在'……它的……)"与手稿 S. 8(前有佚失的大束手稿的开始部分)上的"[……]sich in Wirklichkeit und für den praktischen Materialisten, d. h. Kommunisten, darum handelt,[……]([……]实际上,对实践的唯物主义者也就是共产主义者来说,问题在于 [……])"相连接,而后者并无手稿上的相关指示,两者也无直接关系,广松涉将之讥为阿版编者的"神

---

① 有关手稿表面形态的说明,请参考笔者的以下论文。郑文吉,《马克思、恩格斯的〈德意志意识形态〉'Ⅰ.费尔巴哈'章的重新建构(1)》,《世界的文学》59 号(1991 年春),pp. 322 - 331[郑文吉,《马克思思想的形成与早期著作》,pp. 193 - 199]。

② *MEGA1* Ⅰ/5 *Deutsche Ideologie*(《德意志意识形态》),Einleitung(导言),S. ⅩⅦ(第 17 页)。

秘的判读能力",明确指出阿版的伪书性质(前述论文:111—116)。①

　　而对于梁版,广松涉指出,这一版本没有提到有何编纂方针,而是将手稿的照相本忠实地排版整理,但却是以大束手稿的基底稿为中心,将小束手稿分成两半,分别排放在基底稿的前后。也就是说,梁版将[1?]- ab、[2]、[1?]- cd、[2?]、[5]排列在基底稿的前部,将连续的誊清稿[3]、[4]排列在后部,从而忽视了该手稿的层积式结构。广松涉批判了梁赞诺夫将基底稿 S. 36—39 的缺损看作是佚失的观点,广松涉的这一主张与他的新编辑方案——将这一部分重新补充完善、修订成新稿——相衔接,因而备受关注(前述论文:116—117)。

　　这样,经过对手稿原稿现状的细致考察,以及对现有阿版和梁版的批判,广松涉最终提出了自己的新编辑方案。因笔者已在他处讨论过他的新编辑方案,故在这里只对其编辑方案的核心内容作一介绍和说明。②

　　按照笔者的理解,广松涉编辑方案的核心内容首先是承认了"Ⅰ. 费尔巴哈"手稿的层积式结构,其次是将分成三部分的基底稿按页码进行排列,然后用小束手稿的七张纸张(及页面),尤其是修订过的誊清稿,来填补这三部分基底稿之间的缺损。首先来看他对手稿的层积

---

　　① *MEGAI* Ⅰ/5,S. 32. 广松涉的论文中没有提到 1962 年巴纳(S. Bahne)在阿姆斯特丹的"国际社会史研究所(Internationaal Instituut voor Sociale Geschiedenis, IISG)"里发现的三页手稿页面。但那时发现的手稿片段中有一页包含有被认作是佚失了的 S. 29,本文所引用的 S. 28 上的句子在 S. 29 中被连接成以下这一完整的句子。"/28/[……],wenn ihr 'Sein' ihrem /29/'Wesen' nicht im entferntesten entspricht, so wäre dies nach der erwähnten Stelle ein unvermeidliches Unglück, das man ruhig ertragen müsse(如果其存在与其/29/'本质'丝毫不相符的话,那么,从我们提到的那一点来看,这便是一场无法避免的灾难,而我们必须平静地承受这场灾难)[……],"S. 巴纳:《马克思、恩格斯的〈德意志意识形态〉·一些补遗的文字》,《国际社会史评论》,第 7 卷,1962 年,第 96 页(S. Bahne, **Die Deutsche Ideologie** *von Marx und Engels. Einige Textergänzungen*, International Review of Social History, Vol. Ⅶ(1962), S. 96).
　　② 郑文吉,《马克思、恩格斯的〈德意志意识形态〉"Ⅰ. 费尔巴哈"章的重新建构(2)》,《世界的文学》60 号(1991 年夏),pp. 268 - 276[郑文吉,《马克思思想的形成与早期著作》,pp. 228 - 237]。

式结构的说明。因基底稿是在《德意志意识形态》第 1 卷划分为三篇之前就已经撰写完成的，虽然拿来用作"Ⅰ. 费尔巴哈"章，但在修改和展开的过程中，却将其纵线破坏，部分地搬移至"Ⅱ. 圣布鲁诺"和"Ⅲ. 圣麦克斯"。因此广松涉认为，大束手稿的第一部分（纸张[6]—[11]；S. 8—28）是在第 1 卷的三章结构形成之前撰写的，第二部分（纸张[20]—[21]；S. 30—35）和第三部分（纸张[84]—[92]；S. 40—72）是在"Ⅲ. 圣麦克斯"的执笔过程中产生的旁逸部分。

　　另一方面，广松涉认为小束手稿的[1]- ab 是四小节[1?]- abc 的誊清稿，是整个第 1 篇的序言；[2]则是 A 章的绪论，与大束手稿第一部分的开头（S. 8—10）相连接，是完整的，因而 S. 8 之前的佚失部分最多只有一页左右。① 而小束手稿的[1?]- cd、[2?]- a（[2?]- bcd 为空白）和[5]- abcd，与第一部分开头的结论之后的部分，即 S. 11—16 中提出历史唯物主义出发点的部分，在内容上是一致的，因此将之视作 S. 11—16 的异稿。至于第一部分和第二部分之间的 S. 29，虽确为佚失的文稿，而广松涉推演出其内容并非长文。② 但广松涉编辑方案中最引人注目的，是将小束手稿的[3]- abcd 和[4]- ab（[4]- cd 为空白）的六页看作是大束手稿第二部分和第三部分之间的缺损部分，即 S. 36—39 的誊清稿。这也就是说，广松涉认为包含缺损部分 S. 36—39 在内的 S. 36—52 这一第三部分的前面部分，是按照各种财产形态的历史发展阶段来对经济史进行的叙述，故 S. 36—39 并非缺损，而是马克思和恩格斯想以誊清稿[3]和[4]来填充进去的部分。他指出这可以通过事实加以证明，即誊清稿[4]的后面部分与第三部分的开始部分有稍许的重复。他将这一部分中对财产的诸形态的叙述，与第三部分末尾

① 广松涉认为，若将以 S. 8 为始的纸张[6]之前的空白页看作是共有 7 页，则[1]- ab＝2 页，[2]- abcd＝4 页，加起来共有 6 页，因此佚失的仅有 1 页。且小束手稿的纸张[2]的 d 面，其 2/3 是空白，因此纸张[2]之后是未完成的状态，并非佚失（广松，1965/春；120—121）。

② 1962 年，巴纳发现 S. 29，其右栏中有恩格斯的长文叙述，与 S. 28 的右栏相接续（Hiromatsu 广松涉，1974；61）。

([92]- b)笔记中的财产诸形态加以比较,以此进行说明,同时,他指出上述[4]- b 的百分之八十和[4]- cd 为空白,认为可以将之看作是两人的撰写计划的一个段落,以此来提升论点的合理性(前述论文:117—130)。①

二、巴加图利亚版的出现和广松版文本的出版

就在广松涉就《德意志意识形态》"Ⅰ.费尔巴哈"之文本发表了这一具有震惊效果的论文时,苏联的巴加图利亚在 1965 年的《哲学问题》(*Voprosy filosofü*)10 月号和 11 月号上,发表了该书的新修订版以及题为"K.马克思和 F.恩格斯的《德意志意识形态》第Ⅰ章手稿的结构和内容"(*Struktura I soderzanie rukopisi pervoj glavy "Nemeckoj ideologii"*)的论文。巴加图利亚认为,《德意志意识形态》的"Ⅰ.费尔巴哈"并不是一气呵成的首尾一致的文章,可以将之分为不同时期和不同关联情况下撰写的五个阶段。第 1 章(广松涉称为第 1 篇的部分,巴加图利亚称为第 1 章)的核心——①S.1—29②,在年代上是最先撰写的。而接下来的两个部分是②大束手稿的第二部分[S.30—35]和③第三部分[S.36—72(包括缺损的 S.36—39)],这两部分原是撰写"Ⅲ.圣麦克斯"的过程中写的,因撰写计划的改变,而移至第 1 章。③ 然后再撰

① 广松涉的这一编辑方案继 1965 年的该论文之后,著者自己也进行了补充,20 多年后,林真佐事在其论文中,对这期间提出的几点疑问和论点进行了具体的阐释与补充(广松,1966/3/26;1967/2/27;1967/6;1974/1;1974/6;1974/6/17—8/19;1974/9/12;林,1992)。

② 作为大束手稿的第一部分,当时只留存有 S.8—28,但 1962 年巴纳在 IISG 发现了三页纸面,其中一面上有马克思所注的页码"1"、"2",因而被认为是大束手稿的开始部分 S.1、2,另一面上标有"29"这一页码,以及写好后又删除的无号纸页,因而用来填补佚失了的大束手稿的第一部分和第二部分之间的缺损部分。参考 S.巴纳:《马克思、恩格斯的〈德意志意识形态〉·一些补遗的文字》(S.Bahne, *Die Deutsche Ideologie von Marx und Engels. Einige Textergänzungen*)。

③ 巴加图利亚认为,著者当时的计划是在第 1 章中同时对费尔巴哈、鲍威尔、施蒂纳加以批判,但因计划的改变,他们转而想把"圣布鲁诺"和"圣麦克斯"另立为章,将第 1 章附上针对费尔巴哈的一般性的序言,从而来积极地展开自己的见解(花崎,1966/7:109)。但他认为这一部分总共有九页分量(S.3—7,36—39)未被发现(バガトゥーリヤ巴加图利亚,1966:194—195)。

写了④五页分量的[1?]和[2?]、⑤16 张分量的纸张[1]—[5](バガト
ゥーリヤ巴加图利亚,1966：194—95；花崎,1966/7：108—109)。巴加
图利亚在马克思所标页码的基础上,编辑了第 1 章,将整个第 1 章分成
四个部分、二十六节,编者分别为之附上标题(包括原著者所附的两个
标题)(バガトゥーリヤ巴加图利亚,1966：196—203；花崎,1966/1967：
110—111)。

　　1966 年,东德也发行了德语版,与俄语版新版基本上是遵循着同
一编辑原则,只在标题和著者的补充文上有稍许的差异(这一版本通常
称为"东德版")。① 而一般称之为"巴版"的巴加图利亚新版,与作为编
者解说的前引论文,于 1966 年由花崎皋平译成日语,1967 年,中野雄
策又将文本翻译成日语,情况如下。

　　＊ 巴加图利亚版的日译本(巴版；底本,K. Marks I F.
Engels, Fejerbach. Protivopoloznost' materialiticeskogo I ide-
alisticeskogo vozzrenij, Moskau 1966)。

　　(1) ベ.カ.ブルシリンスキ布鲁西林斯基(音译)—监
修/ゲ.ア.バガトゥーリヤ巴加图利亚编集/花崎皋平译,《新
版ドイツ・イデオロギ-》(《德意志意识形态》)(东京：合同出
版,1966),238 pp.

　　(2) 中野雄策譯,《ドイツ・イデオロギ-》(《德意志意识

---

① 有关巴加图利亚版的编纂原则和特点,请参考以下资料。郑文吉,《马克思、
恩格斯的〈德意志意识形态〉"Ⅰ.费尔巴哈"章的重新建构(2)》,《世界的文学》60 号
(1991 年夏),pp. 259 - 263[郑文吉,《马克思思想的形成与早期著作》,pp. 218 - 22]。
笔者在这一论文中,将巴加图利亚版与东德的德语版(1966)视为同出。巴加图利亚的
俄语版与东德的德语版基本上是基于同一编辑原则,只在细节上稍有差异。也就是
说,前者将整个手稿分为 4 部 26 节,并分别附上标题,而后者是将之分为 4 部后,只采
用了原著者所附的标题,并且插入栏外边注时,后者显得更加仔细(参考广松,1967/6：
104)。该东德版的编者是蒂尔海因(Inge Tilhein),与 *MEGA2* Ⅰ/2(包括《1844 年手
稿》和Ⅰ/5(《德意志意识形态》)的编纂责任人是同一人,即东德 IML 的陶伯特(Inge
Taubert)女士(坂间,1974/12：84)。

形态》),《マルクス经济学・哲学论集》(《马克思经济学、哲学
论集》),世界の大思想世界的大思想,Ⅱ—4(东京:河出书房,
1967),pp. 199 - 273。

　　花崎皋平是巴版最早的日语译者,在出版该书之前,他根据《德意
志意识形态》"Ⅰ.费尔巴哈"的新版,重新考察了马克思历史唯物主义
的全貌,并提到广松涉的新编辑方案。他评价说,广松涉的新编辑方案
未考虑到 1962 年巴纳所发现的手稿残片,未直接处理手稿,在此制约
下,不可避免地在撰写顺序和 2、3 章(指广松涉的"篇")的重复部分的
认识上发生偏差,但他的努力预见到了巴加图利亚新版的出现。即便
如此,花崎皋平仍明确表示,广松涉根据《德意志意识形态》手稿笔迹推
断出的恩格斯主导说是无法接受的(花崎,1966/7:107—108)。

　　虽然花崎皋平对广松涉作了以上批判,但 1965 年巴加图利亚新版
的出现,成了一桩划时代的事件,它给包括广松涉在内的日本学界的
《德意志意识形态》研究,带来了新的可能与自信。当时,广松涉对《德
意志意识形态》第Ⅰ篇进行的文献学研究还是一件无法立刻获得响应
的作业。[①] 而这一孤独的作业却由第三国的专业研究者得出了同样的
结论,即巴加图利亚认为,阿版将整个手稿分为 40 多个短篇,并将栏外
边注作为标题,进行重新排列,这切断并破坏了内在的逻辑和相互关联
性(バガトゥーリヤ巴加图利亚,1966:193)。正如望月清司所采用的表
现一样,这个契机理所当然地使得广松涉的新编辑方案"重新获得了幸
福的关注"(望月,1971/5:75)。

　　然而,广松涉却并未停止对巴版的批评。首先,对于巴版将 S. 1—

――――――――――

　　① 实际上,日本学界对于广松涉论文的反响正如望月清司所用的表现一样,是
一种"奇怪的沉默"。望月清司指出,从这一资料可以逆推出广松涉论文所具有的震惊
效果(望月,1968/12:110;望月,1973:159)。但另一方面,尽管广松涉在论文中从正面
对阿版进行了批判,而且还有巴版的出现和翻译,但基于阿版的译本在此后一直不断
地重印。据坂间真人统计,上述阿版的第 6)项(真下译,国民文库版)在 1971 年 8 月
12 日达到第 15 次印刷,第 4)项(古在译,岩波文库版)在 1970 年 5 月 30 日达到第 22
次印刷(坂间,1970/2:74;望月,1971/5:63,75)。

7、S. 36—39 的残缺页处理为佚失的做法,广松涉反复强调了自己以往的主张,即这两部分并不是真的残缺,正如前面所说,小束手稿的誊清稿,纸张[1]—[2]、[3]—[4]可填补这一形式上的残缺,因而实际佚失的只有一页左右,且[1?]-cd、[2?]-a、[5]-abcd 也应该处理为 S. 11 以下的异稿。而巴加图利亚的新版是将小束手稿统统排在大束手稿之前,所以广松涉评价说,此版"与最早的梁赞诺夫版异曲同工,只是再现了素材而已"(广松,1966/3/17:200;广松,1967/6:103—104)。

广松涉更进一步地对 1966 年发表的东德版与上述巴版进行了仔细的探讨,并得出自己的结论——"毫无疑问,这两种新版'从根子上颠覆了基于旧版的以往的马克思学阐释'。但以作者之见,这些新版仍旧免不了'有着重大的缺陷,实际上到了将遗稿的价值化归为零的程度'"。也就是说,广松涉指责新版并未详细地报告该书手稿中的删节、修改、添补、笔迹、栏外边注、符号等,因而①丧失了可赖以了解历史唯物主义"确立过程"的资料价值,②丧失了可赖以判断马克思和恩格斯两人份额问题的资料价值,③扼杀了重构手稿及研究其内部关系所需的所有线索(广松,1967/6:105—107)。

总而言之,不管广松涉就《德意志意识形态》第Ⅰ篇进行的文献学研究及他的新编辑方案是否妥当,由于巴版的出现,他所作出的努力一下了获得了其客观价值,他对手稿进行了重新建构,总结了手稿所具有的资料价值;而日本的马克思研究界在广松涉编辑方案的基础上,开始对新版的编纂问题进行具体的讨论。例如,藤野涉于 1968 年根据广松涉的学说,尝试对岩波文库版[上述阿版的第 4)项]和国民文库版[上述阿版的第 6)项]进行重编,出版"新编辑日本版"《德意志意识形态》"第Ⅰ篇 费尔巴哈"(ザイデル,1968/7:98まえがき)。但是,尽管藤野涉曾提及这一尝试,最终却并未能付诸实施。而基于广松涉编辑方案的新版,却在 1969 年,出乎意料地由一位 20 多岁的大学生推出,这就是命名为"广松涉编辑方案《德意志意识形态》第 1 卷第 1 篇'费尔巴哈''自用版'"的坂间本,其编者为坂间真人,他解释说,该书是为了在藤野涉的新编辑日语版出版之前，填补研究上的空白而编制的（坂间本，序言：2）。当然，我们通过研究者们的研究论文可以推测，为了填补文本上的缺陷，个别研究者制作了自用本使用。而我们无法否认，坂间本因为藤野涉的"新编辑日本版"最终未出版，故而在实际上填补了研究的空白，直至 1974 年广松涉自己在猎遍期间的各种研究成果之后编纂出版了广松版。具体列举基于广松涉编辑方案的日语版本如下。

　　* 基于广松涉编辑方案的广松版（广松版）

　　（1）坂间真人/F. エンゲルス，K. マルクス著/《广松涉编辑案，〈ドイツ・イデオロギ-〉，第 1 卷第 1 篇"フォイエルバツハ"唯物論的な見方と觀念論的な見方との對立，付錄フォイエルバツハに關するテーゼ》（慶應大學 經濟學部内 解放ゼミナ—ル準備會，1969. 12/改訂版 1970. 9/改訂 3 刷 1972. 6），ワ・プロ打印稿，64pp. 恩格斯、马克思著，广松涉编辑案，《德意志意识形态》第一卷第一篇"费尔巴哈"唯物主义观点和唯心主义观点的对立。附录：《关于费尔巴哈的提纲》（庆应该大学经济学部内，解放?? 研究室准备辉会）

　　（2）新編輯版，カール・マルクス/フリ—ドリヒ・エンゲルス，《ドイツ・イデオロギ-》第 1 卷第 1 篇，廣松涉編譯，全 1 卷 2 分冊［原文テキスト篇 & 邦譯テキスト篇］（東京：河出書房新社，1974）。马克思、恩格斯《德意志意识形态》第一卷第一篇，广松涉编译，全 1 卷分为"原文文本篇"和"日译文本篇"两册。

　　——马克思、恩格斯：《德意志意识形态》，新版第 1 卷第 1 章，附文本考证注释，广松涉编，东京：Kawadeshobo-shinsha 出版社，1974 年［Karl Marx/Friedrich Engels, Die Deutsche Ideologie, Neuveräffentlichung des Abschnittes 1 des Bandes 1, mit textkritischen Anmerkungen, hrsg. von Wataru Hiromatsu(Tokio：Kawadeshobo-shinsha Verlag，1974）］。

　　这里,我们有必要对以上两个版本中的第二个——广松涉新编辑版原文文本篇的编撰体系做一简略说明。不管其是否妥当,广松涉编辑方案的特色是在于以大束基底稿为主干,将七页小束手稿作适当排列。关于其文献学上的根据,笔者已在他处作过讨论,① 且前文中也简单述及过,故而在这里只简略地谈谈文本的编纂体系,考察为何今天的日本学界会普遍将之用作学术研究的文本。

　　首先,广松版尝试了两面排版,对于分成左右两栏的手稿页面,原则上采取两面刊载的方法。也就是说,将手稿各页左栏的正文(Grundtext)排在偶数页上,将草稿、异稿以及右栏中的补充、修改、指示、边注"原则上"排在奇数页上,这可以说是广松版的最大特点。② 这里,对于手稿上处处可见的用纵横线画去的部分,广松涉全部用细字复原,并将马克思和恩格斯的笔迹处理成不同的字体,使得手稿的全貌一目了然,可以说是"手稿的编辑问题上开拓出新纪元的划时代的"业绩(重田,1974/12:144)。这样,广松版避免了 *MEGA1* 必须看卷末的本文异稿的麻烦,也省去了 *MEGA2* 试行版对照(Synopsis)方式带来的繁杂,不必要在结构(Apparat)中附加无数的记号,为研究者的使用带

---

① 郑文吉,《马克思、恩格斯的〈德意志意识形态〉"Ⅰ. 费尔巴哈"章的重新建构(2)》,pp. 268-276[郑文吉,《马克思思想的形成与早期著作》,pp. 228-237]。

② 广松版采用两面排版这一特色鲜明的编纂体系,似与 1972 年出版的 *MEGA2* 试行版《德意志意识形态》"Ⅰ. 费尔巴哈"的二栏排版有关。马克思、恩格斯:《德意志意识形态·第一卷第一章·费尔巴哈》,*MEGA2* 试行版,柏林:狄茨出版社,1972 年,第 33-119 页[Karl Marx/Friedrich Engels, *Die Deutsche Ideologie. I. Band, Kapitel I. Feuerbach*, *MEGA2* Probeband(Berlin: Dietz Verlag, 1972), S. 33—119]试行版但 *MEGA2* 试行版的二栏排版使文本显得十分狭促,异稿明细的对照式增删法十分复杂,接触过这一版本的读者会觉得广松版的两面排版十分醒目。另一方面,这里使用的"原则上"这一表现,是指尽管编者自己极力想做到,但出于出版上的经济性考虑,大部分的边注(单词、符号、短句)被处理为脚注。编者甚至还考虑到了与原稿的各行对应。笔者因对编者处理栏外边注的方法怀有疑问,因此在 1991 年 10 月 12 日与编者的谈话中,曾讨论过这一问题,得知编者自己在他处也曾提到过这些情况。而笔者以为,改订版以奇数面来对这些边注进行复原,在目前 *MEGA2* Ⅰ/5 的出版不可避免地被延迟的情况下,改订版的出版是绝对必要的(广松版,1974:"原文篇",xvi 的Ⅳ. 2,Ⅳ. 2. 1,Ⅳ. 2. 4. 4 项;广松,1974/6/17—8/19:294)。

来了切实的方便,从这一意义上来说,广松版是其他任何版本都无法赶超的,是出类拔萃的。因此,在 *MEGA2* Ⅰ/5 出版之前,日本的研究者对《德意志意识形态》"Ⅰ. 费尔巴哈"的德语原文的使用,将会一直地普遍依赖于广松版。①

　　以上我们考察了 1965 年广松涉对《德意志意识形态》第Ⅰ篇所作的文献学批判以及期间的各种情况,了解到广松涉在此基础上制定出的编辑方案因为巴加图利亚新版的出现,不仅其客观地位得以提高,而且于 1974 年,广松涉作为日本的"个人研究者",终于自己编制出版了《德意志意识形态》。② 1965 年,广松涉以"现行版(指阿版)《德意志意识形态》无异于伪书"这一石破天惊之语,开创了《德意志意识形态》研究史的新纪元,他的论文不仅激起了日本学界对该书文本的兴趣,而且引发了基于新文本的对当前马克思主义的重新阐释和理论论争。下面,笔者欲就广松涉论文引发的日本学界对马克思主义的重新阐释以及理论论争作更具体的探讨。

---

①　1989 年柏林墙瓦解之前,"马克思列宁主义研究院(IML)"计划在 1990 年初,出版作为 *MEGA2* Ⅰ/5 的《德意志意识形态》,但因东欧剧变,出版工作委让给了特里尔的卡尔马克思故居。马克思故居根据 IML 以往的编辑方针,预计在 1994 年左右发行该书。但 1992 年,接手了继续刊行 *MEGA2* 工作的"国际马克思、恩格斯基金会(IMES)"对 *MEGA2* 的编辑方针进行了全面的修订,因此《德意志意识形态》的编辑原则也不可避免地从根本上加以修改,该书的出版工作又重新回到了初始阶段。郑文吉,《从编纂史看〈德意志意识形态〉》,《文学和社会》11 号(1990 年秋),p. 1169[郑文吉,《马克思思想的形成与早期著作》,p. 72]注 3);郑文吉,《马克思、恩格斯的〈德意志意识形态〉'Ⅰ. 费尔巴哈'章的重新建构(2)》,《世界的文学》60 号(1991 年夏),p. 268[郑文吉,《马克思思想的形成与早期著作》,p. 228]注 58);郑文吉,《转换期的风景——社会主义阵营瓦解后的〈马克思恩格斯全集〉的续刊工作》,《文学和社会》18 号(1992 年夏),pp. 604－607[郑文吉,《马克思思想的形成与早期著作》,pp. 443－446];参考 J. 罗亚恩,《马克思恩格斯全集(*MEGA2*)编辑原则审核会(1992 年 3 月 23 日—28 日,普罗旺斯的艾克斯)报道》[J. Rojahn, *Bericht über die Konferenz in Aix-en-Provence(23.—28. März 1992) zur Revision der Editionsrichtlinien der Marx-Engels-Gesamtausgabe(MEGA2)*]。

②　我们通过这一过程,也算是对日本《德意志意识形态》各个版本的翻译史作了简单的一瞥。而我们在这里需要注意到的是,1972 年出版的 *MEGA2* 试行版并没有日译本,这似乎是因为该试行版即意味着 *MEGA2* Ⅰ/5 的正式文本马上就要出版,而且日本人对于继试行版之后出现的广松版怀有信心(广松,1974/1)。

第三节　《德意志意识形态》论争的展开

我们通过前面的叙述过程明确了以下这一点,正如广松涉在论文中将多年以来拥有着稳固权威的 *MEGA1* 的《德意志意识形态》规定为"伪书"一样,对于未完成的《德意志意识形态》研究来说,在令人信服的文本出现之前,基于原稿的研究是不可或缺的。他的论文使得以往基于"伪书"的《德意志意识形态》研究成为无用之物,使关于该书的研究(甚至扩大至包括《德意志意识形态》在内的初期马克思和恩格斯研究)从根源上发生了划时代的变化。其中最引人注目的,就是广松涉一个主张,即《德意志意识形态》——尤其是"Ⅰ.费尔巴哈"——是在恩格斯的主导下撰写的。

一、广松涉的恩格斯主导论与份额问题

广松涉在考察《德意志意识形态》第Ⅰ篇手稿原稿的过程中,对正文为恩格斯的笔迹这一点非常关注,他主张,恩格斯在这一部分中的作用,并不止于单纯的誊清工作,而是该部分的原作者(广松,1965/春:104—105)。有关马克思和恩格斯份额问题的讨论早在 1920 年代就由迈耶尔(Gustav Mayer)提出过,①但在马克思主义的实际研究中,尤其是对像《德意志意识形态》这样的由两人合作的著作而言,一般都认为对两人各自所占份额作严格区分是无意义的。因此对于《德意志意识形态》,以往成说都认为是马克思主导下的两人的合著,而广松涉所持的恩格斯主导论,则引起日本学界对份额问题的关心,同时鞭策了对早

---

①　郑文吉,《从编纂史看〈德意志意识形态〉》,p. 1173[郑文吉,《马克思思想的形成与早期著作》,p. 76];郑文吉,《〈德意志意识形态〉是为季刊撰写的吗?》,《文学和社会》22 号(1993 年夏),pp. 644 – 647[郑文吉,《马克思思想的形成与早期著作》,pp. 148 – 151]。

期恩格斯研究的步伐。[①]

我们在前文中已有所提及,在巴加图利亚版出版之际,日本学界开始关注之前广松涉提出的编辑方案。花崎皋平赞扬广松涉的努力预见到了巴版的出现,但同时又对广松涉根据《德意志意识形态》手稿中的笔迹就得出恩格斯主导说进行了明确的批判(花崎,1966/7:107—108)。对此广松涉主张,自己所持的恩格斯主导说绝不是只根据笔迹,而是从多角度对梁赞诺夫以来的"口述笔记说"作了考察后提出的反驳(广松,1984:110—119)。但是,若我们只看其 1965 年的论文,就不能不指出,尽管他极力鼓吹,但未能提出可以支撑恩格斯主导说的依据来。[②] 因此,我们自然要关注其 1966 年以来的恩格斯研究。

从 1966 年的论文《青年恩格斯的思想形成》(第 358 页,该题目是广松夫人建议的),到 1968 年的大作《恩格斯论——其思想形成过程》,广松涉在恩格斯研究上投入很大的精力,他对恩格斯早期思想的形成过程进行了细致的探讨。[③] 他指出,因为向来是将马克思和恩格斯看成是一体,所以恩格斯的独创性被忽视,他列举了以下这几条,来说明评价过低的原因。①对于晚年恩格斯的谦让之辞,人们只按照字面来理解;②再加上持先入为主的观念,来看马克思《政治经济学批判》的序

---

① 一般来说,因为列宁持马克思、恩格斯"一体观",所以关于恩格斯的独立研究向来是微不足道的。1950 年代以来,以历史纪念日为契机(如诞生 130 周年等),恩格斯的著作选以及有关恩格斯的独立研究著述得以出版,由此使这一研究渐渐活跃起来。但在社会主义国家,列宁的马克思、恩格斯"一体观"仍占主导地位,而在西方,居于主流的是将恩格斯评价为"浅薄机械的唯物主义者"的卢卡奇(G. Lukacs)和柯尔施(K. Korsch)等人的研究。另一方面,在日本的恩格斯研究史上,对于广松涉的业绩是持肯定态度的,广松涉尤其主张唯物主义形成过程中恩格斯有着积极的贡献(杉原,1970/3;1970/11—12,尤其请参考 1970/12:92—95)。

② 他指出,执笔人主要是恩格斯,且"1845—1846 年间,马克思和恩格斯很快地克服了黑格尔左派的残渣,正逐渐形成新的思想,因而原稿内容随着时间的不同而有前后矛盾,两人的见解也还未达到一致"。应该说,这些分析还无法成为恩格斯主导说的依据(广松,1965/春:104—105)。

③ 据传,他当时计划撰写三卷本的《恩格斯论》,但出版的只是这里所提及的1968 年的第 1 部。

言;③而恩格斯早期的论稿长期以来未得刊行,没有验证的机会;④该遗稿号称"历史唯物主义诞生之书",故而误解为主要是马克思所著(广松,1966/9:1;1968:243—245)。因此,广松涉对《德意志意识形态》的研究主要集中在就④项,来反证人们的误解。

首先,他将研究的视线投向《德意志意识形态》的撰写时期——1845/1846 年前后,尤其是溯及并扩大至之前的时期,细致地梳理出恩格斯的思想轨迹,并与马克思相比较,最终证明了恩格斯在思想上的高度(广松,1966/9;1967/8;1968)。这里,他在自己的《德意志意识形态》第 1 卷第 1 章的文献学研究的基础上,更推进一步,明确了基底稿(Ur-text)并非如一些学者所臆测的那样,是对口述的笔录,也不是对笔记的整理,或通过事先的讨论达成"协议"后写成的文章。他以此为据,列举了以下三点事实(广松,1968:301—302)。

第一,此未定稿中,可清楚地看到有与《关于费尔巴哈的提纲》或《1844 年手稿》的立论相重复的句子。这些句子都是马克思自己后来做的增补,在恩格斯的正文中并未出现。

第二,有些基本术语,如"意识形态"这一单词,其用法在两人之间是不同的。再如"自然生的(naturwüchsig)"这一具有特殊含义的单词夹杂在其中(即迄今为止两人中一方所使用的词汇,在遗稿中也只是一方在使用)。且表现"生产力"这一基本概念时,马克思一贯地采用"Produktivkraft/Produktivkräfte",而恩格斯在遗稿的最底层中却使用"Produktionskraft/Produktionskräfte"这一术语。

第三,恩格斯的正文文思泉涌,但句子的文法却未破坏,几乎没有对于文法错误的订正。而马克思的句子,尤其是从句,文法上松散之处很多,可以想见,若是对口述的笔录,这样的情况应该是很严重的。

因此广松涉明确指出,"我们不能不承认这一事实,与成说相反,

'在历史唯物主义及与之有着不可分割关系的共产主义理论的确立上,·
演奏第一小提琴的',在协奏曲的'初期',反而是恩格斯"(广松,1966/
9:2;1968:244;另参考1967/10)。这里,对于广松涉所说的"初期"是
指《德意志意识形态》撰写过程的哪个时期,还有讨论的余地,然而,从
文章脉络上来看,似相当于该书的第1卷第1章"费尔巴哈",或至少是
大束手稿基底稿的执笔时期。

　　而我们在这里所关注的,是广松涉将《德意志意识形态》撰写初期,
恩格斯作为第一小提琴手的作用,看作是《德意志意识形态》中历史唯
物主义确立的重要契机。恩格斯自1843年,就对共产主义持赞同的立
场,他很早就对鲍威尔和赫斯,甚至费尔巴哈展开批判,并坚持其唯物
主义的立场。因此,这一时期的恩格斯以他所确立的历史唯物主义为
媒介,为仍处在费尔巴哈和赫斯的影响范围内、徘徊在黑格尔流派的自
我异化论中的马克思,提供了向物象化论飞跃的重要契机。也就是说,
"历史唯物主义诞生之书"——《德意志意识形态》"Ⅰ.费尔巴哈"中呈
现出的历史唯物主义是恩格斯提倡的,马克思是跟随恩格斯的先行和
先导,摆脱自我异化论,转至物象化论的。因此,在广松涉看来,《德意
志意识形态》"Ⅰ.费尔巴哈"的恩格斯主导说,在理论上也是顺理成章
的(广松,1966/9;1967/8;1968:4—6章)。

二、望月清司对马克思、恩格斯所占份额的讨论及理论上的偏差问题

　　上文中,我们讨论了广松涉对《德意志意识形态》第1卷第1章所
作的文献学研究。该书从笔迹上来看,恩格斯是主要撰写人,在考察历
史唯物主义展开过程中恩格斯的先导作用时,这一外观上的特点最终
成了证明恩格斯主导说的一条重要线索。因此,自广松涉以后,在日本
学界形成了一种共识,这一共识被认为是理所当然的趋势,即只要是研
究到《德意志意识形态》,研究到马克思和恩格斯,以及马克思主义理论
的形成过程,如若忽视两人在文本原创上的份额问题,这些研究便是无
意义的。

在日本,最早弃阿版而采用巴加图利亚的新编辑版作为底本,将《德意志意识形态》"Ⅰ.费尔巴哈"翻译成日语的是花崎皋平。他曾借译本的出版,对该书中出现的马克思和恩格斯的历史唯物主义进行了整理。花崎指出,《1844 年手稿》或《穆勒评注》中仍留存着"作为人的人"、"类的本质"、"自我异化"等范畴,而将这些范畴解体从黑格尔的圈囿中解脱出来,是马克思和恩格斯两人在《德意志意识形态》阶段要完成的课题(花崎,1966/7:114);同时,他按照巴加图利亚考证的"Ⅰ.费尔巴哈"章的撰写顺序,进行了重新阅读,对该书中体现出的历史唯物主义的整体构思进行了审视。他通过解读,着眼于交往概念的重要性,并以此为核心,提出了诸如交往视角这种广义范畴的可能性。也就是说,《德意志意识形态》第 1 卷第 1 章中出现了"现实的个人"、"生命中的个人",其要求通过满足而扩大,与此有关的活动及其成果的复合体是作为现实的真理来定立的。而作为满足人的要求的活动,有两个基本的范畴,这就是生产(劳动)和交往(家庭、分工、共同社会)。花崎关注这两个基本范畴,以此对交往的概念进行了重新评价(前述论文:120—121)。他进而指出,马克思和恩格斯指称的共产主义,是指从生产和交往的整合体——"市民社会"中自然生发的、局限于地域的协同合作(这与非有机性、非计划性、被动性、灵活性等概念是互补的)转化为有意识的、有计划的、全面的协同合作(前述论文:115)。

但是,花崎对马克思、恩格斯的历史唯物主义的审视,基本上是基于以往的观点,即两人之间不可能存在有任何见解上的差异。因此,花崎无法免除因此而遭致的批评,这就是他忽略了该书中出现的各种概念、范畴,以及叙述上的差异。换言之,虽然该书中出现的有关逻辑的历史的个人、异化、自然生发性、自然生发的对立的扬弃——共产主义革命、分工与历史的发展、共同社会即共产主义社会、生产和交往的形态、市民社会等,存在着微妙的语义差异、理论上的相左及逻辑上的不协调,但花崎却未认识到。而日本学界对于《德意志意识形态》及马克思主义形成过程的研究,是以马克思和恩格斯的份额问题为中心的,由此作出的理论上的阐释是通过文献学问题来展开的,因此,尽管花崎对巴版的评论超越了巴加图利亚的解释(望月,1968/12:111),但他的这一成果却未得到相应的重视,这应该说是不可避免的结果(冲浦等,1974/3:7—8;重田,1974/12:140)。

在《德意志意识形态》的研究上,第一个提出要根据马克思和恩格斯所占的份额来探讨两人在理论上的偏差的,并不是广松涉,开先河者为望月清司。这是因为,广松涉基于《德意志意识形态》的文献学研究,提出该书第 1 篇虽由恩格斯主导,但两人之间的理论偏差至少在文本上并不十分明显(广松,1974/12:7)。也就是说,广松涉认为即便恩格斯演奏的是第一小提琴,但表面上他与马克思的合奏样式本身并未达到不和谐程度。

与此相反,望月清司虽然承认,自己"从广松涉语出惊人的'恩格斯执笔说'那里"得到了"强烈的启示",但"在理解称得上是《德意志意识形态》的核心理论——分工这一逻辑结构时,若要断定这是恩格斯的构想,还是不能不让人感到犹豫"(望月,1968/12:110)。他进而提到《德意志意识形态》第 1 卷第 1 章中,有的地方主张废除分工才是共产主义,而有的地方则作出展望——只有当分工在全世界得以普遍化时共产主义才有可能,这使他感觉到强烈的不协调。因此他主张,"那些想要将《德意志意识形态》看作是一项首尾一贯的作业的人们,必定感觉到其中的不和谐,因而要立足于对不和谐本身加以分析,从而梳理出两种分工论在两人各自的世界史认识上是怎样的脉络",为此,他尝试对两人的份额进行分离作业(前述论文:110—111)。

望月清司首先注意到,《德意志意识形态》中作为逻辑的、历史的原点的"个人"这一概念,[1?]- cd -[2?]- a(小束的誊清稿异稿)中表现为"现实的个人(die wirklichen Individuen)",而 S. 11—16(大束手稿的第一部分)中却表现为"生活的个人",两者的含义也有明显的差异,对此他做了推演和对比。首先,前一"现实的个人"在誊清稿异稿中规定如下。

我们所出发的各前提[……]是现实的各前提。[……]这就是现实的个人,是他们的行为和他们的物质生活条件。

所有人类历史的最初前提毫无疑问是活着的人的个人的存在。[①]([1?]c‑d/Hiromatsu 广松涉,1974:23)

因此,这里所提到的个人在生理上不得不吃喝,并不得不为此用生产手段进行生产。但是,这种生产方式不仅仅是个人肉体存在的再生产,而且是以个人相互间的"交往 Verkehr"为初始前提的。因此,这种"个人"首先是从事物质生产的个人,其次是通过这种生产过程而形成"交往形态"的个人,再次是具有独立于个人意识的运动,即发展法则的社会中的个人。望月清司指出,这样的个人是"历史唯物主义的立足点和出发点"(望月,1968/12:111—112)。他还附加地提到,上面的这些叙述见于马克思未加边注、追记、订正的诸节之中(前述论文:112)。

但是,后者被巴加图利亚加有"历史本源的关系,或社会活动的各基本层面、生活手段的生产、新要求的出现、人的生产(家庭)、交往、意识"这些小标题(S. 11—16),这一部分里有马克思所加的六处边注,其中讨论了作为历史出发点的人。这里强调了"所有历史的首要前提,是人为了'形成历史'而必须活下来";同时叙及了"为了活下来,最重要的是吃、喝、居住、穿衣以及其他若干要求";这里还指出,用于满足这些要

---

① 未省略的这一部分的原文如下。/[1?]‑c/Die Voraussetzungen, mit denen wir beginnen, sind keine willkürlichen, keine Dogmen, es sind wirkliche Voraussetzungen, von denen man nur in der Einbildung abstrahieren kann. Es sind die wirklichen Individuen, ihre Aktion und ihre materiellen Lebensbedingungen, sowohl die vorgefundenen wie die durch ihre eigne Aktion erzeugten. Diese Voraussetzungen sind also /[1?]‑d/ auf rein empirischem Wege konstatierbar. (我们开始要谈的前提不是任意提出的,不是教条,而是一些只有在想象中才能撇开的现实前提。这是一些现实的个人,是他们的活动和他们的物质生活条件,包括他们已有的和由他们自己的活动创造出来的物质生活条件。因此,这些前提/[1?]‑d/可以用纯粹经验的方法来确认。)

Die erste Voraussetzungen aller Menschengeschichte ist natürlich die Existenz lebendiger Individuen[……](全部人类历史的第一个前提无疑是有生命的个人的存在)。

求的各种手段的产生、物质生活本身的生产"是首要的历史行为",这种
历史行为是"从数千年前到今天的全部历史的基本条件"(S. 11/Hiro-
matsu 广松涉,1974;22)。而"其次重要的",是这些欲求又创造出各种
新的需要,"第三"则是人生产出人的过程,即通过繁殖而形成家庭,家
庭最初是作为"唯一的社会关系"(das einzige soziale Verhältnis)。以
上是社会活动的三个层面、三个因素,而作为第四因素,还附加上合作
(Zusammenwirken)。此处的合作,意味着若干人的个人(mehrere In-
dividuen)在生产劳动中的结合(S. 13/Ibid. ;26)。也就是说,这里的生
产,即劳动的最终单位,被改换成了"个人",而非"各个人"。不管怎样,
S. 11—16 中所涉及的"根源上的历史关系的四个因素、四个层面"并非
互不相同的阶段,而是"从历史的出发点开始,自最早的人类以来,就同
时存在的,且在今天仍具有历史效应"(S. 12/Ibid. ;24)(望月,1968/
12;112—113)。

　　然而我们注意到,在这一阶段的合作中,并未结合有基于私有制的
分工。不以私有制,即交换为前提的合作,以《1844 年手稿》中的术语
来说,即意味着"真正的现实的共同组织"、"真正的类的生活"。因此望
月清司主张,"已经将赫斯的'社会交往'概念拉入'分工'的基本范畴
中,并获得了历史社会图景的马克思,这时却拿出突兀的'合作'概念,
而且虽然必须以异化理论这样那样的内在成熟度为前提、来加以动员,
但他对于这种必要及必然性全然不予认可"(前述论文;114—115)。

　　望月清司正是从这一角度,提出了马克思和恩格斯的份额问题。
他将没有马克思边注、添补的叙述部分([1?]- cd)中出现的"各个人",
和附有马克思边注的叙述部分(S. 11—16)中出现的"人们＝若干人的
个人"进行比较和对照。然后,他比照《德意志意识形态》之前马克思所
到达的思想高度,认为前者是和谐的,而后者却十分不和谐。他探讨了
从"各个人"和"个人"这两个不同的范畴可导出怎样的分工论(前述论
文;115—116)。

　　这里,我们无法展开讨论望月清司对《德意志意识形态》第 1 卷第

1 章中两个分工概念谱系的挖掘过程，这两个谱系为"分工＝私有制→阶级"（恩格斯）和"分工＝所有制→交往"（马克思）。我们只是有必要简单了解他是通过怎样的步骤来判别两人的份额的。继 1968 年的《〈德意志意识形态〉中的分工逻辑》后，他分两次对该问题进行了具体的讨论，大致概括如下。

首先，《德意志意识形态》的正文是恩格斯的笔迹，单以正文基底稿的文句无法判断究竟是两人中的何人所写，因此他提出了以下依据（望月，1973：200—201；1971/5：83—86；冲浦等，1974/3：14—15）。

ⅰ）栏外注记是马克思的笔迹，文句较长，因此毋庸置疑是作为马克思思想来阅读的第一依据。当然，这需要有一定的数量。

ⅱ）其次，标有栏外注记的正文的相应之处，以及前后一连的叙述，若与栏外注记在逻辑上相吻合，那么这些正文中一定的相应之处也推断为属于马克思，这些是第二依据。

ⅲ）第三，对这些栏外注记和修改加以鉴别，将之分成两种情况。一是加强语调，使得正文相应处的叙述内容更加准确，换着说的话对于正文的内容也是肯定的；第二种则不同于上述情况，修改文对于正文的叙述持批判态度，使得正文的内容具有了不同的意思。对于第二种情况的正文，则作为推测属于恩格斯的第三依据。第一种情况作为识别的材料缺乏证据力，因为此处两人的见解在表面上——偶然地——相一致。还有很多情况是修改文的意思并不明确，这些地方则不作为依据采用。

ⅳ）因恩格斯是笔记者本人，很少有上述栏外注记和边注，即便有，也缺乏作为依据的力量。正文中可见许多语句的添加（详细收录在 *MEGA* 的附录中），如若仔细考察，会发现有的必须看作是恩格斯理论的片段表白。这些语句若长的话，则很难判断——因为马克思口述、恩格斯笔录的可能性很大——所幸并不多。这些是第四依据。

　Ⅴ）最后，大部分的边注——许多情况下只是名词，缺乏作为独立依据的力量。例如，新版（巴版）编辑部所列的第Ⅰ部（小束手稿）是最终的誊清稿，不认可边注是理所当然的，而第Ⅱ部（其中 5 节［S. 18—19］全文为马克思）和第Ⅲ部［S. 30—35］的边注无一例外地是马克思的，但其本身不被认为是有意义的。附有边注的正文大部分是恩格斯的，但［……］确为马克思的第Ⅳ部 11 节［S. 68—72］中，两人的边注并存。马克思在自己的叙述中（恩格斯的笔迹）也加有自己的边注。

　毋庸置疑，上述各种依据只不过是单纯的线索，而原本的识别标准并不排除其理论内容，这一点必须倍加注意。

望月清司通过上述识别标准，区分了《德意志意识形态》第 1 卷第 1 章中出现的马克思和恩格斯的历史理论，提出他有名的观点——马克思的分工展开史论和恩格斯的所有制形态史论。他主张，"现实的个人"和"不得不吃喝的人"这两种不同层次的人的观点，使以分工为前提的和以分工为结果的两种历史理论成为可能。

　因此，前者归结为马克思的分工展开史论，即从城市脱离农村（手工业的独立）出发，到生产和交往的分离（商人阶级的形成）、城市之间的分工（工厂手工业的建立）、农村脱离城市（农村工业的形成和发展）、大工业（达到世界范围内的交往）。这里我们注意到，"用于工业目的的自然力、机械，广泛形成的分工（die ausgedehnteste Teilung der Arbeit）的应用，这种大工业"［S. 51/Hiromatsu（广松），1974：110］成为共产主义社会不可或缺的物质基础（望月，1973：239—50；1968/12：122；S. 41—52/Hiromatsu（广松），1974：90—112）。而后者则以恩格斯的所有制形态史论来展开，即以性的分工为出发点，到家庭内的自然发生的分工、家庭内的私有＝家庭内潜在的奴隶制、家庭中的社会分工，再到阶级支配（望月，1973：225—238；1968/12：118；小束手稿的纸张［3］—

[4]/Hiromatsu(广松),1974:78—86)。

这两个历史理论中,马克思的理论对一般的分工持肯定态度,将普遍的交往,即世界市场的完成,看作是使个人的自由联合——共产主义成为可能的基础。而与之相反,恩格斯对一般的分工持否定态度,认为世界市场所期望的力量必须要颠覆,因为世界市场的合作总是自然生长的(由无政府的竞争所支配),必须要加以有计划、有意识的控制(望月,1973:221—222)。望月清司主张,正是在这里,我们看到了恩格斯和马克思的共产主义观①的差异。恩格斯的共产主义观追求的是必须要成就的理想,而马克思则将扬弃现象的现实运动理解为共产主义。因此望月清司采用了下面的这一表现——那有名的"晨猎暮渔[……]②(S. 17L/Hiromatsu, 1974:34)式的世界,从一切的分工中解放出来的,心满意足的田园般孤独的书生生活,采用亚洲式的意象会比较合适,即晴耕雨读的隐遁闲居,恩格斯的这一共产主义社会图景因此是若干个人在家庭内部开始劳动分割的所有制形态史论的必然归结"(望月,1973:233;1968/12:116—118,126)。

以上我们跟随望月清司的逻辑,对《德意志意识形态》第 1 卷第 1 章中马克思和恩格斯的份额进行了划分,并在此基础上,探讨了两人之间呈现出来的理论上的偏差。如果我们同意他的这一逻辑,就能确认

---

①　/S. 18R[马克思的笔迹]/Der Kommunismus ist für uns nicht ein *Zustand*, der hergestellt werden soll, ein *Ideal*, wonach die Wirklichkeit sich zu richten haben. Wir nennen Kommunismus die *wirkliche* Bewegung, welche den jetzigen Zustand aufhebt[……](共产主义对我们来说不是应当确立的状况,不是现实应当与之相适应的理想。我们所称为共产主义的是那种消灭现存状况的现实的运动)(Hiromatsu, 1974:37)。/S. 18R/的"R"指手稿原稿第 18 页的"右边 *recht*"栏。"L"则指"左边 *link*"栏。

②　《德意志意识形态》"I. 费尔巴哈"中所描写的这一共产主义社会图景,借用波特摩尔的表现,是作为"恶名昭彰的文句 *a notorious passage*"而脍炙人口。T. B. Bottomore, "Industry, Work and Socialism," *Socialist Humanism: An International Symposium*, ed. By Erich Fromm(London: Allen Lane, 1967), p. 367. (T. B. 波特摩尔:《工业、劳动与社会主义》,《社会主义的人道主义:一次国际会议》,E. 弗洛姆编,伦敦:阿伦巷,1967 年,第 367 页)

马克思和恩格斯至少在《德意志意识形态》阶段就对人、社会、所有制、分工等有着不同的视角。但是，望月清司的这一主张，与在《德意志意识形态》上主张"恩格斯份额"的广松涉的观点，必然有许多方面的冲突。因此下面我们简单探讨望月和广松的论争要点。

三、望月清司与广松涉的论争

首先，我们通过上述望月清司的研究，可知他以自己独到的角度来展开对《德意志意识形态》第 1 卷第 1 章中马克思和恩格斯所持份额的讨论，他就广松涉编辑方案的弱点，反驳了广松从异化论向物象化论迁移的主张。望月清司指出，广松涉编辑方案的最大特点就是完成了基于该书中出现的财产形态的经济史叙述。实际上，纸张[3]—[4]中叙述的所有制形态——从①种族财产（das Stammeigentum）、②古代共同体和国家财产（das antike Gemeinde-und Staatseigentum）、③封建或身份财产（das feudale oder ständische Eigentum），到纸张[4]- d 的中间部分——以未完的状态而中断。对此，广松涉根据大束手稿的最后一页（[92]- b）中出现的笔记，将纸张[3]—[4]看作是佚失的 S. 36—39，而且续以 S. 40—52 中出现的有关④制造业财产（Manufactureigentum）、⑤产业资本（industrielles Kapital）的叙述，使内容完整；同时提出了自己的编辑方案——该誉清稿的纸张[3]—[4]与大束手稿正文直接连接[广松，1965/春：125—128；Hiromatsu（广松），1974：x，xxi，78—112]。但是，望月清司指出，广松涉的这一编辑方案是将恩格斯主导撰写的正文，根据第 1 章最后部分（[92]- b）的"马克思的笔记"来编辑，因而不仅是对自己所持的恩格斯主导说的摒弃，而且是对原稿的恣意编纂，故而犯了与阿版并无二致的错误（望月，1971/5：77，86—87；1973/8：251—253；森田/望月，1974/4：235；望月，1975：65）。

另一方面，广松涉通过《德意志意识形态》的文献学研究，认为马克思摒弃了《1844 年手稿》中的异化论而采用了物象化论，对此，望月清司也持否定态度。广松指出，他通过对恩格斯的研究，认为恩格斯已经在卡莱尔论及《神圣家族》中，自觉地对异化理论进行了批判，到了《德意志意识形态》阶段，他说服了还未作出决断的马克思，扬弃了异化论（广松，1966/9：8—9；1967/10：45—46；1971：57—77）。不仅如此，正如重田晃一所指出的，广松涉的物象化论，与恩格斯的《德意志意识形态》第 1 卷第 1 章主导说有密切的关系，而恩格斯和黑格尔流派的异化论并无何种关联（重田，1967/11：206—208）。而望月清司虽然承认，异化这一术语在《德意志意识形态》中，只有在极少数情况下才被小心翼翼地使用，但是他也注意到，在提到"哲学家"和"异化"的部分中，必然出现"分工"、"普遍的交往"、"市民社会"。也就是说，望月认为在《1844 年手稿》中，①黑格尔式的"市民社会"不见了，②代之以"社会"这一表达，③新出现了"异化"；但在《德意志意识形态》中，①"异化"向"分工"转移，②"交往"与之相结合，③"社会"重新复原为马克思的"市民社会"。因此，望月指出，有必要将表明马克思（存有疑问的恩格斯的）历史认识的一系列思想——它表现为经济范畴——看作是从异化到分工的回转。这里，他还举出马克思、恩格斯所持份额问题的效用性来讨论（望月，1971/5：78—83，尤其是 83），进而展开以下逻辑：①如果说恩格斯在《德意志意识形态》之前就已经摆脱了异化论的思维，那么该书的主导者——恩格斯，就没有为了到达物象化论而克服异化论的必要；②正如马克思在《政治经济学批判大纲》（Grundrisse）①中明确表示的那样，尽管在《德意志意识形态》中承认物象化论，但并未发生"从异化论到物象化论"的飞跃，因而最终③不管是马克思还是恩格斯，都未发生从异化论向物象化论的展开（森田、望月，1974：203—214，尤其是 213—214；望月，1973：195—210）。

广松理论的三大支柱是：①提出了新文本建构来代替作为"伪书"的阿版；②恩格斯主导说；③认为马克思摒弃了异化论而采用物象化

---

① 即马克思的《1857—1858 年经济学手稿》，西方学术界通常称《政治经济学批判大纲》。——审注。

论。而上述望月对广松的批判从根本上对广松理论三大支柱中的两个——②和③——产生了威胁。因此，广松通过 1974 年的两次访谈，对望月的理论进行了反驳。他认为，所持份额问题，即归马克思所属的部分和归恩格斯所属的部分的划分是望月理论体系的支柱之一，而从文献学角度和内容角度，对这一划分标准是无法苟同的（广松，1974/6/17—18/19：280）。

广松提出他的论点——望月赖以判断份额的五个标志（Merkmal）中，最重要的第 2 和第 3 项在逻辑上缺乏根据。首先，广松认为望月的第二个判断标准是前后不符的。"马克思写有栏外注记的正文相应之处，以及前后一连的叙述，若与栏外注记在逻辑上相吻合，那么这些正文中一定的相应之处也推断为属于马克思"，这个依据也就是说，如果马克思和恩格斯意见一致，那么便将这些都说成是马克思的份额，而且局限于"一定的相应之处"的理由也不恰当。再者，广松认为，尽管马克思和恩格斯基本上在许多处都观点一致，但判断马克思的栏外注记与恩格斯的正文"在逻辑上相吻合"的标准也是有问题的。其次，望月说道："马克思所加的栏外注记和补充，a）若是加强语调，使得正文相应之处的叙述内容更加准确，则属于肯定的修改情况，b）反之，若鉴定为修改使得内容具有了不同的意思，那么尤其是后者 b）的正文，则作为推测属于恩格斯的第三依据"，"前者 a）作为识别的材料，缺乏证据力，因为此处两人的见解在表面上相一致"。然而问题正在于这一部分的判断标准（第三依据）与第二依据相同，第二依据在逻辑上还是丧失了证据力，不得不予以摒弃。但是，望月将第二依据直接应用于叙述分工展开史论的部分，并将之视作马克思的份额。广松从这一角度，主张望月视作是交织并存在《德意志意识形态》第 1 卷第 1 章中的两个历史理论——马克思的分工展开史论和恩格斯的所有制形态史论，其基本的图式（Schema）是"极其勉强"的（广松，1974/12：9—10；1974/6/16—6/19：280—281）。

望月进而断定，S. 19 和 S. 68 中出现的，好比"同卵性双胞胎"的

"两个重要的'市民社会'规定"中,有一个论述,即 S. 19 的情况,"的的确确是马克思的"(望月,1973:207)。对此,广松反问道:"该部分栏外注记确实是马克思的,但参看手稿复原版就可清楚知道,讨论市民社会的 S. 19 的文句,应是恩格斯从先头部分开始一气呵成的,而栏外注记是以后来的视角写下的。这样,望月一方面承认 S. 17—18 及 S. 20—23 部分是恩格斯所作(前书:204,222),另一方面又怎能单单说 S. 19 '的的确确是马克思的'呢?"(广松,1974/6/17—8/19:283—284;1974/12:11)。

广松还补充说,从逻辑上讲,份额问题当然首先应从《德意志意识形态》"之前"的文献——著作和论稿——的连续线上来考察,然而望月却与《德意志意识形态》"之后"的文献相联系。也就是说,广松指出望月所取的立足点,是将"《德意志意识形态》作为《1844 年手稿》到《1857—1858 年经济学手稿》,尤其是到后者中的一节——'先于资本家生产的各形态'——的媒介体",来考察该著作"在马克思历史理论之形成过程中起到的作用"(望月,1973:159),因而从文献学的角度来看,犯了根本性的错误,将确为恩格斯的部分看作是马克思的(广松,1974/12:6—7;1974/6/17—8/19:285)。

因此,广松根据上述论据,对访谈者的提问——"望月的'马克思历史理论'中,若基于《德意志意识形态》的论点的两个支柱,即'分工展开史论'和'市民社会论'发生了崩溃,那么后者(望月)的转移论是否也会崩溃?"——作出了肯定的回答,并保证了自身理论的稳妥性。但是,广松将他自己的恩格斯主导说限定在历史唯物主义形成过程的初期,而认为是马克思对其作了系统的展开,并补充说,这一事实不容误解(广松,1974/12:11—12)。

综上所述,广松引出了对所持份额问题的讨论,到了望月,则扩大为份额基础上的马克思、恩格斯在理论上的偏差问题,并终而展开二人之间的论争。这里,笔者无心判断二人的主张是否妥当,也不欲评判其中的是是非非,这是没有必要的;作为笔者,能够清楚揭示的,是二人在论争中,暴露出彼此理论所具有的弱点,但二人的论争,在结果上促进了对论争中未尽之处的更集中的研究,在深化《德意志意识形态》本身的理解上起到了积极的作用。

第四节　《德意志意识形态》的新解读

上文中我们围绕广松涉和望月清司的论争,简单了解了广松所引出的《德意志意识形态》第1篇的研究情况。日本的这一研究是独特而引人注目的,尤其是两人基于文献学分析而对该书第1篇作出的解释上有着差异,这使日本学界的《德意志意识形态》的各种解读成为可能。这些对《德意志意识形态》的新解读不同于以往成说,且在时期上与广松和望月的文献学批判是并行或继起的,可以整理为以下三部分内容。第一部分是根据广松和望月的份额问题的讨论成果,将之作为马克思和恩格斯理论发展的一个阶段来接受,如中川弘和细谷昂;第二部分是望月和岩渊庆一等,他们反对广松的物象化论迁移说,而主张异化论;第三部分是森川喜美雄等,主张不能将《德意志意识形态》的撰写动机局限于该书第1卷第1章,而应扩大并导入宏观视角。下面,我们就第一部分中川弘和细谷昂的《德意志意识形态》研究作较为具体的考察,而对第二和第三部分只简单概括其要点。

一、《德意志意识形态》中出现的三个史论:中川弘

首先,广松和望月的份额论中突出的一个现象是,他们并不把马克思和恩格斯看作是《德意志意识形态》的合著人,而是强调二人处于异质的状态,彼此思想还未能融合。当然,对于广松而言,他的恩格斯主导论强调了恩格斯在历史唯物主义形成初期的作用;但对于望月来说,则是放大了马克思和恩格斯的理论偏差。换言之,前者将恩格斯推为"合奏中的第一小提琴手"(广松,1966/9:2),而后者则从《德意志意识

形态》中听到了"不和谐的通奏低音"(广松,1968/12:122)。

这里我们不能忽视广松和望月的逻辑展开,尤其是后者,他关注的不是马克思和恩格斯作为《德意志意识形态》合著人在思想上达成的统一性,而是过于强调二人的差异,从而完全遮掩了合作撰写过程中必然会出现的思想融合过程及发现其新展开趋向的视野。因此,他们的研究必然促使学者们进行新的研究,从总体视角来考察《德意志意识形态》中出现的二人的思想,重点分析二人的思想在该书撰写过程中是怎样重新形成的。而中川弘和细谷昂的研究正回应了这一客观要求,他们在广松和望月的文献学研究成果的基础上,对《德意志意识形态》进行了重新解读并展开了讨论。

中川弘主张,由于马克思和恩格斯的各种文献中,很大一部分未经充分的整理和排序,且本身状态错综复杂,因此有必要根据抽象的程度即逻辑层次来进行整理和排序。他认为这一抽象程度即逻辑层次的差异意味着历史观的差异,并列举人类历史认识(史论)的五个视角如下(中川,1977:13—14,30—31)。

(1)从"自然与人的关系"的角度,将人类历史分为"前史"和"本史"两个阶段。这里的"前史"与"本史"的划分,是以"劳动"转化为"自由的生命活动"为转折点。这一视角和史论关乎人类社会的存在根据,属于抽象度最高的层次。

(2)从"依存关系"的角度,分为三个阶段——"人的依赖关系→物的依赖关系→全面社会化的自由个性"。这是基于人的"水平式结合关系"的形成样式划分出的发展阶段。因这一视角不是纵向关系,因此其逻辑层次要较以下三个视角的抽象度高。

(3)从"劳动和所有制的同一性和解体"或"直接生产者和生产手段的关系"即"现实占有关系"的角度,分为三个阶段——"劳动和所有制的本原同一性→同一性的解体→同一性的高次复活"。这一角度与(5)的"生产关系"视角是表里一体的。

（4）因"依赖关系"和"现实的占有关系"是重叠统一的，故分为三个阶段——"本原的共同体→市民社会→共同体的市民社会或市民社会的共同体"。这一历史观是（2）（3）重叠与统一而成，所以其逻辑层次与（2）（3）持平。

（5）从"生产关系"，其作为基轴关系的"追求生产手段所有的、人的相互关系"这一角度，分为五个阶段——"生产手段的社会即共同所有（原始共产制）→阶级所有即私有（奴隶制→封建制→资本制）→社会即共同所有的高次复活（共产主义）"。

中川弘正是根据以上这五个视角和史论，来重新解读《德意志形态》"Ⅰ. 费尔巴哈"的。他以广松的编辑方案及其所主张的辨别文本的"几个新旧层次"为优先前提，来分析《德意志意识形态》的第 1 卷第 1 篇，捕捉和剔出其中的三个史论。首先，他认为马克思和恩格斯的唯物史观确实在《德意志意识形态》的第 1 卷第 1 篇中得到明显的改进，但并不是第一次确立和提出。也就是说，中川弘认为虽然还有争论的余地，但巴黎时期以后，马克思已经通过《1844 年手稿》及《穆勒笔记》的"类的存在"论、"异化"论、"共产主义"论，逐渐形成他的唯物史观；尤其是《1844 年手稿》中的"类的存在"概念，与《德意志意识形态》第 1 卷第 1 篇中最重要的概念——"现实的个人（die wirklichen Individuen）"（S. [1?]- c/Hiromatsu, 1974：23）相一致（中川，1977：57）。

对于人类社会的历史发展，中川弘首先并主要根据的是誊清稿异稿[2?]，即从"生产生活手段的样式"、"其物质的各条件"的角度来划分阶段，由此认为唯物主义历史观在《德意志意识形态》中得到确立，并将该书第 1 卷第 1 篇中提出的历史理论整理为三条线：①"所有制关系"视角；②"物象化论"的视角；③"自然和人的关系"视角。他认为，《德意志意识形态》将历史发展的原动力及推进契机理解为"个人自身力量的发展"（die Entwicklung der Kräfte der Individuen selbst）即"各种生产

力的发展（Entwicklung der Produktivkräfte），而各生产力的发展契机
正是藏在人与"自然基础"的关系行为之中；且这些个人，作为个人而延
续着现实存在即再生产①(S. 61，[5]- a/Hiromatsu, 1974：27，130)。

　　中川弘认为，《德意志意识形态》正是从"分工"的关系来理解各种
生产力的发展，而这一分工，则是从"生产关系（所有关系）"范畴来把握
的。之所以这样认为，是因为他将分工的范畴看作是集"生产力"（的发
展）和"生产关系"（所有制范畴）于一身的中枢轴心范畴。而且，他认为
广松编辑方案的 B 章正文（誊清稿[3]—[4]和大束手稿的 S. 40—52)
中出现的①部族所有制→②古代共同体所有制及国家所有制→③封建
的及身份的所有制→④制造业财产→⑤商业资本→共产主义的"所有
制形态"，与"各民族生产力的发展水平"正相对应。而这正是中川弘基
于《德意志意识形态》中出现的"所有制关系"角度的一个史论。当然，
在这种情况下，中川弘并不认同广松的主张——小束手稿的纸张[3]—
[4]中叙及的①②③的各所有制形态与第三部分的开头（S. 40 以下）正
相连接②（中川，1977：63—64)。

　　其次，广松编辑方案 A 章正文（大束手稿第一部分的 S. 11—25)中
可见物象化论角度得出的史论，这里，曼彻斯特时期恩格斯的资本主义

---

　　①　该部分的原文如下。"/[5]- a/[……];aber dieser Individuen nicht wie sie in
der eigenen oder fremden Vorstellung erscheinen mögen, sondern wie sie wirklich
sind, d. h. wie sie wirken, materiell produzieren, also wie sie unter bestimmten mate-
riellen und von ihrer Willkür unabhängigen Schranken, Voraussetzungen und Bedin-
gungen tätig sind. (但是，这里所说的个人不是他们自己或别人想象中的那种个人，而
是现实中的个人，也就是说，这些个人是从事活动的、进行物质生产的，因而是在一定
的物质的、不受他们任意支配的界限、前提和条件下活动着的)"。

　　②　中川弘从这一角度提到广松和望月围绕所有以及财产形态而展开的论争。
他介绍了我们在前文中考察过的广松→望月→广松的一系列论争后，补充了自己的见
解。他认为，纸张[3]—[4]中，三阶段的所有形态并不是与第三部分开头的第四形态
（制造业财产）相连接，而是与有关"身份的所有"即"同职组合（Zunft）的所有"的叙述
相接续；且其中"前近代"（自然生发的生产工具）和"近代"（依靠文明创造出的生产工
具）形成对照。因此，前者所对应的是基于"人格的诸关系"即"一种共同体"的所有者
对非所有者的支配，而后者所对应的是基于货币这一"物的基础"的所有者对非所有者
的支配（中川，1977：64—65)。

社会观得以全面展开。其主轴是恩格斯特有的有关"自然发生的社会"（naturwüchsige Gesellschaft）和"共产主义社会（kommunistische Gesellschaft）的叙述［S. 17/Hiromatsu（广松），1974：34］。文中叙述道：基于私有的"人的共同体"的解体，即人作为"没有类意识可言的具体元素"的人的孤立，和以孤立的人的"竞争"为基本原理而建立起的近代资本主义社会的存在结构，是贯彻了"立足于相关人的无意识的自然法则"的社会，因此，这样的社会必须提升为"共产主义社会"，废除"私有制"和"竞争"、使"自觉的人"的"有意识"的生产成为现实；"自然发生的社会"使"各人不得不具有强制的、一定的、排他的活动领域"，而与之相反，"共产主义社会不是使各人具有一个排他的领域，而是可以在自己愿意的领域中形成自我"①。生产的有计划、有意识的控制，即"社会对整个生产的控制"，是"全面发展的个人"的生成条件。中川弘认为，这一史论所侧重的问题正是人对"生产的各物质条件"的作用（中川，1977：66—68）。

　　最后，中川弘指出，广松编辑方案 B 章结论（大束手稿第三部分的 S. 52—68）中接近最后的部分（S. 65—67），是定焦在"自然和人的关系"这一视角上，而这一视角则位于包括前两个史论在内的全部历史的贯通层次上。这里采用了"自我活动"和"劳动"的范畴，从根本上彻底地划分人对于自然的关系和行为，将人类历史的展开分为两个阶段——从①"自我活动"和"劳动"的分离＝"劳动"失去"自我活动"的样态＝"消极的自我活动形式"的"劳动"普遍化了的近代资本主义社会

---

　　① 该部分的原文如下。"/S. 17L/［……］, daß die Menschen in der naturwüchsigen Gesellschaft befinden, ［……］Sowie nämlich die Arbeit verteilt zu werden anfängt, hat jeder einen bestimmten ausschließlichen Kreis der Tätigkeit, der ihm aufgedrängt wird, aus dem er nicht heraus kann；［……］- während in der kommunistischen Gesellschaft, wo jeder nicht einen ausschließlichen Kreis der Tätigkeit hat, sondern sich in jedem beliebigen Zweige ausbilden kann, ［……］. （只要人们还处在自然形成的社会中……原来，当分工一出现之后，任何人都有自己一定的特殊的活动范围，这个范围是强加于他的，他不能超出这个范围；［……］而在共产主义社会里，任何人都没有特殊的活动范围，而是都可以在任何部门内发展……）"。

（以及之前的各时代）①到②"自我活动"和"物质生活"的一致＝"劳动"向"自我活动"的转化——共产主义社会②，以此两个阶段来理解历史的展开（上述论文：68—72）。

以上我们按照中川弘的叙述，了解了《德意志意识形态》第1卷第1章中出现的三个视角，以及基于此的三个史论。但是，正如中川弘也指出的那样，这三个史论有着互不相同的逻辑层次与地位，因而处于未经严密整理和排序的状态，相互之间的关联性无法具体把握。然而中川弘认为，虽然②的物象化论视角是根据恩格斯的构思，但从整体上来看，《德意志意识形态》中的历史唯物主义是巴黎时期的马克思的各范

---

①　该部分的原文如下。"/S. 65/ Der einzige Zusammenhang, in dem sie noch mit den Produktivkräften und mit ihrer eignen Existenz stehen, die Arbeit, hat bei ihnen allen Schein der Selbstbetätigung verloren und erhält ihr /S. 66/Leben nur, in dem sie es verkümmert. Während in den früheren Perioden Selbstbetätigung und Erzeugung des materiellen Lebens dadurch getrennt waren, daß sie an verschiedene Personen fielen und die Erzeugung des materiellen Lebens wegen der Borniertheit der Individuen selbst noch als eine untergeordnete Art der Selbstbetätigung galt, fallen sie jetzt so auseinander, daß überhaupt das materielle Leben als Zweck, die Erzeugung dieses materiellen Lebens, die Arbeit(welche die jetzt einzig mögliche, aber wie wir sehen, negative Form der Selbstbetätigung ist), als Mittel erscheint. [他们同生产力并同他们自身的存在还保持着的唯一联系，即劳动，在他们那里已经失去了任何自主活动的假象，而且只能用摧残生命的方式来维持他们/S. 66/的生命。而在以前各个时期，自主活动和物质生活的生产是分开的，这是因为它们是由不同的人承担的，同时，物质生活的生产由于各个人本身的局限性还被认为是自主活动的从属形式，而现在它们竟互相分离到这般地步，以致物质生活一般都表现为目的，而这种物质生活的生产即劳动（它现在是自主活动的唯一可能的形式，然而正如我们看到的，也是自主活动的否定形式）则表现为手段。]"

②　该部分的原文如下。"/S. 67/[……] Erst auf dieser Stufe fällt die Selbstbetätigung mit dem materiellen Leben zusammen, was der Entwicklung der Individuen zu totalen Individuen und der Abstreifung aller Naturwüchsigkeit entspricht, und dann entspricht sich die Verwandlung der Arbeit in Selbstbetätigung und die Verwandlung des bisherigen bedingten Verkehrs in den Verkehr der Individuen als solcher. Mit der totalen Produktivkräfte durch die vereinigten Indiiduen hört das Privateigentum auf[……]. （只有在这个阶段上，自主活动才同物质生活一致起来，而这又是同各个人向完全的个人的发展以及一切自发性的消除相适应的。同样，劳动向自主活动的转化，同过去受制约的交往向个人本身的交往的转化，也是相互适应的。随着联合起来的个人对全部生产力的占有，私有制也就终结了。）"

畴和命题由恩格斯的笔迹记录下来的。根据中川弘的论点,着眼于人
的即类的活动本质和形态,洞察其在人的存在样式上具有的意义,并得
出与之密切相关、表里一致的"社会关系"的观点,这正是巴黎时期的马
克思所取得的各概念、各范畴(前述论文:72—75)。

中川弘提到广松的共产主义理论及唯物史观形成上的恩格斯主导
说,并认为正如广松所主张的那样,要根据马克思、恩格斯在《德意志意
识形态》之前阶段的思想发展和到达高度(中川,1975/11)来分析。他
得出明确的结论,认为虽然说恩格斯"阐明了近代资本主义社会的经济
结构、运动规律,以及此基础上的近代资本主义社会矛盾爆发的必然
性,预见到'社会革命',从这一点上来看,取得了先于马克思的成就,但
是,从与黑格尔哲学的对决,以及通过'唯物论的改进'而得出人类社会
发展逻辑这一问题的角度上说,反而是落后于马克思的"(前述论文:
54—57,引文为 56)。

不管怎样,对于上述中川弘的论述我们要注意的是,他虽然根据的
是广松和望月的文献学研究,而且与广松不同,他赞同的是马克思主导
说,但并不强调《德意志意识形态》各阶段所出现的马克思和恩格斯之
间的理论差异,而是认为这一阶段正是两人的唯物论历史观的形成时
期,因而不能不存在着错综复杂的视角和逻辑层次,因此,《德意志意识
形态》没有确立严密的逻辑层次和地位,对于其中唯物论历史观的研
究,必须与之后得以很好地提炼并秩序井然的经济学研究,即《1857—
1858 年经济学手稿》或《资本论》中所确立的唯物论历史观联系起来进
行阐释和说明。

二、作为马克思、恩格斯历史唯物主义之形成的"基始"的《德意志意识形态》:细谷昂

一方面,根据广松涉和望月清司对《德意志意识形态》第 1 卷第 1
章所作的文献学研究成果,另一方面,又采用与之不同的方法来阅读该
书,这样的研究者除了我们上面略述过的中川弘外,还有细谷昂也有必

要关注。正如细谷昂自己所指出的,他对《德意志意识形态》解读有着三个前提。第一,他对《德意志意识形态》第 1 卷第 1 章的解读,并不使用阿版,而是并用广松版和巴加图利亚版(巴版),其阅读顺序是按照巴加图利亚考证的该书第 1 卷整体的撰写顺序,来追寻二人克服彼此见解上的对立而达到"共同结论"的苦斗过程。第二,他对包括上述广松在内的,认为《德意志意识形态》"截断"了前期马克思和后期马克思的见解持批判态度,并欲在自己的论述中,揭示出该书之前,如《1844 年手稿》中的思想是如何被《德意志意识形态》所继承的。第三,他提醒我们注意,《德意志意识形态》实际上是"为了批判德国的意识形态"而写。也就是说,细谷昂明确提出自己的立场——该书的撰写是立足于之前的经济学研究,想要对当时德国的意识形态进行批判,唯物史观就是在这一过程中形成的,如若不这样来解读,就无法充分理解其中展开的各个论点(细谷,1979:157—159)。因此,我们要对他的这些前提进行缜密的探讨,从而才能理解他的论述要旨。

对于《德意志意识形态》的解读,细谷昂的特色就体现在他的这些前提中。换言之,①他在这里首先兼收并蓄了广松和巴加图利亚的文献学研究成果,尤其是还考虑到广松所讨论的份额问题。②然后,他接受了由巴加图利亚的考证而得出的撰写顺序,将日本以往只局限于《德意志意识形态》第 1 卷第 1 章的研究,扩大至该书的整个第 1 卷。应该说,细谷昂将视角放大以后,清楚地理出了马克思和恩格斯随着政敌和批判对象的变化而形成自己思想的过程。关于①,我们在前面已经作了考察,这里首先就②的问题进行讨论。

细谷昂根据 1974 年坂间真人用日语介绍巴加图利亚的论文——《〈德意志意识形态〉第 1 章的重构》,整理出《德意志意识形态》第 1 卷的解读顺序(如下表所示),并按照这一顺序来阅读该书(バガトゥーリヤ,1974/1:91—96)。也就是说,他很自然地将 1962 年巴纳发现的

S. 1—2 看作是整个《德意志意识形态》的出发点①，而对于在逻辑上很勉强很武断的做法，如将广松感到棘手的誊清稿的纸张[3]—[4]看作是佚失的 S. 36—39 的修订稿等，细谷昂是极其克制的。

根据巴加图利亚的考证得出的《德意志意识形态》第 1 卷的撰写顺序

	广松涉（德语版）	巴加图利亚（日译）	*MEW*, Bd. 3
① 第 1 章第 1 部分 (S. 1—2, 8—29)	156—57, 16—60	45—94	
② 第 2 章			
③ 第 3 章第 1 部分			
④ 第 1 章第 2 部分 (S. 30—35)	62—76	95—103	81 ** —100 101—159
⑤ 第 3 章第 2 部分			
⑥ 第 1 章第 3 部分 (S. 36—39 *, 40—72)	88—152	104—170	159—338
⑦ 第 3 章第 3 部分			
⑧ 第 1 章改定稿 ([1?][2?])	7—9, 23—25	21—24, 29—32	338—437 **
⑨ 第 1 章誊清稿 ([1][2][3][4][5])	6—14, 27—33 78—86	21—23, 25—29 32—34	

* 缺损部分。

** "莱比锡宗教会议"的"序论"为誊清稿，写在无标号的纸上；"结论"则接续在第 3 章第 3 部分纸张的最后（细谷，1979：158）。

　　细谷昂按照表中所示的《德意志意识形态》第 1 卷的撰写顺序进行了解读，我们之所以关注他的解读，是因为以往很多学者主要都局限于该书的第 1 卷第 1 章"费尔巴哈"，而且是追踪其中历史唯物主义确立的理论基础；与此相反，细谷昂是将三章所构成的整个第 1 卷置于有机联系之中来进行考察的。他在大束手稿第 1 部分（①）中，发现马克思

---

　　① 广松将之作为"附录Ⅰ［ァ］"，刊登在卷末（Hiromats（广松），1974：156—57）。但是细谷昂认为，"Feuerbach"这一栏外注记显示其属于第 1 篇，且用纸也是大束手稿的第一部分，即与 S. 8 以下相同，因此无疑属于基底稿第一部分（细谷，1979：164）。郑文吉，《马克思、恩格斯的〈德意志意识形态〉"Ⅰ. 费尔巴哈"章的重新建构》（下），pp. 280 - 282［郑文吉，《马克思思想的形成与早期著作》，pp. 241 - 244］。

和恩格斯的以下观点，即批判德意志意识形态的视角，不是单纯地从黑格尔左派的"空文的支配"（Herrschaft der Phrasen）下解放出来，而是"依靠现实的世界、现实的手段来完成的现实的解放"（S. 1/Hiromatsu（广松），1974：156）；而对于认为直接性和无媒介性即为现实的费尔巴哈，他们所采取的是辩证法的批判立场——被媒介的、"诸关系的总和"即是现实，即是具体。因此他们批判道，将共产主义置换成单纯范畴的费尔巴哈，在需要革命实践的时候，却总是逃避到外部自然，而这（自然）是还未进入人的支配下的自然。所以他们认为，"只要费尔巴哈还是唯物论者，他就没有历史；只要他考察历史，他就不是唯物论者"（S. 29R，10/*Idid.*：61，20）①（细谷，1979：164—167）。细谷昂指出，正是在这样一个马克思和恩格斯对费尔巴哈的批判基点形成的过程中，马克思从《1844 年手稿》中获得，并在《关于费尔巴哈的提纲》中确立的"新唯物主义"立场，与恩格斯通过英国经历而获得的关于资本主义巨大变革力与生产性的认识相合流了。这里所运用的，是恩格斯的"分工社会到阶级社会的贯通视角"，以及马克思的"资本主义社会巨大生产力的发展和普遍交往的展开"视角（前书：165—167）。

马克思和恩格斯在论及"圣布鲁诺"的第 2 章②、将施蒂纳定义为

---

① 该部分的原文如下。"/S. 29R/［……］Diese Millionen Proletarier oder Kommunisten denken indes ganz anders, und werden dies ihrer Zeit bewiesen, wenn sie ihr 'Sein' mit ihrem 'Wesen' praktisch, durch eine Revolution in Einklang bringen werden. Bei solchen Fällen spricht Feuerbach daher nie von der Menschenwelt, sondern er flüchtet sich jedesmal in die äußere Natur, und zwar in die Natur, die noch nicht unter die Herrschaft der Menschen gebracht ist ［……］. （这千百万无产者或共产主义者所想的完全不一样，而且这一点他们将在适当时候，在实践中，即通过革命使自己的"存在"同自己的"本质"步调一致的时候予以证明。因此，在这样的场合，费尔巴哈从来不谈人的世界，而是每次都求救于外部自然界，而且是那个尚未置于人的统治之下的自然界。）"

"/S. 10/Soweit Feuerbach Materialist ist, kommt die Geschichte bei ihm nicht vor, und soweit er die Geschichte in Betracht zieht, ist er kein Materialist ［……］（当费尔巴哈是一个唯物主义者的时候，历史在他的视野之外；当他去探讨历史的时候，他不是一个唯物主义者）"。

"德国的小市民"(der deutsche Kleinbürger)的第 3 章第 1 部分③、以及
第 1 章第 2 部分④中,不仅批判了依存于黑格尔的鲍威尔,而且还不分
黑格尔和施蒂纳,对普通观念论和黑格尔主义进行了批判。然而细谷
昂尤其关注的是,这一部分中引入了"支配阶级的思想在任何时代都是
占支配地位的"[S. 30/Hiromatsu(广松),1974:30]这一意识形态之
道,即近代资本主义思想特殊历史性的"全民性"(Allgemeinheit)视
角①(细谷,1979:168—171)。

　　马克思和恩格斯在"圣麦克斯"的中心部分,即庞大的第 3 章第 2
部分⑤中,探讨了德国市民的历史,揭示了小市民施蒂纳在生活上的局
地性,以及此基础上的思维抽象性和固定性。②　细谷昂关注的是,这里
根据已经在第 1 章第 1 部分中提到的小市民定义,和马克思在第 1 章
第 1 部分 S. 18 的栏外注记中讨论的资本主义社会的普遍特点,对"本
土的(Lokal)"和"普遍的(universell)"进行了对比和把握,以及出现了
"世界交往(Weltverkehr)"等用词。③　他指出,对于马克思和恩格斯在
这里是否确立了共同的、同一的意识形态批判视角,还有商榷的余地,

---

　　①　"/S. 32L/[……]代替先前支配阶级的新支配阶级[……]必将自己的理解表
达为'社会全体成员共同的理解'(gemeinschaftliche Interesse)",在恩格斯这一正文的
右侧,有马克思的如下栏外注。"/S. 32R/Die Allgemeinheit entspricht 1. der Klasse
contra Stand, 2. der Konkurrenz, Weltverkehr, etc. , 3. der großen Zahlreichheit der
herrschenden Klasse, 4. der Illusion der *gemeinschaftlichen* Interessen (im Anfang
diese Illusion wahr), 5. der Täuschung der Ideologen und der Teilung der Arbeit[与普
遍性相适应的是 1) 反对等级的阶级,2) 竞争,世界交往等等,3) 为数众多的统治阶
级,4) 共同利益的幻觉(在开始时这个幻觉是真实的),5) 思想家的欺骗与劳动分
工]," Hiromatsu, 1974:68; *MEGA2* Probeband, S. 75—76. 。

　　②　*MEW*(《马克思、恩格斯著作集》),Bd. 3, S. 167—168, 252.

　　③　*MEW*, Bd. 3, S. 245—47. 从以下原文中体现出来。"[……]Inwiefern diese
Eigenschaften universell oder lokal entwickelt werden, inwiefern sie lokale Bornierthe-
iten überschreiten oder in ihnen befangen bleiben hängt nicht von ihm, sondern von
Weltverkehr und von dem Anteil ab, den er und die Lokalität, in der er lebt, an ihm
nehmen[……](……这些特点在多大程度上以普遍的方式或以局部的方式展开,它们
在多大程度上跨越这些局部性的褊狭或囿于其中,这并不依赖于他,而是依赖于世界
交往,依赖于他及其生活于其中的地方性对世界交往的参与……)," *MEW*, Bd. 3,
S. 247.

但重要的是,他们从内部结合了唯物论和辩证法,想要同时克服施蒂纳和费尔巴哈。也就是说,他们将施蒂纳定义为认为不通过辩证法,只靠"断然拒绝"就能超越"已存在的(das Bestehende)"的"无思想的破产哲学家"①,且费尔巴哈也主张单以直接的、无媒介的对感性的依靠就超越了黑格尔,从这一点上来说,费尔巴哈与施蒂纳都停留在同一思想水平上(前书:171—175)。

另一方面细谷昂评价道,第 1 章第 3 部分⑥体现了马克思和恩格斯的历史认识、对资本主义社会的认识和对共产主义的构思如何到达统一见解的一个过程;并指出第 3 章第 3 部分⑦叙述的是,作为资本主义思想特点的抽象的全民性是根据商品关系,它的存在基础位于基于大工业的商品关系的普遍支配之下,并由此批判青年黑格尔派代表的正是小市民的意识形态(前书:175—176)。最后,细谷昂通过《德意志意识形态》第 1 卷的整个撰写过程,将马克思和恩格斯所确立的德意志意识形态的批判视角概括如下(前书:176—178)。

(1)从与特殊历史特点相联系的视角,来审视青年黑格尔派区别于资本主义思想的德国小市民的意识形态。这一意识形态并非是根据资产阶级的普遍性来进行的抽象的、一般的思考,而无异于来自小市民性、局地性的抽象的、一般概念的支配。

(2)从批判非辩证法思维的角度,来看待费尔巴哈和施蒂纳对直接的、无媒介性的依靠。费尔巴哈的这一缺陷也是来自于局地性,未联系资本主义社会的"普遍的交往"——其

---

① 该部分的原文如下。"Er ist der Bürger, der sich durch die banqueroute co-chonne vor dem Handel rettet, wodurch er natürlich kein Proletarier, sondern unbe-mittelter bankerutter Bürger wird, Er wird nicht Weltmann, sondern gedankenloser, bankerutter Philosoph(他是有产者,他通过草率的破产而从商业中逃避出来。这样,他当然没有成为无产者,而是成了没有资金的、破产了的有产者;他没有成为世界性的人,而是成了粗心大意的、破产了的哲学家)," *MEW*, Bd. 3, S. 218.

不断的再生产活动。

（3）立足于上述（1）、（2）视角来批判观念论。由于局地性，观念论者不能从实践上联系到"普遍的交往"中去，因而只能抽象地出售固定化的一般概念和幻想，而且不在不断的再生产中来寻找扬弃物象化了的诸关系的途径，而只以断然的拒绝，将问题带入当为（Sollen）领域，或遁入信仰叫嚣"仁爱"。马克思和恩格斯对观念论的这一批判，以建构起批判真正社会主义的理论依据而告终。

细谷昂在他的这一解读过程中，追踪着马克思和恩格斯的历史认识和共产主义图景的变化。也就是说，在初期阶段第 1 章第 1 部分（S. 1—2，8—29），恩格斯和马克思关于共产主义的叙述分别出现在 S. 16—17 的左栏和 S. 18—19 右栏的较长边注中，我们经过对比，能够真实地感觉到两人初期阶段见解上的差异。① 而第 2 章第 2 部分（S. 30—35）正文中，是恩格斯的分工社会及阶级社会贯通视角，栏外注记中导入的则是马克思的特殊历史视角，即用"一般性（普遍性），①与身份相对应的阶级、②竞争和世界交往等[……]"（S. 32R）来作为近代资本主义社会的表象，这两个不同的视角是同时存在的（同上书：183—185）。

另一方面，马克思和恩格斯于第 3 章第 2 部分文末，探讨了何为私有和共产主义的必然条件（MEW，Bd. 3：333，337），随即在第 1 章第 3 部分中，论证了"以往的各形态下，因为生产工具的先天局限，私有是必然的，共产主义是不可能的。对此，只有资本主义的大工业才能成为共

---

① 对于马克思和恩格斯的共产主义图景，以往都是讨论"是状态还是运动"，而细谷昂则将之看作"是理想还是现实"的问题。也就是说，他叙及马克思的共产主义观——"是否只有超越眼前的资本主义，才能将之作为必然事物提出？这是一个问题。"并提到马克思对恩格斯的共产主义图景的批判，后者将共产主义描写成理想图景（细谷，1979：181—182）。

产主义的物质条件"。① 这里，我们看到马克思和恩格斯的视角是有冲突的，马克思认为自然的取得行为使私有得以成立，而恩格斯则认为自然发生的分工所产生的不平等的分配导致私有的发生。但到了这一部分的文末(S. 65—72 和最后的笔记)，可看出恩格斯接受马克思思想的努力，追求对历史认识和共产主义图景的统一视角②(细谷，1979：185—99)。且细谷昂还指出，特别是在 S. 68—72(题为"国家和法的所有制的关系"之处)及最后两页的笔记中，他们二人的视角发生了完全的融合，确立了历史认识的基本观点，并进而强调了资本主义社会的独特性(前书：195)。

如上所述，细谷昂探讨了《德意志意识形态》撰写过程中，马克思和恩格斯的视角变化、历史认识的深化，以及共产主义图景的提炼，他抽取了其中确立的"基本的人的观点"、"生产力和交往形态"、"市民社会"、"物象化"、"基础和上层建筑"、"国家"及"观念诸形态"等范畴，并进行了分析。细谷昂在这一萃取范畴并加以分析的过程中指出，有关生产力和各种社会关系的矛盾与桎梏的转化，即历史唯物主义的构想，也正是在这一德意志意识形态的批判中形成的，(前书：204—234，尤其是 216)。

---

① 该部分原文如下。"/41/Wir gingen bisher von den Produktionsinstrumenten aus, und schon hier zeigte sich die Notwendigkeit des Privateigentums für gewissen industrielle Stufen. In der industrie extractive fällt das Privateigentum mit der Arbeit noch ganz zusammen; in der kleinen Industrie und aller bisherigen Agrikultur ist das Eigentum notwendige Konsequenz der vorhandenen Produktionsinstrumente; in der großen Industrie ist der Widerspruch zwischen dem Produktionsinstrument und Privateigentum erst ihr Produkt, zu dessen Erzeugung sie bereits sehr entwickelt sein muß. Mit ihr ist also auch die Aufhebungn des Privateigentums erst möglich(到现在为止我们都是以生产工具为出发点，这里已经表明了在工业发展的一定阶段上必然会产生私有制。在采掘工业中私有制和劳动还是完全一致的；在小工业以及到目前为止的整个农业中，所有制是现存生产工具的必然结果；在大工业中，生产工具和私有制之间的矛盾才是大工业的产物，这种矛盾只有在大工业高度发达的情况下才会产生。因此，只有随着大工业的发展才有可能消灭私有制)"(Hiromatsu，广松涉，1974：90)。

② 细谷昂叙述道，到了这一部分，恩格斯才摆脱了他的目的论的发展辩证法，迈出了朝向唯物主义历史观、共产主义观的最后一步(细谷，1979：194—195)。

我们通过上述细谷昂对《德意志意识形态》的解读方式,切实地感受到该书中所展开的论敌的一连串变化和批判的强度;循着细谷昂的剖析,我们进而体验到,份额问题上体现出来的马克思和恩格斯的见解差异怎样在近一年的共同撰写期间达到"共同的结论"。通过对该书的灵活解读,我们看到了一些可能性,如最终将主要论敌限定在特定人上①,或解决广松编辑方案在誊清稿的处理上所出现的力不从心,及望月等人因执著于份额问题而过于关注两人理论上的偏差等问题。也就是说,细谷昂的逻辑让我们看到了"开放式"解读的可能性,来摆脱高强度自我主张在逻辑上的封闭性。

三、异化论向物象化论的转移:广松,望月,以及岩渊庆一

接下来,笔者欲就 1960 年代和 70 年代日本学界的《德意志意识形态》论争中不可或缺的两个段落作一讨论。其一是围绕广松提出的从异化论向物象化论的转变而展开的论争,其二则是森川喜美雄的研究,他从《德意志意识形态》执笔动机这一宏观视角,提出该书的主要论敌是蒲鲁东。这里,我们没有余力来详细展开讨论,因此只对之作一简单的考察。

首先,从异化论向物象化论的转变问题,是广松于 1965 年讨论《德意志意识形态》第 1 卷第 1 章编辑问题时提出的。他提出新编辑方案的同时,也进行了文献学研究,他曾表明,"想要明确揭示出《1844 年手

---

① 《德意志意识形态》的主要论敌是谁? 这个问题与该书的执笔动机有着密切的关系,因此成为许多研究所讨论的对象。如将《德意志意识形态》的动笔机缘与《维干德季刊》第 3 号中鲍威尔的论文联系起来,可认为该书的主要论敌是鲍威尔(细谷昂认为广松即属这一情况,但广松的论点并不一定如此[细谷,1979:162 的注 10;望月,1975:13—17]),但考虑到该书最庞大的一部分是第 1 卷第 3 篇,并加以考察,则可认为是施蒂纳(W. 艾斯巴赫:《对策》,法兰克福/美茵:材料出版社,1982 年(Wolfgang Eßbach, *Gegenzüge*, Frankfurt/M. : Materialis Verlag, 1982),其他),以及费尔巴哈,或与之在哲学思想上似乎一脉相通的真正的社会主义者、蒲鲁东(服部文男,『マルクス主義の發展』马克思主义的发展,东京:青木书店,1985,pp. 164 - 170;森川,1979:3,4 章;细谷,1979:161—162)。

稿》中的自我异化论是怎样实现扬弃的"(广松,1965/春:106)。广松的
观点是,恩格斯已经通过卡莱尔论和《神圣家族》,自觉地批判了异化
论,到了《德意志意识形态》阶段,他说服马克思,使之扬弃了异化论(广
松,1963/9:62—65;1966/9:8—9;1967/10:45—46;1971:55—77)。由
此看来,应该说广松的《德意志意识形态》新编辑方案的提出,马克思、
恩格斯对自我异化论的超越,以及向物象化论的转变,都与该书第 1 章
的恩格斯主导说有着密切的联系。①

　　但是,广松对《德意志意识形态》的这一解释随即遭到了望月清司
和岩渊庆一的挑战。正如前文所述,望月承认,虽然"异化"这一词在
《德意志意识形态》中用得极其有限和小心,但并未见有被弃置的根据。
他反而得出结论说,《德意志意识形态》作为马克思的异化论向分工论
提炼的一个过程,异化论在其中绝对没有被弃置(望月,1971/5:78—
83;1973:195—210;森田/望月,1974:203—214)。

　　另一方面,针对广松所主张的向物象论的转换说,岩渊庆一给以最
直接的批判。1973 年,他发表了副标题为《广松涉的异化论批判的批
判》的长篇论文,文中批判了广松的主张——认为马克思超越了异化
论——是对《德意志意识形态》的误读(岩渊,1973/4,7,8,9,尤其是
1973/4 的 87—96;也请参考岩渊的其他文章,1974/5;1974/6;1975/
春②)。但是,由于岩渊的这一批判基本上未能理解广松的《德意志意
识形态》的文本批判,而且也缺乏对份额问题的考虑,因此在论争的层
次上是欠缺的,对此,森田桐郎和广松涉本人也进行了批判(坂间,
1974/1:79—82;冲浦等,1974/3:39—40;广松,1974/7—10③;1974/
12:13)。

---

　　①　坂间真人指出,广松的这些意图与观点在他的处女作——题为《马克思主义
和自我异化论》(《理想》,1963 年 9 月号)的论文中,已经出现了(坂间,1974/1:74)。
　　②　该论文笔者还未读到。
　　③　该论文分四次连载,除第二次(8 月号)外,笔者未能读到。虽然没有看到完
整的资料,但要向紧迫时间内帮助查找论文的仙台大学大和田宽教授表示感谢。

此外,对于广松主张将《德意志意识形态》作为"异化论向物象化论"转化的分期点,还有许多学者都进行了批判。不仅是我们前面稍作提及的中川弘和细谷昂,还有对前期马克思和后期马克思的割断持否定意见的学者们。尤其是注意到《德意志意识形态》之前的《1844 年手稿》和之后的《1857—1858 年经济学手稿》之间逻辑关联性的许多学者,也表明了对广松的见解的批判立场。但对于广松,我们必须考虑到下面这一事实,正如坂间所指出的那样,通过《德意志意识形态》的文献批判,埋头于对马克思思想进行历史复原工作的"研究者广松",与试图阐释、继承、展开马克思思想的"哲学家广松"及"思想家广松",是并列并重叠的(坂间,1974/1:72,76—79)。

四、《德意志意识形态》的主要论敌——蒲鲁东:森川喜美雄

这一时期的《德意志意识形态》论争史上,还有一部分我们必须要提到,这就是森川喜美雄对《德意志意识形态》的独特解释。他明确提出,"其实,《德意志意识形态》的真正论敌'表面上'是将法国社会主义作为哲学基础的黑格尔左派,但马克思的靶子并非他人,而是蒲鲁东。黑格尔左派只不过是对蒲鲁东的歪曲"(森川,1967:114)。但是,众所周知,《德意志意识形态》中对蒲鲁东的论及是极其有限的。也就是说,《德意志意识形态》第 1 卷第 1 章"费尔巴哈"中未提到蒲鲁东,第 1 卷第 4 章的"圣麦克斯"中也只是提到过几次名字,且第 2 卷第 4 章的"卡尔·格律恩"中,除"蒲鲁东"项外,提到的也只有几处[1](森川,1968/5:58—60;1970:145 的注释 8)。可见,对于蒲鲁东,马克思和恩格斯并未正式讨论,且就算是提到,相对于《德意志意识形态》的庞大篇幅来讲,也只是有限的几处,那么,森川喜美雄为何认为该书的主要论敌是蒲鲁东呢? 我们有必要循着他的论点来作一简单的考察。

---

　① *MEW*, Bd. 3, S. 163, 197[durchgestrichene Fußnote(被画掉的脚注)],206,318,336,348,364,408,473,478 - 80,499,506,518 - 20,525.

　　根据森川喜美雄的观点,执笔撰写《1844 年手稿》时的马克思,只是停留于对黑格尔左派的批判,而且是哲学的批判,没能超越蒲鲁东的命题——"财产即偷盗"(la propriéte, c'est le vol)。因此,马克思为了揭示自己独特的哲学世界,不能不对蒲鲁东加以批判,并将蒲鲁东及其自己的哲学世界对峙起来。这里,他为了超越蒲鲁东的命题,必须要对历史理论进行探讨,如所有制的本质是什么,所有制的诸形态是什么。森川喜美雄认为,马克思在《德意志意识形态》中,明确了"分工的诸形态制约着所有制的诸形态"这一观点,正是从这一角度,马克思确保了对蒲鲁东的"所有制即偷盗"这一命题进行批判的依据。而马克思继《德意志意识形态》后,于 1846 年撰写《哲学的贫困》(*Misère de la phi-losophie. Rèponse a la philosophie de la misère de M. Proudhon*(Paris 1847)》》,这可以说是一种具体的尝试,他想以新的历史理论,来超越蒲鲁东的历史理论——私有论(森川,1967:92—94;1968/5:59—60)。

　　那么,在马克思理论展开的过程中具有如此重要作用的蒲鲁东,为何在《德意志意识形态》中没有全面地露面呢? 尤其是在该书最重要的部分——第 1 卷第 1 章"费尔巴哈"中都没有提及,其原因是什么呢? 森川认为,"Ⅰ. 费尔巴哈"在整个《德意志意识形态》中具有绪论的性质,为了理解这一部分,就必须理解对于本论中出场的鲍威尔、施蒂纳,以及真正社会主义者所作的批判。那么,为什么费尔巴哈未在本论中出场,而是出现在绪论的标题中呢? 森川认为,这是因为马克思从理论上将上述本论中的出场人物全都看作是费尔巴哈的亚流。然而,既然这样,那为什么不直接批判费尔巴哈,而是将其亚流——施蒂纳或真正的社会主义作为批判对象呢? 直截了当地说,这是因为施蒂纳和真正社会主义的理论是无法与蒲鲁东的理论分开来进行讨论的。也就是说,施蒂纳认为蒲鲁东的所有制论是可以根据费尔巴哈哲学来克服的,而卡尔·格律恩(Karl Grün)认为蒲鲁东的所有制论在体系上是以社会主义为基础的(森川,1968/5:58—59;1970/3:83—84)。认为蒲鲁东是《德意志意识形态》的主要论敌,其依据便是从这里而来。

因为施蒂纳在《唯一者及其所有物》中的一句批判,而且是出现在脚注中的一句①,马克思就展开在数量上堪与《唯一者及其所有物》匹敌的施蒂纳批判,其原因何在? 这是因为,该书在整个青年黑格尔派中产生了反响,马克思需要对此做出恰当的反应,并对自己的"哲学良心"进行"清算"(森川,1970/3:130—31)。且森川证实,在施蒂纳的论点里,以"唯一者的所有物"来剽窃蒲鲁东的命题——"财产即偷盗",而蒲鲁东的"自由的联合"(association libre)到了施蒂纳那里,被剽窃为"利己主义者的联合"(Verein)(森川,1970/3:84—85,117,133—34)。但是,《德意志意识形态》第 1 卷第 3 章《圣麦克斯》中,伴随着马克思的施蒂纳批判的,是他对位于其对立面的蒲鲁东的慎重考虑。这是因为,撰写《圣麦克斯》时,马克思曾对蒲鲁东怀有期望,想将他从卡尔·格律恩的真正的社会主义那里分离出来,这其中介入了马克思在政治上的考虑。然而当他对蒲鲁东的政治合作已经没法再抱有希望时,便在 1846 年 5 月中旬以后撰写的第 2 卷第 4 章《卡尔·格律恩……》中,对蒲鲁东进行了猛烈的批判(森川,1968/5:66—68)。

　　1840 年代中期,居住在法国和比利时的德国流亡者们是马克思和恩格斯政治运动的组织基础。而格律恩的真正的社会主义,对这一组织基础产生了绝对性威胁。马克思通过 1846 年 5 月 5 日的信函,要求蒲鲁东与格律恩划清立场,但遭到蒲鲁东的拒绝,蒲鲁东反而与格律恩维持着更为密切的关系②(前书:66—67)。随着格律恩化的蒲鲁东的理论在德国流亡者之间广泛流传,格律恩(包括蒲鲁东)作为无法与施

----

　　① 施蒂纳:《唯一者及其所有物》,附 A. 迈耶尔的跋,斯图加特:P. 莱克拉姆,1972 年,第 192 页(Max Stirner, *Der Einzige und sein Eigentum*, Mit einem Nachwort von Ahlrich Meyer(Stuttgart: Philipp Reclam jun, 1972), S. 192).

　　② 《马克思、恩格斯和齐高特致里昂的蒲鲁东》,布鲁塞尔,1846 年 5 月 5 日;《蒲鲁东致布鲁塞尔的马克思》,里昂,1846 年 5 月 17 日。*MEGA2* Ⅲ/2,第 7—8 页、第 205—207 页(Karl Marx, *Friedrich Engels und Philippe-Charles Gigot an Pierre-Joseph Proudhon in Lyon*. Brüssel, 5, Mai 1846; *Pierre-Joseph Proudhon an Karl Marx in Brüssel*. Lyon, 17. Mai 1846. *MEGA2* Ⅲ/2, S. 7—8, 205—07). 森川的论文中,该信函的日期记为 1945 年,似为误记(森川,1968/5:66)。

蒂纳相提并论的无比紧迫的论敌而登场了。这里，马克思和恩格斯根据"圣麦克斯"中已经准备好的基础性的分析，对真正的社会主义展开了正式的批判[①]（森川，1968/5：68—69；1970/3：130—31，144 的注释 6，145 的注释 8）。

我们通过上述森川喜美雄对《德意志意识形态》的解释，看到了不同于该书以往研究方式的新的变化。也就是说，以往对《德意志意识形态》的研究，主要局限于该书第 1 卷第 1 章，而森川则将讨论的中心移至有关施蒂纳的第 1 卷第 3 章和第 2 卷的真正的社会主义者处。不仅如此，他并未局限于文献学的成果，而是从当代广泛的论争线索中，来对《德意志意识形态》进行解释。应该说，他的解释让我们看到了新视角的可能性，即不仅从马克思、恩格斯的思想展开过程，还与当时的社会主义运动联系起来进行考察。

另一方面，就森川的主张——认为蒲鲁东是《德意志意识形态》的主要论敌，笔者还有一点必须要提到，这就是当时社会主义运动中费尔巴哈的影响力问题。我们已经讨论过，马克思将鲍威尔、施蒂纳，以及真正的社会主义者看作是费尔巴哈的亚流，而且在 1840 年中期的伦敦和巴黎，费尔巴哈的影响力是相当广的。首先，对于我们曾在前文中提到的蒲鲁东和格律恩的关系，在马克思移居布鲁塞尔以后，格律恩成为蒲鲁东的私人哲学讲师，这时格律恩的课题便是将费尔巴哈哲学与蒲鲁东主义相结合[②]（森川，1970/3：144 的注释 6）。其次，伦敦的"德国共产主义劳动者教育协会"（Der Deutsche Communistische Arbeiterbildungsverein，CABV）在对共产主义的讨论（保留有 1845 年 2 月至翌年 1 月的议事录）中也报告说，费尔巴哈的通俗改写本——弗里德里希·费尔巴哈（Friedrich Feuerbach）的《未来的宗教》（*Religion der Zukun*

---

①　服部文男，《マルクス主義の發展（马克思主义的发展）》，pp. 46 - 52，164 - 70。
②　见 *MEW*, Bd. 3, S. 475。

ft（Zürich und Winterthur 1843）》被采纳为读书会的教材，用于政治启蒙。① 因此，对于与真正的社会主义者一脉相通的费尔巴哈。最终无法到达历史唯物主义的费尔巴哈，马克思和恩格斯迟早要表明自己的立场，这是必须且不可或缺的。从这一意义上来讲，对于《关于费尔巴哈的提纲》和《德意志意识形态》第 1 卷第 1 章的撰写动机的探讨，是一个必不可少的步骤②，其时间跨度是在 1845 年 7 至 8 月的六周英国之旅前后。

结　论

本文探讨了因广松的《德意志意识形态》文献学研究而引发的 1960 年代至 1970 年代日本学界的"《德意志意识形态》论争"。而原本具有稳固权威的文本是 *MEGA1* Ⅰ/5 中刊行的阿多拉茨基的《德意志意识形态》，日本的《德意志意识形态》论争是以宣布其中第 1 卷第 1 章是伪书这一石破天惊之语来掀开序幕的，这一论争将日本马克思学的水准向上抬升了一个层次，可以说是一个非常重要的事件。

由于 *MEGA1* 所具有的权威，《德意志意识形态》的文本向来不容人们有疑问的余地。以 1965 年广松题为《〈德意志意识形态〉的编辑问

---

① M. 奈特劳：《1845 年德国共产主义伦敦讨论会——据"共产主义劳动者教育协会"会议记录簿》，《社会主义与工人运动史档案》，C. 格林伯格编，第十发行年度，莱比锡：希尔施菲尔德出版社，1922 年，第 362—391 页（Max Nettlau, *Londoner deutsche kommunistische Diskussion, 1845. Nach dem Protokollbuch des C. A. B. V., Archiv für die Geschichte des Sozialismus und der Arbeiterbewegung*, hrsg. von Carl Grünberg, X. Jg. (Leipzig: Verlag von C. L. Hirschfeld, 1922), S. 386. 弗里德里希是路德维希的弟弟，用法语翻译了路德维希的《基督教的本质》）。服部文男，同前书，pp. 4-35，尤其请参考 26-27 及 32-33 注释 5）。

② 服部文男教授曾就《德意志意识形态》的撰写动机向笔者指出，在当时的政治局势下，尤其是德国的海外流亡者之间，费尔巴哈思想取代了魏特林（Wilhelm Weitling）而广泛传播，影响力很大（1993 年 6 月 30 日信函）。

题》的论文为起点,对该书手稿原稿的关注日益高涨。换言之,当阿版的编辑方针被确认为是有意图的、恣意的以后,最重要的工作就是对手稿原稿的面貌形态进行缜密的考察。手稿中出现的笔迹、大量的边注和修改增删,以及撰写顺序等,这些成为广松以来日本《德意志意识形态》研究及讨论中不得不考虑的问题之一。广松涉围绕《德意志意识形态》而展开的"从异化论向物象化论"的命题,望月清司所作的"所有制形态史论"(恩格斯)和"分工展开史论"(马克思)的划分,以及中川弘的三种史论重合说,细谷昂按照撰写顺序对该书所作的新解读等,都是属于这样的研究。

日本学界的这一《德意志意识形态》论争,由于苏联的新编辑版《德意志意识形态》的发行,其客观性得到了国际的公认。也就是说,在广松涉发表最初论文的 1965 年,苏联"马克思列宁主义研究所"所属的巴加图利亚指出了 MEGA1 的错误,出版了新编辑的《德意志意识形态》第 1 卷"Ⅰ. 费尔巴哈";同时,1965 年还出版了阿尔都塞的《保卫马克思》(Pour Marx),阿尔都塞认为,区分马克思思想前后期的"认识论的隔断",正是以《德意志意识形态》为分水岭的。① 因此,应该说日本的《德意志意识形态》论争经过了当时充分的讨论,所以到了 1960 年代和 70 年代,由广松引发、望月等许多研究者推波助澜的日本《德意志意识形态》论争经历了热烈的讨论,并获得了可观的研究成果。

当然,依笔者之见,日本学界的《德意志意识形态》研究有可能会被批评为过于沉溺于细微之处,停留于枝叶末节,但《德意志意识形态》这一庞大且重要的著作是以未刊行的遗稿状态传至今世的,而且以往出版的文本被有意地歪曲和编纂,这一事实使得我们不得不对文本本身进行文献批判式的研究。因此,在日本,基于文献批判的《德意志意识形态》的解读成了该书研究所必需的前提条件,在此基础上实现的对

---

① 该书于 1968 年被译为日语。《ルイ・アルチュセール》,路易・阿尔都塞,河野健二,田村俶译(京都:人文书院,1968)。

《德意志意识形态》的阐释也十分新颖。尤其是围绕文本原稿的笔迹、撰写顺序、马克思和恩格斯所持份额问题，以及因份额差异而导致两人理论上偏差问题的论争，在世界上任何国家都是前无来者的独一无二的研究，并进而营造了马克思学研究的环境和土壤。

当然，不排除有这种可能，即他们的文献学研究有可能被某一研究者当作是将自己先入为主的理论和逻辑结构加以合理化的手段，但这一文献学研究是研究者对自己的理论、逻辑、论据的充实性的展开。我们虽然从广松或望月的文献学论文中偶尔会感觉到前提上的牵强和逻辑上的强制，但他们涉及极其细微问题的缜密的探究，必定会引起读者的关切与注意。应该说，这也与近一个世纪以来日本的马克思学传统密切相关。笔者曾在本文前半部分中讨论过日本《德意志意识形态》翻译史，正是这一翻译史形成了这一传统的土壤。而我们认为，只有在这样的土壤之上，才有如细谷昂和森川喜美雄对《德意志意识形态》的独特解读。

日本经过 1960 年代和 70 年代的《德意志意识形态》论争，到了 1974 年，基于广松涉新编辑方案的广松版《德意志意识形态》第 1 卷第 1 章问世了。这可以说是日本马克思学在百年传统基础上为国际马克思研究界做出的最积极的贡献之一。而且实际上在 *MEGA2* 版《德意志意识形态》的出版被无限期推迟的当前状况下，作为日本学界的马克思学研究成果，广松版《德意志意识形态》的客观地位将会持续相当长的时期。

附录：与日本《德意志意识形态》论争有关的文献目录（按发表年代顺序）

［著作按发行时间，论文按发表时间排列。﹡号表示的文献，笔者还未能读到。］

1. 初期《德意志意识形态》的相关文献

1932/12 泽水渡：《关于〈德意志意识形态〉全集版的刊行》（研究室通信），《唯物论研究》第 2 号，第 66—70 页。

1933/3 服部之总：《〈德意志意识形态〉序言（阿多拉茨基）》，《唯物论研究》第 5 号，第 47—63 页。

1934/10 森宏一、山岸辰藏、中岛清之助：《〈德意志意识形态〉两种版本的比较——阿多拉茨基和梁赞诺夫版》，《唯物论研究》第 24 号，第 163—178 页。

1934/11 森宏一、山岸辰藏、中岛清之助：《〈德意志意识形态〉两种版本的比较的补充》，《唯物论研究》第 25 号，第 94—96 页。

2. 1960 年代以来《德意志意识形态》论争的相关文献

1962/2,4 重田晃一：《关于〈德意志意识形态〉刊行史的备忘录》，《关西大学经济论集》，（一）11 卷第 6 号，p. 66 - 91；（二）12 卷第 1 号，53—75 页。

1963/9 广松涉：《马克思主义和自我异化论》，《理想》；广松涉：《马克思主义的成立过程》（东京：至诚堂，1968 年初版，1984 年增补版），收录于 55—78 页。

1965/春 广松涉：《〈德意志意识形态〉在编辑上的问题》，《唯物论研究》（季刊）第 21 号，pp. 104 - 30；收录于《马克思主义的成立过程》（1984nain）147—198 页。

1966 巴加图利亚：《马克思和恩格斯的〈德意志意识形态〉第一章手稿的构造和内容》，巴加图利亚编著，花崎皋平译：新版《德意志意识形态》(东京：合同出版社,1966 年)189—213 页。

1966/3/26 广松涉：《关于〈德意志意识形态〉苏联版》,《图书新闻》851 号,收录于《马克思主义的成立过程》(1984 年)199—201 页。

1966/6/27 城塚登：《读书新闻》,1966 年 6 月 27 日。

1966/7 花崎皋平：《关于唯物主义历史观的整体构想——从〈德意志意识形态〉第一章新版来看》,《思想》505 号,106—122 页。

1966/9 广松涉：《青年恩格斯的思想形成》,《思想》507 号,pp. 1-16。收录于《马克思主义的成立过程》(1984 年)79—124 页。

1967/2/27 广松涉：《〈德意志意识形态〉新版在东德哲学界掀起的新波澜》,《日本读书新闻》139 号,收录于《马克思主义的成立过程》(1984 年)201—204 页。

1967/6 广松涉：《关于〈德意志意识形态〉的编辑问题——有感于东德新版的出现》,《思想》516 号,第 99—109 页。收录于《马克思主义的成立过程》(1984 年),125—146 页。

1967/6 广松涉：《辩证法的唯物主义的颠倒是怎样变为可能的》,《现在的理论》(专辑：马克思主义哲学),收录于《马克思主义的成立过程》(1984 年)301—340 页。

1967/8 广松涉：《为了重新评价恩格斯》,《世界的大思想》全集(河出书房),月报(1967 年 8 月第 2 期第 5 卷《恩格斯》),收录于《马克思主义的成立过程》(1984 年)120—124 页。

1967/10 广松涉：《青年马克思像的批判性再建构》,《思想》520 号,第 22—46 页,收录于《马克思主义的成立过程》(1984 年)1—54 页。

1967/11 森川喜美雄：《蒲鲁东和马克思》,经济学史学会编《〈资本论〉的成立》(东京：岩波书店,1967 年)92—118 页,收录于《蒲鲁东和马克思》(东京：未来社,1979 年)39—56 页。

1967/11 重田晃一：《劳动异化论和历史唯物主义——从〈1844 年经济学哲学手稿〉到〈德意志意识形态〉》,经济史学会编《〈资本论〉的成立》(东京：岩波书店,1967 年)206—232 页。

1968 广松涉:《马克思主义的成立过程》(东京:至城堂,1968 年)初版。

1968 广松涉:《恩格斯论——其思想的形成过程》(东京:盛田书店,1968 年)。

1968/5 喜川喜美雄:《〈德意志意识形态〉中的蒲鲁东的问题》,《专修大学社会科学研究月报》第 56 号,收录于《蒲鲁东和马克思》(1979 年)57—69 页。

1968/6 广松涉:《何谓马克思主义的历史唯物主义——其成立过程和思想史的意义》,《思想》528 号,1—24 页。

1968/7 H.塞德尔:《关于对现实的人类的实践的以及理论的关系》,《思想》529 号,97—116 页。

1968/12 望月清司:《〈德意志意识形态〉中的"分工"的理论》,《思想》534 号,110—126 页。

1969/5 望月清司:《马克思历史理论的形成——分工论的历史分析的展开》,《思想》539 号,49—69 页。

1969/5 良知力:《赫斯能否成为青年马克思的发展的坐标轴——寄语广松涉的青年马克思论》,《思想》539 号,70—84 页。

1969/9/20 广松涉:《追记——寄语来自良知力的批判》,收录于《马克思主义的地平》(东京:劲草书房,1969 年),303—309 页。

1969/9 望月清司:《马克思封建社会观的基础视角——兼论韦伯的都市、封建制》,《思想》543 号,96—122 页。

1970/3 森川喜美雄:《施蒂纳〈唯一者及其所有物〉和马克思——〈德意志意识形态〉中的蒲鲁东的问题》,《社会科学年报》第 4 号,收录于《蒲鲁东和马克思》(1979 年),82—165 页。

1970/3 杉原四郎:《恩格斯研究的动向》,《思想》549 号,68—78 页。

1970/8 望月清司:《"书评"总体性的辩证法和经济学——花崎皋平〈马克思的科学和哲学〉》,《思想》554 号,140—152 页。

1970/11 土屋保男:《寻求恩格斯的统一的整体像——我国的恩格斯研究史素描》上,《思想》557 号,25—36 页;下,《思想》558 号,89—99 页。

1971/5 森田梧郎:《马克思评注之五 ——〈米勒评传〉(未完)》,《现代的理论》88 号,5—29 页。

1971/5 良知力:《马克思评传之六——〈神圣家族〉》,《现代的理论》88 号,30—45 页。

1971/5 坂本贤三:《马克思评传之七——〈关于费尔巴哈的提纲〉》,《现代的理论》88 号,46—61 页。

1971/5 望月清司:《马克思评传之八——〈德意志意识形态〉的市民社会论和历史认识》,《现代的理论》88 号,62—90 页。

1971/10 坂间真人:《为了深化对广松涉编辑案〈德意志意识形态〉的研究——对望月论文〈德意志意识形态〉的批判》,收录于《反斯大林学派》(马克思学说研究会)。

1972/1 坂间真人:《苏联马克思列宁主义研究所访问记——与巴加图利亚教授的对谈》,《现代的理论》98 号,125—132 页。

1972/7 坂间真人:《关于〈德意志意识形态〉的修订问题神的问题——就〈马克思恩格斯全集〉的意见书》,《现代俄语》第 7 卷第 4 号,30—32 页。

1973 望月清司:《马克思历史理论的研究》(东京:岩波书店,1973 年)第 3 章《〈德意志意识形态〉中的分工理论》,155—260 页。

1971/1 坂间真人:《〈德意志意识形态〉在恩格斯、马克思中的位置——恩格斯思想体系的问题点》(庆应大学硕士论文,1972 年 1 月提交)。

1973/1 巴加图利亚(坂间真人译、解说):《〈德意志意识形态〉在马克思主义中的位置》,《情况》,61—78 页。

1973/4,7,8,9 岩渊庆一:《马克思的异化概念和马克思主义——批判广松涉的异化论批判》,《现代的理论》111 号,68—96 页;114 号,

123—138 页；115 号，109—116 页；116 号，106—128 页。

　　1974 森田桐男、望月清司：《社会认识和历史理论》，讲座《马克思经济学》（东京：日本评论社，1974 年）308 页。

　　1974 广松涉编译：《德意志意识形态》原文文本篇（东京：河出书房），Ⅸ，xxi. S. 159.

　　1974/1 广松涉：《〈德意志意识形态〉在文献学上的诸问题——寄语 MEGA2（试行）版》，《情况》（专辑：异化、物象化和《德意志意识形态》）5—36 页，收录于《马克思主义的成立过程》（1984 年）205—266 页。

　　1974/1 巴加图利亚（坂间真人译）：《〈德意志意识形态〉第一章的重新建构》，《情况》（专辑：异化、物象化和《德意志意识形态》）87—127 页。

　　1974/1 坂间真人：《〈德意志意识形态〉的当今的课题——广松学说的意图和问题点》，《情况》（专辑：异化、物象化和《德意志意识形态》）72—86 页。

　　1974/3 花崎皋平：《书评：望月清司著〈马克思历史理论的研究〉评论——以对其被理念化的"辩证法"的质疑为中心》，《思想》597 号，132—146 页。

　　1974/3 冲浦和光、重田晃一、细见英、望月清司、森田桐郎：《〈德意志意识形态〉和异化、物象化的理论》，《现代的理论》122 号，5—62 页。

　　1974/5 岩渊庆一：《马克思研究的两三个问题——回应坂间真人的论文》，《情况》69 号，59—70 页。

　　1974/6 岩渊庆一：《"争论和批判"——回应森田桐郎的批判》，《现代的理论》125 号，119—124 页。

　　1974/6/17—8/19 广松涉：《〈德意志意识形态〉研究的现阶段——编辑手稿复原（河出书房）版》，《日本读书新闻》，收录于《马克思主义的成立过程》（1984 年）266—295 页。

　　1974/7—10 广松涉：《〈德意志意识形态〉和超越自我异化论——

回应岩渊庆一先生的批判》,《情况》7 月,8 月 113—145 页,9 月,10 月。

1974/9/12 广松涉:《编辑〈德意志意识形态〉手稿复原版》,《朝日新闻》夕刊,收录于《马克思主义的成立过程》(1984 年)296—299 页。

1974/12 广松涉:《专辑:〈德意志意识形态〉的成立和共产主义的地平——围绕望月清司的〈德意志意识形态〉论》,《情况》,5—13 页。

1974/12 重田晃一:《书评:广松版〈德意志意识形态〉的成果》,《思想》606 号,136—145 页。

1974/12 花崎皋平:《最佳的文本批评》,《世界》。

1974/12 广松涉《〈德意志意识形态〉的国家论》,《国家论研究》5 号(专辑:《德意志意识形态》和国家论),第 66—81 页,收录于《唯物主义和国家论》(东京:讲谈社,1989 年)32—68 页。

1974/12 坂间真人:《巴加图利亚教授和〈德意志意识形态〉——再访苏联马克思列宁主义研究所》,《国家论研究》5 号(专辑:《德意志意识形态》和国家论),82—93 页。

1975 望月清司:《〈德意志意识形态〉——其市民社会论和历史认识》,《马克思评传》Ⅲ(现代的理论社,1975 年),7—50 页;坂间真人:《点评》,《马克思评传》Ⅲ,50—60 页;望月清司:《解答》,《马克思评传》Ⅲ,60—69 页。

1975/3—4,5—6,7—8 广松涉:《〈德意志意识形态〉及其背景——为了架起从文献学研究到内容探讨的桥梁》,《知识考古学》创刊号,72—84 页;2 号,64—80 页。

1975/秋 岩渊庆一:《〈德意志意识形态〉中的异化论的发展》,《唯物论》(东京:唯物论研究会编)48 号。

1975/11 中川弘:《〈国民经济学批判大纲〉和青年恩格斯的思想形成》,《现代的理论》。

1976/3 村田阳一:《高举科学的社会主义的火炬》,《经济》。

1976/4 饭田裕康、广西元信、广松涉:《追悼坂间真人先生》,《情况》,136—148 页。

1977 中川弘:《唯物主义历史观的确立——探讨、试论〈德意志意识形态〉第 1 卷第 1 章》,服部文男编辑《讲座　历史的唯物主义和现代 2 理论构造和基本概念》(东京:青木书店,1977 年),13—76 页。

1979 森川喜美雄:《蒲鲁东和马克思》(东京:未来社,1979 年),57—69 页,82—165 页。

1979 细谷昂:《马克思主义社会理论的研究——视角和方法》(东京:东京大学出版会,1979 年)第 3、4 章,111—234 页。

1979/5 小林一穗:《〈德意志意识形态〉中的意识形态批判的方法》,东北大学社会科学研究会《社会学研究》第 37 号(1979 年 5 月)。

1982 广松涉:《〈德意志意识形态〉的世界观》,《冲击》24(1983 年 7 月),70—83 页;25(1983 年 9 月),58—71 页;27(1984 年 1 月),112—126 页。

1984 广松涉:《增补马克思主义的成立过程》(东京:至诚堂,1984 年)(在 1968 年初版的基础上增加了 3 篇论文)。

1989 广松涉:《历史唯物主义和国家观》(讲谈社学术文库,初版:论创社,1982 年)。

1991 岩佐茂:《回顾关于〈德意志意识形态〉的研究》,《唯物论》65(东京:唯物论研究会,1991 年),25—38 页。

1992 岩佐茂、小林一穗、渡边宪正编:《〈德意志意识形态〉的射程》(东京:创风社,1992 年)。

1992 林真左事:《围绕〈德意志意识形态〉第一章的编辑的诸问题——寄语郑文吉先生的论文》,《马克思·恩格斯·马克思主义》第 16 号(1992 年),20—65 页。

第五章　有关《德意志意识形态》研究的文本编纂问题

——重点讨论关于"Ⅰ. 费尔巴哈"章的再现问题

引　言

对于马克思、恩格斯及马克思主义的研究来说，"社会主义创始者"的经典文献的正确编纂与出版问题是最为重要而且也是最基本的工作。因为包括《资本论》在内的马克思、恩格斯的重要著作中相当大一部分都是未完成的，或者是以尚未出版的手稿形式保存下来。而这些未完成或未出版的著作，又呈现出不同阶段不同程度的完整性，若要在统一的原则下对其进行编纂、出版更突显困难。目前正在编辑的 *MEGA2* 分成 4 部分（Abteilung）编纂、出版，从中也可以看出问题的复杂性。然而，即使是 *MEGA2* 分部构成，当各个著作的特殊性成为问题时，新版的编纂原则也需要具有新的具体性。尤其在考虑到最近学界初露头角的关于马克思、恩格斯的差别化问题时①，假如此二人的差异性能证实为具体的文字遗产（literarischer Nachlaß）的话，那就揭示了马克思、恩格斯及马克思主义研究的新的可能性。

在马克思和恩格斯的思想形成及马克思主义体系的树立过程中，《德意志意识形态》所具有的客观重要性可以从他们两人的名言中得到证实。马克思在 1859 年提到"我们决定从清算反对德国哲学意识形态

----

① 对于马克思和恩格斯的差异性研究的争议绝不是最近才出现的现象。古斯塔夫·迈耶尔 Gustav Mayer 在 1920 年左右已经试图研究对"在极度密切的精神领域共存的"马克思和恩格斯进行分离，"抽取两人业绩中恩格斯所占的份额"。然而，列宁的马恩一体说及以这一公认的意识形态为根据的马克思主义研究倾向，使得对此二人思想上差异的任何研究也只能保持沉默。参照古斯塔夫·迈耶尔：《回忆录——从记者到德国工人运动史家》，苏黎世/维也纳，欧罗巴出版社，1949 年，第 205 页；G. 迈耶尔：《恩格斯传》，第一卷，《早年恩格斯》，第一版，1920 年；修订第二版，海牙：尼耶霍夫出版社，1934 年，第 6 页（Gustav Mayer, *Erinnerungen. Vom Journalisten zum Historiker der deutschen Arbeiterbewegung* (Europa Verlag. Zürich/Wien 1949), S. 205; G. Mayer, *Friedrich Engels. Eine Biographie*, Erster Band, *Friedrich Engels in seiner Frühzeit* [1. Aufl. 1920], 2., verbesserte Aufl. (Martinus Nijhoff, Haag 1934), S. VI）。然而，近年来随着以马克思经济学研究笔记为根据的《资本论》研究的深化则涉及到马克思逝世后由恩格斯编纂本书的第二、三卷的真伪争论，以及对此书第一卷最终本的讨论，从而具体地论证了他们两人的差异性问题。与此同时，最近的这一研究动向，甚至引发了对马克思、恩格斯的"共同著作集"—MEGA（Marx-Engels Gesamtausgabe）成立本身的怀疑。这一研究动向可以从"国际马克思、恩格斯基金会（Internationale Marx-Engels-Stiftung：IMES）"的机关刊物《MEGA-Studien（MEGA 研究）》的近期号（1994/2）中得到充分证实。C.-E. 福格拉夫和 J. 云格尼科尔：《马克思话语中的马克思：论恩格斯版本的〈资本论〉第三卷主体手稿》，《MEGA 研究》，1994/2（1995），第 3—55 页 [Carl-Erich Vollgraf und Jürgen Jungnickel, **Marx in Marx** Worten? *Zu Engels' Edition des Hauptmanuskripts zum dritten Buch des Kapital*, *MEGA-Studien*, 1994/2(1995), S. 3 - 55]; Izumi Omura：《关于 MEGA2 中《资本论》第一卷各版本的出版结局：从德国版本、"马克思最后审定的版本"（1984 年）到"在某种程度上符合作者的最终意愿"的第 3 版（1991 年）》，前书，第 56—57 页（Izumi Omura, *Zum Abschluß der Veröffentlichung der verschiedenen Ausgaben des ersten Bands des Kapital in der MEGA2 von der deutschen Auflage*, der **Auflage letzter Hand von Marx**(1984), zur 3. Auflage, **die dem letzten Willen des Autors zu einem bestimmten Grad entspricht**(1991)，"前书，S. 56 - 67）；H.-G. 贝克豪斯和 H. 莱舍尔特：《马克思恩格斯全集版在政治上与意识形态上的基本特征：IMES（国际马克思、恩格斯基金会）编辑指导方针批判》，前书，第 101—118 页（Hans-Georg Backhaus und Helmut Reichelt, *Der politisch-ideologische Grundcharakter der Marx-Engels-Gesamtausgabe: eine Kritik der Editionsrichtlinien der IMES*，前书，S. 101 - 118）。

见解的对立立场,即清算以前的哲学意识的角度入手编写。"①恩格斯于1888年也曾坚定地称这一对立立场为"据马克思而形成的唯物主义历史阐释②"。这些都明确地证实了《德意志意识形态》在马克思主义,尤其是唯物主义历史理论形成中所具备的意义。

马克思与恩格斯在其思想形成期,与当时的激进学者以及改革主义倾向的社会主义家相比,确认了思想上的差异(Selbstverständigung)并进行了自我清算。而在这个过程中,《德意志意识形态》不仅提供了决定性契机,对于他们唯物历史理论的形成也起了决定性的奠定作用,这一点是众所周知的。然而如此重要的《德意志意识形态》与马克思、恩格斯的其他文献类遗产相比,以具体明确地展示着共同著作痕迹的手稿形式呈现在我们面前。

因此,笔者十分期待在特里尔(Trier)/普罗旺斯(Aix-en-Provence)的德-法 MEGA 汇编工作小组(Deutsch-französische MEGA-Arbeitsgruppe)的主导下进行的《德意志意识形态》编辑工作能够最为详尽地再现这一手稿的特征。为此,笔者决定通过对"Ⅰ. 费尔巴哈"章节的集中讨论,再提几点建议。

第一节 《德意志意识形态》"Ⅰ. 费尔巴哈"章手稿的特殊性

"由两厚册八开本的原稿(das Manuskripte, zwei starke Oktavbände)"构成的《德意志意识形态》的手稿,在马克思与恩格斯逝世后并没有获得高度的重视。经一段时间的放置后,通过迈耶尔

---

① 马克思:《政治经济学批判》,第一册,*MEGA2* Ⅱ/2,101—102 页(Karl Marx, *Zur Kritik der politischen Ökonomie*, Erstes Heft, *MEGA2* Ⅱ/2, S. 101-102)。

② 恩格斯:《路德维希·费尔巴哈和德国古典哲学的终结》,*MEW*,第 21 卷,263 页 Friedrich Engels, *Ludwig Feuerbach und der Ausgang der klassischen deutschen Philosophie*, MEW, Bd. 21, S. 263)。

(Gustav Mayer)、梁赞诺夫(David Rjazanow)等人的努力才最终唤起众人对其重要性的觉醒,此书的复原工作也得以进行。① 虽然当初《德意志意识形态》一书中的部分内容被脱离整体随意地、断断续续地得以发表,然而梁赞诺夫首先用俄语发表了此书第 1 部第 Ⅰ 章"费尔巴哈"(1924),随后在 1926 年又用德语原文进行发刊,揭开了《德意志意识形态》研究的新篇章。尤其是梁赞诺夫对《德意志意识形态》"Ⅰ. 费尔巴哈"章(以下简称梁版)的复原,与 1932 年 *MEGA1* 阿版 I/5(《德意志意识形态》,以下简称阿版)中《德意志意识形态》的完刊直接相关的工作,其成果是相当重大的。此后,他们的业绩对于直到 20 世纪 60 年代为止的《德意志意识形态》研究,甚至是马克思主义的唯物历史理论的研究来说,都是非常重要的文献基础。

然而,巴纳(Siegfried Bahne)于 1962 年发现了三张《德意志意识形态》手稿 Blatt②。在这之前自 1932 年以来,《德意志意识形态》的文本则一成不变地以 *MEGA1* 阿版为准的,但是由于巴纳的发现使这一文本的权威性地位产生严重的动摇,进而产生了挑战现存文本的新理论及文本的重新建构。在 20 世纪 60 年代,集中地涌现出一系列研究成果,比如巴加图利亚教授的《德意志意识形态》研究③,以陶贝特教授为

---

① 郑文吉,《通过编纂史来看〈德意志意识形态〉》,郑文吉,《马克思思想形成与初期著作——〈德意志意识形态〉和〈马克思恩格斯全集〉研究》,(文学与知性社,首尔,1994),第 73—83 页,引用来自 *MEGA2* Ⅱ/2, S. 102；MEW, Bd. 21, S. 263.

② S. 巴纳:《马克思、恩格斯的〈德意志意识形态〉——一些补遗的文字》,《国际社会史评论》,第 7 卷,1962 年,第 93—104 页[S. Bahne, *Die deutsche Ideologie von Marx und Engels. Einige Textergänzungen*, International Review of Social History, Vol. Ⅶ(1962), S. 93 - 104].

③ 在 20 世纪六七十年代,巴加图利亚教授发表了以下研究成果:
1.《纵观马克思、恩格斯的〈德意志意识形态〉的撰写、发刊及研究历史》,《马克思主义的形成及发展的历史》,科学会议资料,莫斯科 1959(*K istorii napisanija, opublikovanija i issledovanija **Nemeckoj ideologii** Marksa i Engel'sa*, Iz istorii formirovanija i razvitija marksizma, Moskau 1959, S. 48 - 85)。
2.《〈德意志意识形态〉第 1 卷第 1 章原稿的结构及其哲学》,《哲学问题》,苏联邦科学院哲学研究所,1965 年第 10 期(*Struktura i soderzanie rukopisi pervoj glavy **Nemeckoj ideologii**, Voprosy filosofii*, 1965, Heft 10, S. 108 - 118)《德意志意识形态〉

中心的东德 *MEGA2* 版工作小组，特别是 *MEGA2* I/5（《德意志意识形态》）编纂小组的研究[①]，再加上 20 世纪 60 年代中期以来广松涉教授

"Ⅰ. 费尔巴哈"章文本的重新建构》，《哲学问题》，1965 年第 10、11 期；以上论文于 1965 年作为单行本出版（*K. Marks i F. Engel's, Fejerbach, Protivopoloznost' materialistideskogo i idealistideskogo vozrenij, Voprosy filosofii*, 1965, Heft 10, S. 79 -107; Heft 11, S. 111-137）日文翻译版本《新版德意志意识形态》，花崎皋平翻译（东京：合同出版社，1966），按照以上论文顺序，引用页码如下：189—213 页；5—187 页。

3.《〈关于费尔巴哈的提纲〉与〈德意志意识形态〉》，《有关马克思、恩格斯著作的学术研究报告》(IML)，1965 年第 12 期（***Tezysi o Fejerbache i Nemeckaja ideologii***, *Naudno-informacionnyj bjulletein sektora proizvedenii K. Marksa i F. Engel'sa, inst.* marksizma-leninizma pro CK KPSS, 1965, Heft 12, S. 1-70）。

4.《马克思的第一个伟大发现——唯物史观的形成与发展》，《作为历史家的马克思》，莫斯科，1968（*Pervoe velikoe otkrytie Marksa i formirovanie i rozvitie materialistideskogo ponimanie istorii. Marks-istorik*, Moskva 1968. S. 170-173）。

5.《〈德意志意识形态〉第 1 卷第 1 章的重新构建：关于马克思、恩格斯手稿遗产的研究》，1969（*Iz opita izudenija rukopisnogo nasledstva Marksa i Engel'sa. Rekonstrukdeja pervoj glavy **Nemeckoj ideologii***, Moskau 1969）该论文的日文版，坡间真人翻译，《情况》，1974 年第 1 期，87—127 页。

6.《〈德意志意识形态〉在马克思主义历史上的位置——科学共产主义的哲学依据》，巴加图利亚的学位论文，1971﹛*Mesto **Nemeckoj ideologii** Marksa i Engel'sa v istorii marksizma. Filosofskoe obosnovanije naudnogo kommunisma*〔*Teorija naudnogo kommunisma*, 621, Moskau, 1971﹜该论文的俄文摘要被翻译成日文，坡间真人翻译，《情况》，1973 年第 1 期；61—78 页. 除此之外，《马克思、恩格斯年谱》（*Marx-Engels-Jahrbuch*）上刊登的罗扬斯基（Jakow Rokitjanski）、戈劳维娜（Galina Golowina）等 *MEGA* 工作小组的研究成果也引人瞩目。

① 以陶伯特教授为中心的东德 *MEGA2*I/5 编纂工作小组的研究成果如下：

1.《新版马克思、恩格斯的〈德意志意识形态〉第一卷第一章》，由梯尔海因编辑并配导言，《德国哲学杂志》，第 14 发行年度，第 10 册（1966 年）。前言，第 1192—1198 页（*Neuveröffentlichung des Kapitel I des I. Bandes der **Deutschen Ideologie** von Karl Marx und Friedrich Engels*, vorbereitet und eingeleitet von Inge Tilhein, *Deutsche Zeitschrift für Philosophie*, 14. Jahrgang, Heft 10（1966）. Vorwort, S. 1192-1198; Text, S. 1199-1251; Anmerkungen, S. 1251-1254）〔根据巴加图利亚的文本编辑新德文版的编者梯尔海因（Tilhein）和陶伯特（Inge Taubert）是异名同人〕。

2.《论马克思、恩格斯的唯物主义历史观：关于〈德意志意识形态〉第一章中的几个理论问题》，《德国工人运动史来稿》，第 10 发行年度，1968 年，纪念马克思诞辰 150 周年特刊，27—50 页〔*Zur materialistischen Geshichtsauffassung von Marx und Engels: Über einige theoretische Probleme im ersten Kapitel der **Deutschen Ideologie**, Beiträge zur Geschichte der deutschen Arbeiterbewegung*, 10. Jahrg. (1968), Sonderheft zum 150. Geburtstag von Karl Marx, S. 27-50〕。

依据 *MEGA1* 版《德意志意识形态》的伪书说构成的"Ⅰ.费尔巴哈"章的新编辑方案的提出,并以此为导火线的日本国内的《德意志意识形态》争论①,这一系列研究取得了不亚于终战后在欧美引发广范围争论的《1844 年手稿》研究的巨大成果,也使一些新的解释成为可能。

尤其 20 世纪 60 年代以来的研究,不追求书中诸理论展开所具备的体系化的一贯性,反而是一些叙述、理论展开的片面性,间或出现的相互间毫无连贯可言的龃龉等现象开始受到瞩目。因此,该时期的研究从怀疑阿版文本的角度出发,对《德意志意识形态》,尤其是"Ⅰ.费尔巴哈"章手稿照片进行再次探讨,当该项工作成为不可能时,以 1926 年的梁版与 1932 年的阿版为依据,复原手稿原型并在此基础上尝试其

―――――――――

3.《马克思、恩格斯:〈德意志意识形态〉,第一卷,第一章,费尔巴哈,唯物主义直观与唯心主义直观的对立》,*MEGA2* 试行版,狄茨出版社,柏林,正文,33—119 页;参考文献,399—507 页[由 I. 陶伯特和 J. 德奈特主编]〈*Karl Marx/Friedrich Engels*, **Die Deutsche Ideologie**. *I. Band. Kapitel I. Feuerbach. Gegensatz von materialistischer und idealistischer Anschauung*, *MEGA2* Probeband(Dietz Verlag, Berlin 1972), Text, S. 33 - 119; Apparat, S. 399 - 507[hrsg. von Inge Taubert und Johanna Dehnert]〉。

4.《关于 *MEGA2* 第一部分第 5 卷(〈德意志意识形态〉)的准备工作》,《马克思、恩格斯研究来稿》,26(1989 年),第 99—194 页(*Aus der Arbeit an der Vorbereitung des Bandes 5 der Ersten Abteilung der MEGA2*(**Die deutsche Ideologie**), *Beiträge zur Marx-Engels-Forschung*, 26(1989), S. 99 - 194)[这里包括与《德意志意识形态》的编纂工作直接相关的陶伯特的两篇论文,另有罗利希(Elke Rölig),戴克塞尔(Dieter Deichsel),伊可尔(Christine Ikker)等作者的五篇论文]。

5.《恩格斯向唯物主义和社会主义的过渡》,《马克思恩格斯年鉴》,12(1990 年),第 31—65 页[*Engels' Übergang zum Materialismus und Sozialismus*, *Marx-Engels-Jahrbuch*, 12(1990), S. 31 - 65]。

6.《马克思、恩格斯的〈德意志意识形态〉是如何形成的? 新的见解、问题以及争论焦点》,《马克思在巴黎的第一次逗留以及〈德意志意识形态〉的形成研究》,《马克思故居文集》,第 43 期,特里尔,1991 年,9—87 页(*Wie entstand die* **Deutsche Ideologie** *von Karl Marx und Friedrich Engels? Neue Einsichten, Probleme und Streitpunkte, Studien zu Marx' erstem Paris-Aufenthalt und zur Entstehung der* **Deutschen Ideologie**, Schriften aus dem Karl-Marx-Haus, Nr. 43(Trier [1991]), S. 9 - 87)。

另外,虽然不属于 *MEGA* 工作小组,但是 1960 年代 Wolfgang Mönke 的研究成果也值得注目。

① 郑文吉《20 世纪六七十年代日本学界关于《德意志意识形态》的争论——可以了解日本马克思学研究的具体事例》,郑文吉,《马克思的思想形成及其早期著作》,249—320页。

他的研究。

　　然而重要的是,在这一过程中由于出现了与以往关于《德意志意识形态》研究全然不同的划时代的研究倾向,从而引发了以手稿原文中出现的笔迹差异为据的个人工作量问题。换言之,也就是研究者通过以手稿形式存在的《德意志意识形态》来窥探马克思与恩格斯共同撰写著作的形态,进一步探究书中体现出的多样性唯物历史理论的各部分分属于谁的问题。这种倾向,尤其以日本为中心,强势地崭露头角。显然这种研究倾向在历来以列宁的马克思、恩格斯"一体说"为据的教条式马克思主义研究盛行的氛围中,是很难想象的①。同时,即使是在非教

---

　　① 这种教条化的可能性体现在梁赞诺夫的一段文章,即"我总是对马克思与恩格斯相提并论[……],如果我提到了马克思,那就是意味着马克思和恩格斯两人"。事实上,以"一"符号连接的"马克思—恩格斯"的概念通过以下著作论文固定成型:梅林(Franz Mehring):《马克思、恩格斯、拉萨尔遗著选》,梅林编,四卷本,斯图加特:J. H. W. 狄茨继承人出版公司,1902 年(Aus dem literarischen Nachlaß von Karl Marx, Friedrich Engels und Ferdinand Lassalle)》(hrsg. von Franz Mehring, 4 Bde., Verlag von J. H. W. Dietz Nachf. GmbH., Stuttgart 1902);《马克思、恩格斯 1844—1883 年通信集》,A. 贝贝尔和 E. 伯恩施坦主编,四卷本,J. H. W. 狄茨继承人出版公司,斯图加特,1913 年(Der Briefwechsel zwischen Friedrich Engels und Karl Marx, 1844 bis 1883, hrsg. von August Bebel und Eduard Bernstein, 4 Bde., J. H. W. Dietz Nachf., Stuttgart 1913);《马克思、恩格斯 1852—1862 年著作集》,梁赞诺夫主编,二卷本,J. H. W. 狄茨继承人出版公司,斯图加特,1917 年(Gesammelte Schriften von K. Marx und F. Engels, 1852—1862, hrsg. von D. Rjazanow, 2 Bde., J. H. W. Dietz Nachf., Stuttgart 1917);自 1927 年以来出版的 MEGA1 阿版等。在此过程中,我们有必要注意于 1910 年末,由奥地利维也纳的马克思主义者们曾经提出的马克思全集出版计划。鉴于马克思的著作版权将于 1913 年 3 月 14 日以后消失,他们提出四项建议主张要慎重考虑马克思著作(全集)的出版问题。其中第三项建议则提出了"需要严谨地探讨到底该不该将马克思与恩格斯的著作一起出版"的问题。我们特别要注意在这建议书上(《著作权保护过期后的马克思著作》,维也纳,1911 年 1 月 1 日("Die Werke von Karl Marx nach Erlöschen der Urheberschutzes," Wien, 1. Jänner 1911))还有 MEGA1 阿版的策划者梁赞诺夫的签名。在此之后,由于苏联对共产主义国家的统一支配,马恩一体说也变得更加死板僵化。引用部分如下:《梁赞诺夫:马克思、恩格斯研究者,人文学者,持不同政见者》,V. 库娄和 A. 雅罗斯拉夫斯基主编,狄茨出版社,柏林,1993 年,113 页以下(David Rjasanow——Marx-Engels-Forscher, Humanist, Dissident, hrsg. von Volker Külow und André Jaroslawski(Dietz Verlag, Berlin 1993), S. 113f)。郑文吉《未完的梦——〈马克思恩格斯全集〉的出版》,前书,第 343—372 页,特别要注意参照第 349—353 页及第 409—412 页的"资料 2"。G. 郎寇:《马克思全集版:紧迫的党派利益抑或装饰性的目的? 维也纳编辑方案三十周年祭,书信与书信摘录》,《国际社会史评论》,第 28 卷,第 1 部分(1983 年),第 126—129 页(Götz Langkau, Marx-Gesamtausgabe—dringendes Parteiinteresse oder dekorativer Zweck? Ein Wiener Editionsplan zum 30. Todestag, Briefe und Briefauszüge, International Review of Social History, Vol. XXVIII, Part 1(1983), S. 126 - 129),特别要注意参照 S. 127。

条式立场下自由进行研究的学者们,对于论证马恩持分问题一事也是
强烈批判的。即他们认为从 1840 年代中期以来,通过 40 年间的共同
工作与书信交流,马恩二人达成了意见上一贯的统一性,而企图对这种
统一性立场进行互相对立的行为是遭到警告的①。然而至少对有关
《德意志意识形态》的手稿,尤其是对未完成度极高的"Ⅰ. 费尔巴哈"
章来说,为了阐明各种分散意见中存在的断节与重复,主要概念间的冲
突,及各种不同主张的交错混杂,持分问题渐渐地与编写顺序或编辑问
题同样地成为必须进行讨论的一个环节。因此我们的探讨十分自然地
使我们面临了这样的一个问题,即《德意志意识形态》的手稿,尤其是唯
物历史理论的初步展开在酝酿的同时,其完成度显著不均衡的"Ⅰ. 费
尔巴哈"章的现存状态究竟如何才得以开拓出研究现状的新境界的
问题。

　　《德意志意识形态》"Ⅰ. 费尔巴哈"章现存有两种形式,一种是由
记载着许多修改与编辑指示的 17 印张和 1 张纸片(共 68 页,最后的纸
张 92 仅有 2 页)构成的基底稿,另一种是由 6 印张和 1 张纸片(共 26
页)构成的誊清稿或异稿。基底稿完成度极低,很多部分用横线进行区
划或用纵线删除,马克思与恩格斯对左栏正文内容的修改,记载在右栏
或左栏的正文中。因此"Ⅰ. 费尔巴哈"章的手稿与对唯物历史观的马

---

　　① 纽约大学的奥尔曼(Ollman)教授曾在日本马克思、恩格斯研究者协会(Arbe-
itsgemeinschaft für Marx- Engels-Forscher Japans)举办的国际会议上提出此观点。B.
奥尔曼:《对恩格斯版〈资本论〉的评论家们提出的几个问题》,《马克思、恩格斯研究来
稿:1995 年的新结果》,争论出版社,1995 年,第 58—59 页[Bertell Ollman, *Some
Questions for Critics of Engels'Edition of Capital*, *Beiträge zur Marx-Engels-Fors-
chung*: *Neue Folge 1995*(Argument-Verlag 1995), S. 58 - 59];宫川彰/大村泉 Akira
Miyakawa/Izumi Omura 报道:"于 1994 年 11 月 12 日—13 日在中央大学和东京都立
大学召开的关于《资本论》、*MEGA* 版以及当前马克思、恩格斯研究的东京国际研讨
会",《*MEGA* 研究》,1994/2,第 140—142 页(Akira Miyakawa/Izumi Omura,
"Bericht. Tokyo International Seminar 1994 über Das Kapital, die *MEGA* und die
gegenwärtige Marx-Engels-Forschung am 12. -13. November 1994 an der Chuo Uni-
versity and der Tokyo Metropolitan University," *MEGA*-Studien, 1994/2, S. 140 -
42)。

恩理论的研究一样,具有展现二人共同创作的重要的资料价值①。

　　接下来,关于《德意志意识形态》的构成及形成史的研究,我们的焦点就自然地转移到马克思和恩格斯的共同创作形态上。本文的主旨并不是讨论马恩的相逢相识对二人各自思想形成上的影响,或是对以后二人成为鼻祖的马克思主义的形成所带来的影响。而适当地研究一下用具体的文字体现二人共同创作过程的各部著作,对于《德意志意识形态》手稿特殊性的界定来说,是十分重要的关键之一。换言之,现存的《德意志意识形态》手稿中的未完成部分——"Ⅰ.费尔巴哈"章中保留了大量马克思与恩格斯共同创作的痕迹,从而为推敲《德意志意识形态》中阐述的各种思想到底是起源于二人中何人的问题(当然这个问题并不是很容易阐明)提供了可能性②。

第二节　《德意志意识形态》"Ⅰ.费尔巴哈"章的撰写

　　正如前面所述,《德意志意识形态》"Ⅰ.费尔巴哈"章的手稿分为大束手稿的基底稿和小束手稿的誊清稿或异稿。大束手稿的基底稿由① 纸张[6]—[11](S.8—29);② 纸张[20]—[21](S.30—35);③ 纸张[84]—[92](S.40—72)三部分构成,1962 年巴纳在国际社会史研究所(IISG)发现的没有纸张编号的 S.1—2 属于①中。基底稿中最早的①纸张[6]—[11]是在第一卷的章节区分前写好的部分,分条目依据为《德意志意识形态》的撰写提供契机的布鲁诺·鲍威尔(Bruno Bauer)

---

　　①　关于手稿构成形态的研究,请参照以下论文。郑文吉,《〈德意志意识形态〉"Ⅰ.费尔巴哈"章的重新建构——关于梁赞诺夫以来各种版本的比较探讨》,前书,第187—201 页。
　　②　虽然情况略有不同,根据马克思的笔记,由恩格斯编撰的《资本论》第二、第三卷也体现出马克思与恩格斯共同工作的另一种形态。

的《路德维希·费尔巴哈的特征》[①]，在对此进行批判的手稿中，是与"费尔巴哈唯物论"相关的部分。这一部分原稿随着章节的区分被删除了很多，除了编入"Ⅱ.圣布鲁诺"及"圣麦克斯"的部分，剩余的部分则跟"鲍威尔"、"费尔巴哈"、"F"以及"Geschichte"等编辑指示，还处于待誊写的状态中[②]。基底稿②纸张[20]—[21]是在"Ⅲ.圣麦克斯"章，

---

① 鲍威尔的《路德维希·费尔巴哈的特征》按照以下顺序阐述：费尔巴哈的前提（86—88 页）/费尔巴哈的神秘主义（88—91 页）/费尔巴哈的黑格尔性（92—102 页）/费尔巴哈的宗教（102—116 页）：费尔巴哈的哲学（102—106 页）、宗教（106—111 页）、基督教（112—116 页）/费尔巴哈的唯物主义（116—123 页）/费尔巴哈与唯一者——费尔巴哈的结论及其同批判和唯一者的斗争（123—146 页）。《维干德季刊》，第 3 卷（1845 年），86—146 [Die Voraussetzung Feuerbachs（S. 86 - 88）/Der Mysticismus Feuerbachs（S. 88 - 91）/Die Hegelei Feuerbachs（S. 92 - 102）/Die Religion Feuerbachs（S. 102 - 116）：Die Philosophie（S. 102 - 106），Die Religion（S. 106 - 111），Das Christenthum（S. 112 - 116）/Der Materialismus Feuerbachs（S. 116 - 123）/Feuerbach und der Einzige. Die Consequenzen Feuerbachs und ihr Kampf gegen die Kritik und den Einzigen（S. 123 - 146）. Wigand's Vierteljahrsschrift, 3. Band（1845），S. 86 - 146]。另外，对鲍威尔的论文和基底稿[6]—[11]的引用文——进行对照的研究，请参照小林昌人的论文。小林昌人曾在东京举办的"恩格斯国际研讨会（1995 年 11 月 2—3 日，由东京都立大学主办）"上发表该论文。小林昌人，《〈德意志意识形态〉第一章编辑上的基本问题——兼论郑文吉的研究》，请参照最后附表。

② 陶伯特认为恩格斯写在和 i）一样的纸张上的，题目为"费尔巴哈"的笔记可以填补最旧层缺失的 S. 3 - 7（S. 1 - 2 由巴纳在 1962 年发现）。英文版全集也认为该笔记是为"Ⅰ.费尔巴哈"章而撰写。Ⅰ.陶伯特：《论〈费尔巴哈〉手稿的形成史及其在 *MEGA2* 第Ⅰ/5 卷中的编排》，《马克思、恩格斯研究来稿》，26（1989），104—108 页（Inge Taubert, *Zur Entstehungsgeschichte des Manuskripts* **Feuerbach** *und dessen Einordnung in den Band I/5 der MEGA2*, Beiträge zur Marx-Engels-Forschung, 26（1989），S. 104 - 108）；马克思、恩格斯：《马克思恩格斯全集》，第 5 卷，国际出版公司，纽约，1976 年，第 585 页，注 3（Karl Marx/Friedrich Engels, Collected Works, Vol. 5（International Publishers, New York 1976），p. 585 n. 3）。关于这篇文章的撰写时间，因英文版全集的工作是在 1845 年秋天完成，所以陶伯特认为其草稿最快也应该在 1845 年 10 月末，不是在 1845 年 12 月或 1846 年 1 月以前撰写的。马克思、恩格斯：《马克思恩格斯全集》，第 5 卷，第 14 页（Karl Marx/Friedrich Engels, *Collected Works*, Vol. 5, p. 14）；陶伯特，前文，第 107 页。但是广松涉认为巴纳发现的 S. 1—2 与原稿的最旧层无关。因为"Feuerbach"或"Bauer"等编辑指示虽然也能表明是基底稿，但其内容基本上属于"Ⅱ.圣布鲁诺"或者该章节没有删除的部分，只是考虑到被"Ⅰ.费尔巴哈"章所利用的可能性，因此留存在"Ⅰ.费尔巴哈"章节而已。鉴于此，广松涉将其作为"附录Ⅰ"来处理的。马克思、恩格斯：《德意志意识形态》，新版第 1 卷第 1 章，附文本考证注释，广松涉编，河出书房新社 Kawadeshobo-shinsha 出版社，东京，1974 年[Karl Marx/Friedrich Engels, *Die deutsche Ideologie*, 1. Band, 1. Abschnitt. Neuveröffentlichung mit text-kritischen Anmerkungen, hrsg. von Wataru Hiromatsu（Kawadeshobo-Shinsha Verlag, Tokio 1974）]，请参照 p. ix 的Ⅱ·6、Ⅱ·6·1—4。

"D. 教会政治(Die Hierarchie)"节的推敲过程中编入"Ⅰ. 费尔巴哈"章。ⅲ)纸张[84]—[92]作为"Ⅲ. 圣麦克斯"章中"作为市民社会的社会(Die Gesellschaft als bürgerliche Gesellschaft)"的一部分开始撰写,但是在撰写的过程中,或在撰写之后又编入到"Ⅰ. 费尔巴哈"章中的。以上就是最普遍的见解。

总而言之,在《德意志意识形态》的研究过程中,我们对基底稿的重视显然是它的内容。当然,在基底稿的撰写过程中体现出的马克思与恩格斯的共同合作形态也是我们所关注的。事实上,我们在关注《德意志意识形态》手稿形态的同时,围绕二人各自的参与程度,从恩格斯单纯的口述笔记说到他的主导说,展开了大量丰富的讨论。

笔者曾经将马克思与恩格斯的《德意志意识形态》的共同撰写过程分为四个阶段①:① 最初的草案(Entwurf od. Konzept)及以此为中心的两人间的讨论,② 关于草案的修改与誊写,③ 以修订稿为依据的删减及编辑指示,④ 付诸出版的最终稿(Druckfassung, Druckvorlage, od. Reinschrift)。事实上,《德意志意识形态》经过了多样的共同撰写阶段,这与《神圣家族》是有区别的。从《神圣家族》的情况来看,恩格斯与马克思在巴黎相遇,共同企划批判鲍威尔的著述,接着恩格斯在巴黎滞留的短暂期间中完成了几个章节的撰写后便返回德国了。而在1845 年春天以来,在马克思居住的布鲁塞尔会合后的两人,作为《神圣家族》的共同作者,需要共同对付鲍威尔的反击。另外,通过访问英国而获得的具体经验与成果,宣布与青年黑格尔派,尤其是与费尔巴哈的明确决裂——德意志唯心论的清算,在当时的政治斗争中非常有必要表明他们的立场。因此,二人为了更好地处理面临的问题,以马克思的住所为根据地,全面投入于《德意志意识形态》的撰写中,这一事实可以

---

① 郑文吉,前书,第 97—98,149,187—188 页。

从燕妮·马克思或恩格斯的回顾中得到确认。① 对此迈耶尔指认：

> ［……］至少现存手稿的所有部分［……］是不属于出版用
> 最终稿（druckfertiges Examplar）。许多纸片的内容还保留着
> 最初草案的痕迹，并且在这其中还存在许多马恩也认为不能
> 付诸印刷的表现。有些部分没有连贯性而直接开始新的表
> 述，也没有统一标注页码。②

因此，从整体来看《德意志意识形态》现存手稿的话，虽然共存着马恩共同撰写的各个阶段，但是如上所述，当初为了出版而寄到德国的原稿虽然有着马克思的修改与补充，但主要还是由③与④阶段构成的。然而以未完成状态存在的"Ⅰ. 费尔巴哈"章保留了 4 个撰写阶段，尤其基底稿主要由②、③阶段构成。同时，以"Ⅰ. 费尔巴哈"章现存手稿状态为依据，在共同撰写的过程中，马恩二人究竟谁更起到了主导作用的问题是历来的争议。

众所周知，《德意志意识形态》的手稿基本上是由恩格斯执笔完成左栏正文（Grundtext）的撰写，右栏部分则是由马克思负责的添加、修改等内容。因此如果仅依照笔迹来评判谁是主要作者的话，那答案毫无疑问是恩格斯。然而，迈耶尔并不认同单凭笔迹来判断谁是作者，他主张"二人是从一开始就为了达成特定的目标而共同享有精神财产"，对于一些表面现象他解释为"恩格斯比马克思更善于书写，但恩格斯并不是只负责印刷用的最终稿整理，而是两人通过对话交流达成共识后，

---

① 燕妮·马克思：《动荡不安生活的素描》，载于《摩尔与将军。回忆马克思与恩格斯》（柏林：狄茨出版社，1964 年），第 206 页（Jenny Marx, *Kurze Umrisse eines bewegten Lebens*, *Mohr und General. Erinnerungen an Marx und Engels* (Dietz Verlag, Berlin 1964), S. 206)；《恩格斯致 L. 拉法格》，1883 年 6 月 2 日，*MEW*，第 36 卷，第 33—34 页（*Engels an Laura Lafargue*, 2. Juni 1883, MEW, Bd. 36, S. 33‑34)。

② 古斯塔夫·迈耶尔：《〈德意志意识形态〉手稿的"发现"》，《社会主义与工人运动史档案》，第 12 卷，1926 年，第 287 页［Gustav Mayer, *Die **Entdeckung** des Manuskripts der Deutschen Idelogie*, *Archiv für die Geschichte des Sozialismus und der Arbeiterbewegung*, Band XII(1926), S. 287］。

由恩格斯负责在稿纸上誊写其内容",由此迈耶尔提出了恩格斯誊写说①。梁赞诺夫以手稿形态为依据,指出尤其是从第一节"一般意识形态,特别是德意志意识形态(Die Ideologie überhaupt, namentlich die deutsche')[基底稿中ⅰ)、ⅱ)部分,即从 8—29 至 30—35 的部分]来看,给人的印象是即使该著作属于二人共著,也是由马克思对内容进行口述,恩格斯笔记下来的",因此他主张恩格斯口述笔记说②。当然,迈耶尔与梁赞诺夫也承认《德意志意识形态》中的特定一部分是由恩格斯主导撰写的,然而从大体上来看,他们还是赞同马克思主导说的。③

20 世纪 60 年代,对《德意志意识形态》进行新一轮研究的日本学者广松涉颠覆了历来的观点,提出了恩格斯主导说。他指出,由于受列宁的马克思、恩格斯"一体说"影响,恩格斯的独创性一直被忽视。他为了扭转过去对恩格斯的过低评价,从而主张《德意志意识形态》是在恩格斯主导下完成撰写的。换言之,他提倡所谓的恩格斯主导论,即在《德意志意识形态》"Ⅰ.费尔巴哈"章中体现的唯物史观是由恩格斯提出,马克思则在恩格斯的先行指导下对自我异化论进行整理,发展为物象化论。④ 不管怎样,由广松涉引发的 20 世纪六七十年代日本学界有

---

① 古斯塔夫·迈耶尔:《恩格斯传》,第一卷,《早年恩格斯》,修订第二版,海牙:尼耶霍夫出版社,1934 年,226—227 页[G. Mayer, *Friedrich Engels. Eine Biographie*. Erster Band, *Friedrich Engels in seiner Frühzeit*, 2., verbesserte Aufl. (Martinus Nijhoff, Haag 1934), S. 226 - 227]。

② D. 梁赞诺夫:《马克思、恩格斯遗稿选·马克思、恩格斯论费尔巴哈(〈德意志意识形态〉第一部分)·编者导言》,《马克思、恩格斯文库》,第 1 卷,1926 年,第 217 页[D. Rjazanov, *Aus dem literarischen Nachlaß von Marx und Engels. Marx und Engels über Feuerbach (Erster Teil der Deutschen Ideologie): Einführung des Herausgebers, Marx-Engels-Archiv*, 1. Band[1926], S. 217]。[ ]内是作者附加的内容。

· ③ 迈耶尔认为"由于两人的自由、机敏、娴熟等因素,恩格斯偶尔也有可能独立完成了几个章节(manche Abschnitte)。梁赞诺夫附加说明"Ⅰ.费尔巴哈"章的"第二节[基底稿的 iii)部分 S. 40—72]看来是恩格斯没有依照口述笔记,而是单独撰写的。"迈耶尔,前文;梁赞诺夫,前文。

④ 广松涉,《论恩格斯——以思想形成过程为中心》,盛田书店,东京(1968),第243—245、301—302 页;郑文吉,《20 世纪六七十年代日本学界关于〈德意志意识形态〉的争论》,郑文吉,《马克思的思想形成与早期著作》,第 271—275 页。

关《德意志意识形态》，尤其是关于"Ⅰ.费尔巴哈"章的理论上的争论，主要涉及"Ⅰ.费尔巴哈"章手稿中体现出的笔迹及与之相关的马恩份额问题，还有依据各手稿的撰写顺序，于是手稿原型的全面复原成为争论的出发点①。因此，在日本尽管已经有过去的德文版本，也有广松涉版本，但对于《德意志意识形态》"Ⅰ.费尔巴哈"章的全新编纂及发行还是一直在进行中。在这里，我们也对正在编纂中并即将出版的，"国际马克思、恩格斯基金会、(IMES)"主导下的 *MEGA2*《德意志意识形态》非常期待。

第三节　《德意志意识形态》，特别是关于
"Ⅰ.费尔巴哈"章的再现问题

《德意志意识形态》由于其庞大的内容，全卷的出版一般仅限于如《马克思恩格斯全集》(*MEGA1* 阿版，Bd. Ⅰ/5，1932)，《马克思、恩格斯著作集》(MEW，Bd. 3，1958)等全集或丛书(马克思主义列宁主义丛书，第 29 卷，1953 年，Bücherei des Marxismus-Leninismus，Bd. 29，1953)，大部分情况下都只停留在对"Ⅰ.费尔巴哈"章以及其他章节摘要的层面上。然而，在这里需要注意的是，以马克思与恩格斯的手稿为依据的《德意志意识形态》的出版文本，基本上是以 1932 年发行的 *MEGA1* 阿版本为主，通常只是采取了对一些遗漏或错字的修改措施，但对于"Ⅰ.费尔巴哈"章来说，情况并不是完全一致的。

《德意志意识形态》"Ⅰ.费尔巴哈"章的手稿文本再现，是从 1926 年的梁赞诺夫版(梁版)开始的，此后有 1932 年的阿多拉茨基版(阿版)，即 *MEGA1* 与兰茨胡特/迈耶尔版(兰/迈版)，同时还有战后 20 世纪 60 年代的巴加图利亚版(1965，巴版)[作为这一版变形的德国梯尔

---

① 郑文吉，前书，第 271—304 页。

海因版(1966，D 版)①，20 世纪 70 年代的 *MEGA2* 试行版，日本的广
松涉版(1974，广松版)等一系列各式各样的版本②。然而，对于这些各
式版本中的"Ⅰ. 费尔巴哈"章文本再现问题，值得我们注意的是各版
本的编者对"Ⅰ. 费尔巴哈"章文本都采用了二分法，即首先将手稿分为
大束基底稿和小束草稿，再依据编者的意图进行整理。当然，所有编者
最基本的意图都是怎样才能使全部手稿得到最大限度的复原，并且如何
依照马克思、恩格斯的原意对小束手稿进行编排的问题。因此，本论文
将从两个层面继续探讨有关各版本互不相同的编纂形态，即包括大束基
底稿在内的全部手稿的再现形式的问题，还有小束草稿的排列顺序
问题。

一、包括基底稿在内的全部手稿的再现形式问题

　　最早介绍《德意志意识形态》"Ⅰ. 费尔巴哈"章的梁版，以全面而
忠实地介绍手稿内容为目的，因此梁版虽然是对文本的平面罗列，但是

---

　　①　德国统一社会党中央委员会马克思主义列宁主义研究所：《新版马克思、恩格
斯的〈德意志意识形态〉第一卷第一章》，由梯尔海因编辑并配导言，《德国哲学杂志》，
第 14 发行年度，第 10 册(1966 年)。第 1199—1254 页［IML beim ZK der SED，
Neuveröffentlichung des Kapitels I des 1. Bandes der **Deutschen Ideologie** *von Karl
Marx und Friedrich Engels*，vorbereitet und eingeleitet von Inge Tilhein，*Deutsche
Zeitschrift für Philosophie*，14. Jahrgang，Heft 10(1966)，S. 1199-1254］。梯尔海
因(Tilhein)版成为 1970 年出版的《马克思、恩格斯选集六卷本》(狄茨出版社，柏林，
1970—1972 年，第一卷，1970 年，201—277 页)(Karl Marx/Friedrich Engels，
Ausgewählte Werke in sechs Bänden，Dietz Verlag，Berlin 1970—1972，Bd. Ⅰ(1970)，
S. 201-277)收录的《费尔巴哈——唯物论观点与唯心论观点的对立》的基底稿。但
是在内容方面，前者以脚注的方式标出在手稿原文用斜线删除的部分，而后者没有任
何标记。另外，以后者为底本的大众普及版《费尔巴哈：唯物主义直观与唯心主义直观
的对立》《德意志意识形态》第一卷第一章)［*Feuerbach：Gegensatz von materialisti-
scher und idealistischer Anschauung*(*Erstes Kapitel des I. Bandes der* **Deutschen Ide-
ologie**)］作为莱克兰版(Verlag Philipp Reclam jun.，Leipzig 1970)以及"马克思列宁主
义小丛书 Kleine Bücherei des Marxismus-Leninismus"版(Dietz Verlag，Berlin 1971)
中的一卷得以刊行。
　　②　郑文吉，《〈德意志意识形态〉"Ⅰ. 费尔巴哈"章的重新建构》，前书，185—248
页。各种版本的简称如梁版、阿版、巴版等属于普遍通用的，但是 L/M 版、D 版、广松
版等简称是纯属笔者追加。

草稿中被删除的部分在正文中得到复原，另通过脚注详细地揭示了手稿的表面特征。因而梁版是通过常规的排版形态，最忠实地传达手稿原型情况的版本之一。

与此相反，阿版的"Ⅰ. 费尔巴哈"章是以"按照马克思与恩格斯在1846 年 7 月出版计划遭挫之前所计划的形态复原①"为原则，试图对文本进行大胆的重新建构。换言之，他们选择了这样一种方法，即将手稿定位为"未定型"，以其中出现的大量分节线为依据将文章进行分割后，再依照边注或编纂上的注解，对排列顺序进行重新调整。因此，阿版如同脱胎换骨般地重新建构了手稿，具备了相当完善的体系性，也"使遗稿内容更加前后一致"，因而获得了"更容易理解内容"的评价。② 如果对两种文本与手稿原型进行比较研究的话，我们通过梁版的再现文本可以窥视其手稿原型，但是阿版则不然，假如对阿版卷末的正文异稿不进行透彻详细的探究就很难推测其原型，这是阿版存在的一个弱点。尽管如此，基于阿版被收录在马克思、恩格斯的"历史考证版全集"（historisch-kritische Gesamtausgabe）中的这一点③，再加上因阿版发行以来，对马克思、恩格斯及马克思主义的研究完全从属于斯大林的统一政治支配，发刊后的近 30 年内，阿版拥有了绝对的权威地位。

然而在步入 20 世纪 60 年代以后，阿版的权威受到了全方位的挑战。"1932 年莫斯科研究所版（即阿版）试图对文本的位置进行变更，却没有揭示为了获取这一位置变更的正当性而进行的慎重探讨，而且也没有进一步对手稿内容及其相关部分进行研究，因而既没有必然性也不够充分"，从以上表述中很明显地可以看出阿版的文本排列遭到了

---

① *MEGA1* I/5，S. XVII.

② 广松涉，《〈德意志意识形态〉的编辑上存在的问题》，《唯物论研究》第 21 号（1965 年春季刊），第 106 页；重田晃一，《纵观〈德意志意识形态〉的公开刊行史》(2)，《关西大学经济论集》第 12 卷第 1 期(1962.4)，第 66 页。

③ 所谓"历史考证版全集"是指依据留存下来的资料，用现代的文本批评方法，对资料进行深入研究的全集。

挑战①。由于 1962 年巴纳发现的手稿纸片，这种挑战也取得了正当性。因而此后的《德意志意识形态》"Ⅰ. 费尔巴哈"章的编纂与阿版不同，偏向所谓的忠实于手稿原型的文本再现。

20 世纪 60 年代以来挑战阿版的还有巴版与 D 版，这两种版本再现手稿时首先按照马克思的页数编号，对大束手稿进行排列（这里包括 1962 年发现的 S. 1—2），而对小束手稿则采用了恩格斯与第三者的纸张编号。首先，这些版本将左栏的内容作为正文文本，而对马克思（与恩格斯）记在右栏的补遗部分，如果能成句直接相连（包括明示连接位置的），则归入到相关的正文内容中，但是与正文内容没有直接关系的独立句子则单独标出来。如果是简单的边注或词汇（主要为编辑指示或是誊写时参考用的词汇等），先在脚注里附上注释，再鉴定是谁的笔迹。值得一提的是以上版本将手稿中用斜线删除的部分也通过脚注的方式加以恢复了相应的位置和内容。如此看来，这些版本基本上是回归于梁版的。

然而对于包括基底稿在内所有手稿的再现方法来说，具有划时代意义的是 *MEGA2* 版试印本以及广松版的文本再现。从视觉上看，这两个版本恢复了手稿的原型，即利用左右两栏或对应的两页纸，左边记载手稿左栏的正文，右边排列手稿右栏的补遗、边注及编辑指示等，从而向读者清晰明了地展示了手稿的原样。*MEGA2* 版试印本和广松版尽管以两栏或两页的方式在编辑上做了大胆的尝试，但究竟是否达到了对手稿原型的完美的再现，从这一点看还是有待争论的。

首先，*MEGA2* 版试印本中存在的缺陷已经由日本学者指出，即在学术资料附录中的异文详情问题。② 在异文详情中占大量比重的是标

---

① 德国统一社会党中央委员会马克思主义列宁主义研究所：《新版马克思、恩格斯的〈德意志意识形态〉第一卷第一章》，第 1198 页（IML beim ZK der SED, *Neuveröffentlichung des Kapitels I des 1. Bandes der* **Deutschen Ideologie** *von Karl Marx und Friedrich Engels*, S. 1198）。

② 土屋保男，《*MEGA2*——深化马克思主义的最大武器》，《*MEGA2*—新版马克思恩格斯全集》（极东书店新闻附册，东京，1973），第 36—39 页；广松涉，《文献学语境中的〈德意志意识形态〉——寄语 *MEGA2*（试行本）》，前书，第 205—266 页。

示删除的各种各样的符号,而这些符号如同解答谜题一般,需要将正文与异文详情进行对照。因此批判这一问题的日本学者们一致认为"如果用各版本比较时使用的并记法的话,就不需要使用其他的符号,可以使问题简便化"。也就是说,他们认为 *MEGA2* 版行印本如果能像广松版一样,对于删除部分用正文中的特殊编辑方法来再现的话,就可以更加简洁明了地再现。①

另一方面,广松版利用相对应的两页纸,根据各纸片的原来页码,将恩格斯的正文部分记录在偶数页中,添加、边注以及编辑指示则基本放在奇数页中。广松版中的删除部分在正文中用小字体标注,正文用罗马字体标注,修改、补充、边注以及编辑指示等内容则根据马克思和恩格斯的笔迹来进行区分,前者用粗体,后者用斜体,这样处理的结果与手稿的原型就更加接近了。然而,广松版中与偶数页相对应的奇数页尽管篇幅很大,但是目的不在于复原草稿的原型,而更多地被用于放置小束手稿的异稿、誊清稿,栏外笔记被作为脚注来处理。尽管编者对此有自身的主张或辩解,但还是成为广松版不可避免的一个缺陷。②同时,广松版排列大束手稿时也有别于 1960 年代的其他各版本,广松版将巴纳于 1962 年发现的手稿纸片中由马克思标记的"1)"和"2)"页的手稿,由于"定位不明"的理由没有编入大束手稿第一部分 8—29 页

---

①　广松涉,前文,第 212—217 页。引用部分参照土屋保男的前文 38 页。另外,小林昌人的前文(脚注 13)详细地记载了 *MEGA2* 试行本的缺陷,特别指出了对删除部分的机械性的处理无益于阐明马恩的持分问题。

②　马克思、恩格斯:《德意志意识形态》,新版第 1 卷第 1 章,附文本考证注释,广松涉编,东京:河出书房新社 Kawadeshobo-shinsha 出版社,1974 年,第 16 页[K. Marx/ F. Engels, *Die deutsche Ideologie*, Neuveröffentlichung des Abschnittes 1 des Bandes 1. Mit text-kritischen Anmerkungen, hrsg. von Wataru Hiromatsu (Kawadeshobo-Shinsha Verlag, Tokio 1974). p. xvi],参照"IV. 本版的编辑"中 IV・2・4・2 及 IV・2・4・4。对于上述的排置方法上存在的局限性以及脚注没有采取一目了然的排列方法,广松涉本人也承认由于受印刷技术和印刷经费的限制,才不得已采取的措施。但是从学术成果的角度,我们对广松版的功过与编者的情况说明应该当别论。广松涉,《〈德意志意识形态〉研究现阶段》,前书,第 294 页;郑文吉,《20 世纪六七十年代日本学界关于〈德意志意识形态〉的争论》,前书,参照第 269—270 页的脚注 23。

的前面,即没有作为 1,2 页来处理,反而列入附录。然而,尽管编者对广松版的编排方式提出自身理论的妥当性,但广松版的一些编辑方式却仍然是持续争论的对象,比如将小束手稿的异稿[1?]-cd、[2?]-a 和[5]-abcd 作为 11—16 页的异稿,放在奇数页中进行了连续处理,又如为了填补第二部分和第三部分之间缺少(遗失?)的手稿内容,在正文的偶数页上排置了[3]-abcd 和{4}-ab。如果我们从恣意性观点出发对广松版的手稿排列做出判断的话,可以认为,广松版的编者与他本人进行批判的其他版本的编者其实也大同小异。①

二、小束手稿片段的排列问题

《德意志意识形态》"Ⅰ. 费尔巴哈"章再现工作所面临的另一个难点就是由 7 个张纸的手稿片段(包括空白—共有 26 页)构成的小束誊清稿及异稿,在"Ⅰ. 费尔巴哈"章中该如何排列的问题,即所谓的有关排列顺序的问题。下面是关于这 7 个张纸的手稿片段 5 个构成部分的简单说明。②

ⓐ [1?]-ab:作为以"I. Feuerbach"为标题的"Ⅰ. 费尔巴哈"章的整体序论,是誊清稿{1}-ab 的手稿。依照马克思和恩格斯进行的修改、删除部分分散其中。删除部分一直连接到[1?]-c 的上端(? 开始的地方)。

ⓑ [1?]-cd、[2?]-a:该部分的标题是"一般意识形态,尤其是德意志意识形态/A(Die Ideologie überhaupt, speciell die deutsche Philosophie/A)",与[1?]-ab 有相同的大纸张号码,看来是作为"Ⅰ. 费尔巴

---

① 马克思、恩格斯:《德意志意识形态》,广松涉编,第 17 页(Marx/Engels, *Die deutsche Ideologie*, hrsg. von W. Hiromatsu, S. xvii)的 Ⅳ・4・1・3. 郑文吉,《〈德意志意识形态〉"Ⅰ. 费尔巴哈"章的重新建构》,前书,第 235—236 页。同时参照该章的脚注 14)。

② 有关大纸张的标示,恩格斯用"[ ]"标注,第三者(一般认为是伯恩斯坦的笔迹)用"{ }"标注。然而根据不同的版本,对于到底是谁的笔迹这一争论的意见也不同。郑文吉《〈德意志意识形态〉'Ⅰ. 费尔巴哈'章的重新建构》,参照前书第 199 页的图表说明。

哈"章的序论接续部分来撰写的,但是根本没有马克思的修改痕迹。这里论述了唯物历史观的诸多前提。[2?]-bcd 部分是空白。

　　ⓒ {1}-ab:以"I. Feuerbach"为标题,是"Ⅰ. 费尔巴哈"章整篇文章的序论,是手稿[1?]-ab 的誊清稿。

　　ⓓ {2}-abcd:标题为"费尔巴哈/A. 一般意识形态,特别是德意志意识形态(Feuerbach/A. Die Ideologie überhaupt, namentlich die deutsche),可以看出马克思所做的修改与删除部分,也可以看做是第一部分的序论。

表 1　梁赞诺夫以来各种版本对"Ⅰ. 费尔巴哈"章小束手稿的排列顺序

版本		梁版	阿版	巴版 (新德 文版)	*MEGA2* 版试 行本	广松 版
小束手稿	ⓐ [1?]-ab (Ⅰ. 费尔巴哈)"/ "Wie <unsere> deutsche<n> Ideologen <versichern> melden, […] 　　　　　　　　[…], der außerhalb Deutschland liegt. <…> (正如<我们的>德国的玄想家们所<担保>宣告的……站在德国以外的立场上……)"	正文	异稿	部分脚注	异稿详情	I-1***
	ⓑ 〔1?〕-cd,〔2?〕-a (bcd)* "I. Die Ideologie überhaupt, speziell die deutsche Philosophie/A (一般意识形态,尤其是德意志意识形态/A)."/ "< … >/Die Voraussetzungen […]　　　　　[…] durch die Produktion bedingt(……前提……由生产决定的)"	III	III	III	III	III-1***
	ⓒ {1}-ab** "I. Feuerbach(Ⅰ. 费尔巴哈)."/ "Wie deutsche Ideologen melden […]　　　　[…], der außerhalb Deutschland liegt(正如德国的玄想家们所宣告的……,站在德国以外的立场上)."	省略	I	I	II	I

（续表）

版本		梁版	阿版	巴版（新德文版）	*MEGA2* 版试行本	广松版
小束手稿	ⓓ {2}-abcd	II	II	II	I	II
	"I. Feuerbach（Ⅰ．费尔巴哈）/A. Die Ideologie überhaupt, namentlich die deutsche（A. 一般意识形态，特别是德意志意识形态）."/ "Die deutsche Kritik [...]　　　[...] eignen materiellen Umgebung zu fragen（德国的批判……提出……他们自身的物质环境……问题）."					
	ⓔ [3]-abcd，{4}-ab (cd)*	IX****	IV	IV	IV	V*****
	"Die Beziehungen verschiedener Nationen [...] [...] einen Monarchen an der Spitze（各民族之间的相互关系……在君主的领导之下）."					
	ⓕ [5]-abcd	IV	V…	V	V	III-2***
	"Die Tatsache ist also die：[...]　　　[...] an historischen Beispielen erläutern（由此可见，事情是这样的：……用历史的例子来加以说明）"					
大束手稿	S. 1—2	/	/	VI	VI	附录
	[6]—[11]（S. 8—29）	V	?	VII	VII	III
	[20]—[21]（S. 30—35）	VI	?	VIII	VIII	IV
	[84]—[92]（S. 40—72）	VII	?	IX	IX	VI
	[92]-b（最后的笔记）	VIII	附录	X	X	VII

　　小束手稿的纸张序号标记"[ ]"、"{ }"下面有原文，其前面部分是手稿片段的开端，后面部分则是最后文章的原文。（[……]内表示省略，<……>内表示删除。）

　　* [2?]-bcd 和{4}-cd 是空白。

　　** 纸张（4 页）的二分之一（2 页）。

　　*** 与偶数页的正文文本相对应的草案或修订异稿记载在奇数页。

　　I-1：[1?]-ab 是誊清稿{1}-ab 的草稿，因此记载在与正文{1}-ab 相对应的奇数页。

　　III-1，III-2：将[1?]-cd、[2?]-a 及[5]-abcd 连在一起，视为大束手稿第一部分 S. 11—16 的异稿，因而记载在奇数页。

　　**** 排列在"Ⅰ. 费尔巴哈"章文本的最后部分。

　　***** 认为[3]-abcd 和{4}-ab 可以填补大束手稿第二部分和第三部分之间散失的 S. 36—39，因此排置在偶数页正文栏中。

　　ⓔ [3]-abcd，{4}-ab：作为独立的手稿片段，纸张[3]和[4]是连续撰写的，可以看出恩格斯对其做了即时地修改和补充。主要阐述生产与交通、分工与所有制的各个形态。{4}-cd 部分是空白，可以看做是为了展开前面主题而留下的。

　　ⓕ [5]-abcd：作为独立的手稿片段，可以看到马克思与恩格斯的修改、删除部分。主要阐述了唯物历史观的本质，社会意识从属于社会存在等内容。

　　然而众所周知，关于这 5 个片段的排列顺序问题从梁赞诺夫以来的各个版本都体现了不同的立场。简单地用图表来展示的话如前面的表 1。

　　上列图表中值得我们注意的是，对小束手稿中各自不同的排列方式到底是从何而来的。首先从梁版来看，ⓔ（纸张[3]，[4]）是放在整个"Ⅰ. 费尔巴哈"章的最后的，编者认为从内容角度来看，这样的排列是非常明显的。与此同时，ⓒ（{1}）和ⓓ（{2}）部分是ⓐ（[1?]-ab）和ⓑ（[1?]-cd、[2?]-a）的誊清稿，ⓕ（[5]）从内容上来看是作为大束手稿（即他所说的"Hauptmanuskipt"）的开头内容而撰写的。另外，他在"Ⅰ. 费尔巴哈"章的整篇序论中采用了手稿ⓐ，而并没有采用誊清稿ⓒ，因此基底稿前部分中的手稿片段的排列顺序是ⓐ，ⓓ，ⓑ，ⓕ。①

　　另一方面，阿版的编者认为"Ⅰ. 费尔巴哈"章整体是由 3 个层次构成（大束基底稿和小束的 2 个层次），小束手稿的纸张[1?]—[2?]（ⓐ和ⓑ）是誊抄以前的草稿（Reinschriftvorlage），而纸张{1}—[5]（ⓒ，

――――――――――

　　① D. 梁赞诺夫：《马克思、恩格斯遗稿选》，第 220 页（D. Riazanov, *Aus dem lite-rarischen Nachlaß* S. 220）。

ⓓ、ⓔ、ⓕ)是誊清试稿(Reinschriftsversuch)或是部分誊清稿。然而，从两者的情况来看，因为都统一地出现"I. Feuerbach"(前者在[1?]-a中出现"I. Feuerbach"，后者在{1}-a中出现"Feuerbach"，{2}-a中出现"Feuerbach/A…")，因此完全可以作为章节的标题。而在[1?]-c的"Die Ideologie überhaupt, speziell die deutsche Philosophie/A(一般意识形态，尤其是德意志意识形态/A)."标题下的记事(ⓑ)的内容与标题不符，被{2}-a的"I. Feuerbach(Ⅰ. 费尔巴哈)/A. Die Ideologie überhaupt, namentlich die deutsche(一般意识形态，特别是德意志意识形态)"得到扬弃，因此小束手稿按照ⓒ(ⓐ的誊清稿)、ⓓ、ⓑ、ⓔ、ⓕ的顺序排列，ⓐ作为卷末的正文异稿(Textvarianten)来处理的。①

　　另外，巴版和新德文版将"Ⅰ. 费尔巴哈"章整体分为 4 个构成部分(大束的 3 个部分和小束)②，这两个版本又认为小束手稿由 2 个异稿(ⓐ、ⓑ的 5 页)和剩下的誊清稿构成。在排列顺序上，又通过考证撰写年代，基本上是以誊清稿为中心进行排列之后，将誊抄之前的手稿ⓐ([1?]-ab 编入ⓒ({1}-ab)的脚注中，ⓑ([1?]-cd,[2?]-a)插入到誊清稿ⓓ({2}-abcd)之后。这种排列顺序的依据是因为纸张[3]以下部分(ⓔ和ⓕ)与前面部分不同，主要论述了分工的发达以及不同财产的各个形态等问题。然而这里值得注意的是，巴版将[1?]-c 开头位置的标题"I. Die Ideologie überhaupt, speziell die deutsche Philosophie/A(一般意识形态，尤其是德意志意识形态/A)."和删除部分一起安插在ⓒ({1}-ab)的文末脚注中，而新德文版与之相反，以"A"的脚注形态将标题与

---

　　① 《手稿编辑原则·Ⅰ. 费尔巴哈》，*MEGA* I/5，第 561 页及"正文异稿"，前书，第 556—567 页(*Die Richtlinien für die Redigierung der Manuskripte. I. Feuerbach*，*MEGA* I/5，S. 561 及"Textvarianten"，前书，S. 556－567)。

　　② 巴版和 D 版将整体分为 4 个构成部分，又进一步细分为 26 个段落(paragraph)，巴版中包括手稿使用的标题，每个段落标上了小标题，而 D 版只有手稿中原本存在的标题。

删除部分插入到ⓓ（{2}-abcd）之后。①

另一方面，关于文本的再现，MEGA2 试行本强调手稿的成立年代顺序和原型的再现。MEGA2 试行本对大束手稿文本的位置变化或划分都仅限于马克思和恩格斯有指示的地方。因此，MEGA2 试行本对小束手稿的再现也与其他版本不同。对于展现了"出人意料般丰富的文本发展过程"的"Ⅰ. 费尔巴哈"章的文本排列来说，试行本的开头部分，即关于小束手稿的排列顺序在"笔迹的呈现状态（handschhriftlicher Befund）所引导的认识下（innerhalb der Erkennt-nisse）"对其进行重新建构。MEGA2 试行本主张作为"历史性批判性全集"，必须具备对所有的假设也都能做出全方位检验的证据。在"I. Feuerbach"章中有标题的三个手稿片段（ⓐ＝［1?］-ab；ⓒ＝{1}-ab；ⓓ＝{2}-abcd）中间，MEGA2 试行本认为从"时期上"来看ⓓ应该在ⓐ或ⓒ之前，因此把ⓓ放在最前面，被其他所有版本都看做是"Ⅰ. 费尔巴哈"章序论的ⓒ（对于其草案ⓐ，则通过学术资料附录一目了然地列出文本的修改、添加、删除等有关详情）则放在第二位，接下来依次为ⓑ，ⓔ，ⓕ。②

最后，我们再来研究一下在小束手稿的排列顺序上有着显著特点的广松版本。广松版认为由 6 印张和 1 张纸片构成的小束手稿基本上是为了填补基底稿的缺损部分而撰写的。即根据马克思的页数编号为

---

①　马克思、恩格斯共著，巴加图利亚编辑，花崎皋平翻译，《新版德意志意识形态》（合同出版，东京 1966）［巴版的日文翻译版］，第 194—196、23—24 页；德国统一社会党中央委员会马克思主义列宁主义研究所，《新版马克思、恩格斯的〈德意志意识形态〉第一卷第一章》（IML beim ZK der SED, *Neuveröffentlichung des Kapitel I des I. Bandes der **Deutschen Ideologie** von Karl Marx und Friedrich Engels*,），参照第 1198，第 1251—1252，第 1202 等部分。

②　《马克思、恩格斯：〈德意志意识形态〉·Ⅰ. 费尔巴哈·唯物主义直观与唯心主义直观的对立》，MEGA2 试行版，柏林：狄茨出版社，1972 年，第 405、408—409、416、419—425 页［*Karl Marx/Friedrich Engels, **Die Deutsche Ideologie**, I. Band, Kapitel I. Feuerbach. Gegensatz von materialistischer und idealistischer Anschauung, MEGA2*, Probeband(Dietz Verlag, Berlin 1972), S. 405, 408－409、416、419－425］。另请参照前书第 31* —32*。

根据对基底稿进行划分的话,可以看出第一部分(S. 8—29)中开头部分有 7 页缺损,第 2 部分(S. 30—35)和第三部分(S. 40—72)中间有 4 页缺损,但这些并不能算是真正的缺损,因为通过小束的誊清稿都得到了补充和完善。① 编者认为基底稿分为 3 个部分,并在推敲过程中有删除、修改和添加部分,但是仅凭基底稿的话,"Ⅰ. 费尔巴哈"章的有机构成还不足,因此不得不又撰写新稿,或者进行改写,在这种情况下所采用的就是小束的誊清稿。在这里,广松版将誊清稿ⓒ({1}-ab)当作"Ⅰ. 费尔巴哈"章的序论,放在整体的开头位置(ⓐ作为草案,放在右边奇数页中),ⓓ({2}-abcd)作为第一部分的序论安排在 S. 8—29 的前面。② 同时,阐述生产与交通、分工与所有制的各个形态的ⓔ([3]-abcd,{4}-ab 的 6 页)看做是填补第二部分和第三部分间 4 页缺损部分(S. 36—39)的誊清稿,因此作为正文的一部分插入。揭示唯物历史观的出发点的ⓑ([1?]-cd)和ⓕ([5]-abcd)依次顺连,看做是第一部分 S. 11—16 的异稿,安排在与之对应的奇数页上。③

第四节 为新文本的编纂所提出的几点建议——代结论

至今为止,由于《德意志意识形态》,尤其是"Ⅰ. 费尔巴哈"章的重

---

① 广松涉认为真正意义上的缺损即手稿的散失仅限于 S. 29,而 S. 29 很幸运地在 1962 年被巴纳所发现并公布于世。广松涉,《〈德意志意识形态〉的编辑上存在的问题》,《唯物论研究》第 21 期(1965 年春季刊),第 108—109 页。

② 广松版认为,把 1962 年由巴纳发现的 1 张纸片(由马克思标注页码的 S. 1—2)当作第一部分(S. 8—29)的开头部分是值得怀疑。从题材来看,原本就是属于"Ⅱ. Sankt Bruno(Ⅱ. 圣布鲁诺)"章的内容,因此在"Ⅰ. 费尔巴哈"章的位置是不明确的,最多只能视为与第一部分有某种联系。广松版将其判定为"定位不明",从而记载在附录中。马克思、恩格斯:《德意志意识形态》,广松涉编(Marx/Engels, *Die deutsche Ideologie*, hrsg. von W. Hiromatsu), S. xvii 的 IV····4··1·3。

③ 广松涉,前文,第 117—130;马克思、恩格斯:《德意志意识形态》,广松涉编(Marx/Engels, *Die Deutsche Ideologie*, hrsg. von W. Hiromatsu), S. x。郑文吉,前文,第 228—237 页。

要性,过去的各个版本都从不同的角度试图再现其文本。但是毫无疑问,这些互异的版本实际上是根据"编纂者自身"的编纂原则,即根据其自身形象化了的《德意志意识形态》编辑而成的。

现存各版本的编者对于《德意志意识形态》,尤其是"Ⅰ. 费尔巴哈"章的设想构思与以下两个问题是有直接联系的。第一,"Ⅰ. 费尔巴哈"章的草稿尽管还没有誊抄,但它是不是一个具备了逻辑体系的完整形态;第二,在纸张或页数中出现的缺损是否真的遗失的问题。首先梁版、阿版及广松版认为在ⅰ)基底稿第一部分的前部分(S. 8—29)中缺损的 5 页(S. 3—7)或是七页(S. 1—7),以及ⅱ)第二部分(S. 30—35)和第三部分(40—72)中间缺损的 4 页(S. 36—39)并不是真正的佚失。因此这些版本都有不同的见解,比如阿版用"辩证法关系去解释"用于推敲的指示、边注、分节线、插入指示,"依据 1846 年 7 月的撰写计划"对草稿的文本进行大胆的位置变动,从而试图恢复其原型。又如广松版不认可小束手稿片段是独立的,而认为应该是一个插入部分,因此看做是基底稿的前面部分、中间亦或是特定部分的异稿。另外,梁版除了编者自身获得的《德意志意识形态》的整篇序论和"Ⅱ. 布鲁诺·鲍威尔,1845—1846"之外,并不认同手稿的分散状态。① 正是从这个角度出发,以上版本认为至少"Ⅰ. 费尔巴哈"章的手稿是没有散失的。

另一方面,20 世纪 60 年代发行的巴版和 *MEGA2* 版试行本把ⅰ)和ⅱ)部分的散失认定为既定的事实。然而巴版认为"Ⅰ. 费尔巴哈"章的手稿基本上是依据内在逻辑结合而成的,并且在相互补充完整的同时,一贯地对唯物历史观进行了全面的阐述。因此看似互相分离的 5 个手稿(小束的[1?]—[2?]和{1}—[5],以及基底稿的 3 个部分)依

---

① D. 梁赞诺夫:《马克思、恩格斯遗稿选》,第 217 页(D. Rjazanov, "Aus dem literarischen Nachlaß……" S. 217);梁赞诺夫:《关于马克思和恩格斯遗稿的最新消息》,《社会主义与工人运动史档案》,第 11 发行年度,莱比锡,1925 年,第 388 页[D. Rjasanoff, *Neueste Mitteilungen über den literarischen Nachlaß von Karl Marx und Friedrich Engels*, *Archiv für Geschichte des Sozialismus und der Arbeiterbewegung*, 11. Jahrgang(Leipzig 1925), S. 388]。

靠叙述上的 4 个基本线和成熟阶段的 3 个环扣而紧密地连接在一起，从而对其进行比较对比可以重新建构全章的内容，完全可以进行复原。当然，巴版的这种重新建构并不能说毫无缺陷，但是至少在如上所述的结构上、内容上的分析为基础，试图对"Ⅰ. 费尔巴哈"章重新建构的。

　　其次的问题就是有关小束手稿的排列顺序和排版体系的问题。首先，如前面所述一样，小束手稿的排列顺序问题是最能烘托出各版本编者的编纂原则，即有关《德意志意识形态》，尤其是"Ⅰ. 费尔巴哈"章的构思。关于由几个独立的草稿片段组成的小束手稿，任何版本的编者对于草稿的完整遗存都是没有异议的。然而有关草稿片段的排列顺序，梁版没有考虑草稿各层次间的差异，将草稿[3]—[4]看做是在仓促情况下完成的基底稿的结论，并且在最后以"[Teilung der Arbeit und Formen des Eigentums（分工与所有制形式）]"为标题记载了这一内容①。由此来看，梁版认为草稿基本上没有散失，是在认定草稿为完整形态的这一原则基础上进行编纂的，这与广松版认为比起小束手稿的独立性，其中的特定片段是基底稿的一部分或异稿的立场是一脉相承的。

　　MEGA2 试行本则根据 *MEGA2* 版的编纂原则，即依照撰写时间（das Datum der Abfassung）的年代顺序排列的原则，将{2}-abcd 放置在"Ⅰ. 费尔巴哈"章整篇的开头，并将{1}-ab（[1?]-ab 的誊清稿）、[1?]-cd 和[2?]-a 部分连接起来。② 但 *MEGA2* 的这种排列方式要想充实其自身的编纂原则，即使将这一原则的适用仅限于小束手稿，在{1}-ab 的位置上也必须排列为[1?]-ab。从"Ⅰ. 费尔巴哈"章整体来看，也是先放置基底稿的三个部分之后，再将小束手稿按照上述顺序排列，这才是符合逻辑的。

---

　　①　D. 梁赞诺夫：《马克思、恩格斯遗稿选》，第 303 页，注 1（D. Rjazanov，"Aus dem literarischen Nachlaß…，" S. 303 Anm. 1）。

　　②　《*MEGA* 版的编辑原则》，*MEGA2*，*Probeband*，S. 43＊，B・Ⅱ・1，2，3；S. 405，408－409.

另外,阿版和巴版的小束手稿基本上是按照从{1}至[5]的纸张序号排列的,作为异稿的[1?]-cd 和[2?]-a 放置在独立的草稿片段[3]—[4]和[5]的前面(梁版和 MEGA2 试行本中,除了纸张[3]—[4]和{2}的位置有变化之外,作为异稿的[1?]-cd 和[2?]-a 基本上是被排列在小束手稿的前半部分({1}、{2})和后半部分([3]—[4],[5])中间的)。我们已经指出过,上述的各个版本对小束手稿的排列顺序之所以不同,基本上是因为各个编者对"Ⅰ.费尔巴哈"章具有不同的构想。然而比起各编者的个人构想,我们更加关心的是依据"具体事实"的草稿排列顺序究竟是怎样的,并关注现存的草稿在由马克思、恩格斯和伯恩斯坦流传至德国社民党档案馆和国际社会史研究所的过程中出现的有关小束排列顺序的定位。换言之,《德意志意识形态》的全部草稿,尤其是"Ⅰ.费尔巴哈"章的小束手稿,还需要通过原始草稿或手稿照片来确认。因为草稿在经手马克思、恩格斯以及伯恩斯坦等第三者之后,页码的定位到处可见。而这些页码是在马克思、恩格斯逝世后(1883 年和1885 年),经由伯恩斯坦、社民党档案馆(1924 年),以及 1933 年纳粹执政时期的疏散,直至国际社会史研究所(1938)的辗转过程中,为了遗稿的保存和整理而定位编号的。

在整理编号中,一种是伯恩斯坦在原始草稿的右上部分记录的一系列序号,另一种看来是由国际社会史研究所的图书管理员在照片的右上端所记录的(脱离原始手稿框架的照片的右上部分)"A7/1""A7/2"……式的编号。① 针对小束手稿的整理编号进行简单的图表化分

————————

① 这里的"A7"是 IISG(国际社会史研究所)的旧目录 altes Inventar des Marx-Engels Nachlasses(马恩遗著旧版目录)中的《德意志意识形态》"Ⅰ.费尔巴哈"章的标示符号。

析，如表二。①

表 2　"Ⅰ．费尔巴哈"章小束手稿的整理编号

Ⅰ) Engels et al（恩格斯等）.*)	Ⅰ) Engels et al. *)	ⓐ [1?]ab→ⓑ [1?]cd-[2?]a→ⓒ {1}ab →ⓓ {2}abcd→ⓔ [3]abcd-{4}ab→ⓕ [5]abcd
Ⅱ) Bernstein（伯恩施坦）	Ⅱ) Bernstein	41 42→　 43 44— o. N→　 1 2→　 3 4 5 6→7 8 9 10—11 12**) 　→ 45 46 47 48
Ⅲ) IISG (A7)（国际社会史研究所）	Ⅲ) IISG (A7)	7 8→ 9 10—11→ 1 2→　 3 4 5 6→ 12 13 14 15—16 17 → 18 19 20 21

　　*）D. 梁赞诺夫："马克思、恩格斯遗稿选……"（D. Rjazanov, "Aus dem literarischen Nachlaß..."）, S. 217 – 218；*MEGA1*, Bd. , I/5, S. 551.

　　**）根据报告，"13－14"是缺少编码。N. Hashimoto：《论〈德意志意识形态〉"Ⅰ．费尔巴哈"手稿的整理》[日本]，《马克思、恩格斯研究》，第 27 期（1996 年 6 月），第 78 页，注 15 以及第 79—87 页上的表格（N. Hashimoto, "Zur Zusammenstellung des Manuskripts 'I. Feuerbach' der 'Deutschen Ideologie'" [jap], *Marx-Engels-Forschung*, Nr. 27 (Juni 1996), S. . 78 Anm. 15 und die Tabelle in S. 79 – 87）。

　　在此，考虑到上述的编号定位，我们有必要去推想一下在《德意志意识形态》手稿的流传过程中，排列顺序的变动可能性。在这种情况下，我们首先能想到的手稿流传过程及排列顺序的变动可能性局限在以下三个时期：① 由马克思保有的时期，② 恩格斯从马克思处得到遗赠并保存的时期，③ 由伯恩斯坦保管一段时间后直至 1924 年交由社会民主党档案馆的时期。另外，还有被社会民主党档案馆或国际社会

---

　　① 迄今为止，伯恩斯坦和 IISG 的整理编号只是作为说明马克思和恩格斯的页码编号或纸张序号的辅助材料所提及，而并没有对此专门进行系统的调查研究。因此，桥本直树教授在东京国际学术研讨会上发表的论文（1995 年 11 月 2—3 日，《论〈德意志意识形态〉Ⅰ．费尔巴哈"章手稿的编辑问题》可以说是填补此项空白的重要研究成果之一。我在 1988 年 1 月和 1990 年 1 月，也曾到 IISG 调查研究手稿照片，但是忽略了其重要性。我认为上述整理编号对阐明辗转多处的手稿的排列顺序，尤其是小束手稿的排列顺序能提供帮助。

史研究所变动的可能性。

　　首先来看①，作为原作者，马克思本身对草稿的修改或排列顺序的变动是绝对不成任何问题的。并且从他留给我们的大量遗稿——不仅是便条、摘抄、草案、笔记、草稿，还有他的许多书信和藏书等，马克思对草稿进行既严密又细致的整理保管早已得到公认的。因此我们对于这一时期是没有任何怀疑的必要的。再来看②，恩格斯在 1883 年 6 月 2 日寄给劳拉·拉法格（Laura Lafargue）的信中，以及《路德维希·费尔巴哈和德国古典哲学的终结》的序论（1888 年 2 月 21 日）中均有提及，然而在这一草稿中并没有恩格斯直接执笔的痕迹。① 尤其是在马克思逝世后，恩格斯全力投入到依据马克思的笔记而进行的《资本论》第 2、3 卷的编纂中，因此由他全面地对《德意志意识形态》的草稿进行再次整理的可能性是极小的。从而我们可以推测，《德意志意识形态》的草稿从恩格斯传至伯恩斯坦的这一过程中，整体的排列顺序和当初的原稿应该是没有差距的。

　　然而我们再来看一看③，也就是从恩格斯手中承接了草稿的伯恩斯坦对于草稿所做的变动可能性是不能被完全排除的。首先我们须要注意到，恩格斯晚年深信的伯恩斯坦在世纪末前后已经成为一个修正主义者。他以从恩格斯手中获赠的遗稿为依据，分别在 1899 年、1903 年以及 1913 年三次将《德意志意识形态》中《卡尔·格律恩》和《圣麦克斯》章的极少一部分公开在机关刊物中，其他大多数还是以未公开的状

---

　　① 恩格斯在寄给拉法格的信中提到"我在 Mohr（马克思）的草稿中发现了我们在 1848 年以前撰写的共同著作，我不久要出版其中的一部分。"恩格斯在 1888 年 2 月 21 日写的《路德维希·费尔巴哈与德国古典哲学的终结》的序论中又写到"虽然把 1845/1846 年的旧手稿找出来看过［……］但是因为不符合现在的目的，所以没有加以利用。"这些阐述都表明恩格斯的立场。恩格斯致拉法格。伦敦，1883 年 6 月 2 日，*MEW* 版，第 36 卷，第 33—34 页（Engels an Laura Lafargue, 2. Juni 1883, MEW, Bd. 36, S. 33 - 34）；恩格斯：《费尔巴哈与德国古典哲学的终结》，*MEW*，第 21 卷，第 264 页（Engels, *Ludwig Feuerbach und der Ausgang der klassischen deutschen Philosophie*, MEW, Bd. 21, S. 264）。

态保留的。① 因此这些草稿从世纪初到 20 世纪 20 年代这段期间内，成为梅林、迈耶尔以及梁赞诺夫等人关注和阅览的对象。在这一过程中，我们看到草稿已经有了部分分散，具体如下：①《德意志意识形态》的前言（Vorrede）；② 伯恩斯坦将《德意志意识形态》的草稿交由社会民主党档案馆之前已经在收藏其中的《莱比锡宗教会议》的一部分（这一部分被梁赞诺夫认为是"Ⅱ. 布鲁诺·鲍威尔，1845—1846"）；③ 1962 年巴纳在国际社会史研究所发现的装在写着"国会议员伯恩斯坦的印刷物"的信封的 3 张手稿残页。其中留有马克思笔迹的①被认为是恩格斯为了草稿的遗赠而进行归类的马克思的遗稿，这一遗稿赠给了杜西（马克思的小女儿 Eleanor Marx），杜西逝世后这一遗稿经由劳拉传至梁赞诺夫手中，由俄国的马克思、恩格斯研究所保管。② 同时根据梁赞诺夫的报告，1900 年由伯恩斯坦保管的草稿被梅林借阅之后并没有归还，因此②从《德意志意识形态》原稿中分离出，确认为由社会民主党档案馆保管。③ 至于③，众所周知伯恩斯坦在《社会主义纪实》（Dokumente des Sozialisten）上发表这一原稿的过程中（1903 年），由于错误的分类而分散出去。④

---

①　贝尔特·安德雷亚斯：《马克思与恩格斯……文献目录》，第 144—147 页（Bert Andréas，*Karl Marx/Friedrich Engels…Bibliographie*，S. 144 - 147）；郑文吉，《通过编纂史来看〈德意志意识形态〉》，前书，第 75—80 页。

②　梁赞诺夫早在 1911 年曾参加过遗赠给劳拉·拉法格的马克思的遗稿整理工作。因此可以推断他撰写《德意志意识形态》的序论应该跟此时的工作经历有关。D. 梁赞诺夫：《〈查苏里希与马克思的通信〉的〈编者导言〉》，《马克思、恩格斯文库》，第 1 卷（1926 年），第 309 页［D. Rjazanov，***Einführung des Herausgebers an Briefwechsel zwischen Vera Zasulič und Marx***，*Marx-Engels Archiv*，Bd. 1（1926），S. 309］。

③　D. 梁赞诺夫：《关于马克思和恩格斯遗稿的最新消息》，第 388 页（D. Rjazanoff，*Neueste Mitteilungen über den literarischen Nachlaß…*，S. 388）；D. 梁赞诺夫，《马克思恩格斯遗稿选》，第 208 页（D. Rjazanov，"Aus dem literairschen Nachlaß…，"S. 208.）。

④　D. 梁赞诺夫：《马克思、恩格斯遗稿选》，第 217 页（D. Rjazanov，*Aus dem literarischen Nachlaß…*，S. 217）；D. 梁赞诺夫：《关于马克思和恩格斯遗稿的最新消息》，第 388 页（D. Rjasanoff，*Neueste Mitteilungen über den literarischen Nachlaß…*，S. 388）；S. 巴纳（S. Bahne），前文，第 93 - 95 页。

　　这样来看,关于现存的《德意志意识形态》,尤其是"Ⅰ.费尔巴哈"章小束手稿排列顺序,在第③种情况下是不能排除些许变动的可能性的。正如前面表二所示,首先恩格斯和第三者所定位的有纸张编号的①的顺序与伯恩斯坦定位的②的排列顺序是互异的,同时与③中 IISG 的旧目录整理编号的顺序也是相异的。然而,这种情况下最大的问题就是未定型的异稿ⓐ=[1?]ab 和ⓑ=[1?]cd-[2?]a 的位置。在Ⅰ)中,将这一部分排列在有纸张编号的草稿片段的前面部分,Ⅱ)中将其放置在ⓕ=[5]abcd 的前面部分,而Ⅲ)中则将其放在誊清稿ⓒ={1}ab,ⓓ={2}abcd 和草稿片段ⓔ=[3]abcd-{4}ab,ⓕ=[5]abcd 的中间。也就是说异稿ⓐ=[1?]ab→ⓑ=[1?]cd-[2?]a 的过程中,ⓐ=[1?]ab 作为ⓒ={1}ab 的誊写稿排除在外的话,也就只剩下ⓑ=[1?]cd-[2?]a,因此在Ⅰ中将其放置在最前面;Ⅱ)中将ⓕ=[5]abcd 看做是基底稿的前面部分时,与ⓑ=[1?]cd-[2?]a 相衔接,其中ⓕ=[5]abcd 在前;Ⅲ)中则将其单独放置在ⓐ、ⓑ和ⓔ、ⓕ中间。

　　然而这里比较明显的是,因小束手稿中任何草稿片段也没有马克思和恩格斯所做出的具体的归属于哪个部分的标记或指示,因此我们最终只能依据小束手稿集的纸张编号,即恩格斯标注的纸张编号[3]、[5]为主要依据,将第三者记载的{1}、{2}放置在其前面({4}是[3]的连续,不在讨论范围内),再将[1?]、[2?]单独放在ⓒ{1}ab→ⓓ{2}abcd→ⓔ[3]abcd-{4}ab→ⓕ[5]abcd 的开头,这与草稿原来的排列顺序是非常接近的,我们不得不得出这样的结论。

　　最后,让我们再来看一看《德意志意识形态》"Ⅰ.费尔巴哈"章的排版问题。正如我们在 4—1 节中已经提到过,号称《德意志意识形态》的决定版本的 *MEGA2* 编纂中,关于"Ⅰ.费尔巴哈"章草稿的再现形式,即排版方法上应该充分考虑 *MEGA2* 试行本和广松版的先例,很有必要更展开来适用。换言之,*MEGA2* Ⅰ/5 应该援用 *MEGA2* Ⅰ/2 中记载的《1844 年手稿》的第 1、第 2 的再现方法,比如第 1 再现部分,和 *MEGA2* 试行本或广松版一样,利用 2 栏或是对应的 2 页直接再现添加、修改、边注及编辑指示,进一步在原文中最终将删除部分也进行还原。同时也可以像过去一样,将修改部分一目了然地收录到学术资料附录中。然而这里必须要明确一点,如广松版的处理方式一样,对于最早的正文内容和马克思、恩格斯的修改部分,从多种角度灵活地利用不同的字体是最值得提倡的方法。尤其是现在正在编纂的 *MEGA2* I/5 中,对于区分马克思和恩格斯的知识财产,这种方法的采用是必需的。[①] 另一方面,适于一般读者的第 2 再现部中充实了草稿的原来顺序,在不打乱整体脉络的前提下插入、修改、添加、删除部分,对于向一般读者揭示马克思、恩格斯的最初共同著作的原型是十分必要的。

现在将有关《德意志意识形态》"I. 费尔巴哈"章的文本编纂问题的上述议论简要概括一下。

(1)草稿的完整与否:关于遗存的"I. 费尔巴哈"章是否完整的问题,基本上外形的缺损(S. 3—7,36—39)是肯定的,然而逻辑构成上依据编者们最小限度的修改可以称为是完整的。

(2)草稿的散失问题:可以认为在草稿的保存及流传过程中没有极大程度上的散失。并且草稿的原型当初由社会民主党档案馆保存,到 1920 年左右通过依照"马克思、恩格斯研究所(Marx-Engels-Institut)"对社会民主党档案馆资料的照片制作被广泛认知,并且可以通过与现在 IISG 保管的异稿原本进行对照得到确认。

---

① 在《马克思、恩格斯文本研究》最新一期上发表的一篇论文对此进行了以下批判:在东欧社会主义国家崩溃之后,IMES 高举着"新版 *MEGA* 出版事业的学术化及国际化(das Konzept der Akademisierung und Internationalisierung des *MEGA*-Projekts)",从此接管这项工作的。但是 IMES 在当初没有从严谨的学术角度对于马克思和恩格斯的"公同著作集"彻底研究的,甚至 IMES 也被认为还没有摆脱"政治的理念的"。当然,这样的见解从根本上还是区分马克思和恩格斯的。H. -G. 贝克豪斯和 H. 莱舍尔特:《马克思恩格斯全集版在政治上与意识形态上的基本特征:IMES(国际马克思、恩格斯基金会)编辑指导方针批判》,《*MEGA* 研究》,1994 年第 2 期,第 101—108 页(Hans-Georg Backhaus und Helmut Reichelt, *Der politisch-ideologische Grundcharakter der Marx-Engels-Gesamtausgabe: eine Kritik der Editionsrichtlinien der IMES*, MEGA-Studien, 1994/2, S. 101 - 108)。

表三 马克思、恩格斯遗稿的流传过程

通过年表看马克思、恩格斯文献遗产的传承与出版

图例：
—— 遗稿的传承
┈┈ 藏书的传承

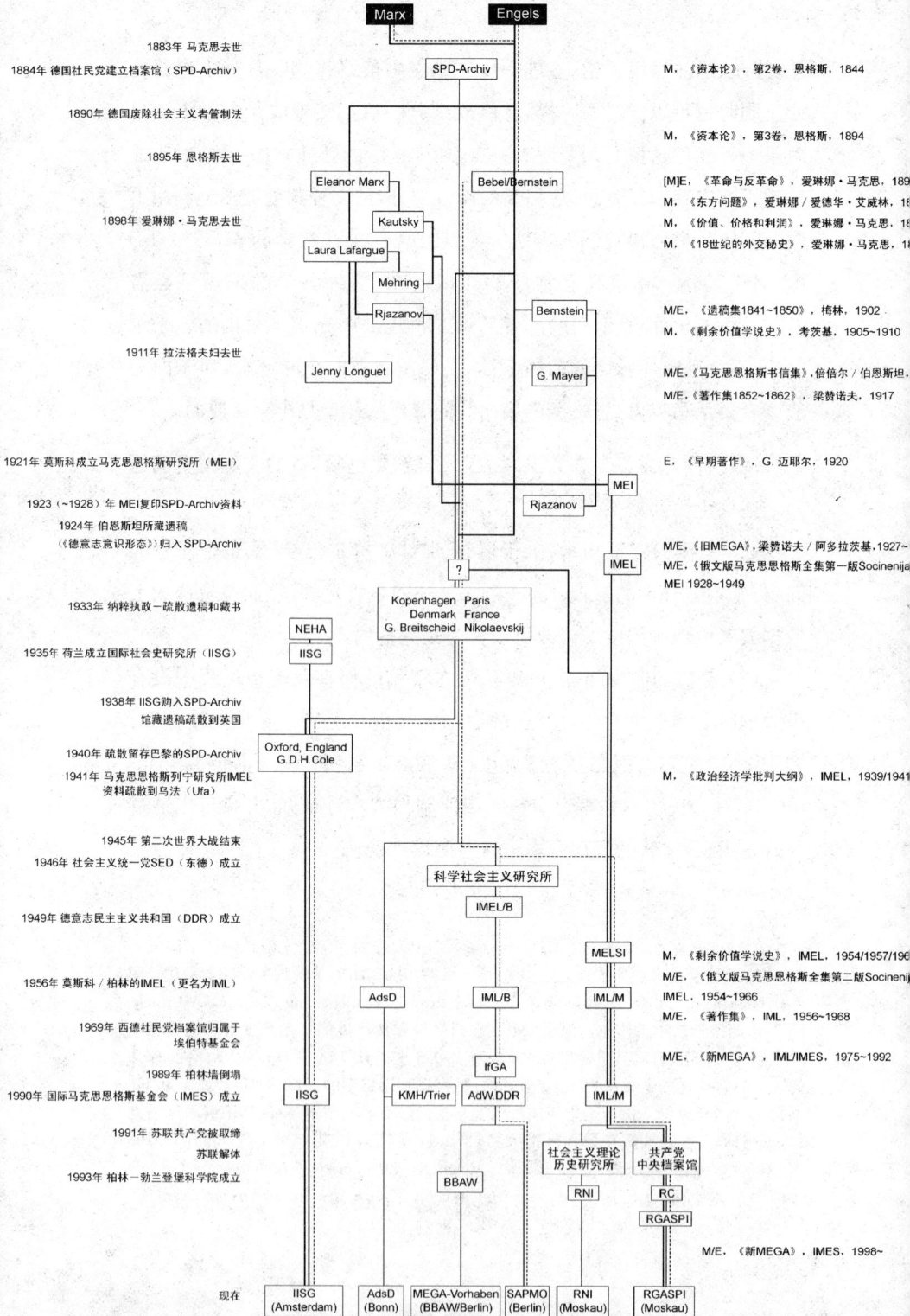

| Marx | Engels |

左侧年表：

- 1883年 马克思去世
- 1884年 德国社民党建立档案馆（SPD-Archiv）
- 1890年 德国废除社会主义者管制法
- 1895年 恩格斯去世
- 1898年 爱琳娜·马克思去世
- 1911年 拉法格夫妇去世
- 1921年 莫斯科成立马克思恩格斯研究所（MEI）
- 1923（~1928）年 MEI复印SPD-Archiv资料
- 1924年 伯恩斯坦所藏遗稿《德意志意识形态》归入SPD-Archiv
- 1933年 纳粹执政—疏散遗稿和藏书
- 1935年 荷兰成立国际社会史研究所（IISG）
- 1938年 IISG购入SPD-Archiv馆藏遗稿疏散到英国
- 1940年 疏散留存巴黎的SPD-Archiv
- 1941年 马克思恩格斯列宁研究所IMEL资料疏散到乌法（Ufa）
- 1945年 第二次世界大战结束
- 1946年 社会主义统一党SED（东德）成立
- 1949年 德意志民主主义共和国（DDR）成立
- 1956年 莫斯科／柏林的IMEL（更名为IML）
- 1969年 西德社民党档案馆归属于埃伯特基金会
- 1989年 柏林墙倒塌
- 1990年 国际马克思恩格斯基金会（IMES）成立
- 1991年 苏联共产党被取缔—苏联解体
- 1993年 柏林—勃兰登堡科学院成立
- 现在

图中节点（从上到下，从左到右）：

- SPD-Archiv
- Eleanor Marx
- Bebel/Bernstein
- Kautsky
- Laura Lafargue
- Mehring
- Rjazanov
- Bernstein
- Jenny Longuet
- G. Mayer
- MEI
- Rjazanov
- IMEL
- ?
- Kopenhagen / Paris
  Denmark / France
  G. Breitscheid / Nikolaevskij
- NEHA
- IISG
- Oxford, England
  G.D.H. Cole
- 科学社会主义研究所
- IMEL/B
- MELSI
- AdsD
- IML/B
- IML/M
- IfGA
- IISG
- KMH/Trier
- AdW.DDR
- IML/M
- 社会主义理论历史研究所
- 共产党中央档案馆
- BBAW
- RNI
- RC
- RGASPI

底部（现在）：

- IISG (Amsterdam)
- AdsD (Bonn)
- MEGA-Vorhaben (BBAW/Berlin)
- SAPMO (Berlin)
- RNI (Moskau)
- RGASPI (Moskau)

右侧出版物列表：

- M，《资本论》，第2卷，恩格斯，1844
- M，《资本论》，第3卷，恩格斯，1894
- [M]E，《革命与反革命》，爱琳娜·马克思，189?
- M，《东方问题》，爱琳娜／爱德华·艾威林，18?
- M，《价值、价格和利润》，爱琳娜·马克思，18?
- M，《18世纪的外交秘史》，爱琳娜·马克思，1?
- M/E，《遗稿集1841~1850》，梅林，1902
- M，《剩余价值学说史》，考茨基，1905~1910
- M/E，《马克思恩格斯书信集》，倍倍尔／伯恩斯坦，?
- M/E，《著作集1852~1862》，梁赞诺夫，1917
- E，《早期著作》，G.迈耶尔，1920
- M/E，《旧MEGA》，梁赞诺夫／阿多拉茨基，1927~
- M/E，《俄文版马克思恩格斯全集第一版Socinenija》，MEI 1928~1949
- M，《政治经济学批判大纲》，IMEL，1939/1941
- M，《剩余价值学说史》，IMEL，1954/1957/196?
- M/E，《俄文版马克思恩格斯全集第二版Socinenija》，IMEL，1954~1966
- M/E，《著作集》，IML，1956~1968
- M/E，《新MEGA》，IML/IMES，1975~1992
- M/E，《新MEGA》，IMES，1998~

因此草稿根据基底稿的页码顺序进行排列,将小束手稿放其前面。然后须要注意的是即使我们有关 1)和 2)的假设可以成立,但是也不能以"逻辑性"为理由而对手稿进行强制性的位置变更。

(3) 小束手稿的排列顺序:由恩格斯和第三者在草稿中记载的纸张编号以{1}→{2}→{3}→{4}→{5}为中心,将异稿[1?]和[2?]放置在前面的方法比较妥当。

如果说比起{1}-ab 的誊清稿,更加期待[1?]-ab 的修改、删除部分来恢复剩余草稿的话,草稿的顺序可以整理为:ⓐ=ⓒ→ⓑ→ⓓ→ⓔ→ⓕ。

(4) 排版体系:为了尽可能地贴近原型对草稿实行再现,2 栏(或 2 面)排版是肯定的,在印刷文本中为了确认马克思和恩格斯的持分问题,也要采用不同的字体来改变文本外貌。同时,适用于一般读者的文本虽然采用比较粗的体系,但也是有必要援用可以窥测出草稿原型的排版技术的。

第六章　对日本出版的《德意志意识形态》*
"Ⅰ．费尔巴哈"章新版的研讨与批评

在马克思与恩格斯逝世后，根据他们的遗稿出版的著作中，两人共同撰写的《德意志意识形态》，尤其是像第 1 部第 I 章"费尔巴哈"这样具有多种版本的著作着实罕见。马克思与恩格斯的遗著在出版上最大的关键问题，早期曾是文本的解读，而现今的焦点则过渡到了手稿的排列顺序和手稿的再现形式上。从《1844 年手稿》的情况来看，自 20 世纪 60 年代末以来，由拉宾与陶贝特所提出的对写作时间的争议被收录到 1982 年发行的 MEGA2 I／2 中也是这样一个例子。

《德意志意识形态》第 1 部第 I 章"费尔巴哈"的德语原文于 1926 年由梁赞诺夫（D. Riazanov）最早公诸于世后，旧版《马克思恩格斯全集》(1932)、德语新版（1966，又名巴加图利亚版·Bagaturija Ausgabe)、MEGA2 试行本（MEGA2 porbeband, 1972）等令人瞩目的的版本纷纷出版。② 但专家们普遍认为，以上所提到的任何一种版本都不能称之为决定版本，因此许多人都期待着即将面世的 MEGA2 I／5 可

＊　马克思、恩格斯：《草稿完全复原版：德意志意识形态》(序文·第一卷第一章)，涩谷正编译，新日本出版社（东京 1998），xiv＋181：［附］别卷／注释题解篇，第 210 页。

②　除此之外，还有兰德舒特／迈耶尔版（1932 年）(Landshut/Mayer Ausgabe (1932))，利勃／福尔特版（1971 年）(Lieber/Furth Ausgabe(1971)) 及广松涉版等版本。

以担起这项重任。

正是从这一角度出发，最近涩谷正教授在日本出版的《草稿完全复原版：德意志意识形态》(序文·第一卷第 1 章)具有重要的意义。《德意志意识形态》"Ⅰ. 费尔巴哈"章在日本已有梁赞诺夫版、*MEGA1* 阿版以及巴加图利亚版等多种翻译版本，以德语原文试图复原手稿的广松涉版于 1974 年也已出版。① 即便如此，最近由德意志-法兰西汇编工作小组主持的 *MEGA2* Ⅰ/5 的编纂原则即将确定之际，服部文男教授的新译本(1996)与涩谷正教授的手稿复原版却在日本相继出版的原因是什么呢？ 在讨论涩谷正教授日语版本的《草稿完全复原版：德意志意识形态》之前，先来分析一下这个原因。

《德意志意识形态》"Ⅰ. 费尔巴哈"章的新版本之所以陆续得以出版，早期是因为手稿的部分散失，到 20 世纪 60—70 年代时则是因为手稿排列顺序相关的问题，而最近则可以说是由于手稿再现形式相关的争议问题。*MEGA1* 阿版有别于过去的梁赞诺夫版，两者的区别在于前者的编者为了使之"复原到 1846 年 7 月他们(马克思与恩格斯)的出版计划受挫前的计划状态"而无视手稿的散失部分，但是根据"马克思留下来的许多边注为方向标，对未完成草稿"的排列顺序进行大幅度的变更，恣意编辑。② 因此这一版本或许获得了编者所期望的内容上的系统性，但难以避免歪曲手稿真相的致命弱点。

另一方面，1966 年出版的巴加图利亚版(新德文版)则认为 *MEGA1* 阿版所尝试的"文本的置换［……］既没有必然性，也不够充

---

① 　马克思、恩格斯：《德意志意识形态》，新版第 1 卷第 1 章，附文本考证注释，广松涉编，东京：河出书房新社 Kawadeshobo-shinsha 出版社，1974 年(Marx/Engles, *Die Deutsche Ideologie. Neuver Öffentlichung des Abschnittes 1 des Bandes 1 mit text-kritischen Anmerkungen*, hrsg. von Wataru Hiromatsu(Kawadeshobo'-Shinsha Verlag, Tokio, 1974))。

② 　马克思、恩格斯：全集版(*MEGA1* 版)，Ⅰ/5，《德意志意识形态》(美茵河畔法兰克福，1932 年)，第 17 页［Marx/Engels, Gesamtausgabe(*MEGA1*), Ⅰ/5. *Die Deutsche Ideologie* (Frankfurt a. M. , 1932), S. XVII］。

分",主张"Ⅰ.费尔巴哈"章由在不同时期写成的五个部分构成。① 因此他把基底稿的部分散失接受为既定事实,而根据马克思、恩格斯和第三者所记录的纸张序号及页码进行排列。他以手稿的段章为根据把基底稿分为三个部分,基底稿前面部分排置了一份誊清稿和两份异稿,以及两份草稿。因此自新德语版之后,手稿的排列顺序成为"Ⅰ.费尔巴哈"章的编辑上始终关注的问题。

另外,1972 年发行的 *MEGA2* 试行本根据以撰写时间作为手稿排列顺序的 *MEGA2* 的编纂原则,在重新排列顺序的同时对文本的再现形式所尝试的变化令人刮目相看。历来各个版本都主张手稿的完整性,而 *MEGA2* 试行本与此相反,主要力求再现手稿的现存形态。因此该版本的手稿形态与原始手稿一样,左栏为正文(Grundschicht),而在右栏记载的修正、插入、边注等部分内容依旧按照原有位置载入排列。与此同时,对正文进行多层面修正的部分在卷末的异稿详情(Variant-enverzeichnis)中以集中浏览的形式(einesynoptische Lösung)被保存下来(1974 年在日本发行的广松涉版以其 1965 年以来的个人研究为根据对手稿进行了重新排列,但是其再现形式类似于 *MEGA2* 试行本)。

我们在对既存的各个版本的特征进行考察的过程中,可以确定《德意志意识形态》"Ⅰ.费尔巴哈"章所面临的争议的焦点是什么。换言之,*MEGA2* Ⅰ/5(《德意志意识形态》)在编辑时首先要解决的问题是将手稿按时间顺序排列,其次是手稿的再现形式问题。而最近又遇到在特里尔(Trier)召开的专家会议上(1996 年 10 月)所提出的 1845 年 11 月—1846 年 5 月末/6 月初期间撰写的其他手稿的编入问题。拟编入《德意志意识形态》的新的手稿或文件历来都是以 *MEGA2* Ⅰ/5 的附录或作为个别独立的文件来出版的,而之所以提出这些手稿的编入问题,

---

① 《马克思、恩格斯〈德意志意识形态〉第一卷第一章的新近发表》,《德国哲学杂志》,第 14 发行年度,第 10 期,1996 年,第 1198 页[*Neuveröffentlichung des Kapitels I des I. Bandes der* **Deutschen Ideologie** *von Karl Marx und Friedrich Engels*, *Deutsche Zeitschrift für Philosophie*, 14. Jg. Heft 10(1996), S. 1198]。

是因为根据主题将《德意志意识形态》看作是一定时期所撰写的产物，并且把其间写成的所有手稿都收录到 *MEGA2* Ⅰ/5 的缘故。[①]

　　从上述三种观点，整理概括现今《德意志意识形态》在编纂上最重要的争议对象时，我们可以判断作为书评对象的涩谷正教授的草稿完全复原版，在其编纂上是聚焦于手稿的再现形式的。诚然，编者对"Ⅰ.费尔巴哈"章各部分手稿的形成过程进行了缜密的研究，并分析了撰写时间的先后顺序（别卷：注释题解篇，第 194—208 页）。但他之所以分析具体的撰写时间，与其是为了确定手稿的排列顺序，更多的原因是为了查明各个手稿的组成过程。他对 1996 年特里尔会议之后所提出的问题，即把 *MEGA2* Ⅰ/5（《德意志意识形态》）视为特定时期所撰写的手稿并按主题分类汇集的产物时，对可以编入其中的其他手稿却完全没有考虑。[②] 正因如此，涩谷正版首先把 1 纸誊清稿［Ⅰ/5—7］及 2 张异稿［Ⅰ/5—6，Ⅰ/5—5］排列在最前面，其次是由标注纸张号码的 2 张草稿［Ⅰ/5—8，Ⅰ/5—9］所组成的小束手稿，随后就是由 3 张草稿组成的大束手稿的基底稿［Ⅰ/5—3］。在手稿的排列顺序上，历来各个版本都将独立的异稿［Ⅰ/5—5］放在前面，而涩谷正版却首先排列"Ⅰ.费

---

　　① 　J.罗亚恩："关于《德意志意识形态》的构成特别会议 1996 年 10 月 24—26 日，特里尔"，《*MEGA* 研究》，1997 年第 1 期，第 147—157 页（Jürgen Rojahn, "Spezialkonferenz 'Die Konstitution der "Deutschen Ideologie"' 24‐26. Oktober 1996. Trier," *MEGA-Studien*, 1997/1, S. 147‐157）；I.陶伯特、H.佩尔格、J.格朗炯："*MEGA2* I/5'马克思、恩格斯、赫斯：意识形态的手稿与印刷（1845 年 11 月至 1846 年 6 月）'的构成"，《*MEGA* 研究》，1997 年第 2 期，第 49—102 页［Inge Taubert, Hans Pelger, Jacques Grandjonc, "Die Konstitution von *MEGA2* I/5 'Karl Marx, Friedrich Engels, Moses Heß: Die deutsche Ideologie. Manuskripte und Drucke（November 1845 bis Juni 1846)'," *MEGA-Studien*, 1997/2, S. 49‐102］。
　　② 　与"Ⅰ.费尔巴哈"章相关的手稿，即编纂 *MEGA2* Ⅰ/5（《德意志意识形态》）的德意志-法兰西汇编工作小组所提出的这一时期的其他手稿［《马克思恩格斯全集》Ⅰ/5‐4"Friedrich Engels, Karl Marx: Feuerbach（恩格斯、马克思：费尔巴哈)"］应列入讨论对象。陶伯特，"Die Konstitution von *MEGA2* Ⅰ/5（*MEGA2* Ⅰ/5 的构成)"，参照前书，1997/2，第 68‐69 页。［］内的记号是德意志-法兰西汇编工作小组对 *MEGA2* 所包括的各个文本排列的序号。参照前文，第 57‐102 页。以下附加在手稿的［Ⅰ/5-X］式的编号也与之相同。

尔巴哈"章绪论部分的誊清稿[Ⅰ/5—7]及被誊写稿,异稿[Ⅰ/5—6]紧随其后。从中可知编者十分重视没有继续标注的纸张号码的连续性。①

　　然而,涩谷正版最大的过人之处在于《德意志意识形态》"Ⅰ.费尔巴哈"章草稿的再现形式。他在过去发表的论文中指出以往各个版本所尝试的草稿的再现形式并不理想,从而主张草稿的再现要忠实于原始手稿。② 如此看来,由涩谷正教授编辑并翻译成日文的这部新版可称之为代表日本研究者们所期望并主张的《德意志意识形态》"Ⅰ.费尔巴哈"章具体形态的典型。③ 特别是 1974 年广松涉版没有对原始手稿或手稿照片进行研究,只是对已经出版的各个德语版本进行比较、编辑的。与此相比,涩谷正版是编者在阿姆斯特丹国际社会史研究所(Internationaal Insituut voor Sociale Geschiedenis;IISG)对手稿照片及原始手稿进行了 10 个月的严密考察后以此为根据而编辑的版本,因此充分具有引人瞩目的价值。

　　事实上,涩谷正教授的新版尽管是非原文语言的日文翻译版本,但他将原始手稿的左右两栏分以偶数、奇数页面后,左栏的正文文本排列在偶数页,而右栏的修正、删除、插入、补遗等放在奇数页的相应位置,

---

　　① 这与德意志-法兰西汇编工作小组的分类是一致的。迄今为止,各个版本将绪论的被誊写稿部分与紧随其后的异稿分离,而德法汇编工作小组将其规定为同一个手稿的。参照前文,第 71 页。

　　② T. Shibuya:《〈德意志意识形态〉的版本问题》,《MEGA 研究》,1996 年第 1 期,第 108—116 页(Tadashi Shibuya, *Probleme der Edition der Deutschen Ideologie*, *MEGA-Studien*, 1996/1, S. 108–116)

　　③ 《对 MEGA2 第Ⅰ卷/5 中的手稿"Ⅰ.费尔巴哈"的编辑要求》,东京,1995 年 11 月 11 日,签名:桥本直树 Naoki Hashimoto(手稿);《关于〈德意志意识形态〉的编辑致第Ⅰ卷/5 编纂委员会的要求》,1995 年 11 月 19 日,签名:涉谷正 Tadashi Shibuya(手稿)[*Anforderung an die Edition des Manuskripts 'I. Feuerbach' im Band I/5 der MEGA2*, Tokio, 11. November 1995, gez. Naoki Hashimoto(Ms.); *Die Forderungen an die Redaktionskommission des Bandes I/5 der MEGA2 über die Edition der Deutschen Ideologie*, 19. November 1995, gez. Tadashi Shibuya(Ms.)]。日本研究学者们对《德意志意识形态》"Ⅰ.费尔巴哈"章编辑原则的上述意见,以书面形式已提交给《马克思恩格斯全集》编辑委员会。

又在整个文本里将马克思与恩格斯的笔迹字体区分为黑体和明体。与此同时，行间的修订用斜体标注，取消的部分则又分为横线和竖线删除来标记，而这种细分甚至还考虑到时间的先后。这样看来，涩谷正教授的新版《德意志意识形态》是在活字印刷手稿时，尽可能使原始手稿充分得以展现的典范之一。尤其是这部新版的别卷注释本——反映了迄今为止德文版本都没有反映的修正以及添加的部分。并且针对 *MEGA2* 试行本以集中浏览的方式所标记的文章或文段中错综复杂的修正、添加、单词的换位、删除与重复修订以及语法上的变化等依次进行了详尽的叙述和说明，其篇幅通常达到半页乃至 1 页以上。因此涩谷正版尽管作为日文翻译版本具有弱点，但是通过添加的数页照片及再现的文本，为给读者们对手稿原型的理解提供思路方面做出了卓越的贡献。同时正如编者所言，该版本通过揭示马克思与恩格斯共同撰写的工作状态（别卷：注释题解篇，第 188—194 页），确保了足以追寻他们的思想形成过程的高度可能性。

　　然而，我在反复通读涩谷正教授的新版时，多次遭遇这样一个疑问：涩谷正版本最大的优点，即尽可能地将手稿正确复原，这种方式在以手稿形态保存的著作付诸出版时是否唯一正确？我认为《德意志意识形态》"Ⅰ. 费尔巴哈"章与马克思、恩格斯的其他著作不能等同视之，因此过去曾主张该章节以印刷形态的再现应该是忠实于手稿原型的文本复原。① 但是我在阅读涩谷正版的"Ⅰ. 费尔巴哈"章时却感到

---

　　① 郑文吉，《*MEGA2* Ⅰ/5，〈德意志意识形态〉的构成——〈德意志意识形态〉编辑专家会议综述》，《韩国政治学会报》，第 30 辑第 4 期（1996），第 479 页。另参照这篇论文的抽印本德语附录及以下论文：郑文吉（Moon-Gil Chung）：《关于〈德意志意识形态〉的构成这一特别会议（特里尔，1996 年 10 月 24—26 日）上的文件的几点评论》（Moon-Gil Chung, "Einige Bemerkungen über die Papiere der Spezialkonferenz 'Die Konstitution der "Deutschen Ideologie",' Trier, 24 - 26. Oktober 1996"）；Moon-Gil Chung；《关于〈德意志意识形态〉的文本编辑——尤其考虑到'Ⅰ. 费尔巴哈'的重新出现——的几个问题》，《马克思、恩格斯研究来稿》，新序列，1997 年，第 60 页（Moon-Gil Chung, "Einige Probleme der Textedition der *Deutschen Ideologie*, insbesondere in Hinsicht der Wiedergabe des Kapitels 'Ⅰ. Feuerbach'," *Beiträge zur Marx-Engels-Forschung*.

了极大的混乱。伴随大大小小的各种印刷字体与符号,复杂的修正、删除、增补等都有详细记录的涩谷正版,其前后的文章及单词出现中断或者重复叙述的现象,这些都对读者追寻理解马克思与恩格斯的思想展开过程的一贯性反而造成了障碍。这一事实足以证实德意志-法兰西汇编工作小组的担忧是有根据的,因为他们担心忠实于复杂草稿的叙述文本最终反而会给文本的解读和引用带来很大的困惑。①若想进一步具体地了解插入正文的复杂文本的整体展开过程,就不得不忍受将正文和与其相对的注记本进行一一对照的繁尘琐事。②在 *MEGA2* Ⅰ/5 的编辑原则即将确定之际,涩谷正版的出版代表日本学界最为具体而且最具有攻势的立场,其目的在于对其编辑原则的确定施加影响。在 *MEGA2* Ⅰ/5“Ⅰ. 费尔巴哈”章的编纂上,至少在文本部分的编排上,我过去一直认为 *MEGA2* 的编纂原则的部分变更是不可避免的,但是涩谷正版却使我的立场发生动摇。假如 *MEGA2* Ⅰ/5 在过去编纂原则中所规定的符号或字体的基础上,再插入涩谷正版使用的各种字体或符号,这样做或许能为专家学者们提供文本研究的绝佳机会,但是“Ⅰ. 费尔巴哈”章文本的这种再现形式很可能会让读者们感到十分繁杂而难解,正是这一点让人值得担忧。换言之,如果最忠实于草稿的文本复原反而让“Ⅰ. 费尔巴哈”章的读者很费解,最终让读者回避这一解读

N. F. , 1997, S. 60). I. 陶伯特、H. 佩尔格、J. 格朗炯:《对已编辑文本以及异稿清单中的手稿的展示:答复对 1972 年 *MEGA2* 版试行本以及对 1993 年 *MEGA2* 版的编辑原则的批评》,《*MEGA* 研究》,1997 年第 2 期,第 170—171 页(Inge Taubert, Hans Pelger, Jacques Grandjonc, *Die Darbietung der Handschriften im Edierten Text und im Variantenverzeichnis*:*eine Erwiderung auf Kritik am Probeband der MEGA2 von 1972 und an den Editionsrichtlinien der MEGA2 von 1993*, MEGA-Studien,1997/2, S. 170 - 171)。

　　① I. 陶伯特等:《对已编辑文本以及异稿清单中的手稿的展示》(Inge Taubert, u. a. , *Die Darbietung der Handschriften im Edierten Text und im Variantenverzeich-nis*,),参照前书, S. 172 Anm. 10.

　　② 涩谷正版如果除去正文文本的照片,文本与注释的页数正好相对应。

的话，它就很难被称作是理想的文本再现。①

作者曾经希望 *MEGA2* Ⅰ/5 的"Ⅰ. 费尔巴哈"章像 *MEGA2* Ⅰ/2 的《1844 年手稿》的情况一样，具体分为第 1 部和第 2 部来再现。② 但是主持 *MEGA2* 编纂的国际马克思、恩格斯基金会、(IMES)于 1993 年和 1995 年确定新的编辑原则的同时，已经很明确地阐明了不可能再进行二次印刷（Doppelabdruck）。③ 因此我主张包括涩谷正版在内的日本、韩国学界的研究成果应通过附录（APPARAT）的形式使新版全集得以更加充实，即 *MEGA2* Ⅰ/5 的文本部分依然遵循 *MEGA* 的编辑原则，但是期待比 *MEGA2* 试行本更积极地明示和活用修正、插入、添加等部分(ER，B. Ⅲ.2.3 - 5)。另外，附录的异文详情应该包括涩谷正教授对手稿进行缜密研究的成果以及涩谷正版叙述阐明的异文。正是从这一观点出发，德意志-法兰西汇编工作小组是否收录涩谷正版本的部分内容也可以成为一块试金石，即以此可以衡量对马克思、恩格斯的研究如何实现国际化以及真正意义上的国际学术交流。

---

① 《*MEGA* 版的编辑原则》，阿姆斯特丹国际马克思、恩格斯基金会编，柏林：1993 年（*Editionsrichtlinien der Marx-Engels-Gesamtausgabe (MEGA)*, hrsg. von der Internationalen Marx-Engels-Stiftung Amsterdam(Berlin, 1993)）[以下简称 ER]。德意志-法兰西汇编工作小组的编者们提出不能只为避免引用及其他方面的繁琐而又追加使用其他的印刷体，即明确地表示除了过去 *MEGA2* 的作者和编者用的活字(ER，B，Ⅲ. 1.3 - 5)以及为了强调而使用的字体(ER，B，Ⅲ. 1.9)之外，为了再次区分马克思和恩格斯的笔迹而使用另外的印刷字体是很困难的。I. 陶伯特等：《对已编辑文本以及异稿清单中的手稿的展示》(Inge Taubert，u. a.，*Die Darbietung der Handschriften im Edierten Text und im Variantenverzeichnis*,)，参照前书，S. 172 Anm. 10.

② 郑文吉，《〈德意志意识形态〉"Ⅰ. 费尔巴哈"章的重新建构》，《马克思的思想形成与早期的著作—〈德意志意识形态〉与〈马克思恩格斯全集〉研究》（文学与知性社，首尔 1994），第 248 页注 4。郑文吉(Moon-Gil Chung)：《关于〈德意志意识形态〉的文本编辑——尤其考虑到'Ⅰ. 费尔巴哈'的重新出现——的几个问题》(Moon-Gil Chung, *Einige Probleme der Textedition der* **Deutschen Ideologie**, *insbesondere in Hinsicht der Wiedergabe des Kapitels 'I. Feuerbach'*,)，参照前书，S. 60 Anm. 10.

③ 格朗炯、J. 罗亚恩：《经过修订的马恩全集规划》，《*MEGA* 研究》(Jacques Grandjonc, Jürgen Rojahn, *Der revidierte Plan der Marx-Engels-Gesamtausgabe*, *MEGA-Studien*)，1995/2，S. 66 2.1.2. a)，请比较 1993 年的 *ER*. B. Ⅰ.1 与 1976 年的 ER. B. Ⅰ.1。*ER*, S. 22. 129.

第七章　手稿的文献学分析与著者的定本

——《德意志意识形态》"Ⅰ．费尔巴哈"章暂定版（2004）概观及批判 *

引　言

2004 年 4 月出版了《马克思恩格斯全集》（*Marx-Engels-Gesamtausgabe*，简称为 *MEGA*）的"同伴杂志"（Begleitzeitschrift）——《马克思恩格斯年鉴》（*Marx-Engels-Jahrbuch*，简称为《年鉴》）。《年鉴》贡献出第一号，即 2003 年号的整卷篇幅，用作《德意志意识形态》的"Ⅰ．费尔巴哈"和"Ⅱ．圣布鲁诺"章手稿的再现。国际马克思、恩格斯基金会（Internationale Marx-Engels-Stiftung，简称为 IMES）和《年鉴》的编纂者声称，因 *MEGA2*《德意志意识形态》预定在 2008 年出版，为了弥补之前研究和利用上的空白，故作为暂定版出版（Vorabpublikation）。②

---

　　* 本专题研究由高丽大学特别研究费（2004）资助。
　　② 《出版说明》,《马克思恩格斯年鉴（2003 年）》,阿姆斯特丹国际马克思、恩格斯基金会编,柏林:学院出版社,2004 年［*Editorial*,*Marx-Engels-Jahrbuch 2003*,hrsg. Von der Internationalen Marx-Engels-Stiftung Amsterdam（Berlin:Akademie Verlag,2004）］,第 3 页。

实际上,马克思和恩格斯在 1845 年至 1846 年夏期间,通过与黑格尔以后的哲学,即青年黑格尔派的施蒂纳(Max Stirner)和鲍威尔(Bruno Bauer)的论争,对他们的观念论进行了批判,而《德意志意识形态》的"Ⅰ.费尔巴哈"章正是体现出这一过程中他们自身历史唯物主义形成轨迹的重要资料,很早就倍受关注。然而,以往出版的各种版本在文本的编纂上体现出了强烈的政治意图,操之过急地将之作为证明马克思和恩格斯唯物论世界观之形成的具有逻辑性和体系性的资料。而后在 1960 年代初,国际社会史研究所内发现三张手稿纸页,随着其中两张被证实为"Ⅰ.费尔巴哈"章的缺损部分①,"Ⅰ.费尔巴哈"章文本的重新编纂便一度兴起。尽管各版本编者标榜忠实于文本的原稿,但 1960 年代和 70 年代出版的各版本在手稿纸页的排列和文本的再现上,还是未达到令人满意的水准,因而 *MEGA2* 这一决定性文本的出版便被寄予了厚望。

然而正如我们所熟知的,预定刊载《德意志意识形态》的 *MEGA2* Ⅰ/5,原计划是由前东德的研究人员(陶伯特为研究负责人)主持,并于 1990 年代初期出版,但因 1989 年柏林墙的拆除,以及继之的包括苏联在内的东欧剧变,而不得不无限期延迟。② 尤其是进入 1990 年代之后,*MEGA2* 的出版权由前东德和苏联的马克思列宁主义研究所(Institut für Marxismus-Leninismus:IML)移交给了国际马克思、恩格斯基金会(IMES),而包括《德意志意识形态》在内的 *MEGA2* Ⅰ/4、Ⅰ/5、Ⅰ/6 的编纂则交由以特里尔的马克思故居(Karl-Marx-Haus,Trier)为中心的德法 *MEGA2* 工作组负责。因此到了 1990 年代,以往的 *MEGA2* 编纂原则不得不随情况的变化而作大幅的修改,《德意志意识

---

① 巴纳:《马克思、恩格斯的〈德意志意识形态〉·一些补遗的文字》,《国际社会史评论》,第 7 卷,1962 年,第 93—104 页[S. Bahne, *Die Deutsche Ideologie von Marx und Engels. Einige Textergänzungen*, International Review of Social History, Vol. VII(1962),93—104 页]。

② 参考郑文吉,《从编纂史看〈德意志意识形态〉》,《马克思思想的形成与早期著作》(首尔:文学和知性社,1994),72—73 页的注释 3)。

形态》(*MEGA2* Ⅰ/5)的编纂工作也由柏林转至以特里尔为中心。也就是说,《德意志意识形态》的编纂是以 1970 年代初就开始主持该项工作的陶伯特为中心,由德法 *MEGA2* 工作组的佩尔格(Hans Pelger)和格朗炯(Jacques Grandjonc)负责执行的。① 但近年来,普罗旺斯埃克斯大学的格朗炯教授因高血压倒下,马克思故居研究所的佩格所长也到了退休年龄,《德意志意识形态》的出版预计将推迟。因此,《马克思恩格斯年鉴(2003)》所刊载的《德意志意识形态》"Ⅰ. 费尔巴哈"和"Ⅱ. 圣布鲁诺"章手稿的再现,引起了相关研究者们热切的关注。

继 1920 年代的《马克思、恩格斯文稿》之后,断断续续发行出版的各种《马克思恩格斯全集》(*MEGA*)的同伴杂志,是出版"历史的、考证版的全集"(historisch-kritische Gesamtausgabe)所不可或缺的工具之一。② 作为这些杂志的重要功能,前半部分刊载有关"马克思和恩格斯的全面传记",或"对历史问题进行批判的、严肃的、学术的探究"的论文,然后是将两人"手稿中未公开的文本予以暂定的出版,以接受学术上的批判"。虽然根据个别情况的需要而有所差异,但介绍与全集有关

---

① 考虑到巴加图利亚俄语版本的德语原文复原,陶伯特的《德意志意识形态》"Ⅰ. 费尔巴哈"的编辑工作可追溯到 1960 年代。德国统一社会党中央委员会马克思主义列宁主义研究所:《新版马克思、恩格斯的〈德意志意识形态〉第一卷第一章》,由梯尔海因编辑并配导言,《德国哲学杂志》,第 14 发行年度,第 10 册(1996 年)。第 1192—1254 页[IML beim ZK der SED, *Neuveröffentlichung des Kapitels I des 1. Bandes der **Deutschen Ideologie** von Karl Marx und Friedrich Engels*, vorbereitet und eingeleitet von Inge Tihein. *Deutsche Zeitschrift für Philosophie*, 14. Jahrgang, Heft 10(1996), S. 1192—1254]。

② *MEGA* 自视为马克思、恩格斯"历史的、考证的"全集,为了其出版准备过程及出版后订正勘误的需要,*MEGA* 出版了同伴杂志。对于 *MEGA1* 而言,最初的同伴杂志是梁赞诺夫发行的两卷《马克思、恩格斯文库》(*Marx-Engels-Archiv*, 1926—1927)。1975 年以来,随着 *MEGA2* 的出版,发行了《马克思恩格斯年鉴》(*Marx-Engels-Jahrbuch*, 1978—1991),有 13 卷。*MEGA* 的出版权转交至 IMES 后,《*MEGA* 研究》(*MEGA-Studien*, 1994—2002)便作为同伴杂志刊行。该杂志为半年鉴,正常发行至 1998 年,但 1999 年只发行了一卷便中断了(共发行 11 卷)。2003 年,改题为《马克思恩格斯年鉴》(*Marx-Engels-Jahrbuch*, 2003—)开始发行。该杂志虽然复原了德国统一之前《马克思恩格斯年鉴》的体制,但无卷号,只标明年份,这一点不同于从前。

的文件、介绍 *MEGA* 工作的进行情况及相关文献，是这些同伴杂志的一般体制。

但是，《马克思恩格斯年鉴(2003)》(以下简称《年鉴2003》)的编辑工作大大摆脱了 *MEGA* 同伴杂志所具有的以往惯例。首先从外形上来看，《年鉴2003》采取了 *MEGA* 正本的形式。也就是说，《年鉴2003》不是一册的单卷，而是一卷两册，在2008年 *MEGA2* Ⅰ/5正式出版之前，暂时担当起《德意志意识形态》第1部"Ⅰ. 费尔巴哈"和"Ⅱ. 圣布鲁诺"章的作用。这从该书编者陶伯特和佩尔格(Hans Pelger)的暂定版序中也可看出——他们在介绍和批判以往"Ⅰ. 费尔巴哈"章各版本的暂定版序(Einführung)中，指出《年鉴2003》继承了 *MEGA2* 试行版的传统，认为这一文本再现是稳妥的。①

因此，本论文欲首先探讨"Ⅰ. 费尔巴哈"以往诸版本中代表性版本的编辑原则和文本再现样式，然后具体考察《年鉴2003》所刊载的暂定版"Ⅰ. 费尔巴哈"章的再现样式。有鉴于此，本文在论述中不可避免地要与以往出版的各种不同版本，以及预定在2008年完刊的《德意志意识形态》(*MEGA2* Ⅰ/5)的总体结构进行比较，对之加以探讨。另一方面，本文的论述集中在传统上包含在《德意志意识形态》"Ⅰ. 费尔巴哈"章内的手稿上，故对于《年鉴2003》中的"莱比锡宗教会议"、"Ⅱ. 圣布鲁诺"，以及作为附录刊载的魏德迈的《布鲁诺·鲍威尔及其辩护士》(Joseph Weydemeyer, *Bruno Bauer und sein Apologet*)，则不作多言。

---

① 他们指出，《年鉴2003》所刊载的《德意志意识形态》第1部"Ⅰ. 费尔巴哈"章在标题或编辑上虽不一定一致，但是由于包括两栏编辑在内的体制上的新特点，基本上为 *MEGA2* 项目所包容，继承了 *MEGA2* 试行版的传统。他们也提到，上述试行版印数很少，而且只提供给相关机构，或为评价所编纂文本之妥当性而发给专家，故普通读者无法使用；为了弥补这一空白，《年鉴2003》刊载发行了《德意志意识形态》第1卷的Ⅰ、Ⅱ章。"Einführung,导言"*Marx-Engels-Jahrbuch* 2003，第18页。

第一节　以往各版本的编纂原则和再现方法

迄今为止,将马克思和恩格斯的未发表手稿——《德意志意识形态》的第 1 部"Ⅰ.费尔巴哈"以"原文(Originalsprache)"加以再现的文本相当之多,但其中最具代表性的是以下五种。

(1)梁版(1926):《马克思、恩格斯文稿》第 1 卷(1926)中所收录的梁赞诺夫版。①

(2)阿版(1932):*MEGA1* Ⅰ/5(1932)中收录的阿多拉茨基版。②

(3)③新德文版(1966):《德国哲学杂志》第 14 卷(1966)刊载的巴加图利亚版(俄语,1965:巴版)的德语复原本。[巴版(1965):巴加图利

---

① 《马克思、恩格斯论费尔巴哈:〈德意志意识形态〉第一部分》,《马克思、恩格斯文库——莫斯科马克思、恩格斯研究所杂志》,梁赞诺夫主编,第一卷,1926 年,第 203—306 页(*Marx und Engels über Feuerbach*:*Der erster Teil der* **Deutschen Ideologie**. *Marx-Engels-Archiv. Zeitschrift des Marx-Engels-Instituts in Moskau*,hrsg. Von D. Rjazanov,1. Band [1926],S. 203 - 306)。《编者导言》,第 205—221 页(*Einführung des Herausgebers*,205 - 221 页);《Ⅰ.费尔巴哈——唯物主义直观与唯心主义直观的对立》(Ⅰ. *Feuerbach. Gegensatz von materialistischer und idealistischer Anschauung*,S. 233—306)。

② 马克思、恩格斯:《历史考证版全集·Ⅰ.费尔巴哈——唯物主义直观与唯心主义直观的对立[导言]》,第 7—67 页(Karl Marx/Friedrich Engels,*Historisch-kritische Gesamtausgabe*. "Ⅰ. Feuerbach. Gegensatz von materialistischer und idealistischer Anschauung [Einleitung]," S. 7 - 67)。

③ 该项所列的 D 版和巴版有着同一编纂原则,原都是四部结构。即小束手稿的誊清稿(Reinschrift)、异稿(Variant)、片段(Fragment)为第一节,大束基底稿则根据马克思的页码分为三个部分,作为二、三、四节。两者之间的不同只在于巴版给所分的二十六个段落分别加上了标题,而 D 版则只收录作者亲手所加的标题,对于栏外边注则给以了更为细心的注意。参考郑文吉,《〈德意志意识形态〉"Ⅰ. 费尔巴哈"章的重新建构》,郑文吉,上述论文(1994),第 218—222 页,以及郑文吉,《1960 年代和 70 年代日本学界的〈德意志意识形态〉论争》,同上书,第 264—268 页。

亚的俄语版〕。①

（4）*MEGA2* 试行本（1972）：*MEGA2* 试行版所收录的陶伯特的编辑本。②

（5）广松版（1974）：日本出版的广松版。③

首先，以上五个版本中，梁版和阿版是在莫斯科的马克思、恩格斯研究所主持下出版的早期版本，但手稿的排列或文本的再现样式却大相径庭。梁版正逢 *MEGA1* 出版在即，作为为载入"历史的、批判的"全集而做的准备，梁版忠实地遵循了手稿上所记的恩格斯的纸页号和马克思的页码，对于独立的片段，也遵从手稿发现时的顺序，在补充完善手稿的同时，对"原来的排列"非常仔细和留意。也就是说，梁版对于梁赞诺夫历尽艰辛搜集而来的《德意志意识形态》手稿中最难再现的"Ⅰ.

---

①　《新版马克思、恩格斯的〈德意志意识形态〉第一卷第一章》，由梯尔海因编辑并配导言，《德国哲学杂志》，第 14 发行年度，第 10 册（1966 年）。《前言》，第 1192—1198页（*Neuveröffentlichung des Kapitels I des Bandes der **Deutschen Ideologie** von Karl Marx und Friedrich Engels*，vorbereitet und eingeleitet von Inge Tilhein，*Deutsche Zeitschrift für Philosophie*，14. Jahrgang，Heft 10. 1966. "前言"，S. 1192 - 1198）；文本，第 1199—1251 页；注释，第 1251—1254 页。〔K. Marksa I F. Engel's，*Fejerbach. Protivopoloznost' materialisticeskogo I idealisticeskogo vozrrenij*，*Voprosy filosofi*，1965，Heft 10，第 79 - 107 页；Heft 11，第 111 - 137 页；G. A. Bagaturija，*Struktura I soderzanie rukopisi pervoj glavy **Nemeckoj ideologii***，同上书，Heft 10，第 108 - 118 页；K. Marksa I F. Engel's，*Fejerbach. Protivopoloznost' materialisticesko vozrrenij*（Moskau 1966）〕

②　马克思、恩格斯：《全集》（MEGA）试行本，柏林，1972 年。马克思、恩格斯：《德意志意识形态·第一卷第一章：唯物主义直观与唯心主义直观的对立》〔Karl Marx/Friedrich Engels，*Gesamtausgabe（MEGA）. Probeband*（Berlin 1972）. Karl Marx/Friedrich Engels，*Die deutsche Ideologie*，Ⅰ. Band，Kapitel Ⅰ. *Feuerbach. Gegensatz von materialistischer und idealistischer Anschauung*，〕，文本，第 33—119 页；学术资料（Apparat），第 399—507 页。

③　马克思、恩格斯：《德意志意识形态·对最近德国哲学及其代表人物费尔巴哈、B. 鲍威尔和施蒂纳以及德国社会主义及其各位先知的批判》，第一卷，第一部分。新近发表并附文本考证注释。广松涉主编，东京，1974 年〔Karl Marx/Friedrich Engels，*Die deutsche Ideologie*，*Kritik der neuesten deutschen Philosophie in ihren Repräsentanten*，*Feuerbach*，*B. Bauer und Stirner und des deutschen Sozialismus in seinen verschiedenen Propheten*，Ⅰ. Band，1. Abschnitt. Neuveröffentlichung mit text-kritischen Anmerkungen，hrsg. Von Wataru Hiromatsu（Tokio 1974）〕。

费尔巴哈",忠实地遵循作者所整理出的顺序,不仅是手稿的边注和指示,而且连修改和删除,也在正文和脚注中一一记述。因此,梁版体现出初创期文本的平面编纂所能够具有的各种美德,是将作者意图具体化的手稿再现(Ausgabe letzter Hand)的一个典型。①

但是,阿版则出版于 1931 年梁赞诺夫卸去马克思、恩格斯研究所所长职务,阿多拉茨基被任命为继任所长之后。阿版在其编纂原则——"将马克思和恩格斯在 1846 年 7 月,其出版计划遭受挫折之前的(手稿)形态加以复原"的指导下,对文本的重构进行了大胆的尝试。也就是说,编者视手稿为"未定型"形态,将正文中添加的马克思和恩格斯的笔记与边注,其他用于构思与推敲的指示(Angaben),以及划分文段的分节线与插入指示,都积极地应用于文本的编纂,有体系地对手稿进行了重构。② 阿版对手稿的脱胎换骨式的重构,使文本具有高度的体系性,进而使"遗稿的内容首尾一贯",从而"能够更容易地理解其内容"。③

然而问题是,我们在比较梁版和阿版时,如果考虑到这是同一手稿的编纂,而且是由同一研究所编订的,那么便无法不惊讶于两者如此的迥然不同。我们知道,梁版根据的是梁赞诺夫的编纂方针,由乔贝尔(Ernst Czóbel)加以复原;而阿版则根据阿多拉茨基修改过的编辑方针,由威尔勒(P. Weller)进行准备。④ 也就是说,我们有必要注意到,梁版和阿版之间介入了一场巨大的政治事件,即 1931 年 2 月开始的斯

---

① 《编者导言》,《马克思、恩格斯文库》,第 1 卷(*Einführung des Herausgebers*,*Marx-Engels-Archiv*,Bd. 1),特别参考第 217—221 页。也请参考郑文吉,《〈德意志意识形态〉"Ⅰ. 费尔巴哈"章的重新建构》,郑文吉,上述论文(1994),第 203—209 页。

② 《2. 手稿编辑原则》(*2. Die Richtlinien für die Redigierung der Manuskripte*,),*MEGA1* Ⅰ/5,第 561—564 页。引文在 *MEGA1* Ⅰ/5,ⅩⅦ页。

③ 阿版编辑的具体内容见 *MEGA1* Ⅰ/5,第 561—583 页;参考郑文吉,上文,第 209—218 页。引文见广松涉的《〈德意志意识形态〉的编辑问题》,《唯物论研究》21 号(1965 年春号),第 106 页。

④ 《马克思、恩格斯文库》,第 1 卷(*Marx-Engels-Archiv*,Bd. 1),第 217 页;*MEGA1* Ⅰ/5,ⅩⅨ页。

大林对梁赞诺夫的传唤与肃清。而且我们通过这一事件可知，政治权力对学术研究所给予的影响是多么的严重。①

《德意志意识形态》第 1 部"Ⅰ. 费尔巴哈"章原是作为"最早述及历史唯物主义"的手稿，被认为是辩证唯物主义形成过程的重要文献之一。② 因此，梁赞诺夫付出努力，想要将这一重要的文献按照手稿的原形加以忠实的再现。

然而，在梁赞诺夫被肃清后，阿多拉茨基随即接手马克思、恩格斯研究所，他所秉持的坚定立场为——"马克思主义理论应与革命的无产阶级群众运动紧密结合"，因此未将马克思和恩格斯的著作当作学术研究的对象，而是明确主张，需要"准备一种更大众、更普遍、更容易接受的版本"。阿多拉茨基从自己的立场出发，将"梁赞诺夫的错误"定性为对"马克思和恩格斯著作的国际性、大众性版本的出版"消极怠慢。也许是因为他认为，"Ⅰ. 费尔巴哈"章的手稿从多个角度且创造性地探讨了辩证唯物主义的各基本问题，所以才会一味蛮干，将之按照编者的意图进行重构。③

换言之，阿多拉茨基想要证明马克思和恩格斯的历史唯物主义在

---

　① 关于斯大林和梁赞诺夫的关系以及梁赞诺夫和马克思、恩格斯研究所的被肃清，参考以下资料。J. G. 罗基天斯基：《"肃反"——通过阿多拉茨基对梁赞诺夫研究所的接管》，《马克思、恩格斯研究来稿》，新序列，特刊，第 3 期，2001 年，第 13—22 页（Jakobv Grigor'evic Rokitjanskij, *Die 'Säuberung' — Übernahme des Rjazanov Instituts durch Adoratskij*, *Beiträge zur Marx-Engels-Forschung*, *Neue Folge*. Sonderband 3(2001), S. 13 - 22）。

　② D. 梁赞诺夫：《编者导言》，（D. Rjazanov, *Einführung des Herausgebers*），第 210 页。

　③ 见 1931 年 4 月 1 日共产国际执行委员会（Exekutivkomitee der Kommunistischen Internationale：EKKI）上阿多拉茨基的以下报告，当时正值对梁赞诺夫和马克思、恩格斯研究所研究员的被肃清进行之时。《V. V 阿多拉茨基于 1931 年 4 月 1 日就列宁研究所和马克思、恩格斯研究所致共产国际执委会的报告》，《马克思、恩格斯研究来稿》，新序列，特刊，第 3 期，2001 年，第 107—119 页［*Bericht von Vladimir Viktorvic Adoratskij über das Lenin-Institut und das Marx-Engels-Institut an das Plenum des EKKI vom 1. April 1931*, *Beiträge zur Marx-Engels-Forschung. Neue Folge*. Sonderband 3(2001), S. 107 - 119 页］。引文依次见第 108、117 页。

该手稿中首次形成了体系，并欲将这一强烈的政治意图具体化，其结果便是以他们自认为"历史的、批判的"全集的 *MEGA1* Ⅰ/5，《德意志意识形态》的第一卷"Ⅰ. 费尔巴哈"章来加以再现。这样，*MEGA1* Ⅰ/5的"Ⅰ. 费尔巴哈"章的文本因刊载入 *MEGA*，而确立了其坚实的高高在上的权威，在之后三十年间，一直被作为德语原语的新版、普及版，以及其他外语翻译本的底本。①

但是，1962 年，巴纳在 IISG 发现了"Ⅰ. 费尔巴哈"章中的三张手稿纸页，并予以公布，这样，阿版的虚构性便大白于天下。② 而后到了1960 年代，包括新发现手稿纸页在内的新版得以刊行，其中代表性的，是基于巴加图利亚编辑方案的 1966 年的新德文版，*MEGA2* 编纂组编纂的 1972 年的 *MEGA2* 试行版，以及 1965 年以来广松基于自己的论文的 1975 年的广松版。1960 年代和 1970 年代发行的这些版本有其特点，首先是出于阿版（*MEGA1*）没有"必要和充分的根据"就"对文本进行置换"③，甚至被指为伪书④，因而忠实于"原手稿"的文本的再现成了当务之急。因此，在作为在作为含有作者最终审定版本（Ausgabe letzter Hand)的"Ⅰ. 费尔巴哈"章文本的编纂上，最重要的关键均集中在以下两方面上：① 遗存手稿的排列顺序，② 手稿的再现样式。

首先，1960 年代和 70 年代出版的以上三个版本在手稿的排列顺序上，都是"基本上"将核心手稿［Hauptmanustript：一般称为"大束手

---

① 举一个代表性的例子，便是马克思、恩格斯：《著作集》，MEW 版，第 3 卷，1958年［Marx/Engels, *Werke*(MEW), Bd. 3(1958)］，作为德语原文版，其普及率最高。

② 最能体现阿版在编辑上的恣意性的，是将马克思所标页码 S. 28（恩格斯的页号为 11-b)中未完成的文句，与 S. 8（恩格斯的页号为 6-a)的未完成文章的前部分相连接。参考 *MEGA1* Ⅰ/5,32 页第 5 行和注 5)。但是，巴纳发现包括有 S. 28 后的 S. 29页的手稿纸页（恩格斯的页号为 11-cd)，并将与 S. 28 右栏相连接的文本载入其论文。Bahne，上文，第 96 页。关于阿版文本编纂的虚构性，参看郑文吉，上文，第 209—218页。

③ 引文见 D-Ausgabe(上面的 D 版)，第 1198 页。

④ 广松涉，上文，第 104 页。

稿(großes Konvolut)的"基底稿"]排列在版本的后面,①虽然在顺序上有所不同,但小束手稿的誊清稿、异稿、片段(Fragment)则排列在前面。其次在手稿的再现样式上,新德文版采取平面样式,而 *MEGA2* 试行版和广松版则尝试用 2 栏,或 2 页排版。2 栏或 2 页排版原是因为手稿原形即分为两栏,左栏为正文(Grundtext),右栏内有修改、边注、指示,为了使之准确位于手稿原有的位置,而导入此种排版方式。但广松版采取的样式则是将位于手稿右栏的修改、边注、指示放入脚注,片段、异稿、誊清稿等则排在右栏。②

　　不管怎样,1960 年代和 70 年代出版的以上三个版本都是在忠实于手稿原稿的大命题下,对文本复原所进行的尝试。其结果为:

　　一方面在手稿的排列上,以马克思所标页码的基底稿为轴,誊清稿、异稿、片段排列在前面,这一点是一致的;但在这些誊清稿、异稿、片段的排列上,各版本都因为"(阿版)所尝试的文本位置改变"不是基于"慎重的探讨和对手稿及其内容的进一步研究",因而纷纷标榜展现手稿原形,"在笔迹的现象和形态所引导的认识框架内",或以"手稿本身的有机的内部结构",来尝试对文本进行排列。然而,其中任何一个版本都无法提供证明手稿排列正当性的决定性线索。③ 尤其是广松版,在手稿排列上不乏假设和推测,到了可与编者自己所猛烈批判的

---

　　①　广松版例外地将小束手稿的誊清稿片段[3]-abcd-﹛4﹜-ab(或 *MEGA* Ⅰ/5—8)插入大束手稿的第 2 部分和第 3 部分之间,填补相当于马克思所标页码缺失部分的 S. 36 - 39。

　　②　有关广松版的具体说明,参看郑文吉,《〈德意志意识形态〉'Ⅰ. 费尔巴哈'章的重新建构》,上述论文(1994),第 228—237 页;以及郑文吉,《1960 年代和 70 年代日本学界的〈德意志意识形态〉论争》,上文(1994),第 257—271 页;郑文吉,《〈德意志意识形态〉研究中的文本编纂问题》,郑文吉,《韩国马克思学》(首尔:文学和知性社,首尔2004),第 90—91 页。

　　③　引文分别见《德国哲学杂志》,第 14 发行年度,1966 年,第 10 册,第 1198 页(*Deutsche Zeitschrift für Philosophie*, Jg. 14(1966), Heft 10, S. 1198);*MEGA2*版,试行本,柏林:狄兹出版社,1972 年,第 416 页(*MEGA2* Probeband(Berlin:Dietz Verlag, 1972), S. 416);广松涉,上文,105—106 页。

MEGA1　Ⅰ/5（阿版）相匹敌的程度。① 因此，"在不远的将来"要出版的 MEGA2　Ⅰ/5 的手稿排列，是相关学者所热切关注的；围绕这一问题所展开的学术界的讨论，也在 1990 年代后期之后被引发出来。②

另一方面，在文本的再现样式上，MEGA2 试行版带来了新的转机。考虑到很难接触到马克思和恩格斯的手稿原稿及很难想象其原形的读者，MEGA2 试行版通过 2 栏排版，使其原形具化。也就是说，这一版本将手稿原稿左栏中所写的正文（Grundtext）再现于左栏，将手稿右栏中记有的修改、边注、指示等放入右栏，使文本再现于原本的位置。③ 因此，文本的这一再现方法对于体现《德意志意识形态》"Ⅰ. 费尔巴哈"章手稿的特点作出了积极的贡献，从而大受欢迎。而且 1982 年出版的 MEGA2　Ⅰ/2 中，刊载了《1844 年手稿》第一再现部，使

---

① 广松版是其编者在无法接触到原稿的状态下，仅以阿版和梁版为对象，经过十年的研究和个人不计其数的努力而完成的产物。因此，广松版在日本的影响力是无比巨大的，而其引起德国研究者的注意，是 1990 年代后期之后的事情。MEGA 编纂者对广松版所具有的学术意义和编纂上的贡献的评价是肯定的，但对于编者所主张的"忠实于原稿"、"客观性"、"精确性"，则十分怀疑。Marx-Engels-Jahrbuch 2003，第 19 页。见前注 25）。

② 1995 年 11 月 2—3 日，在东京举办的"恩格斯国际学术会议"第二部分的主题是"《德意志意识形态》的编辑问题"。会上发表的论文刊登在《マルクス・エンゲルス・マルクス主義研究》，27 号（1996 年 6 月）。郑文吉，"《ドイツ・イデオロギー》研究におけるキスト編纂の問題"，《マルクス・エンゲルス・マルクス主義研究》27 号（1996 年 6 月），第 1—30 页；小林昌人，"《ドイツ・イデオロギー》第 1 編集の基本的诸問題—郑文吉氏へのユメトと MEGA2（試行）版の批判，"同书，31—66 页；桥本直树，"《ドイツ・イデオロギー》'Ⅰ. フオイエルバッハ'の手稿の編成に關して，"同书，67—87 页。并参考 Moon-Gil Chung, "Einige Probleme der Textedition der Deutschen Ideologie, insbesondere in Hinsicht auf die Wiedergabe des Kapitels 'Ⅰ. Feuerbach',"Beiträge zur Marx-Engels-Forschung. Neue Folge 1997，第 31 - 60.《关于〈德意志意识形态〉的文本编辑——尤其考虑到'Ⅰ. 费尔巴哈'的重新出现——的几个问题》，《马克思、恩格斯研究来稿》，新序列，1997 年，第 31—60 页；参考郑文吉，《〈德意志意识形态〉研究中的文本编纂问题——尤其是关于"Ⅰ. 费尔巴哈"章的再现问题》(1996)，郑文吉，上文(2004)，第 63—102 页。

③ 手稿原稿的右栏写有修改文的情况下，若明确标示出左栏正文中的插入位置，则均接入左栏的正文文本加以再现，并在学术资料（Apparat）中对这一事实做了说明。

MEGA2 试行版的尝试得以具体化,并在效果上得到了验证。[①] 然而众所周知,在手稿的再现上,马克思和恩格斯合著的《德意志意识形态》的"Ⅰ. 费尔巴哈"章,较之马克思自己撰写的《1844 年手稿》要更为复杂。也就是说,前者是复数的合著人以目前的出版计划为前提,经过了多次修改、删除及编辑;而后者首先是为了自我理解而作的选粹,因此前者之成稿经历了更为多样的阶段。故韩国和日本的学者曾就《德意志意识形态》"Ⅰ. 费尔巴哈"章再现,要求即便"部分地"变用原有 *MEGA* 的编纂方针,也要在 *MEGA2* Ⅰ/5 中具体展现手稿成稿的各个阶段。[②] 这样看来,我们可以不为夸张地说,在《德意志意识形态》"Ⅰ. 费尔巴哈"章的再现上,至少 2 栏排版是现在的一个大势所趋。[③]

---

① 《1844 年手稿》在 *MEGA2* Ⅰ/2(1982)中,同时收录了两个再现部分,第一再现部是将原来的手稿原稿加以复原,第二再现部则按照以往的逻辑体系。*MEGA2* Ⅰ/2, 第 187—322, 323—444 页。韩语译本见卡尔·马克思,《1844 年经济学哲学手稿》(崔仁浩译)(首尔:朴钟哲出版社,1991),第 82—140 页。并参考郑文吉,《卡尔·马克思〈1844 年手稿〉的文本批判》,郑文吉,《追随者的时代》(首尔:文学和知性社,1987),191—266 页。

② 《对 *MEGA2* 第Ⅰ卷/5 中的手稿"Ⅰ. 费尔巴哈"的编辑要求》,东京,1995 年 11 月 11 日,签名:桥本直树 Naoki Hashimoto(手稿);《关于〈德意志意识形态〉的编辑致第 1 卷/5 编纂委员会的要求》,1995 年 11 月 19 日,签名:Tadashi Shibuya 涉谷正(手稿)(*Anforderung an die Edition des Manuskripts 'I. Feuerbach' im Band Ⅰ/5 der MEGA2*, Tokio, 11. November 1995, gez. Naoki Hashimoto(Ms.); *Die Forderungen an die Redaktionskommission des Bandes Ⅰ/5 der MEGA2 über die Edition der **Deutschen Ideologie***, 19. November 1995. gez. Tadashi Shibuya(Ms.));T. Shibuya,《〈德意志意识形态〉的版本问题》,《*MEGA* 研究》,1996 年第 1 期,第 108—116 页(Tadashi Shibuya, *Probleme der Edition der **Deutschen Ideologie***, *MEGA-Studien*, 1996/1, S. 108-116);Moon-Gil Chung, 上文(1997),第 59-60 页等。

③ 但是,正如前面所提到的广松版一样,这种 2 栏结构及双页方式若用作收录誊清稿、异稿、片段,则排版上的效用性便大大降低。另一方面,韩国和日本学者要求删除部分用小字区分,且为区分马克思和恩格斯的笔迹而使用不同字体,但 2 栏排版的手稿在将之具体化时,不一定就能取得积极效果,这一点笔者在以下探讨日语文本的书评中曾经指出。郑文吉(Moon-Gil Chung):《关于〈德意志意识形态〉在日本的新版本》,《马克思、恩格斯研究来稿》,新序列,2001 年,第 285—292 页〔Moon-Gil Chung, *Zur Neuausgabe der Deutschen Ideologie in Japan*, *Beiträge zur Marx-Engels-Forschung. Neue Folge* 2001, S. 285-292〕(参考郑文吉,《对日本出版的〈德意志意识形态〉'Ⅰ. 费尔巴哈'章新版的探讨与批判》(2001),郑文吉,上文(2004),第 142—151 页。〕

而众望所归的是,上述各版本之间的差异以及随之而来的不同的讨论的展开,可作为 *MEGA2* Ⅰ/5 的编纂过程,并最终在"历史的、批判的"决定本全集中尘埃落定。然而,正如前文所述,全集的出版遥遥无期,到了 2004 年才在 *MEGA* 的同伴杂志《马克思恩格斯年鉴》2003 年刊出版中,刊载了"Ⅰ. 费尔巴哈"章的暂定版。为此,本文在下一节中将对该暂定版中刊载的"Ⅰ. 费尔巴哈"章的内容进行具体的探讨。

第二节　基于文献学分析的《德意志意识形态》暂定版"Ⅰ.费尔巴哈"章的再现

一、"暂定版(Vorabpublikation)"的意义

《年鉴 2003》推出了《德意志意识形态》的"暂定版",刊载了第 1 卷的"Ⅰ. 费尔巴哈"、"莱比锡宗教会议"、"Ⅱ.圣布鲁诺",并包括作为附录的魏德迈(Joseph Weydemeyer)执笔的"布鲁诺·鲍威尔及其辩护士"。*MEGA2* 在正式出版马克斯恩格斯著作的过程中,除了正式的 *MEGA* 本卷以外,在准备阶段还试验性地出版了若干版本,包括此次的暂定版在内,有以下四种。

（1）1972 年的 *MEGA2* 试行版(1972)。①

---

①　*MEGA2* 试行本的编辑原则与样本,主编:苏联共产党中央委员会马克思主义列宁主义研究所与德国统一社会党中央委员会马克思主义列宁主义研究所,柏林:狄兹出版社,1972 年(*MEGA2* Probeband. *Editionsgrundsätze und Probestücke*, hrsg. Vom IML beim ZK der KP der Sowjetunion und IML beim ZK der Sozialistischen Einheitspartei Deutschlands(Berlin: Dietz Verlag, 1972)。

  (2) 1983 年的 *MEGA2* 第 Ⅳ 部分的栏外边注试行版（1983）。①

  (3) 1999 年的 *MEGA2* Ⅳ/32 的暂定版(1999 年)。②

  (4) 2004 年的《德意志意识形态》暂定版(2004)。③

  首先,苏联和德国共产党中央委员会所属的马克思列宁主义研究所(Institut für Marxismus-Leninismus)于 1920 年代和 30 年代发行过 *MEGA1*,后中断,在继承 *MEGA1* 事业并准备 *MEGA2* 的过程中,为具体体现 *MEGA2* 的基本编纂原则及其直接运用于文本编纂时会出现怎样的形态,1972 年发行的试行版(Probeband)采用了试验出版(Probestücke)的形式,试验性地再现四个部分(Abteilung)结构的 *MEGA* 各部中的代表性文本。对于第 1 部,则提出了《德意志意识形态》的"Ⅰ.费尔巴哈"章。而且该试验印刷本被散发给各国的专家,为检验 *MEGA* 文本再现的妥当性和客观性发挥出了作用。

  另一方面,*MEGA2* 第 Ⅳ 部除选粹及笔记之外,还将马克思和恩格斯的藏书目录及上面所写的阅读痕迹——栏外边注(sprechende Mar-

---

  ① 《*MEGA2* 第四部分:边注、样本、正文与参考文献》,主编:苏联共产党中央委员会马克思主义列宁主义研究所与德国统一社会党中央委员会马克思主义列宁主义研究所,柏林:狄兹出版社,1983 年[*MEGA* Ⅳ. Abteilung. Probeheft, *Marginalien. Probestücke. Text und Apparat.* Hrsg. Vom IML beim ZK der KP der Sowjetunion und IML beim ZK der Sozialistischen Einheitspartei Deutschlands(Berlin: Dietz Verlag, 1983)]。

  ② 《*MEGA2* 第四部分:第 32 卷暂行本・马克思恩格斯的藏书・已查明的库存目录并附注》,主编:国际马克思恩格斯基金会,柏林:学院出版社,1999 年[*MEGA* Ⅳ. Abteilung. Vorauspublikation zu Band 32. *Die Bibliotheken von Karl Marx und Friedrich Engels. Annotiertes Verzeichnis des ermittelten Bestandes*, hrsg. Von der Internationalen Marx-Engels-Stiftung(Berlin: Akademie Verlag, 1999)]。

  ③ 《马克思、恩格斯、魏德迈:〈德意志意识形态〉・论文、打印原样、草稿、誊清稿片段与"Ⅰ.费尔巴哈和Ⅱ.圣布鲁诺"的笔记》,载于《马克思恩格斯年鉴》2003 年,主编:国际马克思恩格斯基金会,柏林:学院出版社,2004 年[*Karl Marx, Friedrich Engels, Joseph Weydemeyer*, **Die Deutsche Ideologie.** *Artikel, Druckvorlagen, Entwürfe, Reinschriftenfragmente und Notizen zu* Ⅰ. *Feuerbach und* Ⅱ. *Sankt Bruno.* In: *Marx-Engels-Jahrbuch* 2003, hrsg. Von der Internationalen Marx-Engels-Stiftung(Berlin: Akademie Verlag, 2004)]。

ginalien)、记号、画线等——囊括进全集，作为将之具体化的准备工作，1983 年发行了 *MEGA2* 第Ⅳ部的栏外边注试行版（Marginalien. Probestück）。*MEGA* 第Ⅳ部虽然订立了第 1 编 40 卷（刊载选粹及笔记）和第 2 编 30 卷（收录藏书的注释目录及栏外边注等）的计划，但根据 1995 年修改后的编纂方针，后者缩减为 *MEGA2* Ⅳ/32 的 1 卷 3 册。而这一栏外边注试行版则成为以后栏外边注本编纂的一个参考书。

　　而当初拟发行的 30 卷 *MEGA* 第Ⅳ部第 2 编的藏书注释目录及栏外边注本（Edition der Marginalien），却因 1990 年以来的东欧政治剧变，其编纂计划遭到大幅缩减和修改，为将之压缩为 1 卷的 *MEGA*，于 1999 年发行了作为先行本的 *MEGA* Ⅳ/32 暂定版（Vorauspublikation），先行出版了相当于 *MEGA* Ⅳ/32 前部分的注释目录。① 马克思和恩格斯的藏书目录自 1920 年代由尼古拉耶夫斯基（Boris Ivanovic Nikolaevskij）开始编订之后，经过了四分之三个世纪，复原的程度已经相当之高。因此，对藏书的状态进行的具体描述、所藏处、对见诸和不见诸语言的栏外边注的调查，均有所建树，使简略的叙述成为可能，因而作为栏外边注本的先行资料得以出版。因此，该暂定版有望与 *MEGA* Ⅳ/32 的完结一同，作保留和修改。②

　　那么，《年鉴 2003》中所出版的《德意志意识形态》"Ⅰ. 费尔巴哈"之"暂定版"意味着什么呢？正如《年鉴 2003》"编者的话（Editorial）"中所揭示的，要等到 2008 年出版 *MEGA2* Ⅰ/5《德意志意识形态》的话，其时间上的空白太长，为了弥补因此造成的资料上的空缺，这才"暂定地"出版"Ⅰ. 费尔巴哈"章和"Ⅱ. 圣布鲁诺"章。而且早在 1920 年代，编纂《马克思恩格斯文稿》的梁赞诺夫就已经阐明了以下这一前提——

---

　　① 该栏外边注本计划作为 *MEGA2* 第Ⅳ部的末卷，由 3 册组成。即Ⅳ/32.1 为藏书的注释目录，Ⅳ/32.2 为藏书文本中出现的见诸语言的边注本，Ⅳ/32.3 则刊载对各藏书中出现的各种阅读痕迹所作的注释。

　　② 郑文吉，《马克思恩格斯藏书中的栏外边注的意义及其出版问题——写于 *MEGA2* Ⅳ/32（试行版）发刊之际》（2003），收录于郑文吉，上文（2004），第 155—176 页。

在"历史的、批判的"全集出版之前,为了进行学术上的批判,将如此重要的资料暂定地出版(Vorabdruck),以便于利用,这是极为重要的。[①]这样看来,IMES 的《年鉴 2003》的编者也意识到,《年鉴 2003》中刊载的"Ⅰ. 费尔巴哈"章并不是该章的完结本,今后还有可能通过研究和批判进行修订。[②] 因此,笔者对其中刊载的"Ⅰ. 费尔巴哈"的文本再现方法进行仔细的探讨,追问其是否是最佳选择,这是作为对该问题一直十分关注的学者的一项义不容辞的义务。为此,笔者欲在对以往各版本文本所作讨论的延长线上,围绕手稿排列顺序和再现样式,对该暂定版文本加以探讨。

二、暂定版文本的排列顺序

《德意志意识形态》"Ⅰ. 费尔巴哈"章暂定版的文本所具有的最引人注目的特点是该文本的排列顺序。众所周知,"Ⅰ. 费尔巴哈"章是由未完草稿、誊清稿、笔记等构成的未完成的章节,因此按照怎样的顺序来排列这些未完成的草稿、誊清稿、异稿,则成了"Ⅰ. 费尔巴哈"章编纂上最为重要的关键问题。

事实上,大束手稿的草稿和小束手稿的独立草稿、誊清稿、异稿等的存在,是横亘在"Ⅰ. 费尔巴哈"章编纂上的最大的障碍。一个章节中混存着不同执笔阶段的手稿,这让对手稿进行编纂的研究者们陷入了抉择上的分歧——究竟是重视相应章节的逻辑展开呢? 还是将作者留下的手稿状态看作是最终文本? 前者代表性的例子是前面所述及的阿

---

① 《出版说明》,《马克思恩格斯年鉴(2003 年,第 3 期)》(*Editorial, Marx-Engels-Jahrbuch* 2003,3),第 1 页。《马克思恩格斯文库》,第 1 卷,(*Marx-Engels-Archiv*, Band Ⅰ)第 3 页。

② 对于暂定版(Vorabpublikation)在文本上完成程度的讨论有可能多种多样。然而"暂定版"意味着决定本之前的"先行样本("Vorabdruck"),所以如有必要,可以对文本加以修订。笔者于 2004 年 11 月 29 日在柏林 BBAW 遇到了 IMES 的诺伊豪斯(Prof. Dr. Manfred Neuhaus)教授,他是 IMES 的办公厅长,也是《年鉴》的编辑人,通过与他的谈话也可确认上述意思。

版,即 *MEGA1* Ⅰ/5,而后者的例子则是除阿版以外的梁赞诺夫以来的各种版本。

然而,问题是对于后者来说,各版本在手稿的排列顺序上也是互不相同的。综合来看,这些版本将大束基底稿排列在后面〔梁版则例外地将誊清稿[3]-abcd—{4}-ab(Ⅰ/5-8)连接在大束手稿的最后〕,将小束手稿的片段排列在前面。但是这些排在前面的手稿片段也不易排列,于是各版本的编者在"作者的最终意图(Ausgabe letzter Hand)"这一挡箭牌下,对之加以各人各色的编纂(见表1)。

版本 发行 年度	梁版 (1926)	阿版 (1932)	巴版 (新德 文版) (1965/66)	*MEGA2* 试行版 (1972)	广松版 (1974)	*MEGA2* 暂定版 (2004)
H2/H1 *MEGA* Ⅰ/5-4 "Feuerbach(费尔巴哈)"/ "a)F's ganze Phil. Läuft heraus auf[…] […] daß nur in der zeit eine veränderung mögl.（费尔巴哈的全部哲学的结果在于[……][……]一种改变只有在时间中才(是)可能的）"			附录		附录Ⅱ	Ⅴ
小束手稿 [1?]-abc *MEGA* Ⅰ/5-6α "Ⅰ. Feuerbach(Ⅰ. 费尔巴哈)"/ "Wie ＜unsere＞ deutsche＜n＞ Ideologen ＜Versichern＞ melden. […] ［…］. Der außerhalb Deutschland liegt. ＜…＞("正如＜我们的＞德国的玄想家们所＜担保＞宣告的,……站在德国以外的立场上……"	Ⅰ	正文	部分 脚注	异稿 明细	Ⅰ-1 ***	Ⅶ-1
[1?]-cd—[2?] -a＜bcd＞ * *MEGA* Ⅰ/5-6β "1. Die Ideologie überhaupt, speziell die deutsche Philosophie/ A.（一般意识形态,尤其是德意志意识形态/A ）"/ "＜…＞/Die Voraussetzungen […] […]. durch die Produktion bedingt（"……前提……由生产决定的"）"	Ⅲ	Ⅲ	Ⅲ	Ⅲ	Ⅲ-1 ***	Ⅶ-2

(续表)

版本 发行 年度	梁版 (1926)	阿版 (1932)	巴版 (新德 文版) (1965/66)	MEGA2 试行版 (1972)	广松版 (1974)	MEGA2 暂定版 (2004)
	[1]-ab **	省略	I	I	II	I	VIII
	MEGA Ⅰ/5-7〔Reinschrift(誊清稿)〕 (导言) "Ⅰ.Feuerbach(Ⅰ.费尔巴哈)"/ "Wie deutsche Ideologen melden〔…〕〔…〕. Der außerhalb Deutsch- land liegt."("正如德国的玄想家们所宣告的……,站在德国以外的 立场上")						Einleitung
	{2}-abcd	II	II	II	I	II	VI
	MEGA Ⅰ/5-5〔Reinschrift(誊清稿)〕 "Ⅰ.Feuerbach(Ⅰ.费尔巴哈)/ A. Die Ideologie überhaupt. Namentlich die deutsche(一般意识形 态,特别是德意志意识形态)."/ "Die deutche Kritik〔…〕 〔…〕eignen materiellen Umgebung zu fragen("德国的批判……提出……他们自身的物质环境……问 题")."						
小 束 手 稿	[3]- abcd. {4}- ab(cd) *	IX ****	IV	IV	IV	V ***	IX
	MEGA Ⅰ/5-8〔Reinschrift(誊清稿)〕 1) "Die Beziehungen verschiedener Nationen〔…〕〔…〕einen Monarchen an der Spitze."("各民族之间的相互关系……在君主的领导之下")						Fragment 1(片段
	[5]-abcd	IV	V ***	V	V	III-2 ***	X
	MEGA Ⅰ/5-9〔Reinschrift(誊清稿)〕 (片段2) "Die Tatsache ist also die:〔…〕 〔…〕an historischen Beispielen erläutem"("由此可见,事情是这样的:……用历史的例子来加以说 明")						Fragment 2

（续表）

版本 发行 年度		梁版 (1926)	阿版 (1932)	巴版 （新德 文版） (1965/66)	MEGA2 试行版 (1972)	广松版 (1974)	MEGA2 暂定版 (2004)
大束手稿	S. 1-2	/	/	Ⅵ	Ⅵ	附录Ⅰ	Ⅰ-1
	[6]-[11]（S. 8-29） MEGA Ⅰ/5-3α	Ⅴ	?	Ⅶ	Ⅶ	Ⅲ	Ⅰ-2
	[20]-[21]（S. 30-35） MEGA Ⅰ/5-3β	Ⅵ	?	Ⅷ	Ⅷ	Ⅳ	Ⅱ
	[84]-[92]（S. 40-72） MEGA Ⅰ/5-3γ	Ⅶ	?	Ⅸ	Ⅸ	Ⅵ	Ⅲ
	[92]-b（最后笔记） MEGA Ⅰ/5-3δ	Ⅷ	附录	Ⅹ	Ⅹ	Ⅶ	Ⅳ

　　小束手稿的 H2/H1 是 IISG 的分类号码，"[ ]"、"{ }"表示纸张号码，纸张的四个面标记为 abcd。大束手稿的 S. 1-2，8-29，30-35，40-72 为页码，[]内为恩格斯的纸张号码，纸张下行的 MEGA Ⅰ/5-x 为 IMES 加在《德意志意识形态》各手稿上的号码。

　　另外，对于该分类号码下的原文，前面是手稿片段文句的开始，后面是文句的结束。（[…]内表示省略的部分，〈…〉内表示抹去的部分。）

　　* [2?]-bcd 和{4}-cd 为空白。

　　** 纸张（4 页）的一半为半纸（2 页）。

　　*** 广松版的情况下，对于小束手稿的特定手稿，若作为对应于双数页主文本的草稿或修改，则刊载于单数页上，若判断为大束手稿的佚失正文，则刊载于双数面上。

　　**** 排列在"Ⅰ.费尔巴哈"章文本的最后。

　　而《年鉴 2003》在将"Ⅰ.费尔巴哈"章所包括的手稿划分为相当于基底稿的大束手稿（MEGA Ⅰ/5-3）和包括誊清稿、片段、异稿在内的小束手稿时，其排列与以往出版的各种版本迥然不同，顺序大相径庭。也就是说，暂定版将大束基底稿排列在前面，小束手稿排列在后面，这些编纂是超乎预料的。换言之，该暂定版将归于"Ⅰ.费尔巴哈"章的大束基底稿放在之后撰写的小束手稿的前面，从而彻底按照手稿的执笔年代顺序来排列手稿,忠实地体现了 *MEGA* 的编纂原则——"按照执笔时期进行编年式排列"。①

另一方面,暂定本对于小束手稿的排列顺序,也"严格地"按照执笔顺序进行排列,并将Ⅰ/5-4(IISG 编号:H2/H1)排在大束之后,即排列在小束的开头,接着将Ⅰ/5-5({2}-abcd)置于Ⅰ/5-6([?]-abcd—[2?]-a)之前。也就是说,暂定本与以往各版本不同,声称对作者以未完状态留下的手稿"不再作编辑或加以扩大",从而具体体现唯物论的历史进程是怎样到达完成状态的。换言之,编者们将看似具有一定关联性的"Ⅰ.费尔巴哈"章的手稿、誊清稿和片段,彻底进行文献学的分析和解体,从而体现出想要将马克思和恩格斯在当时时代的论争过程中留下的各种痕迹反映在文本之中的强烈意志。②

不管怎样,德法 *MEGA* 工作组一向坚持 1996 年 10 月有关《德意志意识形态》编辑问题专家会议③上陶伯特的"Ⅰ.费尔巴哈"章手稿排列意见,对于该暂定版,也只是在"文献学分析"这一名义下,对以往的立场重新加以申明罢了。他们将大束手稿的Ⅰ/5-3(基底稿)搬至"Ⅰ.费尔巴哈"章的最前面,这一文本编辑上的决定应该说是具有意义的,但是在小束手稿的排列顺序上,尽管有其暂定版编辑方针——手稿的文献学分析,但也存在让人难以首肯的部分。

首先,该暂定版排列小束手稿时,(1) 将题为"Feuerbach"的 2 页

① 《*MEGA* 版的编辑原则》,阿姆斯特丹国际马克思恩格斯基金会编,柏林:1993年,第 22—23 页［*Editionsrichtlinien der Marx-Engels-Gesamtausgabe*（*MEGA*）. Hrsg. Von der Internationalen Marx-Engels-Stiftung Amsterdam（Berlin：Dietz Verlag, 1993), S. 22—23]，B. Ⅱ. 1, 2, 3.

② *M-E-J*(《马克思恩格斯年鉴》), 2003, 第 3—4 页,20 页。

③ 郑文吉,《*MEGA2* Ⅰ/5〈德意志意识形态〉的构成——有关〈德意志意识形态〉编辑问题的专家会议参加报告》(1996),郑文吉,上文(2004),103—104 页;J. 罗亚恩,《关于〈德意志意识形态〉的构成特别会议(1996 年 10 月 24-26 日,特里尔)》,《*MEGA* 研究》,1997 年第 1 期,第 147—157 页(Jürgen Rojahn, *Bericht：Spezialkonferenz* **Die Konstitution der Deutschen Ideologie**, *24.—26. Oktober* 1996. *Trier*, *MEGA-Studien*, 1977/1, S. 147—157)。

手稿(H2/H1；Ⅰ/5-4)排列在小束手稿的开头；(2) 将现有小束手稿中的"Feuerbach/A. Die Ideologie überhaupt, namentlich die deutsche(一般意识形态，特别是德意志意识形态)"({2}-abcd；Ⅰ/5-5)排列在前面的Ⅰ/5-4 之后，这一点尤为引人注目。

先是手稿Ⅰ/5-4 在 *MEGA1* 的阿版中被作为附录(阿版，538—540页)，在广松版中则被作为附录Ⅱ(广松版，158—159 页)，但在其他版本中，却未将之放入"Ⅰ.费尔巴哈"章。而暂定版将之排列在基底稿和小束手稿之间。该手稿是对有关费尔巴哈的《未来哲学原理》(*Grundsätze der Philosophie der Zukunft*)的命题进行的整理，似为"Ⅰ.费尔巴哈"章所做的准备工作(Vorarbeit)。该手稿原先夹在遗赠给倍倍尔(August Bebel)和伯恩施坦(Eduard Bernstein)的恩格斯遗稿中的书信包装封套 14(Paket Nr. 14：Verschiedene Manuskripte von Engels(第 14 号包裹：恩格斯的各种手稿))中，陶伯特很早就因其纸质(Papiersorte)而认为该手稿属于"Ⅰ.费尔巴哈"章。[①] 但若要将该手稿置于小束手稿的最前面，还必须要确定其执笔日期，而对之却未见有何具体证据。[②] 对此暂定版只是推测执笔日期为 1846 年 1—3 月之间。

接下来在小束手稿的排列上我们所关注的是，Ⅰ/5-5({2}-abcd)排在Ⅰ/5-4 之后，这样便被置于现有小束手稿的最前面。虽然包括笔

---

① I. 陶伯特：《论〈费尔巴哈〉手稿的形成史及其在 *MEGA2* 第Ⅰ/5 卷中的编排》，《马克思恩格斯研究来稿》，26(1989)，第 101—109 页(Inge Taubert, *Zur Entstehungsgeschichte des Manuskripts **Feuerbacgh** und dessen Einordnung in den Band* Ⅰ/5 *der MEGA2*, *Beiträge zur Marx-Engels Forschung*, 26(1989), S. 101—109)；I. 陶伯特：《诸手稿的流传史及其第一次以原文发表》，《*MEGA* 研究》，1997 年第 2 期，第 37 页 (Inge Taubert, *Die überlieferungsgeschichte der Manuskripte und die Erstveröffentlichungen in der Originalsprache*, *MEGA-Studien*, 1997/2, 37 页)；M-E-J [《马克思恩格斯年鉴》(2003)，第 292—293 页]。

② 陶伯特只是模糊地推测该文执笔日期最早在 1845 年 10 月底，并且完稿时间早于 1845 年 12 月或在 1846 年 1 月之前。她曾好几次提到正在确认执笔时期，但却并未说明。参考 Inge Taubert, 上文(1989)，第 107 页及 109 页的注 30)，31)。另参考郑文吉，《*MEGA2* Ⅰ/5《德意志意识形态》的构成——有关《德意志意识形态》编辑问题的专家会议参加报告》，郑文吉，上文(2004)，第 126—128 页。

者在内的若干研究者对此提出异议①，但 *MEGA2* Ⅰ/5（《德意志意识
形态》）编辑组却忽略第三者标记在手稿上的一系列号码，一直将
MEGA2 Ⅰ/5-5 排列在小束手稿的前面部分。对于写有纸张号"{2}"
的这一手稿，自从 *MEGA1* 以来，一直到现在，总是被认为与标有纸张
号{1}(1 blatte)，{2}，[3]，{4}，[5]的一系列手稿的顺序有关。可是，
暂定版推断，作为执笔当时的纸张号码，恩格斯所标记的限于"5."，而至
今以来推测为马克思死后恩格斯所标记的纸张号"3)"，虽然也不是没有
可能，但因无法确证，不足以作为包容这五张的依据（Anhaltspunkt）
来利用。因此，为了使这些纸张号码具有意义，需要一个前提，即这些
纸张的顺序必须是恩格斯将遗稿赠给倍倍尔和伯恩施坦时所整理的顺
序。然而暂定版的编者认为，遗赠的手稿经伯恩施坦、梅林（Franz Me-
hring）、梁赞诺夫之手时，有可能以以往所标号码"3)"、"5."为中心，新
添加上纸张号或页码，因而这些纸张号码最终只能是推测。②

　　但是，这里所产生的疑问是，无论是陶伯特的研究，还是 IMES 的
《*MEGA* 研究》，都未曾报告说有证据证明Ⅰ/5-5 在时期上就"一定"要
早于Ⅰ/5-6，因此我们要问，将纸张号{1}（Einleitung：誊清稿）之后马
克思和恩格斯之外第三者标记为纸张号{2}的手稿（Ⅰ/5-5：誊清稿）排
列在Ⅰ/5-6([1?]-[2?])之前，这就一定妥当吗？而且陶伯特先是推测
Ⅰ/5-5 的执笔时期是 1846 年 4 月 15 日至 7 月 20 日之间，最后定为
"1846 年 6 月左右"，其理由也不一定就具有说服力。暂定版认为，魏
德迈前往德国的 4 月中旬及维尔特（Georg Weerth）离开布鲁塞尔的 6
月上旬时，除"Ⅰ. 费尔巴哈"章外的大部分手稿已经完成。这也就是
说，"Ⅰ. 费尔巴哈"章执笔计划的确定就是在此时，③誊清稿（或用于印

---

　　①　Moon-Gil Chung，上文（1997），47—60 页。郑文吉，《〈德意志意识形态〉研究
中的文本编纂问题——尤其是有关"Ⅰ. 费尔巴哈"章的再现问题》（1996），郑文吉，上
文（2004），第 85—102 页。另参考同书，第 128—130 页。

　　②　《马克思恩格斯年鉴》（2003 年）（*M-E-J* 2003），第 301—302 页。另参考 Inge
Taubert，上文（1997），第 36 页。

　　③　《马克思恩格斯年鉴》（2003 年）（*M-E-J* 2003），第 168、300、328、337 页。

刷的原稿）Ⅰ/5-5 和草稿Ⅰ/5-6 的执笔是在"1846 年 6 月左右"，其余小束手稿均是在 1846 年 6 月至 7 月初撰写的。[①] 但是，暂定版编者的这一主张难脱嫌疑，似乎是为了将Ⅰ/5-5 与Ⅰ/5-6、Ⅰ/5-7、Ⅰ/5-8、Ⅰ/5-9 区别开来而有意将执笔时期排前。[②]

三、手稿的再现样式

暂定版的手稿再现基本上与 *MEGA2* 试行版一样，采用二栏结构。[③] 但暂定版的二栏结构只限于大束基底稿（暂定版，6—100 页）。换言之，小束手稿原稿中虽不乏利用右栏的情况，但只是用于对左栏正文加以即时的修改或事后的修改和添加；而且大部分的情况下，修改部分插入正文的位置上都用"F"等记号加以明示，几乎没有使用右栏的必要。实际上，*MEGA2* 试行版尽管在排版上是二栏结构，但再现小束手稿的 33—36 页的右栏却一次也未用过。[④] 因此，对于除大束手稿基底稿之外的手稿而言，采用二栏没有什么实际效益，所以将之改换成一统体制应该说是合乎情理的。

接下来我们要注意的，是暂定版展现出手稿片段的独立性。

---

① 见《马克思恩格斯年鉴》（2003 年）（*M-E-J* 2003），第 300、308、315、319、324 页。

② I. 陶伯特、H. 佩尔格、J. 格朗炯：《*MEGA2* I/5〈马克思、恩格斯、赫斯：德意志意识形态的手稿与印刷（1845 年 11 月至 1846 年 6 月）〉的构成》，《*MEGA* 研究》，1997 年第 2 期〔Inge Taubert, Hans Pelger, Jacques Grandjonc, *Die Kostitution von* MEGA2 Ⅰ/5 *Karl Marx，friedrich Engels，Moses Heß：Die deutsche Ideologie. Manuskripte und Drucke（November 1845 bis Juni 1846）*，MEGA-Studien 1997/2〕，见 69—73 页刊载的各手稿的"04100 Datierung zur Entstehung（出现日期）"项。据 1997 年该文推测，从 *MEGA* Ⅰ/5-5 到Ⅰ/5-9 的小束手稿的执笔年代为 1846 年 4 月 15 日至 7 月 20 日之间。另见郑文吉，《*MEGA2* Ⅰ/5〈德意志意识形态〉的构成》，上文（2004），第 128—130 页。

③ 二栏结构的另一个例子，可举广松的广松版。但采用两面相对的广松版，却只在右侧单数页上刊载双数页上的手稿文稿、异稿、长句的笔记或边注等，与想要将手稿原貌变成铅字的 *MEGA2* 编纂者的二栏结构是不同的。

④ 小束手稿原稿中，即时的修改有两处，有插入正文标记"F"的则有十四处（包括马克思修改的三处），手稿上作部分删除的地方可见马克思的三处修改。

MEGA2 试行版中，五个相互独立的手稿片段以间隔两行或三行的方式连续刊载。而暂定版则将基底稿分成四个部分，即马克思标记页码的手稿中出现中断的三个部分，及最后的马克思笔记，然后按照顺序排列，每部分另起一页［Entwurf（草稿）S. 1 bis 29；Entwurf（草稿）S. 30 bis 35；Entwurf（草稿）S. 36 bis 72；Notizen（笔记）：参考表 3］，并且给整个基底稿加上编者标题（redaktioneller Titel）——"费尔巴哈和历史：草稿和笔记（Feuerbach und Geschichte/Entwurfund Notizen）"①。这里，暂定版摒弃了以往各版本使用的章标题——"费尔巴哈/直观唯物主义观点和唯心主义观点的对立（Ⅰ/Feuerbach/Gegensatz von ma-terialistischer & idealistischer Anschauung）"②，而采用"费尔巴哈和历史"这一新的编者标题。这正如暂定版编者在学术资料中所说明的一样，基底稿的草稿（或草案）中，只有"参见（siehe oben）"或"参见费尔巴哈（siehe Feuerbach）"这些笔记，以及进而将"圣布鲁诺（Sankt Bruno）"称为"Ⅰ."的地方，但却并未见哪里有"Ⅰ. 费尔巴哈"这一标题，因此便摘取马克思记于草稿的编辑上的笔记"Ⅰ. 费尔巴哈"和"历史"，来作为基底稿的编者标题，从而更为恰当。③ 也就是说，编者完全无视马克思逝世后恩格斯在重读原稿的过程中所加的章标题，从而将文献学上的解体进行得更为彻底。

此外，如表 2 所示，暂定版对于彼此分离的小束手稿，也加上各手稿开头所附的标题或编纂上的标题。

---

① 暂定本推算其执笔时期为"1845 年 11 月底至 1846 年 4 月中旬以前"。《马克思恩格斯年鉴》（2003 年）（*M-E-J* 2003），第 163 页。

② 该标题记在写有马克思笔记的基底稿的最末页右栏，是 1883 年马克思逝世后恩格斯所加。*MEGA2* Probeband，第 118、502 页及 414 页；《马克思恩格斯年鉴》（2003 年）（*M-E-J* 2003），第 100、270 页。

③ 《马克思恩格斯年鉴》（2003 年）（*M-E-J* 2003），第 176 页。

表 2　暂定版刊载"Ⅰ. 费尔巴哈"小束手稿的顺序和标题

暂定版的手稿刊载顺序	手稿的标题（〔　〕内为编纂上的标题）
① Ⅰ/5-4：H2/H1 ② Ⅰ/5-5：{2}-abcd（誊清稿） ③ Ⅰ/5-6：[1?]-abc（④的草稿） 　　　　[1?]-cd—[2?]-a ④ Ⅰ/5-7：{1}-ab（誊清稿） ⑤ Ⅰ/5-8：[3]-abcd—{4}-ab（誊清稿） ⑥ Ⅰ/5-9：[5]-abcd（誊清稿）	Feuerbach（费尔巴哈） Ⅰ. Feuerbach. A. Die Ideologie überhaupt, namentlich die deutsche（Ⅰ. 费尔巴哈·一般意识形态，特别是德意志意识形态） Ⅰ. Feuerbach（Ⅰ. 费尔巴哈）. 1. Die Ideologie überhaupt, speziell die deutsche Philosophie/A（一般意识形态，尤其是德意志意识形态） Ⅰ. Feuerbach（费尔巴哈）. 〔Einleitung（导言）〕 〔Ⅰ. Feuerbach（费尔巴哈）. Fragment 1（片段 1）〕 〔Ⅰ. Feuerbach（费尔巴哈）. Fragment 2（片段 2）〕

　　暂定版编者的这一标题方式意味着文献学上的解体，否认了以往《德意志意识形态》第 1 部"Ⅰ. 费尔巴哈"章之存在本身，这不可不谓是挑衅性的编纂。这一点从以下方面也可看出——暂定版将以往包括在"Ⅰ. 费尔巴哈"章的全部手稿分成各个独立部分之后，将前面的"反对布鲁诺·鲍威尔（Gegen Bruno Bauer）"（Marx）、后面的"莱比锡宗教会议（Das Leipziger Konzil）"和"Ⅱ. 圣布鲁诺（Ⅱ. Sankt Bruno）"（Marx/Engels）以同等的比重并列起来。也就是说，我们如果看一下下面这个包括了以往"Ⅰ. 费尔巴哈"章和"Ⅱ. 圣布鲁诺"章的暂定版的目录，便可理解暂定版的文献学解体所具有的"爆炸性"意义。

表 3　暂定版"Ⅰ. 费尔巴哈"章和"Ⅱ. 圣布鲁诺"的全部目录

Karl Marx · Gegen Bruno Bauer（马克思《反对布鲁诺·鲍威尔》）

Karl Marx/Friedrich Engels · Feuerbach und Geschichte · Entwurf und Notizen

（马克思、恩格斯《费尔巴哈与历史·草稿与笔记》）

(续表)

Entwurf(草稿) S. 1 bis 29

Entwurf(草稿) S. 30 bis 35

Entwurf(草稿) S. 36 bis 72

Notizen(笔记)

Karl Marx/Friedrich Engels • Feuerbach(马克思、恩格斯　费尔巴哈)

Karl Marx/Friedrich Engels • Ⅰ. Feuerbach. A. Die Ideologie überhaupt. Namentlich die deutsche

(马克思、恩格斯。Ⅰ. 费尔巴哈·A. 一般意识形态,特别是德意志意识形态)

Karl Marx/Friedrich Engels • Ⅰ. Feuerbach. 1. Die Ideologie überhaupt, speziell die deutsche Philosophie(Ⅰ. 费尔巴哈·1. 一般意识形态,尤其是德意志意识形态):

Karl Marx/Friedrich Engels • Ⅰ. Feuerbach. Einleitung(马克思、恩格斯。Ⅰ. 费尔巴哈　导言)

Karl Marx/Friedrich Engels • Ⅰ. Feuerbach. Fragment 1(马克思、恩格斯。Ⅰ. 费尔巴哈　片段1)

Karl Marx/Friedrich Engels • Ⅰ. Feuerbach. Fragment 2(马克思、恩格斯。Ⅰ. 费尔巴哈　片段2)

Karl Marx/Friedrich Engels • Das Leipziger Konzil(马克思、恩格斯　莱比锡宗教会议)

Karl Marx/Friedrich Engels • Ⅱ. Sankt Bruno(马克思、恩格斯　Ⅱ. 圣布鲁诺)

1. "Feldzug" gegen Feuerbach(反费尔巴哈"运动")

2. Sankt Bruno's Betrachtungen über den Kampf zwischen Feuerbach/Stirner(圣布鲁诺对费尔巴哈与施蒂纳之争的考察)

3. Sankt Bruno contra die Verfasser der "heiligen Familie"(圣布鲁诺反对"神圣家族"的作者)

4. Nachruf an "Moses Heß"("赫斯"悼词)

　　最后,暂定版在文本的再现上,有一虽细小却颇引人注目之处,这就是有关基底稿 S. 17—19 之再现的部分。这一部分左栏为恩格斯的叙述,且接在 S. 17 右栏下方恩格斯的叙述之后的,是开始于该页下方、并经 S. 18、直至 S. 19 的马克思所写的部分,这一部分在现今留存的"Ⅰ. 费尔巴哈"章手稿原稿中,是叙述得最为复杂的部分,增删频繁,且交互进行。而正是在该手稿原稿 S. 18—S. 19 的右栏中,交叉着马克思关于"共产主义"和"异化"的论述。在 *MEGA2* 试行版中,有关异化的论述刊载于第 59 页 7 行至第 60 页 21 行，前面部分的共产主义论述（第 60 页 22 行至 31 行）则刊载于异化的论述之后，并续以 S. 19 上同一主题的相关论述（第 60 页 32 行至第 61 页 7 行）；而暂定版则按照原手稿所记顺序加以再现。[①] 也就是说，暂定版不以逻辑解释作加减，而是要再现手稿原貌，这应该说是极其忠实的态度。然而十分例外的一处出现在原稿 S. 49 的再现上，即手稿原稿中指示将右栏的增文插入左栏特定处，但暂定版却将该文连同插入指示"F"，一同留在右栏里。[②]

第三节　批判的评论

正如前文中曾经指出的一样，以往包括在"Ⅰ. 费尔巴哈"章中的文本，到了《年鉴 2003》刊载的暂定版《德意志意识形态》第 1 卷第Ⅰ、Ⅱ章文本中，是对手稿原稿进行解体分析之后，按照执笔年代来排列，这一点应该说是最为显著的特征。换言之，以往"Ⅰ. 费尔巴哈"章手稿的排列顺序一般都是将誊清稿、异稿、片段所构成的小束手稿排列在前面，马克思标有页码的基底稿大束手稿排列在后面，这是惯例。[③] 但此次暂定版却严格遵循各手稿最终执笔时期（Verfassung letzter Hand）的先后顺序，将"Ⅰ. 费尔巴哈"章中据推测为最早执笔的大束手稿排在前面，将小束手稿排在后面。而排在后面的小束手稿的誊清稿、异稿、片段等，则按照① H2/H1（Ⅰ/5-4）、②｛2｝-abcd（Ⅰ/5-5：誊清稿）、③［1?］-abcd—［2?］-a（bcd）（Ⅰ/5-6）、④｛1｝-ab（Ⅰ/5-7：誊清稿）、⑤

---

① 见《马克思恩格斯年鉴》(2003 年)(*M-E-J* 2003)，第 21—23 页。

② 见《马克思恩格斯年鉴》(2003 年)(*M-E-J* 2003)，第 62 页第 24—26 行。在 *MEGA2* 试行版中，对该部分作了正常处理，而试行版却颠而倒之，其原因不得其解。*MEGA2* Probeband，第 90 页第 11—13 行。

③ 当然，作为例外，如小束手稿的誊清稿［3］-abcd—｛4｝-ab（Ⅰ/5-8），梁版将之接在大束手稿的最后，广松版却用之填补大束手稿的佚失部分［Ⅰ/5-3b（S. 30-35）和Ⅰ/5-3γ（S. 40-72）之间的 S. 36—39。

［3］-abcd—｛4｝-ab(cd)(Ⅰ/5-8)、⑥ ［5］-abcd(Ⅰ/5-9：誊清稿)的顺序加以排列。(参见表2)

然而,正如前文所讲,在这些小束手稿的排列上,成问题的是①和②的顺序。在 *MEGA1* 的阿版中,因①的 H2/H1 是恩格斯于 1846 年 10 月在巴黎撰写的,故作为 *MEGA2* Ⅰ/5 的附录刊载；①而马克思和恩格斯的英文版著作集(Marx-Engles, *Collected Works*, 50 Volumes, New York, 1975—2004：简称为 MECW)却推测该文是 1845 年秋为斟酌"Ⅰ.费尔巴哈"而写,而将之与《德意志意识形态》分开,排列在 MECW 第 5 卷的前面。②而暂定版推测该手稿写于 1846 年 1 月至 3 月之间,③主张因其是用于推敲 *MEGA2* Ⅰ/5-3 *MEGA2* Ⅰ/5-3a(基底稿的前面部分：马克思的页码为 S. 1—2,8—29)的准备稿(Vorarbeit),故排列在大束手稿Ⅰ/3 之后。但暂定本除此主张以外,没有任何可以证明该文执笔时期的证据,这我们在前面已经说过。④因此,若我们接受 *MEGA2* Ⅰ/5 的"一定时期(1845 年 11 月至 1846 年 7 月)"⑤、"一定主题"——马克思和恩格斯批判青年黑格尔派和真正的社会主义者的论稿之集成——这一大前提,那么便不会觉得 *MEGA2* Ⅰ/5 收入 H2/H1 有何不妥。但在确定执笔时期和刊载位置时,还需要进行更为集中的研究。

附而言之,对于 H2/H1,德法工作组必须考虑到以下几点。第一,恩格斯的遗稿物品分为"1. 手稿"和"2. 书信",而该遗稿被恩格斯遗赠

---

① *MEGA*、Ⅰ/5,第 530、538—540 页。

② 马克思、恩格斯:《马克思恩格斯全集》,第 5 卷,《马克思恩格斯,1845—1847 年》,纽约:国际出版社,1976 年,第 11—14 页及第 586 页注 3[Marx-Engles, *Collected Works*, Vol. 5. *Marx and Engles*, *1845—1847*(New York, International Publishers, 1976),11—14 页及 585 页注 3]。

③ 《马克思恩格斯年鉴》(2003 年)(*M-E-J* 2003),第 292 页。

④ 《马克思恩格斯年鉴》(2003 年)(*M-E-J* 2003),第 293 页。I. 陶伯特等(Inge Taubert u. a.),上文(1997),第 68—69 页。见前注 44。

⑤ 郑文吉,《*MEGA2* Ⅰ/5〈德意志意识形态〉的构成——有关〈德意志意识形态〉编辑问题的专家会议参加报告》,郑文吉,上文(2004),第 136—137 页。

给倍倍尔和伯恩施坦时,是置于"2. 书信"之中,放在另外的包装封套内,标记为"恩格斯的各种手稿(Verschiedene Manuskripte von Engels)"。① 第二,虽然 *MEGA1* Ⅰ/5 的编辑者难脱按照意识形态标准恣意编纂《德意志意识形态》"Ⅰ. 费尔巴哈"章的嫌疑,但有必要仔细考虑其执意将 H2/H1 作为附录来收录的原因。也就是说,20 世纪初,对于马克思恩格斯的遗稿,尤其是《德意志意识形态》的整体结构最为精通的梁赞诺夫等早期的马克思、恩格斯研究所的专家们,都将该手稿作为 *MEGA* Ⅰ/5 的附录来处理②;且 1950 年代末以来,对《德意志意识形态》进行了几乎三十年集中研究的巴加图利亚,也未曾尝试将该手稿纳入"Ⅰ. 费尔巴哈"章的正文,这两点事实需要从学术上加以深思熟虑。③ 我们还应从这一角度,注意 1976 年出版的英文版全集的做法——不仅将马克思的《关于费尔巴哈的提纲》,而且将包括在《年鉴2003》暂定版中的恩格斯的《费尔巴哈》(H2/H1)和马克思恩格斯的《答布鲁诺·鲍威尔的反批判(Gegen Bruno Bauer)》也与《德意志意识形态》区分开来,收录于 MECW 第 5 卷的前面。④

而对于②以下一直到⑥的誊清稿、异稿、片段的排列,陶伯特自1972 年 *MEGA2* 试行版以来,始终将②排在小束手稿的开头,至于其原因,无论是暂定版序(Einführung),还是学术资料中,都未明确阐明。也就是说,关于这些几乎是同一时期撰写的五个手稿的排列顺序,马克

---

① I. 陶伯特等(Inge Taubert u. a.),上文(1997),第 36—37 页。

② 1920 年代和 30 年代,马克思恩格斯研究所在梁赞诺夫的主持下负责编辑《德意志意识形态》的学者是乔贝尔(Ernst Czóbel)和威尔勒(P. Weller),这在梁赞诺夫被肃清之后似乎也没有大的改变。

③ 见郑文吉(Moon-Gil Chung),上文(1997),第 34 页注 6。

④ 《马克思恩格斯全集》,第 5 卷(MECW, Vol. 5),3—18 页。马克思:《关于费尔巴哈的提纲》(Marx, *Theses on Feuerbach*),同书,第 3—5,第 6—9 页;恩格斯:《费尔巴哈》[Engels, *Feuerbach*](H2/H1),同书,11—14 页;马克思恩格斯:《对布鲁诺·鲍威尔反批评的答复(反对布鲁诺·鲍威尔)》(Marx and Engels, *A Reply to Bruno Bauer's Anti-Critique*(*Gegen Bruno Bauer*),]同书,第 15—18 页。( )内是手稿号码或德语标题。

思和恩格斯都未曾指明过。我们可以利用为手稿排列线索的，是五个手稿中三个的标题——于手稿开头告之一章之开始（Kapitelanfang），以及两个手稿上的纸张号码——据推测为恩格斯所标记。现在，我们将这些线索按照暂定版的排列顺序列举如下。

②Ⅰ/5-5：{2}-abcd（誊清稿）

"Ⅰ. Feuerbach/Die Ideologie überhaupt，namentlich die deutsche（Ⅰ. 费尔巴哈/一般意识形态，特别是德意志意识形态）"

③Ⅰ/5-6：[1?]-abc [1?]-d—[2?]-a（bcd）＊（[1?]-abc为④的草稿）

"Ⅰ. Feuerbach. "/……/1. Die Ideologie überhaupt，speziell die deutsche Philosophie/A（"Ⅰ. 费尔巴哈"/……/1. 一般意识形态，尤其是德意志意识形态/A）

④Ⅰ/5-7：{1}-ab（誊清稿）

"Ⅰ. Feuerbach（Ⅰ. 费尔巴哈）. "

⑤Ⅰ/5-8：[3]-abcd—{4}-ab（cd）＊（誊清稿）

"3）"

⑥Ⅰ/5-9：[5]-abcd（誊清稿）

"<u>5.</u>"

以上列举的五个手稿中，⑤和⑥中出现了纸张号码"3）"和"<u>5.</u>"。暂定版认为，纸张号码"<u>5.</u>"虽确为恩格斯的笔迹，但在确认"3）"为何人所记时存有疑问，因此这些很难作为确认排列顺序的线索来利用。但是众所周知，以往出版的"Ⅰ. 费尔巴哈"的各种版本中，除梁赞诺夫的梁版外，都是将这些手稿连续刊载。换言之，梁版将片段⑤看作是缩略了大束基底稿内容后的结论，而将之排列在基底稿（Ⅰ/5-3）之后"分工和私有财产的诸形态（Teilung der Arbeit und Formen des Eigentums)]"这一编者标题之下。① 而之后的各种版本都承认⑤和⑥是独立的片段,而连续刊载。就连对把"3)"和"5."利用为排列顺序的根据持怀疑态度的暂定版,也采用这一顺序。

接下来在手稿排列上成问题的,是以"Ⅰ. Feuerbach"开头的三个手稿的顺序。首先,③前面的([1?]-abc)是誊清稿④的草稿,所以可以将之合二为一,或按照执笔顺序作③—④连接。但要确定②和③、②和④、②和③—④的顺序,却并非易事。且使问题变得更加困难的,是在草稿③和誊清稿④中选其一,而③和④中哪一个居前则决定了不同的顺序。在这样的情况下,我们赖以决定排列顺序的线索,是马克思和恩格斯以及第三人在手稿上留下的编纂上的编号或指示。

对于最前面(Kapitelanfang)加有标题的手稿而言,一般在排列上所利用的线索,当然是马克思和恩格斯加于手稿原稿上的编号,还有第三人(伯恩施坦和 IISG 等的馆员)的编号。因此,至今为止的一般排列顺序是这样的——将标有纸张号{1}的④(Ⅰ/5-7:{1}-ab)②排列在小束手稿的开头,然后是标有纸张号{2}的②(Ⅰ/5-5:{2}-abcd),最后刊载③的后半部分(Ⅰ/5-6-β:{1?}-cd—[2?]-a),即作为草稿誊清之后剩下的部分。*MEGA1* 的阿版、巴加图利亚的巴版、日本的广松版,都采用这样的顺序。梁赞诺夫的梁版除了将草稿③的前半部分(Ⅰ/5-6-α:[1?]-abc)代替誊清稿④排在开头之外,也都遵循同样的排列顺序。然而,以陶伯特为代表的 *MEGA2* Ⅰ/5 工作组却在未提供合理原因及线索的情况下,将标有纸张号{2}的②直接放在小束手稿的开头,然后是将誊清稿④和草稿③交叉排列。也就是说,1972 年出版的 *MEGA2* 试行版以②—④—③的顺序排列手稿,而 2003 年的暂定版则采用②—③—④的顺序。而对于陶伯特所主导的 *MEGA2* 试行版和暂定版在手稿④(誊清稿)和③(草稿)的排列上的差异,因后者的编纂原则是严格

---

① 《马克思恩格斯文库》,第 1 卷(*Marx-Engels-Archiv*, Bd. 1),第 303—306 页。

② 将③的前半部分(Ⅰ/5-6α:[1?]-abc)作为草稿,将其内容誊写成半纸(1 blatt)的手稿。

按照手稿执笔顺序、进行忠实的文献学分析，所以将草稿排列在誊清稿的前面可以说是理所当然的。

表4 第三人所作的"Ⅰ.费尔巴哈"章小束手稿的整理编号

Ⅰ. Engels et al.（恩格斯等）*	Ⅰ. Engels et al. *	[1?]ab→[1?]cd-[2?]a→{1}ab→{2}abcd→[3]abcd-{4}ab→[5]abcd
Ⅱ. Bernstein（伯恩施坦）	Ⅱ. Bernstein	41 42→ 43 44-o. N→ 1 2→ 3 4 5 6 →7 8 9 10→11 12 **→45 46 47 48
Ⅲ. IISG(A7)	Ⅲ. IISG(A7)	7 8→ 9 10 11→ 1 2→ 3 4 5 6→12 13 14 15-16 17→18 19 20 21
Ⅳ. IMES（国际马克思恩格斯基金会）(*MEGA*)	Ⅳ. IMES (*MEGA*)	③Ⅰ/5-6α③Ⅰ/5-6β ④Ⅰ/5-7 ②Ⅰ/5-5 ⑤Ⅰ/5-8 ⑥Ⅰ/5-9

资料：参考郑文吉，《*MEGA2* Ⅰ/5〈德意志意识形态〉的构成》，郑文吉，上文（2004），第129页。

* D. 梁赞诺夫：《马克思恩格斯遗稿选》(D. Rjazanov, "Aus dem literarischen Nachla? …,")第217—218页；*MEGA1*，Bd.，Ⅰ/5，第551页。

** 据报告缺少13—14的数字。桥本直树，"《ドイツ・イデオロギ-》'Ⅰ.フォイエルバッハ'の手稿の編成に関して，"同书，第67—87页。《マルクス・エンゲルス・マルクス主義研究》，27号（1996年6月）。参考第78页注15）及第79—87页的表。

但是，这里仍未能解释清楚的部分是德法 *MEGA* 工作组所主张的以②打头的问题。我们已经提到过，暂定版将②排列在小束手稿的开头，且将执笔时期提前来作为如此排列的理由。然而，暂定版编者们的这一主张并不是依据文献学上的证据，而是体现出似乎是故意调整执笔时期的强烈意图。因此，我们便注意到 *MEGA2* 试行版作为将②置于③之前的理由而提出的以下推论①，而这在暂定版中却并未提及。

（1）②、③为章的起始（Kapitelanfang），均以"Ⅰ. Feuer-bach"开始。

---

① *MEGA* 2 试行本（*MEGA2* Probeband），第405—409页，尤其请参考第405页。

（2）但却指出接续的节（Abschnitt）的标题互不相同，即②为 "A. Die Ideologie überhaupt, namentlich die deutsche（A. 一般意识形态，特别是德意志意识形态）"，

③则是在④中誊清的 Einleitung（导言）草稿之后，以 "1. Die Ideologie überhaupt, speziell die deutsche Philosophie（1. 一般意识形态，尤其是德意志意识形态）" 为题，并换行加以条目号码 "A"。该节的标题号 "1" 原本是以 "A" 开始的，而后修改为 "1"。①

因此，对于②而言，章节的号码是以 "Ⅰ→A" 展开的，而③则是以 "Ⅰ→1→A" 展开。

（3）写于③前面部分的草稿最终誊清在④中。

因此，以上文献学的推论最终导出手稿②在年代上早于③④的结论。

在这一过程中我们所关注的是，暂定版再现了③的前面部分（④的草稿：[1?]-abc）和后面部分（[1?]-d—[?]-a）之后另起一页，又在 "Einleitung（导言）" 这一编者标题下收录进④（｛1｝-ab）的誊清稿。我们通过这两个再现部分可知，尽管草稿和誊清稿的内容是相同的，但处处出现词汇或表达上的差异。这些作为重要的资料，让我们看到草稿上恩格斯所作的即时的修改或马克思所作的修改和添加怎样在誊写的过程中具体化为最终的原稿，这与通过学术资料来确认相比，具有着不同的意义。然而，暂定版这一文本的重复再现，与 IMES 修改后的编纂方针 2.1.2.a）相冲突，而且也给我们留下疑惑——是否确为重要而必得

---

① *MEGA* 2 试行本（*MEGA2* Probeband），第 425 页及《马克思恩格斯年鉴》（2003 年）（*M-E-J* 2003），第 312 页。

尝试?[①]

最后,我们通过上面表 3)中暂定版的全部目录可知,暂定版作为编纂原则所提出的手稿原稿的解体分析与以往各种版本的《德意志意识形态》"Ⅰ.费尔巴哈"章的再现有着多么显著的区别。

也就是说,暂定版的编者因为基底稿执笔之时,全然未见有提及"Ⅰ.费尔巴哈"章这一标题,因此无法用"Ⅰ.费尔巴哈"作为章标题,或将之作为"Ⅰ.费尔巴哈"章的一部分,于是便采用了"费尔巴哈和历史:草稿和笔记"这一编者标题。暂定版进而对于小束手稿的六个片段,也保持了其独立性,而非将之作为"Ⅰ.费尔巴哈"章内的子小节(Ab-schnitt)包括进来。因此,小束手稿的六个片段各以"费尔巴哈"、"Ⅰ.费尔巴哈"等标题,在编纂上给以与大束手稿的基底稿《费尔巴哈和历史》同等的比重。应该说,与以往将"Ⅰ.费尔巴哈"与"Ⅱ.圣布鲁诺"、"Ⅲ.圣麦克斯"编纂为并列的章(Kapitel)不同,暂定版使"Ⅰ.费尔巴哈"章的存在全面解体。笔者在前文中之所以用"爆炸性"来形容暂定版的这一编纂方式,就是因为心存忧虑——当手稿的解体主义分析最终上溯至"著作者草稿的最终完成(die Fassung Letzter Hand)"[②]时期时,将对 *MEGA2* Ⅰ/5《德意志意识形态》全卷的编纂产生巨大的影响。换言之,暂定版这一编纂原则的扩大运用,将使我们不得不面对以主题为中心的《德意志意识形态》本身结构发生崩溃的爆炸性效果。

众所周知,如果我们不承认《德意志意识形态》是由关于青年黑格尔派的第 1 卷(Erster Band)和论及真正社会主义者的第 2 部构成,且第 1 部又按照"Ⅰ.费尔巴哈"、"Ⅱ.圣布鲁诺"、"Ⅲ.圣麦克斯"的顺序排列,那么就如同不承认《德意志意识形态》本身的存在一样。但是,如果我们将暂定版依据文献学解体而制定的编纂顺序严格运用至《德意

① J.格朗炯、J.罗亚恩:《经过修订的马恩全集规划》,《*MEGA* 研究》,1995 年第 2 期(Jacques Grandjonc und Jürgen Rojahn, *Der revidierte Plan der Marx-Engels-Gesamtausgabe*, *MEGA-Studien*, 1995/2),第 66 页。

② 《马克思恩格斯年鉴》(2003 年)(*M-E-J 2003*),第 176 页。

志意识形态》全卷之中,那么首先第 1 部的编纂顺序就应改为"Ⅲ. 圣麦克斯"→"Ⅱ. 圣布鲁诺"→"Ⅰ. 费尔巴哈"。这里,如果再加上第 2 部关于真正的社会主义者的手稿,以及据推测为最早也是在"Ⅲ. 圣麦克斯"之后撰写的"序言(Vorrede)"的话,那么我们将面临的困境是,暂定版编者所构筑的《德意志意识形态》就不是以主题为中心的文本了,而只能是单纯的"手稿编年集"。

结　论

以上我们将《年鉴 2003》(2004)刊载的暂定版《德意志意识形态》的"Ⅰ. 费尔巴哈"章文本与以往发行的各种版本进行比较,加以了探讨。

众所周知,《德意志意识形态》的"Ⅰ. 费尔巴哈"章于 1920 年代以来发行了若干版本,但因各版本所带的缺陷,无法使研究者和读者充分满意。因此,许多学者和读者都寄希望于 *MEGA2* Ⅰ/5(《德意志意识形态》)的出版来弥补不足。而 *MEGA2* Ⅰ/5 预定在 2008 年出版,在这种情况下,《年鉴 2003》出版了包括"Ⅰ. 费尔巴哈"章和"Ⅱ. 圣布鲁诺"在内的暂定版,填补了空白,应该说是一件具有学术意义的事情。

本文就该暂定版所具有的学术意义,围绕"Ⅰ. 费尔巴哈"章编纂上最为重要的关键——各手稿的排列顺序及其再现样式,与以往出版的各重要版本进行了具体的比较,加以了探讨。通过比较和探讨,我们发现了暂定版最重要的特点,即对构成"Ⅰ. 费尔巴哈"章的所有手稿都加以文献学上的分析,"彻底"按照年代顺序进行排列。因此,以往排列在后面的大束基底稿因执笔时期较早,所以被排列在"Ⅰ. 费尔巴哈"章的前部,而曾被当作是导文的小束手稿,则新加入 H2/H1 作为开头,并因执笔时期晚于基底稿,而排列在章的后部。

但是,暂定版对于执笔时期过于执著,尽管编者声称,"对作者(马

克思和恩格斯)以未完状态留下的手稿不再作编辑或加以扩大"，从而
具体体现唯物论的历史进程是怎样到达完成状态的，①但却无法消除
我们的疑虑——"Ⅰ.费尔巴哈"章所具有的最小限度的有机联系会不
会就此丧失？这从下面的例子也可看出，例如，将文献学证据不甚明确
的手稿 H2/H1 编入"Ⅰ.费尔巴哈"章；完全忽略与马克思一同撰写
《德意志意识形态》的"另一位"作者——恩格斯于马克思逝世后，用铅
笔加于"Ⅰ.费尔巴哈"章基底稿最末页，并推测为该章标题的"Ⅰ/Feu-
erbach/Gegensatz von materialistischer/& idealistische Anschauung
(一/费尔巴哈/直观唯物主义与唯心主义的对立)"②，而是将基底稿的
题目换成"Feuerbach und Geschichte・Entwurf und Notizen(费尔巴哈
与历史・草稿与笔记)这一编者标题。

　　"Ⅰ.费尔巴哈"章失去了作为章的有机联系的明显例子，是将构成
基底稿和小束手稿的各手稿都作为独立的片段来编辑；从显示出全貌
的目录中，我们看不到整合了这些片段的"Ⅰ.费尔巴哈"章，而只是看
到基底稿和各片段因和"Das Leipziger Konzil(莱比锡宗教会议)"或
"Ⅱ.Sankt Bruno(Ⅱ.圣布鲁诺)"以同样的比重并列起来，从而使"Ⅰ.
费尔巴哈"章丧失了作为章的地位。(见表4)也就是说，暂定版通过对
手稿进行文献学上的解体，虽然可能成功地确定了著作者最终撰写各
手稿的时期，但却未能到达著作者最终审定本(Ausgabe letzter
Hand)。而且，暂定版编者们对于这种文献学解体的执著，最终对整个
《德意志意识形态》的编纂也将产生重大的影响。换言之，正如暂定版
的编者们也承认的一样，"Ⅰ.费尔巴哈"章作为章的撰写计划是在《德
意志意识形态》第 1 部的"Ⅱ.Sankt Bruno"(二.圣布鲁诺)"和
"Ⅲ.Sankt Max(三.圣麦克斯)的印刷用手稿完成之后才确定的③，如
果固执地以手稿执笔时期为标准来整理，那么且不说有关真正的社会

---

①　《马克思恩格斯年鉴》(2003 年)(*M-E-J* 2003)，第 3 页。

②　《马克思恩格斯年鉴》(2003 年)(*M-E-J* 2003)，第 100、270 页。

③　《马克思恩格斯年鉴》(2003 年)(*M-E-J* 2003)，见第 300、168、328、337 页。

主义者的第 2 部，就连第 1 部的编纂顺序，也应该变成"Ⅲ. 圣麦克斯"
→"Ⅱ. 圣布鲁诺"→"Ⅰ. 费尔巴哈"了。

　　我们的结论是，暂定版《德意志意识形态》的"Ⅰ. 费尔巴哈"章也许
在各个手稿的文献学分析上是成功了的，但在结构上未能完成一个具
有有机联系的"Ⅰ. 费尔巴哈"章。因此我们所面临的问题是，在遗稿的
出版上经常讨论到的"Ausgabe letzter Hand（最终审定版）"究竟意味
着什么？这也许是我们应该重新加以省察的。

第八章 *MEGA2* Ⅰ/5《德意志意识形态》的构想与构成

——尤其就"Ⅰ.费尔巴哈"章

引　言

我们都知道,1845 至 1846 年间马克思与恩格斯共同执笔的《德意志意识形态》,是他们 1848 年发表《共产党宣言》之前对于唯物主义历史观的最早论著。但众所周知,这部著作最终未能完成,以手稿存世,因古斯塔夫·迈耶尔(Gustav Mayer)称之为两人"唯物主义、经济学的历史观全面形成"的重要里程碑之作,而备受瞩目。① 19 世纪 90 年代末以来,主要由伯恩斯坦出版了一部分文本。随后,苏联马克思恩格斯研究所的梁赞诺夫于 1926 年,在同研究所发行的德语版《马克思恩格斯文库》的第一卷中,刊载了"Ⅰ.费尔巴哈"章,开始从《德意志意识形态》的整体概念上来再现文本。而 1932 年,同研究所出版了 *MEGA1*

---

① 古斯塔夫·迈耶尔:《恩格斯传》,第一卷,柏林:施普林格,1920 年;引文见,修订第二版,苏黎世-维也纳:尼耶霍夫出版社,1934 年,第 225 页[Gustave Mayer, *Friedrich Engels. Eine Biographie*, Bd. 1(Springer, Berlin 1920). 引文见 2., verbessert Aufl. (Martinus Nijhoff, Zürich-Wien 1934), S. 225]。

Ⅰ/5-1,首次将这部力作的全貌公之于世。①

因此,在我们对《德意志意识形态》的理解中,总是将之看作是一部具有具体实体的著作。而基于俄语版《马克思恩格斯全集》(Socineni-ja)的原东德《马克思、恩格斯著作集》3(MEW,Bd. 3),则更加坚定了这种认识倾向。然而,自 20 世纪 60 年代以来,巴加图利亚、陶伯特、广松涉等对《德意志意识形态》"Ⅰ. 费尔巴哈"章的研究成果让我们看到,因《德意志意识形态》是由未完成的各种手稿组成,所以其实体因编纂采用的编辑原则不同而在构造上有着相当大的流动性。② 换言之,从量的方面看,虽然构成《德意志意识形态》大部头的第Ⅰ部"Ⅲ. 圣麦克斯"不存在太大问题,但是未完成程度较高的第Ⅰ部"Ⅰ. 费尔巴哈",以及对真正的社会主义的批判性论说缺乏体制上一贯性的第Ⅱ部,则给这部著作的体系化编撰造成了相当大的困难。

在这里,本文欲通过《德意志意识形态》的形成历史,来揭示其所具有的不稳定的整体像(unsicheres Gesamtbild)。而尽管有着不稳定性,但当 *MEGA2* Ⅰ/5 以主题为中心对这一庞大的著作手稿进行编纂时,是否能成为符合 *MEGA* 基本编纂原则的一种建构呢? 本文欲围绕"Ⅰ 费尔巴哈"章,对这一问题进行探讨。

---

① 郑文吉,《从编纂史看〈德意志意识形态〉》,《马克思思想的形成与早期著作——〈德意志意识形态〉和〈马克思恩科斯全集〉》(文学与知性社,首尔,1994),S. 74—83。另见 B. 安德雷亚斯、W. 蒙克:《关于〈德意志意识形态〉的新资料,附一份不为人知的马克思的信和其他文献》,《社会历史档案》,第 8 卷(1968 年),第 122—128 页(Bert Andréas und Wolfgang Mönke, *Neue Daten zur **Deutchen Ieologie**. Mit einem unbekannten Brief von Karl Marx und anderen Dokumenten*, Archiv für Sozialge-schichte, Bd. 8 (1968), S. 122—128)。

② 他们的具体研究成果如下:Moon-Gil Chung:《关于〈德意志意识形态〉的文本编辑——尤其考虑到"Ⅰ. 费尔巴哈"的重新出现——的几个问题》,《马克思恩格斯研究来稿》,新序列,1997 年,第 34 页注 6 和注 7[Moon-Gil Chung, *Einige Probleme der Textedition der **Deutschen Ideologie**, insbesondere in Hinsicht auf die Wiedergabe des Kapitels ' I. Feuerbach '*, Beiträge zur Marx-Engels-Forschung. Neue Folge 1997, S. 34 Anmn. 6) und 7)]。

第一节　从形成历史看《德意志意识形态》——各执笔阶段

我们都知道,《德意志意识形态》的写作动机起因于 1845 年 10 月中旬发行的《维干德季刊》第 3 号①,上面刊登了鲍威尔和施蒂纳直接抑或间接批判马克思与恩格斯的文章,《德意志意识形态》是作为反驳文而开始撰写的。② 马克思、恩格斯结束了 1845 年 7 至 8 月间六周的研究之旅,从英国返回后,切身体会到德国的哲学运动不光与德国资产阶级,还与国际无产阶级解放战争的必要性之间存在着明显的差异。正是从这一角度出发,他们看到了刊载于《维干德季刊》上鲍威尔与施蒂纳的文章,不仅感到"有与黑格尔派的分派展开论战的必要性",而且也直面"同过去哲学意识作诀别"的必然性。换言之,他们为了深化自己对哲学、历史哲学的认识,不可避免地要撰写论战性的著作,以对抗当时的德国哲学。③

因此《德意志意识形态》就是在这种问题意识下被付诸于笔端的,并且自 *MEGA1* 以来,就一直被定位为"主题中心的著作"(ein thematischer Band)。但此处应引起注意的是,他们写于特定期限内的手稿或出版的文字是否都应被包含在主题中心的《德意志意识形态》之中?

---

　　① 据《德国书商报》第 92 期(1845 年 10 月 21 日)(*Börsenblatt für den Deutschen Buchhandel*,Nr. 92 (21. Oktober 1845))报告,该刊物于 1845 年 10 月 16 至 18 日发行。*MEGA2* 试行本,狄兹出版社,柏林,1972 年,第 402 页[*MEGA2* Probeband (Dietz Verlag, Berlin 1972),S. 402]。

　　② [B. 鲍威尔]:《评路德维希·费尔巴哈》,载于《维干德季刊》,第 3 卷,1845 年,第 84—146 页{[B. Bauer], *Charakteristik Ludwig Feuerbach*, *Wigand's Vierteljahrsschrift*, Bd. 3 (1845) S. 84-146};M. 施[蒂纳]:《施蒂纳的审查官们》,同上书,第 147—194 页{M. St[irner], *Recensenten Stirners*,前书,S. 147-194}。参看郑文吉,《从编纂史看〈德意志意识形态〉》,第 92 页。

　　③ 马克思:《政治经济学批判·序言》,第一笔记本,*MEGA2* Ⅲ/2,第 101—102 页[Karl Marx, "Vorwort", *Zur Kritik der politischen Oekonomie*, Erster Heft (1859),*MEGA²* II/2, S. 101-102]。

事实上,这个问题在 *MEGA2* Ⅰ/5 的编辑中,也是一个相当大的难题。尤其是在《德意志意识形态》的写作过程中,由于与此书出版有关的一些客观情况发生变化,使得事情朝着更加复杂的方向发展。

戈劳维娜在她 1980 年所写的论文里提出了《德意志意识形态》的季刊之说,引起了广泛的关注。[①] 她认真仔细地研究了被认定为《德意志意识形态》写作期间的 1845—1846 年间包括马克思与恩格斯之间通信在内的 *MEGA2* Ⅲ/1 和Ⅲ/2,并明确指出,其中未见提及"2 卷《德意志意识形态》"的内容。因此她主张,将在那之前一直被认定的旧说解释为"2 卷的季刊杂志"才比较合理,并以此为根据,指出了由马克思恩格斯所写或他们二人间的十余封信件。[②]

---

① G. 戈劳维娜:《1845/1846 年的季刊计划》,《马克思恩格斯年鉴》,3(1980),第 260—274 页[Galina Golowina, *Das Projekt der Vierteljahrsschrift von 1845/1846*, *Marx-Engels-Jahrbuch*, 3 (1980), S. 260 - 274]。

② 戈劳维娜所指出的这十余封信件根据年代顺序依次列举如下:1)《G. 维尔特致马克思》,1845 年 12 月 18 日,*MEGA2* Ⅲ/1, 第 493 页;2)《R. 丹尼尔斯致马克思》,1846 年 3 月 7 日,*MEGA2* Ⅲ/1, 第 513、514 页;3)《G. J. 哈尼致恩格斯》,1846 年 3 月 30 日,*MEGA2* Ⅲ/1, 第 523 页;4)《J. 魏德迈致恩格斯和 P.-C. 齐高特》,1846 年 5 月 13 日,*MEGA2* Ⅲ/2, 第 189 页;5)《马克思致魏德迈》,1846 年 5 月 14 日至约 16 日,*MEGA2* Ⅲ/2, 第 9 页;6)《赫斯致马克思》,1846 年 5 月 20 日,*MEGA2* Ⅲ/2, 第 208 页;7)《J. 迈耶尔致马克思和恩格斯》,1846 年 7 月 9 日,*MEGA2* Ⅲ/2, 第 243 页;8)《赫斯致马克思和恩格斯》,1846 年 6 月 17 日,*MEGA2* Ⅲ/2, 第 248—249 页;9)《马克思致 C. F. J. 列斯凯》,1846 年 8 月 1 日,*MEGA2* Ⅲ/2, 第 23—24 页;10)《魏德迈致马克思》,1846 年 8 月 19 日,*MEGA2* Ⅲ/1,第 289 页[i) Georg Weerth an Karl Marx, 18. Dezember 1845. *MEGA*[2] III/1, S. 493;ii) Roland Daniels an Karl Marx, 7. März 1846. *MEGA*[2] III/1, S. 513 - 514;iii) George Julien Harney an Friedrich Engles, 30. März 1846. *MEGA*[2] III/1, S. 523;iv) Joseph Weydemeyer an Friedirch Engels und Philippe-Charles Gigot, 13. Mai 1846. *MEGA*[2] III/2, S. 189;v) Karl Marx an Joseph Weydemeyer, 14.-um den 16. Mai 1846. *MEGA*[2] III/2 S. 9;vi) Moses Heß an Karl Marx, 20. Mai 1846. *MEGA*[2] III/2, S. 208;vii) Julius Meyer an Karl Marx und Friedrich Engels, 9. Juli 1846. *MEGA*[2] III/2, S. 243;viii) Moses Heß an Karl Marx und Friedrich Engels, 17. Juli 1846. *MEGA*[2] III/2, S. 248-249;ix) Karl Marx an Carl Friedrich Julius Leske, 1. August 1846. *MEGA*[2] III/2, S. 23-24;x) Joseph Weydemezer an Karl Marx, 19. August 1846. *MEGA*[2] III/2, S. 289]。见郑文吉,《〈德意志意识形态〉是为季刊撰写的吗?——最近对《德意志意识形态》形成史的讨论》,郑文吉,前书,第 133 页,注释 10。

　　事实上，称《德意志意识形态》为 2 卷著作（Werk），是源于恩格斯 1888 年的《路德维希·费尔巴哈和德国古典哲学的终结》（*Ludwig Feuerbach und der Ausgang der klassischen deutschen Philosophie*）抽印本的序文（Vorbemerkung）。他在此处用较长篇幅引用了 1859 年出版的马克思《政治经济学批判》（*Zur Kritik der politischen ÖKonomie*）的序言，称他们二人在布鲁塞尔"为了清算过去的哲学意识而开始动笔撰写"，而这一计划是"以批判黑格尔以后的哲学的形式来实现的"，其具体结果便是"两厚册八开本的原稿"（Das Manuskript，zwei starke Oktavbände）。[①] 然而，马克思、恩格斯共同提及的 2 卷手稿尽管确实存在，但这与"两卷本《德意志意识形态》"是不一样。

　　但 1847 年 4 月 8 日的《德意志-布鲁塞尔报》上刊登的马克思的《驳卡尔·格律恩》（*Erklärung gegen Karl Grün*）中，出现以下表述——"恩格斯和我合写的《德意志意识形态》一书"（der von Fr. Engels und mir gemeinschaftlich verfaßten Schirift über "die deutsche Ideologie"），[②]而似撰写于这之前的《德意志意识形态》序（Vorrede）中，也有"该出版物第Ⅰ卷"（[d]er erste Band dieser Publikation）这样的表述。[③] 因

---

　　① 恩格斯：《路德维希·费尔巴哈和德国古典哲学的终结》，选自《新时代》的修订抽印本，附补遗：《马克思 1845 年论费尔巴哈》，*MEW*，第 21 卷，第 263 页（Friedrich Engels，*Ludwig Feuerbach und der Ausgang der klassischen deutschen Philosophie*，revidirter Sonder-Abdruck aus der "Neuen Zeit" mit Anhang：Karl Marx über Feuerbach vom Jahren 1845，MEW Bd. 21，S. 263）。

　　② 马克思：《驳卡尔·格律恩》，《德意志-布鲁塞尔报》，第 28 期，1847 年 4 月 8 日，*MEGA*¹ I/6，第 260 页（Karl Marx *Erklärung gegen Karl Grün*，*Deutsche-Brüsseler-Zeitung*，Nr. 28 vom 8. April 1847. *MEGA*¹ I/6，S. 260）；MEW Bd. 4，S. 38. 该文的写作日期为 4 月 6 日。

　　③ 《前言：马克思关于〈德意志意识形态〉序言的草稿》，《马克思恩格斯文库》，第 1 卷，1926 年，第 230 页（*Entwurf von Marx zu einer Vorrede* **Deutschen Ideologie**：Vorrede，*Marx-Engels-Archiv*，I，Band（1926），S. 230）；*MEGA*¹ I/5，S. 3. 据陶伯特推算，该文撰写日期在 1846 年 4 月中旬至 7 月末之间。I. 陶伯特、H. 佩尔格、J. 格朗炯：《*MEGA2* I/5〈马克思、恩格斯、赫斯：德意志意识形态的手稿与印刷［1845 年 11 月至 1846 年 6 月］〉的构成》，《MEGA 研究》，1997 年第 2 期，第 63 页（Inge Taubert，Hans Pelger，Jacques Grandjonc，*Die Konstitution von MEGA I/5* **Karl Marx，Friedrich Engels，Moses Heß：Die deutsche Ideologie. Manuskripte und Drucke（November 1845 bis Juni 1846）**，*MEGA-Studien* 1997/2，S. 63］。

此，对包括《德意志意识形态》在内的手稿出版形态（Format），马克思、恩格斯两人的说法也不尽一致。

因此，罗基扬斯基作了两个阶段的划分，即《德意志意识形态》作为季刊用稿进行写作的时期为第一阶段，想要将之作为分册的书籍进行出版的时期则为第二阶段。① 而陶伯特在此又附加了一个阶段，她将"两卷本《德意志意识形态》"看作是实现过程中的一个阶段。也就是说，随着两卷本《德意志意识形态》的出版计划遭受挫败，他们将手稿分割开来，试图交由其他出版社出版，同时对文本加以正式的修改。因此各个章节被分解开来，也以论战文的形式加以出版。②

由此看来，由"两厚册八开本的原稿"组成的《德意志意识形态》，起初是想作为反驳文章来撰写的，用于批判《维干德季刊》上刊登的鲍威尔和施蒂纳的文章，但在当时著作出版并不容易的情况下，搜罗所有可能出版的渠道就显得比什么都重要。因此当时居住在布鲁塞尔的赫斯（Moses Heß）为了寻找出版的可能，巡回于德国的北威州地区，他返回

---

① 参照 J. 罗基扬斯基：《马克思恩格斯与赫斯 1845—1846 年在布鲁塞尔的关系史》，载于《马克思恩格斯年鉴》，9（1986 年），第 260 页，注 38［Jakow Rokitijanski, *Zur Geschichte der Beziehungen von Karl Marx und Friedrich Engels zu Moses Heß in Brüssel 1845/1846*, *Marx-Engels-Jahrbuch*, 9 (1986), S. 260, Anm. 38］。

② 见 I. 陶伯特：《马克思恩格斯的〈德意志意识形态〉是如何形成的?》，《马克思在巴黎的第一次逗留以及〈德意志意识形态〉的形成研究》，《马克思故居文集》，第 43 期，特里尔，1991 年，第 41 页、第 48—50 页（Inge Taubert, *Wie entstand die **Deutsche Ideologie** von Karl Marx und Friedrich Engels?*, *Studien zu Marx' erstem Paris-Aufenthalt und zur Entstehung der Deutschen Ideologie*, *Schriften aus dem Karl-Marx-Haus*, Nr. 43, 1991, S. 41, 48 - 50）。《I. 比尔格斯致布鲁塞尔的马克思》，科隆，1846 年 2 月 10 日，*MEGA2* Ⅲ/1，第 503 页（*Ignaz Bürgers an Karl Marx in Brüssel. Köln*, 10. Februar 1846. *MEGA²* III/1, S. 503）；《马克思致达姆城的 C. R. J. 列斯凯。布鲁塞尔》，1846 年 8 月 1 日，*MEGA2* Ⅲ/2，第 22—25 页（*Karl Marx an Carl Friedrich Leske in Darmstadt. Brüssel 1. August 1846. MEGA²* III/2, S. 22 - 25）。

的时间是在 1845 年 11 月 24 至 25 日以后，①可以推测从这时开始，季刊用稿进入正式的写作。1846 年 4 月中旬，魏德迈带着已完成的手稿的一部分（指Ⅲ. Sankt Max）回到德国，试图与出版社进行具体的磋商，②而维尔特也在 5 月底到 6 月初之间离开布鲁塞尔。③　但是，1846年 7 月 20 日以后，当看到杂志在德国的出版计划变得无望，他们的写作也似随之停息下来。④　之后，这些原稿被分散出版，或为了发表在报纸、杂志上而做出了多方面的努力。因此也存在下面的可能，即把章节分割开来，送交不同的出版社，或为载入特定出版物而进行修改。⑤

　　由此看来，上面列举的特定部分（Daten），不仅在确定《德意志意识形态》各手稿的写作时间上是重要的依据，而且在决定各手稿是否编入

---

　　①　《赫斯在 1845 年 11 月的出版努力》，《特里尔报》第 333 期，1845 年 11 月 29日，第 1 页（*Moses Hess' Verlagsbemühungen im November 1845. Trier'sche Zeitung*，Nr. 333，29. November 1845，S. 1）；B. 安德雷亚斯、W. 蒙克：《关于〈德意志意识形态〉的新资料，附一份不为人知的马克思的信和其他文献》，《社会历史档案》，第 8 卷（1968 年），第 50 页（Bert Andréas/Wolfgang Mönke, *Neue Daten zur **Deutschen Ideologie**. mit einem unbekannten Brief von Karl Marx und anderen Dokumenten*，Nr. 8，a. a. O. S. 50）。G. 戈劳维娜，同前书，第 261—262 页（G. Golowina, a. a. O.，S. 261-262）；另参见 I. 陶伯特，同前书，第 41 页（I. Taubert, a. a. O.，S. 41）。

　　②　《J. 魏德迈致在布鲁塞尔的马克思》，施尔德舍，1846 年 4 月 30 日，载于*MEGA2* Ⅲ/1，第 532—533 页（Joseph Weydemeyer an Marx in Brüssel. Schildesche，30. April 1846. *MEGA*² III/1，S. 532-533）

　　③　《G. 维尔特致布鲁塞尔的马克思》，韦尔维耶，1846 年 6 月 5 日左右，*MEGA2*Ⅲ/1，第 217 页（Georg Weerth an Karl Marx in Brüssel. Verviers，um den 5. Juni 1846. *MEGA*² III/1，S. 217）。

　　④　《J. 魏德迈致在科隆的 R. 丹尼尔斯》，贝克罗德，1846 年 6 月 27 日，B. 安德雷亚斯/W. 蒙克：同前书，第 85 页（*Joseph Weydemeyer an Roland Daniels in Köln*，Beckerode，27. Juli 1846，Bert Andréas/Wolfgang Mönke, a. a. O. S. 85）。1846 年 7月，恩格斯滞留于奥斯滕德，并定于 8 月前往马克思所在处，这些都是他们的撰写工作进入平息状态的证据。《恩格斯致在布鲁塞尔的马克思》，奥斯滕德，1846 年 7 月 27日，*MEGA*² III/2，第 17 页（*Friedrich Engels an Karl Marx in Brüssel*. Ostende，27. Juli 1846. *MEGA*² III/2，S. 17）；《马克思致达姆城的 C. R. J. 列斯凯》，布鲁塞尔，1846 年 8 月 1 日，*MEGA2* Ⅲ/2，第 24 页（*Karl Marx an Carl Friedrich Leske in Darmstadt*. Brüssel 1. August 1846 *MEGA*² III/2，S. 24）。

　　⑤　参照 I. 陶伯特、H. 佩尔格、J. 格朗炯：《*MEGA2* I/5 的构成》，同前书，第 54 页（Inge Taubert/Hans Pelger/Jacques Grandjonc, *Die Konstitution von* MEGA I/5，a. a. O.，S. 54）. *MEGA*² III/2，S. 611-612。

《德意志意识形态》、以及按何种顺序刊载时，都是必不可少的分期标准。

第二节　《德意志意识形态》"Ⅰ.费尔巴哈"章手稿的构成：围绕手稿Ⅰ/5-1 和Ⅰ/5-4 的编辑问题

对于构成《德意志意识形态》"Ⅰ.费尔巴哈"章的手稿这一问题，以往的各版本至少在构成文本的手稿上并没有什么正式的理论。而德法工作组在对《德意志意识形态》进行编辑工作的初期，就将要包含进这章的手稿一一编号，把印刷原稿Ⅰ/5-1 和手稿Ⅰ/5-4 作为文本的组成部分编入。[①] 且《马克思恩格斯年鉴》2003 中刊载的暂定版，就是以此为根据进行编纂的。为此，笔者所要进行探讨的是，德法 *MEGA* 工作组的决定——将Ⅰ/5-1 及Ⅰ/5-4 作为《德意志意识形态》的第Ⅰ卷，尤其是作为"Ⅰ，费尔巴哈"章的主文本——是否符合"一定期限（1845 年11 月-1846 年 6 月）内撰写的以主题为中心的著述"这一编纂主旨。[②]

首先，以 "Brüssel, 20. November. Bruno Bauer stammelt in Wigand's vierteljahrsschrift（布鲁塞尔，11 月 20 日。布鲁诺·鲍威尔在《维干德季刊》中结巴了）……"为始的 4 栏印刷原稿（4 Druckspalten）Ⅰ/5-1，匿名发表在埃尔伯费尔德发行的《社会明镜》（*Gesell-schaftsspiegel. Organ zur besitzlosen Volksklassen und zur Beleuchtung der gesellschaftlichen Zustände der Gegenwant*（社会明镜——一

---

①　狄岑（Dietzen）完成的文本的典据（textzeugen）于 1996 年写完，1997 年完成修正。I. 陶伯特、H. 佩尔格、J. 格朗炯，同前书，第 59—102 页（Taubert/Pelger/Grandjonc, a. a. O., S. 59 - 102）。

②　原来这一暂定本以国际马克思恩格斯基金会（IMES）的名义出版，以特里尔（Trier）的卡尔·马克思之家为中心的德-法工作小组解体后过去 10 余年他们的研究成果由柏林-巴波勃兰登堡科学研究院陶伯特（Taubert）和佩尔格（Pelger）的名义发行。参见《马克思恩格斯年鉴》（2003 年）（*M-E-J* 2003）的题目页。

份致力于无产阶级和对当代社会状况的阐明的机关报）第 2 卷第 7 号
（1846 年 1 月）的附录之中。此文是《神圣家族》的作者对刊载于 1845
年第 3 号《维干德季刊》中的鲍威尔的《评德维希・费尔巴哈》一文中
的反批判进行的反驳。其内容在字面上与《德意志意识形态》第Ⅰ卷第
Ⅱ章《圣布鲁诺》的第三节《圣布鲁诺反对〈神圣家族〉的作者》是十分相
似的。因此，不因印刷原稿Ⅰ/5-1 的写作时间被标记为"1845 年 11 月
20 日而在《德意志意识形态》所有草稿中被列为最优先的位置，刊载于
该书的最前面，而是作为第Ⅱ章第三节结论部分①的异稿或附录等，另
外安排位置，这种做法是比较恰当的。也就是说，像《马克思恩格斯年
鉴》2003 中刊载的《德意志意识形态》暂定本那样，对于Ⅰ/5-1，只考虑
写作时间，将其排列在第Ⅰ卷的最前面，这并非就一定符合"一定期限
内撰写的以主题为中心的著述"这一原则。②

　　接下来我们要注意的，是 IISG 手稿编号为"H1/H2"的Ⅰ/5-4。手
稿Ⅰ/5-4 在 MEGA1 中原是作为附录的，在广松版中，则作为"附录Ⅱ"
收录，但其他版本却未将它包括在"费尔巴哈"章内。③该手稿原是对

---

　　① 《马克思恩格斯格斯年鉴》（2003 年），学院出版社，柏林，2004 年，第 133 页第 29
行至第 135 页第 14 行［Marx-Engels-Jahrbuch 2003 (Akademie Verlag, Berlin 2004),
S. 133 Z. 29 - S. 135 Z. 14]。

　　② 郑文吉（Moon-Gil Chung）：《关于〈德意志意识形态〉的构成这一特别会议（特
里尔，1996 年 10 月 24—26 日）上的文件的几点评论》，载于 Moon-Gil Chung：《德意
志意识形态与 MEGA 工作》（第二篇文章），平装本，首尔，2006 年，第 65—67 页［Moon. -
Gil Chung, Einige Bemerkungen über die Papiere der Spezialkonferenz Die Konstitu-
tion der **Deutschen Ideologie** (Trier, 24. -26. Okt. 1996), Der zweite Artikel in:
Moon-Gil Chung, Die Deutsche Ideologie und MEGA-Arbeit, (Broschüre: Seoul,
2006), S. 65 - 67]。参见郑文吉，《手稿的文献学分析与著者的定本——《德意志意
识形态》'Ⅰ. 费尔巴哈'章暂定版（2004）概观及批判》，《现象与认识》（2005 年秋季号），
第 188 页。

　　③ MEGA1 Ⅰ/5，《德意志意识形态》（1932 年），第 538—540 页（Die Deutsche
Ideologie (1932), S. 538—540）；马克思恩格斯：《德意志意识形态》，新版第 1 卷第 1
章，广松涉编，东京，1974 年，第 158—159 页［Marx/Engels, Die deutsche Ideologie,
1. Band, 1. Abschnitt. Neuveröffenttlichung. Hrsg. von Wataru Hiromatsu (Tokio
1974), S. 158 - 159]。见郑文吉，上文，180—181 页。

有关费尔巴哈《未来哲学原理》(*Grundsätze der Philospphie der Zuku nft*)的命题进行的整理,被推测为是为"Ⅰ.费尔巴哈"章所做的准备工作(Vorarbeit)。恩格斯将他与马克思的遗稿遗赠给倍倍尔(August Bebel)和伯恩斯坦(Eduard Bernstein),这些遗稿被分为"1.手稿"和"2.书信"两类,Ⅰ/5-4 被作为书信而非手稿,夹在书信封套 14(Paket Nr. 14:Verschiedene Manuskripte von Engels)中。① 而对于该手稿的写作,*MEGA1* 认为是在 1846 年 10 月左右的巴黎②,而陶伯特则认为它是准备稿,用于修改"Ⅰ.费尔巴哈"章大束手稿的前半部分(Ⅰ/5-3α),因而这一部分的构思最早应是 1845 年 10 月末开始的,而在 1845 年 12 月或 1846 年 1 月之前未能实现其撰写工作。③ 她在 1996 年 10 月的特里尔专家会议上发表的论文中,将该手稿的写作日期确定为 1846 年 2 月 1 日至 6 月 30 日;随后在 1997 年完成的 IMES 文本清单中,确定为 1845 年 11 月底动笔,最迟到 1846 年 3 月底完成,或写作于 1846 年 1 月至 3 月之间。④

事实上,从研究史的角度来看,手稿 Ⅰ/5-4 作为《德意志意识形

---

① I. 陶伯特:《诸手稿的流传史及其第一次以原文发表》,《*MEGA* 研究》,1997 年第 2 期,第 37 页(Inge Taubert, *Die Überlieferungsgeschichte der Manuskripte und die Erstveröffentlichungen in der Originalsprache*, MEGA-Studien, 1997/2, S. 37)。

② *MEGA*-1-Ⅰ/5,S. 530,639. 恩格斯在巴黎的逗留是在 1846 年 8 月 15 日以后。

③ I. 陶伯特:《论〈费尔巴哈〉手稿的形成史及其在 *MEGA2* 第 Ⅰ/5 卷中的编排》,《马克思恩格斯研究来稿》,26(1989),第 107 页[Inge Taubert, *Zur Entstehungsgeschichte des Manuskripts "Feuerbach" und dessen Einordnung in den Band I/5 der MEGA²*, Beiträge zur Marx-Engels-Forschung, 26 (1989), S. 107]。关于这些写作日期的根据,陶伯特提到将在"他处(an anderer Stelle)"具体说明,但在之后的任何一篇论文中都未曾提及。I. 陶伯特,同上书,第 109 页,注 30 和 31(Ⅰ. Taubert, a. a. O., S. 109, Anmn. 30 und 31)。

④ 见郑文吉(Moon-Gil Chung):《关于〈德意志意识形态〉的构成这一特别会议(特里尔,1996 年 10 月 24—26 日)上的文件的几点评论》,同前书,第 65—67 页(Moon-Gil Chung, *Einige Bemerkungen über die Papiere der Spezialkonferenz* **Die Konstitution der Deutschen Ideologie**, a. a. O., S. 65 - 67);I. 陶伯特、H. 佩尔格、J. 格朗炯,同前书,第 69 页(Taubert/Pelger/Grandjonc, a. a. O., S. 69),04100。

态》的主文本登场，是源于陶伯特 1989 年发表的论文，但正如陶伯特本人所指出的那样——"无法提供与确切写作时间相关的任何具体证据，也没有任何直接的信息说明马克思与恩格斯持何种目的来批判《未来哲学的基本命题》中费尔巴哈的见解"，因此这给决定该手稿的写作日期和排列顺序造成了相当大的混乱。① 当然，陶伯特主张Ⅰ/5-4 在内容层面上，与"Ⅰ.费尔巴哈"章的中心手稿（大束手稿的 Hauptmanuskript）Ⅰ/5-3 中展开的内容——旨在面对鲍威尔和施蒂纳的攻击，为了自我防御，对费尔巴哈进行了重新评价，确认自身与费尔巴哈之间的不同——有着深刻的联系，笔者对此并不否认。② 但是，正如上文所述，作者之一的恩格斯将之划分为书信类而非手稿类，关于写作日期和意图也没有任何具体的根据或信息，若只考虑内容上的相似性而决定将其作为组成《德意志意识形态》的手稿，则应该说是勉为其难的。因此，笔者所要谨慎提出的，是将手稿Ⅰ/5-4 作为《德意志意识形态》的附录或另外附于该卷之前或之后，这样也许比较合适。

第三节　包含暂定版在内的历来各版本对手稿的排列

我们在关注《德意志意识形态》的特定手稿是否编入主文本这一问题的同时，还关注各手稿的排列顺序问题。对此，笔者首先用下面的图表来展示包括最新出版的暂定版在内的历来各个版本的"Ⅰ.费尔巴哈"章的排列顺序。

---

① Taubert, "Zur Entstehungsgeschichte des Manuskripts 'Feuerbach' …", S. 102.

② a. a. O., S. 103 – 107.

表 1　《德意志意识形态》"I. 费尔巴哈"章各版本的手稿排列

Ausgabe（版本） Ersch. J.（推断年份）	R (1926)	A (1932)	B(D) (1965/66)	Proband (1972)	H (1974)	M-E-J 2003 （《马克思恩格斯年鉴》(2003 年)） (2004)
H2/H1 *MEGA* I /5-4 "Feuerbach(费尔巴哈)" "a)F's ganze Phil. Läuft heraus auf[...] [...] daß nur in der Zeit eine Veränderung mögl(费尔巴哈的全部哲学的结果在于[......][......]一种改变只有在时间中才（是）可能的)."		Anhang(附录)		Anhang Ⅱ (附录二)		V (五)
[1?]-abc *MEGA* I /5-6α " I. Feuerbach(I. 费尔巴哈)" "Wie <unsere> deutsche<n> Ideologen <n> <Versichern> melden. [...] [...]. Der außerhalb Deutschland liegt. <...>"("正如<我们的>德国的玄想家们所<担保>宣告的,......站在德国以外的立场上......")	I	Text(正文)- Varianten (异稿)	Teil(部分)- Fußnoten (脚注)	Varianten(异稿)- Verzeichnis （目录）	I -1***	Ⅶ-1
kleines Konvolut [1?]-cd—[2?]-a<bcd>　* Ⅲ *MEGA* I /5-6β "1. Die Ideologie überhaupt, speziell die deutsche Philosophie/ A."("(一般)意识形态,尤其是德意志意识形态/A.)/ "<...>/Die Voraussetzungen [...] [...]. durch die Produktion bedingt"("......前提......由生产决定的")	* Ⅲ	Ⅲ	Ⅲ	Ⅲ	Ⅲ-1***	Ⅶ-2

（续表）

Ausgabe（版本） Ersch. J.（推断年份）	R (1926)	A (1932)	B(D) (1965/66)	Probeband (1972)	H (1974)	M-E-J 2003 （《马克思恩格斯年鉴》(2003年)） (2004)
{1}-ab** MEGA Ⅰ/5-7　[Reinschrift(誊清稿)] "Ⅰ. Feuerbach(Ⅰ.费尔巴哈)" "Wie deutsche Ideologen melden [...] [...]. Der außerhalb Deutschland liegt." "正如＜我们的＞德国的玄想家们所＜担保＞宣告的,……站在德国以外的立场上……"	Auslassung(省略)	Ⅰ	Ⅰ	Ⅱ	Ⅰ	Ⅷ　Einleitung(导言)
{2}-abcd MEGA Ⅰ/5-5　[Reinschrift(誊清稿)] "Ⅰ. Feuerbach(Ⅰ.费尔巴哈)/ A. Die Ideologie überhaupt. Namentlich die deutsche(一般意识形态·特别是德意志意识形态)." "Die deutsche Kritik [...] [...]eignen materiellen Umgebung zu fragen."(《德国的批判……提出……他们自身的物质环境……问题")		Ⅱ	Ⅱ	Ⅰ	Ⅱ	Ⅵ
kleines Konvolut [3]-abcd-(4)-ab(cd)* MEGA Ⅰ/5-8　[Reinschrift(誊清稿)] "Die Beziehungen verschiedener Nationen [...][...]einen Monarchen an der Spitze."("各民族之间的相互关系……在君主的领导之下")	Ⅸ ****	Ⅳ	Ⅳ	Ⅳ	Ⅴ ***	Ⅸ　Fragment 1(片段1)

（续表）

	Ausgabe（版本）Ersch. J.（推断年份）	R (1926)	A (1932)	B(D) (1965/66)	Proband (1972)	H (1974)	M-E-J 2003 《马克思恩格斯年鉴》(2003年) (2004)
kleines Konvolut	[5]-abcd　　MEGA I /5-9 ［Reinschrift（誊清稿）］	IV	V ***	V	V	III -2 ***	X
	"Die Tatsache ist also die: […] an historischen Beispielen erläutern"（"由此可见，事情是这样的：……用历史的例子来加以说明"）						Fragment 2 （片段2）
gro-ßes Kon-volut	S. 1-2	/	/	VI	VI	Anhang I（附录一）	I -1
	[6]-[11]（S. 8-29）MEGA I /5-3α	V	VI	VII	VII	III	I -2
	[20]-[21]（S. 30-35）MEGA I /5-3β	VI	VII	VIII	VIII	IV	II
	[84]-[92]（S. 40-72）MEGA I /5-3γ	VII	VIII	IX	IX	VI	III
	[92]-b（letztes No-tiz）MEGA I /5-3δ	VIII	Anhang（附录）	X	X	VII	IV

从上表中，我们可以一目了然地看出，1920 年以来出版的《德意志意识形态》"Ⅰ. 费尔巴哈"章的六个版本都包含有哪些作为文本的手稿，以及各手稿以怎样的顺序排列等。我们可以通过该表明确以下几项事实。

一、手稿是否被选作文本

a) H2/H1(Ⅰ/5-4)：只在 MEJ2003(暂定版)中被包含在正文文本中，而在 *MEGA1* 和广松(H)版中，则被收录在附录里。然而在梁版、巴版、*MEGA2* 试行本中，则根本未收录。首次将其收录于附录的 *MEGA1* 推测其写作时间为"1846 年 10 月左右"。但 1989 年首次提出将这部手稿收入"Ⅰ. 费尔巴哈"章正文文本的陶伯特，则在其之后的论文中，在没有具体根据的情况下，把写作日期作了提前。她的这一主张在 1997 年的论文里也得到了再次确认。也就是说，对于这部题为"费尔巴哈"的手稿，她做了以下工作：ⅰ)解读并分析了原手稿的笔迹，这是自 *MEGA1* 以来的任何版本都未曾尝试过的；ⅱ)认为作为"鲍威尔-费尔巴哈论争"的草稿而遗留下来的大纸 6-11(Ⅰ/5-3α)和大纸 11 的第二纸页(Blatte)上，与使新发现成为可能的该手稿之间，有着明确的关联；ⅲ)通过考察该手稿与未留存下来的大纸 2-5 之间的关联性，再现了后者的结构，从而最早明确了该手稿是"Ⅰ. 费尔巴哈"章的组成部分，并确定其写作时间为 1846 年上半年[①]，然后又推测是在 1845 年 11 月底/1846 年初至 3 月间。[②] 因而主张手稿 Ⅰ/5-4 按年代可以排在 Ⅰ/5-3 的后面。陶伯特的这一主张即成为德法 *MEGA* 工作组的正式

---

① 陶伯特的"会议论文 1(Konferenzpapier 1)"推测为 1846 年 2 月 1 日到 6 月 30 日期间。

② 见陶伯特、佩尔格、格朗炯，同前书，第 69 页，04100(出现日期注明)[Taubert/Pelger/Grandjonc, a. a. O. , S. 69, 04100 (Datierung zur Entstehung)]。

立场,并最终使手稿成为暂定版中的正文文本。① 然而,尽管她如是主张,但这部"费尔巴哈"手稿究竟是何时且因何而写? 在其 1989 年以后的论文中并未给出能够解答这些问题的"直接信息"。

b) [1?]-abc(Ⅰ/5-6α) 和{1}-ab(Ⅰ/5-7):这两部手稿内容相同,前者作为"Ⅰ. 费尔巴哈"章的开头,现为留有修改和删除痕迹的草稿形态,后者是前者作为底本的誊清稿。因此,编者按照自己的意图对这两部手稿进行了不同的编纂。首先,将"费尔巴哈"章最早以原文方式公开的梁版选择了作为底本的前者作正文文本,而将作为誊清稿的后者排除在文本之外。与此相反的是,除梁版以外其余所有版本均以后者,即誊清稿作为正文文本。对于草稿形态的前者(底本),阿版处理为正文异稿(Textvarianten),巴版则将一部分的增补与删除放在脚注中,而 *MEGA2* 试行本则放入资料的异稿一览(Variantenverzeichnis)。广松版将之放在与誊清稿相对的奇数页上,采用各种字体,详细地再现了作为草稿底本的全貌。与此相反,最近出版的暂定版将两部手稿都选作了正文,但在底本(Ⅰ/5-6α)的再次上,暂定版不同于广松版,而是根据 *MEGA2* 的编纂原则,将手稿中的删除与添加修订等,以异稿一览和订正一览(Korrekturenverzeichnis)的形态加以处理。

c) S. 1-2, 29(Ⅰ/5-3α):1962 年巴纳(Siegfried Bahne)发现的该

---

① 见陶伯特:《论〈费尔巴哈〉手稿的形成史……》(Taubert, *Zur Entstehungsgeschichte des Manuskripts "Feuerbach"*…)和 I. 陶伯特:《〈德意志意识形态〉的手稿与印刷(1845 年 11 月至 1846 年 6 月)・问题与结果》,《*MEGA* 研究》,1997 年第 2 期,第 7 页[Inge Taubert, *Manuskripte und Drucke der **Deutschen Ideologie** (November 1845 bis Juni 1846). Probleme und Ergebnisse*, MEGA-Studien, 1997/2, S. 7]及马克思、恩格斯、魏德迈:《德意志意识形态・论文、打印原样、草稿、誊清稿与"Ⅰ. 费尔巴哈和Ⅱ. 圣布鲁诺"的笔记》,载于《马克思恩格斯年鉴》(2003 年),主编:国际马克思恩格斯基金会,柏林:学院出版社,2004 年,第 101—103 页[Karl Marx, Friedrich Engels. Joseph Weydemeyer. Die DEUTSCHE IDEOLOGIE. Artikel, Druckbogen, Entwürfe, Reinschriften und Notizen zu *I. Feuerbach und II. Sankt Bruno*, *Marx-Engels-Jahrbuch* 2003 (Akademie Verlag, Berlin 2004), S. 101 - 103]。

手稿①理所当然地未被收入梁版与阿版，但 20 世纪 60 年代以后出版的版本则都收录了该手稿。而广松版并未将之作为正文收录，而是放在附录之中。

　　d) ［92］-ab（Ⅰ/5-3δ）＝最后的笔记：该笔记写于"Ⅰ. 费尔巴哈"章大束手稿的最后部分，是马克思将这些手稿（Hautmanuskripte）编号后再撰写的内容，说明之前的手稿仍未完成。其写作时间是 1846 年 3 月-7 月末之间，或为作者的出版计划受挫后的 1846 年底左右。② 这一部分在 *MEGA1* 中被放在附录里，但若认为整个手稿 Ⅰ/5-3 是陆续写就的，那么就不需要多加考虑，将其接续在Ⅰ/5-3ɣ 之后也无妨。只是我们在这里要提到的是，在这部手稿的最后，右栏中有恩格斯用铅笔所做的笔记，似为"Ⅰ. 费尔巴哈"章的标题。

二、手稿的排列顺序问题

　　《德意志意识形态》"Ⅰ. 费尔巴哈"章的各部分手稿究竟以怎样的顺序来排列？这个问题自 1920 年代的梁赞诺夫以来，就成为《德意志意识形态》编纂上的重要的关注焦点。然而，这些手稿排列问题的核心在于，是按各手稿的完成年代进行年代顺序排列，还是根据各手稿相互之间的逻辑关系进行排列？换言之，我们必须要问的是，在"Ⅰ. 费尔巴哈"章的编纂上，基于形成历史的年代顺排列和基于内容与形式的整体体系的逻辑排列中，哪一种更接近作者们所期望的的定本（Ausgabe letzter Hand）？因此，这一问题又归结到以下的两个方面，即小束手稿与作为核心手稿的大束手稿之间的先后排列问题，以及既有草稿又有

---

　　① S. 巴纳：《马克思恩格斯的〈德意志意识形态〉·一些补遗的文字》，《国际社会史评论》，Ⅶ/1，1962 年，第 93—104 页［Siegfried Bahne, *Die Deutsche Ideologie von Marx und Engels. Einige Textergänzungen*, International Review of Social History, Ⅶ/1(1962), S. 93 - 104］。

　　② 陶伯特：《〈德意志意识形态〉的手稿与印刷……》，第 23 页（Taubert, *Manuskripte und Drucke der Deutschen Ideologie* … S. 23）；陶伯特、佩尔格、格朗炯，同前书，第 68 页（Taubert/Pelger/Grandjonc, a. a. O., S. 68）。

誊清稿的小束手稿中各部分的排列顺序。

a) 小束(Ⅰ/5-5—Ⅰ/5-9)和大束(Ⅰ/5-3)之间的前后排列问题:载入《马克思恩格斯年鉴》2003 年的"Ⅰ.费尔巴哈"章暂定版与历来各个版本不同,它以年代顺序排列为由,给作为核心手稿的大束手稿加上"费尔巴哈和历史·草稿和笔记"这一标题,置于前面。这跟迄今为止"Ⅰ.费尔巴哈"章的各个版本有着根本上的差异。以往各版本都是以各手稿的内容或手稿上所记的标题为根据,虽然在顺序上有所不同,但都将小束手稿排列在"Ⅰ.费尔巴哈"章的前面部分。可以说,这种编排方式忠实于 *MEGA2* 的文本排列原则——把所有文本都按照基于形成历史的各手稿的撰写年代顺序来排列。[1] 但是,对于像《德意志意识形态》那样有着庞大主题核心的 *MEGA* Ⅰ/5 来说,是否可以根据情况,考虑"除了按年代顺序编排外,也配合主题"进行排列呢?[2] 换言之,如下表 2 所呈现的一样,与暂定版将"Ⅰ.费尔巴哈"章作为相互独立的手稿集成的编写体系不同,如果将其看作是具有一定逻辑体系的一个统一章节的话,那么对于以往各版本的文本编纂,仅仅给以否定的评价是很困难的。

表 3 暂定版"Ⅰ.费尔巴哈"章和"Ⅱ.圣布鲁诺"的全部目录

Karl Marx Gegen Bruno Bauer(马克思驳布鲁诺·鲍威尔)
Karl Marx/Friedrich Engels Feuerbach und Geschichte(马克思、恩格斯:费尔巴哈与历史)
Entwurf und Notizen(草稿与笔记)
Entwurf S. 1 bis 29(草稿,第 1 至 29 页)
Entwurf S. 30 bis 35(草稿,第 30 至 35 页)

---

[1] 国际马克思恩格斯基金会:《*MEGA* 版的编辑原则》,Ⅱ.1-3,狄兹出版社,柏林,1993 年,第 22-23 页[IMES, *Editionsrichtlinien der Marx-Engels-Gesamtausgabe (MEGA)*, II. 1.-3. (Dietz Verlag, Berlin 1993), S. 22-23]。

[2] 见 ER. II. 5, ebenda, IML beim ZK der KPDSU und SED, Editionsrichtlinien der *MEGA* (Berlin 1976), B. 9, ebenda, S. 130.

(续表)

Entwurf S. 36 bis 72（草稿，第36至72页）

Notizen（笔记）

Karl Marx/Friedrich Engels Feuerbach（马克思、恩格斯：费尔巴哈）

Karl Marx/Friedrich Engels Ⅰ. Feuerbach. A. Die Ideologie überhaupt. Namentlich die deutsche（马克思、恩格斯：Ⅰ. 费尔巴哈·A. 一般意识形态，特别是德意志意识形态）

Karl Marx/Friedrich Engels Ⅰ. Feuerbach. 1. Die Ideologie überhaupt, speziell die deutsche Philosophie（马克思、恩格斯：Ⅰ. 费尔巴哈·A. 一般意识形态，尤其是德意志意识形态）

Karl Marx/Friedrich Engels Ⅰ. Feuerbach. Einleitung（马克思、恩格斯：Ⅰ. 费尔巴哈·导言）

Karl Marx/Friedrich Engels Ⅰ. Feuerbach. Fragment 1（马克思、恩格斯：Ⅰ. 费尔巴哈·片段1）

Karl Marx/Friedrich Engels Ⅰ. Feuerbach. Fragment 2（马克思、恩格斯：Ⅰ. 费尔巴哈·片段2）

Karl Marx/Friedrich Engels Das Leipziger Konzil（马克思恩格斯：莱比锡宗教会议）

Karl Marx/Friedrich Engels Ⅱ. Sankt Bruno（马克思恩格斯：Ⅱ. 圣布鲁诺）

5. "Feldzug" gegen Feuerbach（反费尔巴哈"运动"）

6. Sankt Bruno's Betrachtungen über den Kampf zwischen Feuerbach/Stirner（圣布鲁诺对费尔巴哈与施蒂纳之争的考察）

7. Sankt Bruno contra die Verfasser der "heiligen Familie"（圣布鲁诺反对"神圣家族"的作者）

8. Nachruf an "Moses Heß"（"赫斯"悼词）Nachruf an "Moses Heß"

*《马克思恩格斯年鉴》（2003年），目录页。

　　b) 小束手稿相互间的排列问题：如果除去前面多次提到的
H2/H1，那么"Ⅰ．费尔巴哈"章的小束手稿则由一个草稿和四个誊清
稿组成（共大纸 6 张，半纸 1 张）。其中，草稿Ⅰ/5-6 为 2 印张（传统的
手稿标记为纸张[1?]-[2?]），分为两个部分——以"Ⅰ. Feuerbach（Ⅰ.
费尔巴哈）"作为开始的部分（Ⅰ/5-6α；[1?]-abc），和以"1. Die Ideolo-
gie überhaupt，speziell die deutsche Philosophie（1. 一般意识形态，尤
其是德意志意识形态）"作为子标题的部分（Ⅰ/5-6β；[1/]cd—[2?]-a）。
剩余的四个誊清稿是：以"Ⅰ. Feuerbach（Ⅰ. 费尔巴哈）"为题的Ⅰ/5-7
（{1}-ab）和Ⅰ/5-5（{2}-abcd）2 个手稿，以及具有独立内容的Ⅰ/5-8
（[3]-abcd—[4]-ab）和Ⅰ/5-9（[5]-abcd）2 个手稿。据推测，这些手稿
的写作时间最早是在魏德迈回到德国的 1846 年 4 月中旬以后，大约是
在 6 月初动笔，到出版计划受挫的 7 月 20 日之间。①

　　因此，对于小束手稿的排列，自然一般是将以"Ⅰ. Feuerbach（Ⅰ.
费尔巴哈）"为题的手稿Ⅰ/5-5、Ⅰ/5-6、Ⅰ/5-7 中的一个置于最前面，
其余的两个独立手稿Ⅰ/5-8 和Ⅰ/5-9 则置于其后。[但对于后者，梁
赞诺夫出乎意料地将Ⅰ/5-8 看作是大束手稿内容缩略后的结论，而放
在"Ⅰ. Feuerbach（Ⅰ. 费尔巴哈）"章结尾部分的Ⅰ/5-3（大束）之后。②]
因此，这里的问题是，以"Ⅰ. Feuerbach（Ⅰ. 费尔巴哈）"章为题的三个
手稿中究竟将哪一个排在前面？这个问题可以概括如下：①相当于序
论（Einleitung）的Ⅰ/5-6α 和Ⅰ5-7 都是序论（Einleitung），而后者是前
者的誊清稿（Reinschrift），那么两者间怎样选择？未被选择的手稿如
何处理和排列？②序论底本Ⅰ/5-6 的其余部分（Ⅰ/5-6β）和Ⅰ5/5 在

----

　　① 见陶伯特、佩尔格、格朗炯，同前书，第 69—74 页（Taubert/Pelger/Grand-
jonc, a. a. O. ，S. 69‐74）的各手稿的文本证据关联（Textzeugenbezug）04100，
04105，04110。

　　② D. 梁赞诺夫：《马克思恩格斯论费尔巴哈：〈德意志意识形态〉第一部分》，《马
克思恩格斯文库》，第一卷，1926 年，第 217 页，第 303—306 页[D. Rjazanov, *Marx
und Engels über Feuerbach*. *Der erste Teil der **Deutschen Ideologie***, *Marx-Engels-Ar-
chiv*, Ⅰ（1926），S. 217，303‐306]。

排列上孰先孰后？迄今为止的所有版本在解决完①的问题后，毫无根据地将誊清稿Ⅰ/5-5载入其中，然后再排列序论底本（Ⅰ/5-6）的其余部分（Ⅰ/5-6β）。

然而陶伯特编辑的*MEGA2*试行版（1972）和暂定版（2004）都把Ⅰ/5-5排在序论之前。她在1972年的试行版中，提出文献学推论（Argumentation）作为排列根据：Ⅰ/5-5中，手稿章节编号的展开为"Ⅰ→A"，在Ⅰ/5-6中为"Ⅰ→1（A修订为1）→A"，因此Ⅰ/5-5在时间上是先于Ⅰ/5-6的，那么理所当然地也在Ⅰ/5-6的誊清稿Ⅰ/5-7之前。然而她的这一主张在2004年的暂定版中没有进行再次论证，而是视为理所当然。①

对此笔者认为，对于几乎写于同一时期的小束手稿而言，决定其排列顺序的方法之一，是考察作者之一的恩格斯将《德意志意识形态》手稿遗赠给倍倍尔和伯恩斯坦时，手稿以怎样的顺序排列，这个问题是很有意义的。在这里，最重要的表征就是Ⅰ/5-8和/5-9中出现的纸张号码"3)"和"5."。其中，"5."是恩格斯的笔迹，这是十分明确的。而"3)"究竟是谁的笔迹却不得而知，因此暂定本认为无法利用这个方法来确定排列的顺序。② 而纸张[3]{4}是内容上相连接的手稿，[5]则是独立的手稿，因此这一连续排列看似顺理成章（只有梁版将其排列在大束手稿的最后）。且Ⅰ/5-7（{1}-ab）和Ⅰ/5-5（{2}-abcd）上，有第三人所标记的纸张号码"1"、"2"。而早期能够接触到马克思、恩格斯遗稿的人士，或为德国社会民主党的核心人士，他们对遗稿的重要性十分了解，或为重要图书馆的核心馆员。考虑到这些，我们对于手稿上所标记的连续编号决不可忽略。因此，我们在小束手稿的排列上，有必要对马克思、恩格斯以外的第三人所作的排列顺序和编号进行研究。（参考表3）

---

① *MEGA*试行本，第405—409页，第425页（*MEGA Probeband*, S. 405‒409, 425）以及《马克思恩格斯年鉴》（2003年），第312页（*M-E-J* 2003, S. 312）。参见郑文吉，《手稿的文献学分析与著者的定本》，第190—191页。

② 《马克思恩格斯年鉴》（2003年），第20页*（*M-E-J* 2003, S. 20*）。

表3　"I. 费尔巴哈"章小卷手稿中恩格斯和伯恩斯坦等
第三人标记的序列号,及这期间各版本的排列顺序

	Engels et al.（恩格斯等）	Bernstein（伯恩斯坦）	IISG（A7）（国际社会史研究所）	IMES（国际马克思恩格斯基金会）	R	A	B(D)	Probe-Band（试行本）	H	MEJ 2003 马克思恩格斯年鉴,2003
1)	[1?]-abc	41 42 [43/	7 8 [9/	I/5-6a	I	Text（正文）Vari（异稿）.	Teilfuß)-noten（部分脚注）异稿.	Varianten-Verzeichn（异稿目录）.	I-1	II*

1) "I. Feuerbach(I. 费尔巴哈）"
"Wie <unsere> deutsche<n> Ideologen <versichern> melden, [. …]
[…], der außerhalb Deutschland liegt. <…>" （"正如<我们>的<德国的玄想家们所<担保>宣告的，……站在德国以外的立场上……"）

	Engels et al.（恩格斯等）	Bernstein（伯恩斯坦）	IISG（A7）	IMES	R	A	B(D)	Probe-Band	H	MEJ
2)	[1?]-cd— [2?]-a(bcd)	/43] 44 — o. N	/9] 10 11	I/5-6β	III	III	III	III	III-1	III

2) "1. Die Ideologie überhaupt, speziell die deutsche Philosophie/
A."（"1. 一般意识形态,尤其是德意志意识形态/A"）
"<…>/Die Voraussetzungen […]
[…] durch die Produktion bedingt."（"……前提……由生产决定的"）

（续表）

Engels et al.(恩格斯等)	Bernstein(伯恩施坦)	IISG（A7）(国际社会史研究所)	IMES(国际马克思恩格斯基金会)	R	A	B(D)	Probe-Band（试行本）	H	MEJ 2003马克思恩格斯年鉴,2003
3){1}-ab	1 2	1 2	Ⅰ/5-7	Aus-Lassung（省略）	Ⅰ	Ⅰ	Ⅱ	Ⅰ	Ⅳ *
3)[Reinschrift(誊清稿)]＝Einleitung(导言) "I. Feuerbach(I . 费尔巴哈)" "Wie deutsche Ideologen melden [...]" "......站在德国以外的立场上......"			[...], der außerhalb Deutschland liegt. ("正如德国的玄想家们所宣告的,......")						
4){2}-abcd	3 4 5 6	3 4 5 6	5-5	Ⅱ	Ⅱ	Ⅱ	Ⅰ	Ⅱ	Ⅰ
4)[Reinschrift(誊清稿)] "I. Feuerbach(I . 费尔巴哈)/ A. Die Ideologie überhaupt, namentlich die deutsche(一般意识形态,特别是德意志意识形态)." "Die deutsche Kritik [...]" "德国的批判......问题"			[...] eignen materiellen Umgebung zu fragen. ("......提出......他们自身的物质环境......问题")	Ende des Haupt-text（主文本）					
5)[3]-abcd—{4}-ab(cd)	7 8 9 10—11 12	12 13 14 15—16 17	Ⅰ/5-8		Ⅳ	Ⅳ	Ⅳ	..[V]	V

（续表）

Engels et al.（恩格斯等）	Bernstein(伯恩施坦)	IISG（A7）（国际社会史研究所）	IMES（国际马克思恩格斯基金会）	R	A	B(D)	Probe-Band（试行本）	H	MEJ 2003 马克思恩格斯年鉴，2003
5)	[Reinschrift(誊清稿)] "Die Beziehungen verschiedener Nationen [...]		=Fragment 1(片段 1)	[...] einen Monarchen an der Spitze."（"各民族之间的相互关系……在君主的领导之下"）						
6)	[5]-abcd	45 46 47 48	18 19 20 21	I/5-9	IV	V	V	V	Ⅲ-2	
6)	[Reinschrift(誊清稿)] = Fragment 2(片段 2) "Die Tatsache ist also die: [...]			[...] an historischen Beispielen erl?utern"（"由此可见，事情是这样的：……用历史的例子来加以说明"）	V	V	V		VI	

* 手稿 I /5-6α 和 I /5-7 序论的重复收录。《马克思恩格斯年鉴》(2003 年)，第 106—108 页，第 109—110 页 (M-E-J 2003，S. 106－108, 109－110)。

c) 序文(Ⅰ/5-2)的排列问题

在《德意志意识形态》的编纂上,序文的排列问题因与包含在内的所有手稿的排列问题有关而具有重要的意义。通常情况下,正文的全部或一部分完成之后写作的序文一般都排列在该著作的最前面,而与实际写作时间无关。该序文也是一样,第Ⅰ卷第Ⅲ章《圣麦克斯》脱稿后,为寻求出版,魏德迈持该手稿回到德国的威斯特伐利亚,时为1846年4月中旬,同年7月底出版计划受挫,序文便是写于这一期间。而对于将该序文置于《德意志意识形态》的卷首,则应无异议。

但是,德法 *MEGA* 工作组将该序文编号为Ⅰ/5-2,放于印刷原稿Ⅰ/5-1之后,我们实际上很难准确把握这意味着什么。尤其是看到暂定版将"Ⅰ.费尔巴哈"章的所有手稿都彻底地根据"编年原则"进行排列,这难免让我们心生忧虑——序文的排序位置或许会放在"Ⅱ.圣布鲁诺"或"Ⅲ.圣麦克斯"之后。①

几点提议:代结论

笔者以上述论文以及笔者迄今为止的研究为根据,对现已进入最终编辑阶段的"主题中心"的《德意志意识形态》"Ⅰ,费尔巴哈"章的构成、排列顺序以及章节的题目等,尝试进行以下重构。

提案1:各小束手稿的构成(Konstitution der Manuskripte kleinen Konvolut)

首先,将"Ⅰ,费尔巴哈"章的各手稿划分为作为核心手稿的大束和小束时,从大束(Ⅰ/5-3)的情况看,虽然恩格斯的纸张号码与马克思的页码存在空号,但若将之分为四个部分来再现,则没有什么大问题。而小束的情况就不同了。首先,对于印刷原稿Ⅰ/5-1而言,《德意志意识形态》写作的起因是鲍威尔的文章——《评路德维希·费尔巴哈》,而Ⅰ/5-1是最早对之进行批判的原稿,其写作时间有明确的记载,即"布鲁塞尔,[1845年]11月20日"。但该手稿若像暂定版中那样,排列在

---

① 见郑文吉,《手稿的文献学分析与著者的定本》,第193—196页。

《德意志意识形态》第Ⅰ、Ⅱ章的一开头，则很难理解。特别是该手稿的内容与"Ⅱ.圣布鲁诺"的最后部分之间有着高度的关联性，而且德法 *MEGA* 工作组将之排列在《德意志意识形态》整个序文Ⅰ/5-2 的前面，考虑到这些，我们说，如果将之编入《德意志意识形态》的主文本，则首先会在逻辑上显得勉强。且将当初作为季刊抑或《德意志意识形态》的草稿而写成的原稿从各个章节里分离出来，尝试作部分的出版，是在出版计划受挫的 1846 年 7 月底以后的事情，纳入主文本的排列方式与这一事实不相符合。

另一方面，从马克思和恩格斯通过对费尔巴哈的重新评价而努力证明其与费尔巴哈之间的差异这一点上，可以确定手稿Ⅰ/5-4(H2/H1)与手稿Ⅰ/5-3 有着高度的相关性。然而，起初恩格斯将该手稿划分在"信函"类而非"手稿"类，而且正如陶伯特自己所指出的那样，在没有任何"直接信息"可以说明该手稿与《德意志意识形态》"Ⅰ.费尔巴哈"有关的情况下，将之编入主文本是很勉强的。因此笔者提出自己的意见，不知是否妥当——剔除这两个手稿，而将下面的六个手稿看作是构成《德意志意识形态》"Ⅰ.费尔巴哈"章的主文本。

Ⅰ）[1?]-abc *MEGA* I/5-6 α

"I. Feuerbach(一. 费尔巴哈)"/

"Wie ＜unsere＞ deutsche＜n＞ Ideologen ＜versichern＞ melden，[…]

[…]，der außerhalb Deutschland liegt. ＜…＞"("正如＜我们的＞德国的玄想家们所＜担保＞宣告的，……站在德国以外的立场上……")

Ⅱ）[1?]-cd—[2?]-a(bcd) *MEGA* I/5-6β

"1. Die Ideologie überhaupt, speziell die deutsche Philosophie/

A."("一般意识形态，尤其是德意志意识形态/A")/

"＜…＞/Die Voraussetzungen […]   […] durch

die Produktion bedingt. ”(“……前提……由生产决定的”)

Ⅲ）{1}-ab *MEGA* Ⅰ/5-7［Reinschrift(誊清稿)］＝Einle-itung(导言)

“I. Feuerbach(Ⅰ. 费尔巴哈). ”

“Wie deutsche Ideologen melden ［…］［…］, der außerhalb Deutschland liegt. ”(“正如德国的玄想家们所宣告的,……站在德国以外的立场上……”)

Ⅳ）{2}-abcd *MEGA* Ⅰ/5-5［Reinschrift(誊清稿)］

“I. Feuerbach(Ⅰ. 费尔巴哈)/

Die Ideologie überhaupt，namentlich die deutsche. ”(“一般意识形态,特别是德意志意识形态”)/

“Die deutsche Kritik［…］　　　［…］eignen materiellen Umgebung zu fragen. ”(“德国的批判……提出……他们自身的物质环境……问题”)

Ⅴ）［3］-abcd—{4}-ab(cd) *MEGA* Ⅰ/5-8［Reinschrift(誊清稿)］＝Fragment1(片段 1)

“Die Beziehungen verschiedener Nationen［…］　［…］einen Monarchen an der Spitze. ”(“各民族之间的相互关系……在君主的领导之下”)

Ⅵ）［5］-abcd *MEGA* Ⅰ/5-9［Reinschrift(誊清稿)］＝Fragment 2(片段 2)

“Die Tatsache ist also die：［…］　　［…］an historischen Beispielen erläutern”(“由此可见,事情是这样的：……用历史的例子来加以说明”)

提案 2：小束手稿的排列（Neuer Plan zur Einordnung der Manuskripte，die am kleinen Konvolut gehört）

正如前面所探讨的一样,在小束手稿的排列上分歧最多的部分有：①同样以“Ⅰ. 费尔巴哈”为题的三个手稿Ⅰ/5-6α、Ⅰ/5-7 以及Ⅰ/5-5

中,将哪一个放在"Ⅰ.费尔巴哈"章之首?②草稿Ⅰ/5-6α 和它的誊清稿Ⅰ/5-7 中,该选哪一个作为主文本?③作出以上选择后,是将一印张上接续在Ⅰ/5-6α 之后撰写的Ⅰ/5-6β 作为后续手稿呢,还是选择另外大纸中的誊清稿Ⅰ/5-5 作为后续手稿?(在这些问题的讨论中,根据前面的提案 1,剔除Ⅰ/5-4)。

对于①和②,Ⅰ/5-6α 和Ⅰ/5-7 为同一个内容的手稿,一个是草稿的形态,另一个则是以前者为底本进行的誊抄,结果就留下了选它们还是选Ⅰ/5-5 的问题。因此,历来的各个版本都是在Ⅰ/5-6α(梁版)或Ⅰ/5-7(阿版、巴版、广松版)中选择其一,而后继之以Ⅰ/5-5,再后为Ⅰ/5-6β。但陶伯特所编纂的 MEGA2 试行版和暂定版则把Ⅰ/5-5 排在六个手稿之首,试行版中,在其后依次载入Ⅰ/5-6α 的誊清稿Ⅰ/5-7 和Ⅰ/5-6β,而暂定版则在载入Ⅰ/5-6 的 α 和 β 后,另起一页排入Ⅰ/5-7。除梁版出乎意料地把Ⅰ/5-8 放在Ⅰ/5-3 的最后以外,Ⅰ/5-8 和Ⅰ/5-9 都是依次被排在小束手稿的最后。

然而笔者在此提出的异议是草案Ⅰ/5-6 的处理问题。大纸[1?]和[2?]总共 8 页,而写成手稿的部分为 5 页。前面是在"Ⅰ.费尔巴哈"的标题下叙述了 $2\frac{1}{3}$([1?]-abc)页,第 3 页上面 $\frac{1}{3}$ 处与前一部分相连接,以"1. Die Ideologie überhaupt, speciell die deutsche Philosophie/A. /(一般意识形态,尤其是德意志意识形态/A)"为小节标题开始撰写,这部分手稿有 3 页([1?]-cd—[2?]-a)。因此这里的问题就是,在《德意志意识形态》的其他手稿中,没有哪个版本是将特定大纸上连续的叙述拆分开来加以刊载的,而只有Ⅰ/5-6 被前后分离。(暂定版例外地对之作了连续刊载)而且没有哪个版本对为何需要作这样的拆分刊载给出妥当的说明。因此,为了解决这个难题,笔者认为有必要对以下这个方法加以探讨,即连续刊载Ⅰ/5-6α 和Ⅰ/5-6β,而后在Ⅰ/5-6α 的右栏(或右面)放置誊清稿Ⅰ/5-7。虽然这二者有违反 MEGA2 的编纂原则而重复刊载之嫌，①但采用了 *MEGA* 编纂原则的暂定版已经作了重复刊载；而这种重复尽管带来内容上的重复，但能够体现出草稿和誊清稿之间词汇及表达上的不同来，这种体现与通过学术资料来获得的认识是不尽相同的，它给我们带来的是不一样的语感，从这点来说，重复刊载是有意义的。②

　　另外，手稿Ⅰ/5-6 的连续刊载也为Ⅰ/5-5 的排列提供了一条线索。换言之，对于 *MEGA* 试行版所提出的这些手稿，其文献学上的先后关系的依据不应只停留于对节（Abschnitt）的连贯编号的修正上，表3)所示第三人所作的编号似乎更有说服力。因此，笔者提出表 4)所示小束手稿的排列意见。

表 4　为小束手稿的重新排列所作的提案

Ⅰ	[1?]-abc *MEGA* Ⅰ/5-6a "I. Feuerbach（Ⅰ. 费尔巴哈）"/ "Wie ＜unsere＞ deutsche＜n＞ Ideologen ＜versichern＞ melden, […] […], der außerhalb Deutschland liegt. ＜…＞"（"正如＜我们的＞德国的玄想家们所＜担保＞宣告的，……站在德国以外的立场上……"）	Ⅱ	{1}-ab *MEGA* Ⅰ/5-7[Reinschrift] "I. Feuerbach（Ⅰ. 费尔巴哈）." "Wie deutsche Ideologen melden […] […], der außerhalb Deutschland liegt."（"正如德国的玄想家们所宣告的，……站在德国以外的立场上……"）
Ⅲ	[1?]-cd—[2?]-a(bcd) *MEGA* Ⅰ/5-6? 　"1. Die Ideologie überhaupt, speziell die deutsche Philosophie/ 　A."（"一般意识形态，尤其是德意志意识形态/A"）/ "＜…＞/Die Voraussetzungen […]　　　 […] durch die Produktion bedingt."（"……前提……由生产决定的"）		

---

　　① J. 格朗炯与 J. 罗亚恩：《经过修订的马恩全集规划》，《*MEGA* 研究》，1996 年第 2 期，第 66 页(Jacques Grandjonc und Jürgen Rojahn, "Der revidierte Plan der Marx-Engels-Gesamtausgabe", *MEGA*-Studien, 1996/2, S. 66)。

　　② 郑文吉，《手稿的文献学分析与著者的定本》，第 192 页。

(续表)

Ⅳ	{2}-abcd *MEGA* Ⅰ/5-5［Reinschrift(誊清稿)］ "I. Feuerbach(Ⅰ.费尔巴哈)/ A. Die Ideologie überhaupt, namentlich die deutsche."("一般意识形态,特别是德意志意识形态")/ "Die deutsche Kritik［…］［…］eignen materiellen Umgebung zu fragen."("德国的批判……提出……他们自身的物质环境……问题")
Ⅴ	［3］-abcd—{4}-ab(cd) *MEGA* Ⅰ/5-8［Reinschrift(誊清稿)］ "Die Beziehungen verschiedener Nationen［…］［…］einen Monarchen an der Spitze."("各民族之间的相互关系……在君主的领导之下")
Ⅵ	［5］-abcd *MEGA* Ⅰ/5-9［Reinschrift(誊清稿)］ "Die Tatsache ist also die：［…］ ［…］an historischen Beispielen erläutern"("由此可见,事情是这样的：……用历史的例子来加以说明")

提案 3:《德意志意识形态》第Ⅰ卷章节的排列与题目(Title des Kapitels und Abschnitts des Ⅰ. Bandes)

最后笔者以上述讨论为根据,对《德意志意识形态》第Ⅰ卷的目录进行重构。暂定版只把注意力集中在《德意志意识形态》的文献学分析,即年代排列和现存形态,却全然忽视这一著作所具有的体系性特点,笔者对之加以批判,并试图通过最小限度的加工来确保其逻辑上的体系性。

Karl Marx/Friedrich Engels. Die deutsche Ideologie(马克思恩格斯:德意志意识形态)

Vorrede(序)

MEGA Ⅰ/5-2 (RC Sign. F. 1, op. 1, d. 188)

I. Band. Kapitel I. Feuerbach? Gegensatz von materialistischer und idealistischer Anschauung(第一卷第一章 费尔巴哈 唯物主义直观

与唯心主义直观的对立）

Ⅰ. Feuerbach［Einleitung］Ⅰ. Feuerbach（Ⅰ. 费尔巴哈［导言］Ⅰ. 费尔巴哈）

［1？］abc｛1｝ab

1. Die Ideologie Ideologie überhaupt, speziell die deutsche Philosophie/ A（1. 一般意识形态，尤其是德意志意识形态/A）

［1？］cd—［2？］a

［2.］A. Die Ideologie überhaupt，namentlich die deutsche（［2.］A. 一般意识形态，特别是德意志意识形态）

｛2｝abcd

［3. Fragment 1］（［3. 片段 1］）

［3］abcd—｛4｝ab

［4. Fragment 2］（［4. 片段 2］）

［5］abcd

S. 1-2，8-29

［6］-［11］＊＝Ⅰ/5-3α

S. 30-35

［20］-［21］＊＝Ⅰ/5-3β

S. 40-72

［84］-［92］＊＝Ⅰ/5-3γ

［letztes Notiz］（［最后的笔记］）

［92］＊ab＝Ⅰ-5-3δ

Das Leipziger Konzil（莱比锡宗教会议）

Ⅱ. Sankt Bruno（Ⅱ. 圣布鲁诺）

Ⅲ. Sankt Max（Ⅲ. 圣麦克斯）

Schluß des Leipziger Konzils（莱比锡宗教会议的结论）＊）

Engels' Bogennummer（恩格斯的纸张号码）

补记：2006 年 11 月 24-28 日，柏林勃兰登堡科学学会（Berlin-

Brandenburgische Akademie der Wissenschaften)召开了"德日专家会议——马克思恩格斯的编纂"(Deutsch-japanisches Arbeitstrefffen zur Marx-Engels-Edition)。会议首日的第一个议题为"通向 *MEGA2* 第Ⅰ部第 5 卷《德意志意识形态》的完成的德日两国的共同研究"(Workshop zur deutsch-japanischen Forschungskooperation bei der Fertigstellung des Bandes Ⅰ/5 "Die deutshce Ideologie"),笔者在会议上作了报告——《关于 *MEGA* Ⅰ/5〈德意志意识形态〉尤其是"Ⅰ. 费尔巴哈"这一章的构想和构造》(大纲)"Konzeption und Konstitution der *MEGA* Ⅰ/5(*Die deutshce Ideologie*):besonders mit dem 'Ⅰ. Feuerbach' Kapitel"(skizze),本论文是在这一报告的基础上完成的。

郑文吉

2007 年 1 月 21 日

参考文献

郑文吉,《追随者的时代——青年黑格尔派和卡尔·马克思》(首尔:文学和知性社,1887)。

郑文吉,《马克思思想的形成和早期著作——〈德意志意识形态〉和 MEGA2 研究》(首尔:文学和知性社,1994)。

郑文吉,《韩国马克思学——马克思恩格斯文本的编纂与研究》(首尔:文学和知性社,2004)。

广松涉,"《德意志意识形态》的编辑问题",《唯物论研究》,21 号(1965 年)。

郑文吉,《〈ドイツ・イデオロギ-〉研究におけるキスト編纂の問題》,《マルクス・エンゲルス・マルクス主義研究》,27 号(1996 年)。

小林昌人,《〈ドイツ・イデオロギ-〉第 1 編集の基本的諸問題—郑文吉氏へのユメトと MEGA2(試行)版の批判》,《マルクス・エンゲルス・マルクス主義研究》,27 号(1996 年)。

桥本直树,《〈ドイツ・イデオロギ-〉"I.フオイエルバッハ"の手稿の編成に關して》,《マルクス・エンゲルス・マルクス主義研究》,27 号(1996 年)。

Adoratskij, Vladimir Viktorvic, *Bericht von Vladimir Viktorvic Adoratskij über das Lenin-Institut und das Marx-Engels-Institut an das Plenum des EKKI vom 1. April 1931*, Beiträge zur *Marx-Engels-Forschung. Neue Folge.* 特別号 3 卷(2001)(V. V. 阿多拉茨基:《V. V 阿多拉茨基于 1931 年 4 月 1 日就列宁研究所和马克思恩格斯研究所致共产国际执委会的报告》,《马克思恩格斯研究来

稿》,新序列,特刊,第 3 期,2001 年）。

Bahne，S．，*Die Deutsche Ideologie*'*von Marx und Engels．Einige Textergänzungen*，*International Review of Social History*，第Ⅶ卷(1962)（S. 巴纳:《马克思恩格斯的〈德意志意识形态〉·一些补遗的文字》,《国际社会史评论》,第 7 卷,1962 年）。

Chung，Moon-Gil，*Einige Probleme der Textedition der Deutschen Ideologie*，*insbesondere in Hinsicht auf die Wiedergabe des Kapitels "Ⅰ. Feuerbach"*，*Beiträge zur Marx-Engels-Forschung．Neue Folge* 1997 年号（Moon-Gil Chung:《关于〈德意志意识形态〉的文本编辑———尤其考虑到"Ⅰ. 费尔巴哈"的重新出现———的几个问题》,《马克思恩格斯研究来稿》,新序列,1997 年）。

Chung，Moon-Gil，*Zur Neuausgabe der Deutschen Ideologie in Japan*'，*Beiträge zur Marx-Engels-Forschung．Neue Folge* 2001 年号（Moon-Gil Chung:《关于〈德意志意识形态〉在日本的新版本》,《马克思恩格斯研究来稿》,新序列,2001 年）。

Chung，Moon-Gil，*Marginalien und CD-Rom：Zur Veröffentlichung des Verzeichnisses der Bibliotheken von Marx und Engels in der Vorauspublikation zum Band* Ⅳ/32 *der MEGA2*，*Beiträge zur Marx-Engels-Forschung．Neue Folge* 2004 年号（即将刊载)[Chung，Moon-Gil:《边注与光盘:关于马克思恩格斯在 MEGA2 第 4 部分第 32 卷暂行本中的藏书目录的发表》,《马克思恩格斯研究来稿》,新序列,2004 年(即将刊载)]。

Grandjonc，Jacques und Rojahn，Jürgen，*Der revidierte Plan der Marx-Engels-Gesamtausgabe*，*MEGA-Studien*，1995 年第 2 号(J. 格朗炯、J. 罗亚恩:《经过修订的马恩全集规划》,《MEGA 研究》,1995 年第 2 期）。

Hashimoto，Naoki(gez.)，*Anforderung an die Edition des Manuskripts "Ⅰ. Feuerbach" im Band* Ⅰ/5 *der MEGA2*，Tokio，11．November 1995(Ms.)[Naoki Hashimoto(签名):《对 MEGA2 第Ⅰ卷/5 中的手稿"Ⅰ. 费尔巴哈"的编辑要求》,东京,1995 年 11 月 11 日(手稿)].

IMES(Hrsg.)，*Editionsrichtlinien der Marx-Engels-Gesamtausgabe*（*MEGA*）．Hrsg．Von der Internationalen Marx-Engels-Stiftung Amsterdam(Berlin:Dietz Verlag，1993)（国际马克思恩格斯基金会编:《MEGA 版的编辑原则》,阿姆斯特丹国际马克思恩格斯基金会编,柏林:狄兹出版社,1993 年）。

Marx，Karl/Engles，Friedrich，*Marx und Engels über Feuerbach：Der erster Teil der* **Deutschen Ideologie**，D.　Rjazanov（编），*Marx-Engels-Archiv. Zeitschrift des Marx-Engels-Instituts in Moskau*，第 1 卷（1926）.（影印本：Frankfurt/M：Verlag Sauer &. Auvermann KG，1969）（马克思、恩格斯：《马克思恩格斯论费尔巴哈：〈德意志意识形态〉第一章》，D. 梁赞诺夫编：《马克思恩格斯档案》（莫斯科马克思恩格斯研究所杂志），第 1 卷，1926 年（影印本：美茵河畔法兰克福：萨威尔与奥弗曼出版社，1969 年）.

Marx，Karl/Engles，Friedrich，"Ⅰ.*Feuerbach.*" *Gegensatz von materialistischer und idealistischer Anschauung*［*Einleitung*］，V.　Adoratskij（编），*Historischkritische Gesamtausgabe.*　Ⅰ/5.　*Die deutsche Ideologie*（Berlin：Marx-Engels Verlag GmbH.，1932）（马克思、恩格斯：《历史考证版全集》第一部分第 5 卷，"Ⅰ. 费尔巴哈·唯物主义直观与唯心主义直观的对立［导言］"，V. 阿多拉茨基主编，《德意志意识形态》》（柏林：马克思恩格斯出版有限关系，1932 年）.

Marx，Karl/Engles，Friedrich ［K.　Marksa Ⅰ F.　Engel's］，*Fejerbach. Protivopoloznost' materialisticeskogo Ⅰ idealisticeskogo vozrrenij. Voprosy filosofi*，10-11 号（1965）.

Marx，Karl/Engles，Friedrich，*Fejerbach. Protivopoloznost'materialisticeskogo Ⅰ idealisticeskogo vozrrenij*（Moskau：1966）.

Marx，Karl/Engles，Friedrich，*Neuveröffentlichung des Kapitels Ⅰ des Bandes der* **Deutschen Ideologie** *von Karl Marx und Friedrich Engels*，*Deutsche Zeitschrift für Philosophie*，14 卷 10 号（1966）（马克思、恩格斯：《马克思恩格斯〈德意志意识形态〉第一卷第一章的新近发表》，《德国哲学杂志》，第 14 发行年度，第 10 期，1966 年）.

Marx，Karl/Engles，Friedrich，*Die deutsche Ideologie*，1.　*Band*，*Kapitel* Ⅰ. *Feuerbach. Gegensatz von materialistischer und idealistischer Anschauung*，*Gesamtausgabe*（*MEGA*）*Probeband*（Berlin：Dietz Verlag，1972）（《马克思、恩格斯〈德意志意识形态〉，Ⅰ. 费尔巴哈·唯物主义直观与唯心主义直观的对立》，*MEGA2* 试行版，柏林：狄茨出版社，1972 年）.

Marx，Karl/Engles，Friedrich，*Die deutsche Ideologie*，*Kritik der neuesten deutschen Philosophie in ihren Repräsentanten*，*Feuerbach. B. Bauer und Stirner und des deutschen Sozialismus in seinen verschiedenen Propheten*，1. Band，1. Abschnitt. Neuveröffentlichung mit text-kritischen Anmerkungen，Wataru Hiromatsu(编)(Tokio：Kawadeshobo-shinsha，1974)(马克思、恩格斯:《德意志意识形态·对最近德国哲学及其代表人物费尔巴哈、B. 鲍威尔和施蒂纳以及德国社会主义及其各位先知的批判》，第一卷，第一部分。新近发表并附文本考证注释。广松涉主编，东京，Kawadeshobo-shinsha，1974 年).

Marx，Karl/Engles，Friedrich，*Collected Works*，Vol. 5. *Marx and Engles*，1845—1847(New York：International Publishers，1976)(马克思、恩格斯:《马克思恩格斯全集》，第 5 卷,《马克思恩格斯:1845—1847 年》，纽约:国际出版社,1976 年).

Marx，Karl，**Die Deutche Ideologie**. *Artikel*，*Druckvorlagen*，*Entwürfe*，*Reinschriftenfragments und Notizen zu* "Ⅰ. *Feuerbach*" *und* "Ⅱ. *Sankt Bruno*". IMES(编)，*Marx-Engels-Jahrbuch* 2003(Berlin：Akademie Verlag，2004)(《马克思:〈德意志意识形态〉·论文、打印原样、草稿、誊清稿片段与"Ⅰ. 费尔巴哈"和"Ⅱ. 圣布鲁诺"的笔记》，主编:国际马克思恩格斯基金会，载于《马克思恩格斯年鉴》(2003 年)，柏林:学院出版社,2004 年).

Rojahn，Jürgen，*Bericht*：*Speziakonferenz* **Die Konstitution der Deutschen Ideologie**，*24.-26. Oktober 1996. Trier*，MEGA-Studien，1977 年第 1 号[J. 罗亚恩:《关于〈德意志意识形态〉的构成特别会议(1996 年 10 月 24-26 日，特里尔)》，《MEGA 研究》,1997 年第 1 期].

Rokitjaskij，Jakobv Grigor'evic，*Die* "*Säuberung*"— *übernahme des Rjazanov Instituts durch Adoratskij*，*Beiträge zur Marx-Engels-Forschung. Neue Folge.* 特别号第 3 卷(2001)(J. G. 罗基天斯基:《"肃反":通过阿多拉茨基对梁赞诺夫研究所的接管》，《马克思恩格斯研究来稿》，新序列，特刊，第 3 期,2001 年).

Shibuya，Tadashi，*Probleme der Edition der* **Deutschen Ideologie**，MEGA-Studien，1996 年第 1 号(T. Shibuya:《〈德意志意识形态〉的版本问题》，《MEGA 研究》,1996 年第 1 期).

Shibuya，Tadashi(gez.)，*Die Forderungen an die Redaktionskommission des Bandes* Ⅰ/5 *der MEGA2 über die Edition der* **Deutschen Ideologie**，19. November 1995(Ms.)(Tadashi Shibuya(签名):《关于〈德意志意识形态〉的编辑

致第 1 卷/5 编纂委员会的要求》,1995 年 11 月 19 日,(手稿)).

Taubert, Inge, *Zur Entstehungsgeschichte des Manuskripts* "Feuerbacgh" *und dessen Einordnung in den Band* Ⅰ/5 *der* MEGA2, *Beiträge zur Marx-Engels Forschung*, 26 号(1989)(I. 陶伯特:《论〈费尔巴哈〉手稿的形成史及其在 *MEGA2* 第Ⅰ/5 卷中的编排》,《马克思恩格斯研究来稿》,1989 年,第 26 期).

Taubert, Inge, *Die überlieferungsgeschichte der Manuskripte und die Erstveröffentlichungen in der Originalsprache*, *MEGA-Studien*, 1997 年第 2 号(I. 陶伯特:《诸手稿的流传史及其第一次以原文发表》,《*MEGA* 研究》,1997 年第 2 期).

Taubert, Inge, Hans Pelger, Jacques Grandjonc, *Die Konstitution von MEGA2* Ⅰ/5 **Karl Marx, Friedrich Engels, Moses Heß**: *Die deutsche Ideologie. Manuskripte und Drucke*(**November 1845 bis Juni 1846**), *MEGA-Studien*, 1997 年第 2 号(*I.* 陶伯特、*H.* 佩尔格、*J.* 格朗炯:《*MEGA2 I*/5〈马克思、恩格斯、赫斯:德意志意识形态的手稿与印刷(1845 年 11 月至 1846 年 6 月)〉的构成》,《MEGA 研究》,1997 年第 2 期).

《当代学术棱镜译丛》
已出书目

媒介文化系列

第二媒介时代 [美]马克·波斯特

电视与社会 [英]尼古拉斯·阿伯克龙比

思想无羁 [美]保罗·莱文森

全球文化系列

认同的空间——全球媒介、电子世界景观与文化边界 [英]戴维·莫利

全球化的文化 [美]弗雷德里克·杰姆逊 三好将夫

全球化与文化 [英]约翰·汤姆林森

后现代转向 [美]斯蒂芬·贝斯特 道格拉斯·科尔纳

文化地理学 [英]迈克·克朗

文化的观念 [英]特瑞·伊格尔顿

主体的退隐 [德]彼得·毕尔格

反"日语论" [日]莲实重彦

酷的征服——商业文化、反主流文化与嬉皮消费主义的兴起

[美]托马斯·弗兰克

超越文化转向 [美]理查德·比尔纳其 等

通俗文化系列

解读大众文化 [美]约翰·菲斯克

文化理论与通俗文化导论(第二版) [英]约翰·斯道雷

通俗文化、媒介和日常生活中的叙事 [美]阿瑟·阿萨·伯格

文化民粹主义 [英]吉姆·麦克盖根

消费文化系列

消费社会 [法]让·鲍德里亚

消费文化——20世纪后期英国男性气质和社会空间 [英]弗兰克·莫特

消费文化 [英]西莉娅·卢瑞

大师精粹系列

麦克卢汉精粹 [加]埃里克·麦克卢汉 弗兰克·秦格龙

卡尔·曼海姆精粹 [德]卡尔·曼海姆

沃勒斯坦精粹 [美]伊曼纽尔·沃勒斯坦

哈贝马斯精粹 [德]尤尔根·哈贝马斯

赫斯精粹 [德]莫泽斯·赫斯

社会学系列

孤独的人群 [美]大卫·理斯曼

世界风险社会 [德]乌尔里希·贝克

权力精英 [美]查尔斯·赖特·米尔斯

科学的社会用途——写给科学场的临床社会学 [法]皮埃尔·布尔迪厄

文化社会学——浮现中的理论视野 [美]戴安娜·克兰

白领:美国的中产阶级 [美]C.莱特·米尔斯

论文明、权力与知识 [德]诺贝特·埃利亚斯

局外人 [美]霍华德·S.贝克尔

新学科系列

后殖民理论——语境 实践 政治 [英]巴特·穆尔—吉尔伯特

趣味社会学 [芬]尤卡·格罗瑙

跨越边界——知识 学科 学科互涉 [美]朱丽·汤普森·克莱恩

符号政治经济学批判 [法]让·鲍德里亚

经典补遗系列

卢卡奇早期文选 [匈]格奥尔格·卢卡奇
胡塞尔《几何学的起源》引论 [法]雅克·德里达
科学、信仰与社会 [英]迈克尔·波兰尼
黑格尔的幽灵——政治哲学论文集 [Ⅰ] [法]路易·阿尔都塞
语言与生命 [法]沙尔·巴依
意识的奥秘 [美]约翰·塞尔
论现象学流派 [法]保罗·利科

先锋派系列

先锋派散论——现代主义、表现主义和后现代性问题
[英]理查德·墨菲

情境主义国际系列

日常生活实践 1. 实践的艺术 [法]米歇尔·德·塞托
日常生活实践 2. 居住与烹饪
[法]米歇尔·德·塞托 吕斯·贾尔 皮埃尔·梅约尔
日常生活的革命 [法]鲁尔·瓦纳格姆

当代文学理论系列

怎样做理论 [德]沃尔夫冈·伊瑟尔
21 世纪批评述介 [英]朱利安·沃尔弗雷斯
后现代主义诗学:历史·理论·小说 [加]琳达·哈琴
大分野之后:现代主义、大众文化、后现代主义 [美]安德列亚斯·胡伊森

核心概念系列

文化 [英]弗雷德·英格利斯

学术研究指南系列

美学指南 [美]彼得·基维

文化研究指南 [美]托比·米勒

《德意志意识形态》与文献学系列

梁赞诺夫版《德意志意识形态·费尔巴哈》
[前苏联] 大卫·鲍里索维奇·梁赞诺夫

《德意志意识形态》与 *MEGA* 文献研究 [韩]郑文吉

当代美学理论系列

今日艺术理论 [美]诺埃尔·卡罗尔

艺术与社会理论——美学中的社会学论争 [英]奥斯汀·哈灵顿

现代日本学术系列

带你踏上知识之旅 [日]中村雄二郎　山口昌男

图书在版编目(CIP)数据

《德意志意识形态》与 MEGA 文献研究 /（韩）郑文吉
著；赵莉，尹海燕，彭曦译. — 南京：南京大学出版社，
2010. 9

（当代学术棱镜译丛 / 张一兵主编）

ISBN 978－7－305－07608－4

Ⅰ.①德… Ⅱ.①郑… ②尹… ③赵… Ⅲ.①德意志
意识形态－马恩著作研究 Ⅳ.①A811. 21

中国版本图书馆 CIP 数据核字(2010)第 186413 号

Jung，Moon-gil

THE HORIZON OF MARXISM IN KOREA

Copyright © 2004 by Jung, Moon-gil

Published by arrangement with Moonji Publishing Co. Ltd. (Publishers)

Simplified Chinese Edition Copyright © 2009 by NJUP

All rights reserved

江苏省版权局著作权合同登记 图字：10－2009－101 号

当代学术棱镜译丛

出版发行　南京大学出版社
社　　址　南京市汉口路 22 号　　　　邮　编　210093
网　　址　http://www.NjupCo.com
出 版 人　左　健
书　　名　《德意志意识形态》与 MEGA 文献研究
著　　者　[韩]郑文吉
译　　者　赵　莉　尹海燕　彭　曦
校　　译　方向红
审　　订　张一兵
责任编辑　陈　佳　　　　　编辑热线 025－83686308
照　　排　南京南琳图文制作有限公司
印　　刷　南京京新印刷厂
开　　本　635×965　1/16　印张 23.25　插页 4 面　字数 308 千
版　　次　2010 年 9 月第 1 版　2010 年 9 月第 1 次印刷
ISBN 978－7－305－07608－4
定　　价　39.80 元
发行热线　025-83594756
电子邮箱　Press@NjupCo.com
　　　　　Sales@NjupCo.com(市场部)